Eine Analyse der Beschäftigungsprobleme kleiner Unternehmen

Europäische Hochschulschriften
Publications Universitaires Européennes
European University Studies

Reihe V

Volks- und Betriebswirtschaft

Série V Series V

Sciences économiques, gestion d'entreprise
Economics and Management

Bd./Vol. 1948

PETER LANG
Frankfurt am Main · Berlin · Bern · New York · Paris · Wien

Dirk Obermann

Eine Analyse der Beschäftigungsprobleme kleiner Unternehmen

PETER LANG
Europäischer Verlag der Wissenschaften

Die Deutsche Bibliothek - CIP-Einheitsaufnahme

Obermann, Dirk:

Eine Analyse der Beschäftigungsprobleme kleiner Unternehmen / Dirk Obermann. - Frankfurt am Main ; Berlin ; Bern ; New York ; Paris ; Wien : Lang, 1996
(Europäische Hochschulschriften : Reihe 5, Volks- und Betriebswirtschaft ; Bd. 1948)
Zugl.: Berlin, Techn. Univ., Diss., 1995
ISBN 3-631-30117-0

NE: Europäische Hochschulschriften / 05

D 83
ISSN 0531-7339
ISBN 3-631-30117-0

Printed in Germany 1 2 4 5 6 7

Für B.B. und Oliver Gordian

"For many ages to come the old Adam will be so strong in us that everybody will need to do some work if he is to be contented.... For three hours a day is quite enough to satisfy the old Adam in most of us!" (J.M.Keynes). Vielleicht schon der tiefere Grund aller Beschäftigungsprobleme..

Vorwort

Im Februar 1996 hat die Arbeitslosigkeit in Deutschland mit 4,27 Millionen Erwerbslosen einen neuen Höchststand seit Bestehen der Bundesrepublik erreicht. So überraschend, wie man bei der Betrachtung der gegenwärtigen politischen Diskussion vermuten könnte, ist diese Entwicklung jedoch nicht. Schon lange war der derzeitige extreme Personalabbau in der Industrie und dort vor allem bei den Großunternehmen aufgrund der allseits bekannten technischen Entwicklung vorauszusehen. Auch deshalb erlebte und erlebt die Betrachtung von kleinen und mittelständischen Unternehmen eine Renaissance, gelten diese Firmen doch als die beschäftigungspolitischen Hoffnungsträger überhaupt. Vor allem wird die Flexibilität und Anpassungsfähigkeit kleiner und mittlererer Firmen hervorgehoben. Vernachlässigt wurden bei dieser Lobpreisung jedoch häufig zwei Tatbestände. Erstens die sehr hohen Insolvenzzahlen gerade bei kleinen Unternehmen und zweitens der in Deutschland im Vergleich zu anderen Industrienationen eher unterdurchschnittliche Beschäftigungseffekt von Firmenneugründungen.

An diesem Punkt setzt die vorliegende Arbeit an. Sie untersucht kleine Unternehmen systematisch nach Beschäftigungsproblemen, die sich bei der Einstellung, Beschäftigung und Entlassung von Arbeitnehmern ergeben. Die Vielzahl der gefundenen rechtlichen, wirtschaftlichen sowie institutionellen Restriktionen werfen ein anderes Licht auf die tatsächliche Flexibilität von kleinen Unternehmen. Dieses Bild bestätigen exemplarisch auch die im Rahmen dieser Arbeit durchgeführten Fallstudien in Unternehmen unterschiedlicher Sektoren und Branchen.

Die vorliegende Arbeit entstand während meiner Tätigkeit als wissenschaftlicher Mitarbeiter an der Technischen Universität Berlin. Insbesondere möchte ich mich bei Prof. Dr. Christoph Helberger und Prof. Dr. Jürgen Kromphardt für vielfältige Anregungen und für die Übernahme der Gutachten bedanken. Eine wichtige Hilfestellung leisteten mir die Unternehmensführungen, die mir erlaubten, ihre Betriebe für meine Fallstudien als Untersuchungsobjekt zu benutzen. Schließlich hätte ich ohne Thies Rickert, der mir großzügig seine EDV-Anlage zur Verfügung stellte, die Arbeit nicht veröffentlichen können.

Sollte ich in der Zeit der Entstehung dieser Arbeit Freunde oder Kollegen vernachlässigt haben, was wahrscheinlich ist, so haben diese es sich in Ihrem Verhalten mir gegenüber nicht anmerken lassen, wofür ich ausgesprochen dankbar bin. Herausheben möchte ich in diesem Zusammenhang vor allem Brigitte.

Berlin, im März 1996 Dirk Obermann

Inhaltsverzeichnis

Abbildungsverzeichnis

Tabellenverzeichnis

Übersichtenverzeichnis

1. Einführung

Seit Jahren existiert in den alten Ländern der Bundesrepublik Deutschland eine hohe Arbeitslosigkeit (mit steigender Tendenz) von weit über zwei Millionen arbeitswillig gemeldeten Personen im Jahresdurchschnitt, wobei insbesondere die Langzeitarbeitslosigkeit von ca. 700.000 (vgl. Bach, 1990, S.113) bis gar zu einer Million Menschen Anfang 1996 als besonderes Problem erachtet wird. Andererseits klagen Unternehmen in den alten Ländern in bestimmten Branchen über den Mangel an gut ausgebildeten Fachkräften (vgl. Jagoda, 1993, S.177), oftmals fehlt es offensichtlich sogar an ungelernten Arbeitskräften. Vor allen Dingen kleine und mittlere Unternehmen weisen auf diese widersprüchliche Situation hin. Eine ähnliche Arbeitsmarktsituation zeichnet sich bereits ebenfalls in den neuen Bundesländern ab. Ein Indiz für die Beschäftigungsprobleme kleiner Unternehmen in Deutschland ist auch die Tatsache, daß in den 70er und 80er Jahren in anderen führenden Industrienationen wie Japan, Kanada, den USA, England und Italien die meisten Jobs von kleinen Unternehmen geschaffen wurden (vgl. Vercelli, 1986, S.163), dieses in Deutschland jedoch in vielen Branchen entgegen der landläufigen Meinung nicht bzw. nur begrenzt der Fall war (vgl. u.a. Vercelli, 1986, S.181).

Das Vorhandensein dieses möglichen Ungleichgewichtes von Arbeitsangebot und Arbeitsnachfrage wirft die Frage nach den Beschäftigungsproblemen der Unternehmen als den zu behandelnden Schwerpunkt der folgenden Arbeit auf.[1] In diesem Zusammenhang insbesondere die kleinen Unternehmen zu betrachten, bietet sich außer dem genannten Grund auch noch deswegen an, weil dieser Unternehmensbereich bis heute, zumindest was die Beschäftigtensituation anbelangt, von der wirtschaftswissenschaftlichen Forschung nur am Rande betrachtet wurde. So fehlen beispielsweise theoretische Analysen, die die Nachfrage nach Beschäftigten, Normalarbeitszeit, Überstunden sowie das Arbeitsangebotsverhalten modellieren (vgl. Gerlach, Hübler, 1987, S.295). Beispielsweise tragen aber gerade Arbeitnehmer von kleinen Unternehmen zu der hohen Zahl der jährlich in Deutschland geleisteten Überstunden bei. Im Jahr 1992 stieg nach Angaben des DGB trotz hoher Arbeitslosigkeit die Zahl der

---

[1] Gerade in einer Zeit, die von zunehmender und extrem hoher Arbeitslosigkeit geprägt ist, sollte eventuell vorliegenden Einstellungshemmnissen besondere Aufmerksamkeit geschenkt werden. Die Untersuchung dieser Einstellungsrestriktionen erstreckt sich auf institutionelle, organisatorische, wettbewerbliche sowie rechtliche Gesichtspunkte. Trotz der hohen Arbeitslosigkeit ist jedoch festzustellen, daß in vielen insbesondere mittelständisch geprägten Wirtschaftsbereichen wie dem Handwerk oder dem Hotel- und Gaststättengewerbe ein großer Facharbeiter- bzw. Beschäftigtenmangel herrscht. Dieser Zustand hat für das Hotel- und Gaststättengewerbe offensichtlich beinahe schon einen 'gesetzmäßigen' Charakter (vgl. Bloß, u.a., 1981, Vorwort). Daran hat sich bis heute nichts oder bestenfalls nur wenig geändert.

Überstunden um 33% im Vergleich zum Vorjahr an und die Zahl der Überstunden entsprach allein in den neuen Bundesländern 110.000 Arbeitsplätzen (vgl. FAZ, 17.8.93, S.9). Die Gründe für diesen Tatbestand mögen vielfältig sein, aber es besteht offensichtlicher Forschungsbedarf herauszufinden, warum Unternehmen insbesondere kleiner Größe trotz eines Angebotsüberhanges auf dem Arbeitsmarkt sowie nicht unerheblicher Mehrarbeitszuschläge die Anpassungsstrategie Überstunden wählen.

Zwar wird seit den frühen 80er Jahren vom kleinbetrieblichen Sektor auch in der wissenschaftlichen Forschung verstärkt Notiz genommen, da sich die Erkenntnis durchsetzte, daß gerade kleine Unternehmen einen nicht unerheblichen Einfluß auf die wirtschaftliche Entwicklung ausüben. Trotzdem sind bisher in den einschlägigen Untersuchungen zu wenig die tatsächlichen Anpassungsprobleme der Kleinbetriebe (bis fünfzig Beschäftigte) bzw. der Kleinstbetriebe (bis fünf Beschäftigte)[2] bezüglich der Beschäftigtensituation einbezogen und Lösungsansätze für die Schwierigkeiten beim Personalmanagement aufgezeigt worden. So ist die Frage nach dem Stellenwert der Arbeitskräftenachfrage im kleinbetrieblichen Bereich bis Mitte der achtziger Jahre nur unzureichend betrachtet worden (Mendius, u.a., 1987, S.19f). In der letzten Zeit werden zwar verstärkt Anstrengungen unternommen, auch in diesem Bereich wissenschaftliche Erkenntnisse zu sammeln. Aber nach wie vor werden in vielen Untersuchungen, welche auf den gängigen Arbeitsmarkttheorien wie Such-, Humankapital- (Arbeitsangebotsseite) oder auch Kontrakt- und Segmentationstheorien (Arbeitsnachfrageseite) basieren, die gefundenen Ergebnisse in der Regel nicht nach verschiedenen Unternehmensgrößen differenziert. Somit werden häufig (unbewußt) nur Beschäftigungssituationen, denen sich Großbetriebe gegenübersehen, betrachtet.[3]

Beispielsweise wird in den bekannten arbeitsmarkttheoretischen Ansätzen selten nach Bestimmungsgründen für die Arbeitsnachfrage in Abhängigkeit von der Unternehmensgröße geforscht, sondern es wird ein homogenes Unternehmensverhalten hinsichtlich endogener und exogener Schocks unterstellt. Daß dieses eine zu starke Vereinfachung der betrieblichen Realität ist, wird allein schon daran deutlich, daß die Möglichkeit für kleine Betriebe, im Sinn der Segmentationstheorien interne Arbeitsmärkte zu bilden, aufgrund der geringeren Beschäftigtenzahl eher gering ist. Es ist demnach in der Regel unzweck-

---

[2] Zu den Abgrenzungsmerkmalen von Unternehmen unterschiedlicher Größe siehe Kapitel 2.1.

[3] Auf diese entfällt zwar ein erheblicher Anteil der Beschäftigung, aber sie machen letztlich nur einen kleinen Teil aller Unternehmen aus und bauen zudem seit Jahren ihre Beschäftigtenzahl ab bzw. bestenfalls stagniert diese.

mäßig, von **der** Strategie der Unternehmen zu sprechen, sondern es erscheint eine nach der Unternehmensgröße differenzierte Betrachtung von Unternehmensverhalten notwendig zu sein. Eine in dieser Arbeit zu überprüfende Fragestellung lautet daher, ob Unternehmen verschiedener Größe in unterschiedlichem Maß mit beschäftigungsbedingten Transaktionen, Unteilbarkeitsphänomenen, besonderen Inflexibilitäten sowie Immobilitäten belastet werden und aus diesem mikroökonomischen Tatbestand heraus ein unterschiedliches Arbeitsnachfrageverhalten resultiert.

Aber nicht nur die Theorie der Arbeitskräftenachfrage kleiner Unternehmen wurde bisher wenig betrachtet. Aus modelltechnischen Gründen wurde bislang überwiegend von einer relativen Homogenität des Arbeitsangebotes ausgegangen, und die subjektive Einschätzung eines Arbeitnehmers bezüglich unterschiedlicher Betriebsgrößen vernachlässigt. Dies ist aber wiederum eine zu starke Vereinfachung der tatsächlich auf dem Arbeitsmarkt stattfindenden Prozesse. So ist bisher nur eingeschränkt analysiert worden, inwiefern kleine Unternehmen auf die heute immer mehr an Bedeutung gewinnenden neuen flexiblen Arbeitszeitformen eingehen (können) und welche Wirkungen von einer möglichen Inflexibilität kleiner Betriebe auf diesem Gebiet für die Akquisition von Beschäftigten ausgehen. Auch eine ökonomische Untersuchung, welche Folgen höhere betriebliche Sozialleistungen großer Unternehmen auf das Arbeitsangebot für kleine Unternehmen haben, ist bisher noch nicht explizit vorgenommen worden.

Zudem spielen die jeweiligen Marktstrukturen eine nicht zu unterschätzende Rolle für die Arbeitsnachfragemöglichkeiten der Unternehmen. Ein großer, mit Marktmacht ausgestatteter Konzern hat einerseits die Möglichkeit, neue, einen hohen Finanzbedarf erfordernde, Akquisitionsstrategien wie Informationsveranstaltungen für Hochschulabsolventen durchzuführen. Andererseits versuchen immer mehr große Unternehmen durch Outplacement oder reine Auftragsweitergabe in bestimmten, von hohen Nachfrageschwankungen geprägten Produktionsbereichen das Unternehmensrisiko auf kleine Zuliefererbetriebe abzuwälzen. Durch diese Risikoüberwälzung entstehen jedoch ebenfalls unterschiedliche Möglichkeiten und Restriktionen, wie beispielsweise wachsende Nachfrageschwankungen, was wiederum Auswirkungen auf die Beschäftigungssituation der einzelnen Unternehmen hat. Letztlich stellt die Untersuchung des Einflusses der Marktstruktur auf das Beschäftigungsverhalten auch eine Analyse nach der Bedeutung von Größenvorteilen im unternehmerischen Wettbewerb dar, wobei auch die Frage nach der 'optimalen' Betriebsgröße eine Rolle spielt. In der Regel haben große Unternehmen aufgrund des höheren Organisationsgrades Effizienzverluste und es kann auch nicht abgestritten werden, daß kleine Unternehmen durch staatliche Maßnahmen (KMU-Förderung) oder durch staatliche Regulierungen (z.B. Nichtgeltung des Kündigungsschutzgesetzes für Unternehmen mit weniger als sechs Beschäftigten) gewisse Vorzüge erlangen. Diese Vorteile müssen aber mit den aufzuzeigenden Nachteilen, die sich aus der kleineren Unternehmensgröße ergeben, verglichen werden. Durch diese vorgenommene Analyse kann die vorliegende Arbeit einerseits einen weiteren Beitrag zu der Fragestellung liefern, inwieweit kleine Unternehmen tatsächlich flexibler sind als große Unternehmen (was oft behauptet wird). Andererseits ermöglicht es die Analyse, zusätzliche Hinweise dafür zu geben, warum gerade neu gegründete, kleine Unternehmen oftmals nach kurzer Zeit wieder vom Markt verschwinden.

Die Behandlung der angedeuteten Problemfelder soll insbesondere durch eine umfassende Untersuchung der aktuellen Beschäftigungssituation der kleinen Unternehmen erfolgen, wobei weitgehend von einem kleinen Unternehmen mit folgenden Merkmalen ausgegangen wird: Eine rechtlich und organisatorisch unabhängige, gewinnanstrebende, privatrechtliche Organisation mit weniger als fünfzig abhängig Beschäftigten. Auf die Begründung dieser Abgrenzung, aber auch auf die Schwierigkeit der quantitativen bzw. qualitativen Einordnung kleiner Unternehmen wird zunächst eingegangen (Kapitel 2.1).

Nach der erfolgten Begriffsdefinition, was in dieser Arbeit unter kleinen Unternehmen verstanden werden soll, werden aus Überlegungen zur Unternehmenstheorie die vermutlichen Arbeitskräfteprobleme der kleinen Betriebe abgeleitet (Kapitel 2.2). Es lassen sich in diesem Zusammenhang wie bereits angedeutet arbeitsnachfragebezogene, arbeitsangebotsbezogene sowie marktstrukturbezogene Erklärungsansätze für die Beschäftigungsprobleme kleiner Unternehmen herausarbeiten. Zu ersteren zählen beispielsweise Transaktionskosten, Unteilbarkeiten oder besondere Inflexibilitäten (Kapitel 3.1). Stichworte für die das Arbeitsangebot determinierenden Gegebenheiten sind u.a. die mangelnde Qualität der Anreizstruktur kleiner Unternehmen aufgrund niedrigerer Löhne, weniger Aufstiegsmöglichkeiten oder geringere soziale Zusatzleistungen (Kapitel 3.2). Unter marktstrukturbezogenen Aspekten werden desweiteren die Auswirkungen unterschiedlicher Konzentrationsniveaus auf das Marktverhalten von Unternehmen, der Grad der Produktdifferenzierung, die Entstehung und Auswirkungen von Marktschranken, der Einfluß von Wachstumsrate und Elastizität der Marktnachfrage sowie der Einfluß der Gewinnsituation und des Risikos auf das Marktverhalten untersucht. Alle genannten Untersuchungsfelder haben gemein, daß in ihnen jeweils auch das Beschäftigungsverhalten von Unternehmen beeinflußt wird (Kapitel 3.3).

Die Überlegungen der vorangegangenen Kapitel sind die Grundlage für die Entwicklung und Durchführung mehrerer Fallstudien, welche die gewonnenen

Plausibilitätsergebnisse der vorgenommenen Analyse überprüfen und gegebenenfalls untermauern sollen (Kapitel 4, Anhang).

Die mittels der Fallstudien getesteten Ergebnisse der Untersuchung werden schließlich stichwortartig zusammengefaßt und mit den vom Verfasser vorgeschlagenen beschäftigungspolitischen Lösungsansätzen konfrontiert, wobei letztlich das Ziel sein soll, Möglichkeiten einer Überwindung (zumindest Abschwächung) von Beschäftigungsproblemen kleiner Unternehmen aufzuzeigen (Kapitel 5). Hier spielen insbesondere auch neuere Ansätze, wie die Unternehmenskooperationen in Netzwerken statt herkömmlicher Marktmacht- und Hierarchiestrukturen, eine Rolle (vgl. Fritsch, 1991 und Williamson, 1990). Abgeschlossen wird die vorliegende Arbeit mit einer Betrachtung der sich aus den gefundenen Ergebnissen ergebenden Konsequenzen für die Arbeitsmarktpolitik (Kapitel 6).

2. Definition von kleinen Unternehmen und ihre wirtschaftstheoretische Einordnung

2.1 Typologie des Begriffes 'kleine Unternehmen'

Die erste Schwierigkeit, die bei der vorzunehmenden Analyse zu bewältigen ist, entsteht bei dem Versuch der Abgrenzung des eigentlichen Untersuchungsgegenstandes, weil die Unternehmensgröße an sich ein relativer Begriff ist und nur in Beziehung mit anderen Unternehmen vergleichbar wird (vgl. Pfohl, Kellerwessel, 1982, S.12). Storey (1982, S.6) erwähnt eine amerikanische Studie (vgl. Bolton, 1971), die mehr als fünfzig unterschiedliche statistische Definitionen (in fünfundsiebzig verschiedenen Ländern) des Begriffes kleiner Unternehmen umfaßt.[1] Auch Mendius, u.a. (1987, S.15) betonen die "[...] Vielschichtigkeit des Forschungsfeldes 'Arbeitsbedingungen in Kleinbetrieben'" aufgrund der vielen unterschiedlichen Abgrenzungsmöglichkeiten kleiner Unternehmen. In der Tat dürfte in dieser Heterogenität und Variabilität (vgl. Kotthoff, Reindl, 1990, S.16ff) einer der Gründe für die bisherige, explizit theoretische, Vernachlässigung des zu betrachtenden Untersuchungsgegenstandes liegen. Ebenso wie eine klare Definition des Begriffes 'kleine Unternehmen' unabdingbar für die vorzunehmende Analyse ist, besteht die Notwendigkeit, Termini wie Unternehmen, Betriebe oder Arbeitsstätten genau voneinander abzugrenzen.

2.1.1 Qualitative Kategorisierung

Unternehmen können nach diversen qualitativen Merkmalen kategorisiert werden. Unter diese qualitativen Indikatoren fallen insbesondere

- die Form der Unternehmensorganisation, hierunter fallen die Ein- oder Mehrbetrieblichkeit sowie die Anzahl der Arbeitsstätten
- die Form der Produktionsorganisation, welche und wieviele Hierarchieebenen gibt es und welche Form der Leistungserstellung wird bevorzugt (innerbetrieblich, außerbetrieblich)

---

[1] Schon 1962 hat Gantzel weit mehr als hundert verschiedene Definitionen von kleinen Unternehmen erwähnt und ausgewertet (vgl. Gantzel, 1962, S.293ff). Zeitel sind 1980 bereits mehr als zweihundert unterschiedliche Klassifizierungsarten von kleinen Unternehmen bekannt (vgl. Zeitel, 1980, Sp.1222).

- die Rechtsform der Unternehmung in Verbindung mit der Hauptzielrichtung der Firma[2]
- das Alter der Unternehmung
- die soziale Kontaktsituation zwischen Arbeitgeber und Arbeitnehmer mit dem Schwerpunkt der Betrachtung des Zentralisierungsniveaus bei Entscheidungen

(vgl. Clasen, 1992, S.17ff).

Diese qualitativen Indikatoren zur Bestimmung des Charakters einer Unternehmung werden im folgenden, der obigen Reihenfolge nach, unter Maßgabe des Untersuchungsgegenstandes kleine Unternehmen einer kurzen Betrachtung unterzogen.

Um eine Analyse der Beschäftigtensituation vornehmen zu können, muß also zunächst abgegrenzt werden, ob es sich beim zu betrachtenden Unternehmen um ein Einbetriebs- oder Mehrbetriebsunternehmen handelt, und in wieviel Arbeitsstätten das jeweilige Unternehmen produziert. Diese Klassifizierung ist deshalb erforderlich, weil es einen großen Unterschied darstellt, ob ein Unternehmen identisch mit einer Arbeitsstätte (bzw. Betrieb) ist, oder stattdessen aus mehreren Arbeitsstätten (bzw. Betrieben) besteht. In jedem einzelnen kleinen Betrieb oder einer Arbeitsstätte sind voraussichtlich die gleichen Beschäftigungsprobleme zu erwarten wie in einem kleinen Einbetriebsunternehmen. Andererseits besteht aber bei vielen Mehrbetriebsunternehmen die Möglichkeit, Arbeitskräfte innerhalb eines Unternehmens von einem in einen anderen Betrieb oder von einer in eine andere Arbeitsstätte zu delegieren, was die jeweilige Flexibilität und die Einsatzmöglichkeiten der Beschäftigten für das Unternehmen erhöht.

Die erste Abgrenzung, die deshalb vorgenommen werden muß, ist die nach Arbeitsstätten, Betrieben und Unternehmen. Betrachten wir zunächst den Unterschied zwischen einem Unternehmen und einem Betrieb. Eine häufig verwendete Form der Definition von Unternehmen und Betrieben ist die folgende: "Ein **Betrieb** [ist] eine planmäßig organisierte Wirtschaftseinheit zur Erstellung von Gütern und Dienstleistungen für den außerhalb auftretenden Bedarf und [...] die **Unternehmung** [ist] eine Erscheinungsform der Betriebe" (Bloech, 1977, S.556). Diese Abgrenzung von Betrieben und Unternehmen erscheint für die folgende Analyse zu wenig konkret zu sein, da diese Aussage nur für ein Einbe-

---

[2] Der Begriff Firma wird im folgenden als Synonym für den Begriff Unternehmen benutzt. Rechtlich stellt eine Firma nur den Namen des Unternehmens eines Vollkaufmannes dar, unter dem dieser seine Geschäfte führt (vgl. Lutter, 1981, S.287).

triebsunternehmen Gültigkeit besitzt. Wenn es sich bei einer Firma jedoch um ein Mehrbetriebsunternehmen handelt, ist die jeweilige rechtliche und organisatorische Erscheinungsform von Betrieben und Unternehmen unterschiedlich. Ein Unternehmen stellt das übergeordnete Ganze dar, während ein Betrieb nur jeweils ein Teil des Ganzen ist.

Unter einem Betrieb ist somit "eine örtliche und technische Einheit" (Kallfass, 1989, S.27) zu verstehen, der alle örtlich zusammenhängenden Betriebsanlagen und die damit sachlich zusammenhängenden Verwaltungsbetriebe umfaßt, auch wenn diese räumlich voneinander getrennt sind (vgl. Kaufer, 1980, S.21f).

Unternehmen hingegen werden vom Statistischen Bundesamt als "[...] kleinste rechtlich selbständige Einheiten, die aus handels- und/oder steuerrechtlichen Gründen Bücher führen und den Ertrag ermitteln (wirtschaftliche Einheiten) [...]" (Krüger-Hemmer, Veldhues, 1989, S.702) aufgefaßt und bestehen häufig aus mehreren Betrieben.

Arbeitsstätten hingegen sind ein Bestandteil von Betrieben und somit ein noch kleineres Segment des ganzen Unternehmens. Das Statistische Bundesamt definiert Arbeitsstätten als "[...] jede örtliche Einheit (ein Grundstück oder eine abgegrenzte Räumlichkeit), in der eine oder mehrere Personen unter einheitlicher Leitung regelmäßig haupt- oder nebenberuflich erwerbstätig sind" (Buchwald, Krüger-Hemmer, Baus, 1987, S.18). Somit ist unter jeder Zweigniederlassung, jedem Filialbetrieb, jeder Werkstätte, jeder Arztpraxis, jeder Geschäftsstelle, jedem Büro und jeder Dienststelle einer Behörde eine Arbeitsstätte zu verstehen. Baustellen und Schiffe als temporäre bzw. nicht stationäre Einheiten gelten hingegen für das Statistische Bundesamt nicht als Arbeitsstätten. In der vorliegenden Arbeit wird die Definition des Begriffes Arbeitsstätte, der zum Beispiel bei einer Volkszählung zugrundeliegt, insofern erweitert, daß unter einer Arbeitsstätte, beispielsweise beim außerbetrieblichen Leistungserstellungsprozeß, auch Baustellen oder einzelne Auftragseinheiten wie die Grünanlagenpflege oder die Reinigung eines Gebäudes zu verstehen sind. Diese Erweiterung ist deshalb erforderlich, weil die organisatorischen Probleme, welche die Beschäftigung betreffen, eben nicht nur in einer abgegrenzten Räumlichkeit wie einer Bankfiliale auftreten, sondern sich auch ein Bauunternehmer, der gleichzeitig mehrere Baustellen betreuen muß, u.a. mit Unteilbarkeitsphänomenen auseinanderzusetzen hat.

Aus dem Geschilderten lassen sich jetzt verschiedene Kategorien von Unternehmenstypen klassifizieren.

Wenig komplex und leicht zu kategorisieren ist die erste, bei kleinen Unternehmen häufig anzutreffende, Organisationsform. Das Unternehmen besteht aus einem Betrieb, der gleichzeitig die einzige vorhandene Arbeitsstätte ist. Die zweite, insbesondere bei Unternehmen mit außerbetrieblicher Leistungserstellung, vorherrschende Organisationsform liegt dann vor, wenn das Unternehmen aus einem Betrieb besteht, die Produktion aber in mehreren Arbeitsstätten erfolgt. Eine weitere Unternehmensstruktur ist dann gegeben, wenn ein Unternehmen aus mehreren Betrieben, die jeweils mit einer Arbeitsstätte identisch sind, besteht. Diese Unternehmensstruktur ist bei den hier zu betrachtenden Unternehmen mit weniger als fünfzig Beschäftigten (die Begründung dazu siehe Kapitel 2.1.2) eher selten anzutreffen. Eine vierte, für die vorliegende Untersuchung insbesondere bei Unteilbarkeitsphänomenen zu beachtende Organisationsform liegt vor, wenn ein Unternehmen ein Mehrbetriebsunternehmen ist, wobei mindestens ein Betrieb wieder in mehreren Arbeitsstätten produziert.

Es existieren demnach folgende systematische und gleichzeitig elementare Unternehmenstypen:

a) 1 Unternehmen = (n=1 Betrieb/ i=1 Arbeitsstätte)
("zentral" ausgerichtetes Unternehmen)
b) 1 Unternehmen = (n=1 Betrieb/ i>1 Arbeitsstätten)
("teilzentral" ausgerichtetes Unternehmen)
c) 1 Unternehmen = (n>1 Betriebe/ i>1 Arbeitsstätten, wobei i=n)
("dezentral" ausgerichtetes Unternehmen)
d) 1 Unternehmen = (n>1 Betriebe/ i>1 Arbeitsstätten, wobei i>n)
("dezentral" ausgerichtetes Unternehmen)

In allen Fällen kann ein Unternehmen demnach durchaus mittelständisch bzw. noch größer sein, aber letztlich zumindest in Teilbereichen ähnliche Beschäftigungsprobleme besitzen wie kleine Handwerksunternehmen mit beispielsweise fünf Mitarbeitern, die in der Regel ein Unternehmen des Typs a) oder b) darstellen.[3]

---

[3] In der folgenden Analyse wird, wenn im Text nichts anderes gesondert erwähnt wird, vom Unternehmenstyp a) ausgegangen. Sofern Unternehmen mit mehreren Arbeitsstätten angesprochen werden - in der Regel handelt es sich dabei um größere Handwerksbetriebe oder um Dienstleistungsunternehmen mit außerbetrieblichem Leistungserstellungsprozeß -, ist vom Unternehmenstyp b) auszugehen. Insbesondere bei der Betrachtung der Ursachen für economies of scope und im Kapitel über die Auswirkungen von Unteilbarkeiten wird auch auf die Mehrbetrieblichkeit eingegangen (Unternehmenstypen c) und d)). Der Leser sollte sich bei der weiteren Analyse jedoch bewußt sein, daß viele Probleme von kleinen Unternehmen nicht identisch mit denen von kleinen Betrieben sind, da letztere in einem Unternehmensverbund kooperieren und somit beschäftigungspolitisch in vielen Bereichen flexibler agieren können.

Eine exakte Ermittlung der jeweiligen Häufigkeit der einzelnen Unternehmenstypen ist aufgrund der hier verwandten Arbeitsstättendefinition nicht möglich. Einen ersten Anhaltspunkt über die Mehrbetrieblichkeit von Unternehmen geben aber Untersuchungen des Statistischen Bundesamtes. Dieses hat in seiner Dienstleistungsteststichprobe von 1988 ermittelt, daß auf 100 Betriebe 94,8 Unternehmen kamen. Im Bereich Bergbau und Verarbeitendes Gewerbe betrug das gleiche Verhältnis hingegen nur 81,4 (vgl. Gnoss, 1989, S.697). 94,4 % aller untersuchten Dienstleistungsfirmen waren Einbetriebsunternehmen, 3,9 % waren Zweibetriebsunternehmen und nur 1,7 % der Unternehmen erbrachten Leistungen in drei oder mehr Betrieben (vgl. Gnoss, 1989, S.698). Es zeigt sich also, daß Dienstleistungsunternehmen nur sehr selten die Flexibilitätsvorteile nutzen können, die sich, wie später zu zeigen sein wird, aus einer mehrbetrieblichen Produktion ergeben.

Eine weitere notwendige qualitative Abgrenzung muß bezogen auf die jeweilige Organisation des Produktionsprozesses erfolgen und hier insbesondere nach der jeweiligen zeitlichen und räumlichen Stellung im gesamtgesellschaftlichen Wirtschaftsprozeß. Diese Differenzierung ist eng mit der gerade vorgenommenen Abgrenzung der jeweiligen Produktionsstätten verknüpft und wurde dort bereits kurz erwähnt. Es ist für die jeweilige Analyse bestimmter Unternehmensgruppen unabdingbar, sich darüber im klaren zu sein, wie der betriebliche Leistungsprozeß organisiert ist und wo er ausgeführt wird. Es fallen nämlich, je nach Art des Produktionsprozesses, unterschiedliche Kontroll- und Koordinationskosten an. Diese Transaktionskosten spielen aber, wie im Kapitel 3.1.1 gezeigt wird, eine gewichtige Rolle für unterschiedliche Beschäftigungsprobleme je nach der Unternehmensgröße.

Es lassen sich zwei grundlegende betriebliche Leistungserstellungsprozesse unterscheiden. Entweder wird die Produktion grundsätzlich oder zumindest überwiegend in oder auf betriebseigenen Gebäuden und Grundstücken vorgenommen. Das heißt der Kontakt des Unternehmens zur Außenwelt beschränkt sich in diesem Fall in der Regel auf den Austausch von Ressourcen und Waren sowie auf reine Vertragsbeziehungen. Im Gegensatz dazu steht eine Organisationsmethode, in der die Produktion überwiegend außerhalb der eigenen Räumlichkeiten vorgenommen wird. Das heißt beispielsweise, daß die Wohnung eines Kunden, das neu errichtete Haus eines Immobilienmaklers oder die Arbeitsstätte eines anderen Unternehmens zur 'eigentlichen' Produktionsstätte wird. In vielen Handwerksbranchen und in Dienstleistungsunternehmen wie Gebäudereiniger und Wachdiensten ist das der Fall. Die Unterscheidung nach dem jeweiligen Ort der Auftragserfüllung ist erforderlich, weil sich dadurch Konsequenzen für die Organisation des Personaleinsatzes ergeben können.[4]

Es lassen sich demnach folgende, bereits sektoral spezifizierte, Fälle unterschiedlicher betrieblicher Leistungsprozesse feststellen:

Übersicht 1: Unternehmenstypen nach Leistungsprozessen

Unternehmenstyp	Leistungsprozeß[5]	Beispiele
Untern. des primären Sektors	innerbetrieblich	Geflügelzucht, Molkerei
Untern. des primären Sektors	außerbetrieblich	Hochseefischer, Forstwirtsch.
Untern. d. produz. Gewerbes	innerbetrieblich	generell: Industrieunternehm.
Untern. d. verarb. Gewerbes	außerbetrieblich	generell: Industrieunternehm.
Handwerksunternehmen[6]	innerbetrieblich	Schuster, Schneider
Handwerksunternehmen	außerbetrieblich	Baugewerbe, Installateure
Dienstleistungsunternehmen	innerbetrieblich	Hotel, Werbeagentur, Banken
Dienstleistungsunternehmen[7]	außerbetrieblich	Gebäudereiniger, Wachdienst

Eine zusätzliche qualitative und sich auf die Hauptzielrichtung der Unternehmen[8] beziehende Unterscheidung ergibt sich aus der Einheit bzw. aus dem Auseinanderfallen von Eigentum und Management, oder anders ausgedrückt nach der jeweiligen rechtlichen Unternehmensform. Vorherrschend bei kleinen

---

[4] Beispielsweise wird durch eine extern durchzuführende Leistungserstellung der jeweilig mögliche Arbeitszeitrahmen vorgegeben. Eine vom Unternehmen beabsichtigte Flexibilisierung der Arbeitszeit scheitert dann aber unter Umständen daran, daß die angestellten Handwerker am Wochenende in Mietshäusern kaum ihrer Tätigkeit nachgehen dürfen. Auch die Reinigung von universitären Einrichtungen während des Vorlesungsbetriebes ist mit Problemen behaftet. Daraus folgt, daß Unternehmen mit außerbetrieblicher Leistungserstellung von ihren Kunden, also unternehmensextern, determiniert werden.

[5] überwiegend oder ausschließlich

[6] Handwerksunternehmen sind zum Teil auch im Bereich des produzierenden oder verarbeitenden Gewerbes zu finden. Die gesonderte Klassifizierung bezieht sich hier auf die traditionell als das Handwerk bezeichneten Unternehmenssparten.

[7] Auf die besonders im Dienstleistungssektor teilweise existierenden Mischformen von inner- und außerbetrieblicher Leistungserstellung, als Beispiel sei hier die Versicherungsbranche genannt, soll hier noch kurz hingewiesen werden. Allerdings beschränkt sich die weitere Analyse auf Unternehmen, wo eine klare Abgrenzung von inner- bzw. außerbetrieblichen Leistungserstellungsprozessen möglich ist.

[8] Unter Hauptzielrichtung der Unternehmen ist jeweils das im Vordergrund stehende Ziel, beispielsweise Gewinn- oder Umsatzmaximierung, Marktanteilausweitung, etc., zu verstehen. Auch Unternehmen ohne Erwerbscharakter oder Sozialversicherungsträger lassen sich nach dieser Typologie klassifizieren.

Unternehmen ist das Vorhandensein eines Alleineigentümers. Hauptsächlich werden diese Unternehmen dann in der Rechtsform einer Einzelunternehmung oder einer GmbH geführt. In diesen kleinen Unternehmen liegt die Leitung des Betriebes in der Regel bei einer Person. Auch ist in diesen Fällen normalerweise die mit den Unternehmeraufgaben betraute Person gleichzeitig Eigentümer des Betriebes. In diesem Zusammenhang ist es relativ unbedeutend für die zu tätigende Analyse, ob es sich beim Eigentümer und Unternehmer tatsächlich um eine Person oder um einen Familienbetrieb handelt.[9] Wichtig ist nur, inwieweit Managementaufgaben und Eigentümerinteressen gebündelt oder wie bei Aktiengesellschaften in Manager und Eigentümer aufgeteilt sind (vgl. Bundesministerium für Wirtschaft, 1985, S.5). Bedeutend ist diese Unterscheidung deshalb, weil sich je nach Unternehmensform unterschiedliche Verhaltensstrategien bezüglich des Personalmanagements erkennen lassen (vgl. u.a. Thonet, 1977 oder Larner, 1972). So ist es evident, daß insbesondere (kleine) Unternehmen, die in Form einer GmbH konzipiert sind, ein sehr hohes Konkursrisiko in sich bergen.[10] Das heißt je nach Form der rechtlichen Innen- und Außenbeziehungen des Unternehmens lassen sich unterschiedliche Problemfälle und auch hinsichtlich der Beschäftigtensituation der Unternehmen feststellen. Hierauf wird in den einzelnen Kapiteln, sofern dieses erforderlich erscheint, zurückgekommen.

Unternehmen können auch nach dem Firmenalter klassifiziert werden. Die Beantwortung der entscheidenden Frage, die in diesem Zusammenhang zu stellen ist - handelt es sich um ein Unternehmen in der Gründungsphase oder ist es ein alteingesessenes Familienunternehmen, stagniert oder expandiert das Unternehmen? - führt häufig zur Erklärung von verschiedenen Fluktuationsraten, erläutert die unterschiedlich gewählten Rekrutierungsarten der Unternehmen und gibt schließlich Hinweise auf die in den Firmen vorherrschenden sozialen Strukturen und Umgangsformen. Außerdem ist das Alter einer Unternehmung ein Indikator für die Größe und den Geschäftserfolg. So ermittelte Angele, daß 1992 wie in den Jahren zuvor auf ein Unternehmen, welches älter als acht Jahre

9 Durch diesen Umstand ergeben sich lediglich häufig Unterschiede in der Rechtsform der Unternehmungen. Sind Firmen mit Alleineigentümer eher als Einzelunternehmung oder als GmbH in das Handelsregister eingetragen, dominiert bei kleinen und älteren Familienunternehmen die Rechtsform der offenen Handelsgesellschaft (OHG) die der GmbH & Co. KG.

10 Im Jahr 1991 betrafen über 70% aller abgewickelten Unternehmensinsolvenzen Gesellschaften mit beschränkter Haftung. Die durch eine GmbH entstandenen Verluste sind allerdings nur halb so hoch wie die von Personengesellschaften. Letzteres ist jedoch auch ein Indiz dafür, daß Gesellschaften mit beschränkter Haftung in der Regel kleiner sein dürften (vgl. Angele, 1993b, S.486ff). Auch relativ waren 1992 die Insolvenzzahlen bei Gesellschaften mit beschränkter Haftung am höchsten. Auf 10.000 bestehende umsatzpflichtige Unternehmen dieser Rechtsform kamen 127 Insolvenzen. Das waren aber sechsmal soviel wie bei Personengesellschaften oder Einzelunternehmen (vgl. Angele, 1993a, S.202).

und in Konkurs gegangen war, drei Unternehmen kamen, die jünger als acht Jahre und insolvent geworden waren. Zudem hat sich die Zunahme der wirtschaftlichen Zusammenbrüche mit 17% Anstieg stärker auf die jüngeren Firmen bezogen als mit 14% Anstieg bei den älteren Unternehmen (vgl. Angele, 1993a, S.202f). In der Regel dürften junge Unternehmen aber gerade kleinerer Ausprägung sein und fallen somit in das Beobachtungsspektrum dieser Arbeit.

Das letzte oben angesprochene Klassifizierungsmerkmal von Unternehmen betrifft die Kontaktsituation von Inhabern und Arbeitnehmern in einer Firma. Kleine Unternehmen sind gekennzeichnet durch eine besondere 'soziale Nähe' zwischen diesen beiden Personengruppen. Das kann einerseits zu einem sehr guten Betriebsklima führen, andererseits aber auch mit entsprechendem 'sozialen Druck' der Belegschaften verbunden sein (vgl. Kotthoff, Reindl, 1990, S.286ff). Wie später deutlich werden wird, ist letzteres ein Argument für ein möglicherweise stärker ausgeprägtes Flexibilitätspotential kleiner Unternehmen.

Handwerksbetriebe und Dienstleistungsunternehmen lassen sich weiterhin nach unternehmensbezogenen bzw. privathaushaltsbezogenen Tätigkeiten differenzieren. Dieser Tatbestand spielt vor allem bei Marktmachtphänomenen auf der Nachfrageseite und den daraus möglicherweise resultierenden Nachfrageschwankungen eine Rolle für die vorzunehmende Analyse (siehe Kapitel 3.3.5).

Abschließend soll festgehalten werden, daß fast alle Handwerksbetriebe und Dienstleistungsunternehmen, von der Beschäftigtenanzahl her gesehen, für die Untersuchung relevant sind, wie das folgende Kapitel zur quantitativen Kategorisierung aufzeigt. Aus diesem Grund bilden diese Unternehmensgruppen auch den zentralen Untersuchungsschwerpunkt dieser Arbeit.

2.1.2 Quantitative Kategorisierung

Die am häufigsten verwandten quantitativen Indikatoren sind

- die Anzahl der Mitarbeiter
- der Umsatz
- der Kapitaleinsatz der Unternehmen
- der Marktanteil auf dem relevanten Markt

(vgl. Clasen, 1992, S.20)

Bis auf die Anzahl der Mitarbeiter ist allen Indikatoren gemein, daß sie von den Unternehmen nur ungern bekannt gegeben werden, zumindest dann wenn sie keiner Publizitätspflicht unterliegen. Der Umsatz beeinflußt die Größenrelationen insofern, als der jeweilige Wert der produzierten Güter sehr stark die absolute Höhe des Umsatzes determiniert. Weiterhin haben Unternehmen mit einem hohen Kapitaleinsatz weit weniger Beschäftigte als manche Dienstleistungsunternehmen mit einer arbeitsintensiven Produktion, erwirtschaften aber wesentlich mehr Umsatz. Da sich die folgende Analyse auf Beschäftigungsprobleme von Unternehmen bezieht, ist das entscheidende Kriterium der Unternehmensgröße die Anzahl der Mitarbeiter.

Regional wie branchenbezogen ist die Unternehmensgröße auch ein relativer Begriff. Ein Unternehmen der Chemiebranche mit 50 Beschäftigten ist klein, ein 50 Beschäftigte zählendes Unternehmen der Hotel- und Gaststättenbranche dagegen groß. Ebenso gilt ein Stahlunternehmen trotz mehr als fünfhundert Mitarbeitern als klein, ein Landwirtschaftsbetrieb mit mehr als zehn Mitarbeitern hingegen als groß.

Für viele der später zu besprechenden Beschäftigungsprobleme von Unternehmen ist es allerdings unerheblich, ob ein Unternehmen in seiner Branche oder seiner Region mit 50 Beschäftigten relativ groß oder relativ klein ist.[11] Denn bei einer Beschäftigung dieser Größe treten unabhängig von anderen Marktfaktoren bestimmte Probleme, beispielsweise bei der Umsetzung von Arbeitszeitflexibilisierung, bei der Personalbeschaffung, bei Nachfrageschwankungen, usw., auf.

Bei welcher Beschäftigtenzahl ist ein Unternehmen jetzt als groß, mittel, klein oder als ganz klein (kleinst) zu bezeichnen? Auch hier gibt es keine international 'gängige' Definition, nicht einmal eine nationale. Die Schwierigkeit einer einheitlichen Abgrenzung ergibt sich wiederum aufgrund der unterschiedlichen Grundgesamtheiten in den einzelnen Ländern[12] und wegen der verschiedenen Ansatzpunkte der wissenschaftlichen Untersuchungen.

---

[11] Außer in den bereits angedeuteten Ausnahmefällen, wo beispielsweise Marktmacht eine entscheidende Rolle auch bei der Personalakquisition spielt. Siehe dazu Kapitel 3.3.

[12] Beispielsweise ist die durchschnittliche Unternehmensgröße der Industrie in den USA und in Japan wesentlich höher als in Deutschland (vgl. Kaufer, 1980, S.40ff). Dasselbe gilt für Frankreich, während die Konzentration in Italien geringer ist als in Deutschland (vgl. Manz, 1993, S.53). Dadurch werden bei empirischen Studien in diesen Ländern natürlich andere Unternehmensgrößenklassen festgelegt, damit die Fallzahl in den einzelnen Klassen auch ausreichend hoch ist.

Eine Klassenbildung verschiedener Unternehmensgrößen nach der Beschäftigtenzahl richtet sich also einmal nach der Verteilungsdichte der einzelnen Unternehmensgrößen. Eine Einteilung in Klein- , Mittel- und Großbetriebe versucht Stein durch das "[...] Kriterium des Drittels und der Hälfte der kumulierten Beschäftigung eines Industriebereiches" (Stein, 1967, S.10) zu erzielen. Danach ergab sich für die gesamte Industrie der Bundesrepublik Deutschland folgende Unternehmensgrößendifferenzierung in Abhängigkeit von der Beschäftigtenzahl:

Kleinunternehmen: 0 bis 249 Beschäftigte (beschäftigen 33,3 % der Arbeitnehmer)
Mittelunternehmen: 250 bis 599 Beschäftigte (beschäftigen 16,7 % der Arbeitnehmer)
Großunternehmen: 600 oder mehr Beschäftigte (beschäftigen 50 % der Arbeitnehmer)

Auf die sozialversicherungspflichtig Beschäftigten aller Sektoren bezogen, würde sich für 1977 bzw. 1988 folgende Klassifizierung ergeben:

Kleinunternehmen: 0 bis 49 Beschäftigte (37,0 % = 1977, 39,5 % = 1988)
Mittelunternehmen: 50 bis 99 Beschäftigte (10,0 % = 1977, 9,8 % = 1988)
Großunternehmen: 100 oder mehr Beschäftigte (53 % = 1977, 50,7 % = 1988)

Die Definition der Kleinunternehmen als Firmen mit weniger als fünfzig Beschäftigten scheint zweckmäßig zu sein, weil ab dieser Unternehmensgröße gewisse Umstrukturierungsmaßnahmen in den Firmen erforderlich werden. So wird ab dieser Mitarbeiterzahl der Betrieb für eine einzelne Führungskraft zunehmend unüberschaubarer und es bildet sich in der Regel durch Aufstieg bzw. durch Neueinstellungen eine neue Führungsstruktur der Unternehmen heraus. Die Abgrenzung von Mittel- zu Großunternehmen erscheint jedoch weniger geeignet zu sein. Hier wäre ein Kriterium sinnvoller, das erst nach etwa zwei Drittel der kumulierten Beschäftigung eine Klassifizierungsgrenze zieht. Nach einem solchen Kriterium wäre ein Mittelunternehmen mit 49 bis 499 Beschäftigten (33,4 % = 1977, 32,6 % = 1988) und ein Großunternehmen mit 500 oder mehr Beschäftigten (29,6 % = 1977, 27,9 % = 1988) definiert.

In Anlehnung an diese und einige ähnliche, gebräuchliche Abgrenzungen in der Literatur wird im folgenden davon ausgegangen, daß ein Unternehmen bezüglich der Beschäftigtenproblematik als klein eingestuft werden kann, wenn es weniger als 50 Beschäftigte besitzt.[13] So kann als Beispiel die Arbeitsdefinition des Institutes für Mittelstand dienen:

Tabelle 1: Unternehmensgrößendefinition des Institutes für Mittelstand

Unternehmensgröße	Merkmal I	Merkmal II
	Zahl der Beschäftigten	Umsatz in DM/Jahr
klein	bis 49	bis 1 Mio.
mittel	50 bis 499	1 bis 100 Mio.
groß	500 und mehr	100 Mio. und mehr

(Quelle: Bundesministerium der Wirtschaft,1985, S.19)

Der Vollständigkeit halber ist hier das Merkmal Umsatz mit aufgeführt, welches wie bereits erwähnt für die spätere Analyse nur in einigen wenigen Sonderfällen[14] relevant sein wird.

Auf die Einbeziehung öffentlicher Unternehmen, die in der Regel ohnehin nur größere Unternehmen sind, wird aufgrund von diversen Besonderheiten verzichtet. Neben dem Fehlen des Zieles Gewinnmaximierung unterliegen öffentliche Unternehmen beispielsweise einem wesentlich restriktiveren Kündigungsschutzrecht und beschäftigen zudem eine Vielzahl von Lebenszeitbeamten. Dadurch ist aber bezüglich Beschäftigungsproblemen keine Vergleichbarkeit mehr mit Privatunternehmen gegeben.[15, 16]

Nach dieser Klassifikation von Unternehmen ergibt sich für 1987 (die neuesten Zahlen aus den Ergebnissen der letzten Volkszählung) folgende Größenklassenverteilung der Arbeitsstätten in den alten Bundesländern. Daran anschließend folgt eine historische Entwicklungstabelle der Beschäftigtenanteile von Mendius, u.a. (1987).

---

[13] Im Zuge der Analyse wird es notwendig sein, in bestimmten Fällen die zu betrachtenden Unternehmensgrößen weiter zu differenzieren, also z.B. bis zu 5; bis zu 20 oder bis zu 50 Beschäftigten. Unternehmen mit bis zu fünf Beschäftigten stellen eine Besonderheit dar, da diese Firmen beispielsweise einem gesonderten Kündigungsschutzrecht unterliegen. Aufgrund dieser Besonderheit werden diese Unternehmen nochmals von kleinen Unternehmen abgegrenzt und im folgenden als Kleinstunternehmen bezeichnet. Es wird jedoch nur in Spezialfällen gesondert auf diesen Unternehmenstyp eingegangen.

[14] Dieses wird insbesondere in den Kapitel über Akquisitionsstrategien von Unternehmen (3.1.1) sowie zur Marktstruktur (3.3) der Fall sein.

[15] Siehe hierzu auch die Ausführungen von Brandes, Buttler, 1990, S.10ff.

[16] Selbstverwaltete, sogenannte alternative Betriebe werden aufgrund ihrer spezifischen hierarchischen Strukturen (vgl. Berger, u.a., 1986) und der ohnehin geringen Fallzahl dieses Unternehmenstypes ebenfalls nicht in die Analyse einbezogen.

Tabelle 2: Arbeitsstätten[17] und Beschäftigte 1987 und 1970 nach Beschäftigungsgrößenklassen

Arbeits-stätten mit bis.... Be-schäftigten	Arbeitsstätten					Beschäftigte				
	1970		1987		Veränd. 1987 zu 1970	1970		1987		Veränd. 1987 zu 1970
	Anzahl	%	Anzahl	%		Anzahl	%	Anzahl	%	
1	618053	27,0	650235	25,2	+ 5,2	618053	2,5	650235	2,4	+ 5,2
2-4	984149	43,1	1037630	40,2	+ 5,4	2628682	10,8	2811625	10,4	+ 7,0
5-9	361479	15,8	495187	19,2	+ 37,0	2310489	9,5	3190979	11,8	+ 38,1
10-19	156148	6,8	211826	8,2	+ 35,7	2083668	8,5	2808343	10,4	+ 34,8
20-49	98706	4,3	114254	4,4	+ 15,8	2992201	12,3	3425401	12,7	+ 14,5
50-99	34851	1,5	38114	1,5	+ 9,4	2400361	9,8	2628278	9,7	+ 9,5
100-199	17292	0,8	18518	0,7	+ 7,1	2387538	9,8	2551991	9,5	+ 6,9
200-499	10172	0,5	10904	0,4	+ 7,2	3081549	12,6	3296334	12,2	+ 7,0
500-999	2876	0,1	2970	0,1	+ 3,6	1958264	8,0	2038904	7,6	+ 4,1
1000 u. m.	1630	0,1	1563	0,1	- 4,1	3936797	16,1	3570843	13,2	- 9,3
Insgesamt	2285347	100	2581201	100	+ 12,9	24397602	100	26972933	100	+ 10,6

(Quelle: Krüger-Hemmer, Veldhues, 1989, S.703)

Tabelle 3: Beschäftigtenanteile in den Arbeitsstätten der deutschen Wirtschaft nach Beschäftigungsgrößenklassen, 1882 1987

Jahr	Beschäftigungsgrößenklasse									
	Prozentanteile						kumulierte Prozentanteile			
	1-4	5-9	10-49	50-199	200-999	1000 u.m.	1-9	1-49	1-199	1-999
1882	61,2	4,7	12,1	10,1	9,0	2,9	65,9	78,0	88,1	97,1
1895	46,5	8,1	15,8	14,0	11,3	4,4	54,6	70,4	84,4	95,7
1907	37,3	7,7	17,9	16,8	13,8	6,6	45,0	62,9	79,7	93,5
1925	29,3	7,4	16,6	16,6	17,0	13,2	36,7	53,3	69,9	86,9
1933	39,7	7,9	14,4	14,4	15,2	8,4	47,6	62,0	76,4	91,6
1950	25,1	11,1	20,0	16,2	14,8	12,1	36,8	56,2	73,0	87,8
1970	13,3	9,5	20,8	19,6	20,6	16,1	22,8	43,6	63,2	83,8
1987	12,8	11,8	23,1	19,2	19,8	13,2	24,6	47,7	66,9	86,7

(Quelle: Mendius, u.a., 1987, S.33/69, Arbeitsstättenzählungen, eigene Berechnungen)

---

17 Wie bereits oben erwähnt wurde, ist die in dieser Arbeit vorgenommene Arbeitsstättendefinition etwas weiter gefaßt, wodurch sich die Zahl der Arbeitsstätten leicht erhöhen würde. Genauere Zahlenangaben sind darüber aber nicht verfügbar.

Die folgende Abbildung 1 soll die historische Entwicklung der Beschäftigtenanteile von Arbeitsstätten mit bis zu 50 Arbeitnehmern zusätzlich graphisch verdeutlichen:

Abbildung 1: Veranschaulichung der Beschäftigtenentwicklung anhand der Beschäftigtenanteile von Arbeitsstätten mit bis zu 50 Mitarbeitern an der Gesamtbeschäftigung

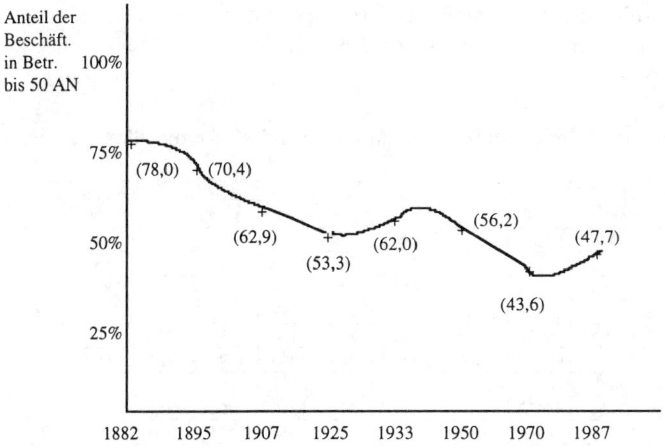

(Vgl. zu den Daten Mendius, u.a., 1987, S.33)

Es zeigt sich, daß der Anteil an kleinen Arbeitsstätten langfristig gesunken ist. Ob die gegenwärtige Zunahme desselben von Dauer oder, wie in den dreißiger Jahren, nur eine vorübergehende Erscheinung ist, bleibt abzuwarten.

Wählt man Arbeitsstätten mit bis zu fünfzig Beschäftigten als zu betrachtendes Untersuchungsobjekt, so fällt der weitaus größte Teil unter die vorzunehmende Analyse (97,2%, siehe Tabelle 2). Dieses Größenverhältnis zeigt erneut, wie ungerechtfertigt die Vernachlässigung der spezifischen Probleme kleiner Unternehmen durch die Forschung wäre. Auch der Anteil der Beschäftigten beträgt immerhin noch 47,7%. Dieser Anteil ist sogar von 1970 bis 1987 um 4,1%-Punkte gestiegen. Hier wird auch die unterschiedliche Verteilung der Beschäftigten nach Unternehmen bzw. Arbeitsstätten deutlich (vgl. auch Mendius, u.a., 1987, S.29).

Die gerade angesprochenen Unterschiede der Zahl an Arbeitsstätten und Unternehmen entsteht durch die in einigen Branchen (vor allem Kreditinstitute und Versicherungsunternehmen) häufig existierenden Filialen. In diesem Segment liegt die Zahl der Arbeitsstätten etwa viermal höher als die der Betriebe (121.800 zu 35.800). In den Wirtschaftszweigen 'Energie, Wasser, Bergbau' und 'Handel, Verkehr, Nachrichten' gibt es ca. ein Drittel weniger Betriebe als Arbeitsstätten. In allen übrigen Branchen liegt die Anzahl der Betriebe weniger als 15% unter der Anzahl der Arbeitsstätten (vgl. König, 1994, S.35). Die folgende Tabelle 4 zeigt die Verteilung der Grundgesamtheit der westdeutschen Betriebe nach der Beschäftigtenstatistik von 1992 auf.[18]

Tabelle 4: Betriebe nach Wirtschaftszweigen und Beschäftigtengrößenklassen

WIRTSCHAFTSZWEIG	SUMME	BESCHÄFTIGTENGRÖßENKLASSEN								
		1-4	5-9	10-19	20-49	50-99	100-199	200-499	500-999	> 999
Land-/Forstwirt./Fischerei	64600	54382	5911	2684	1284	259	65	10	5	0
Bergb./En.- u.Wasservers.	4101	1284	650	591	663	356	211	177	86	83
Grundstoffverarbeitung	44692	18859	8298	6642	5484	2416	1525	1090	385	263
Investitionsgüterindustrie	117348	50890	24046	17828	13236	4997	2901	2125	739	586
Verbrauchsgüterindustrie	115783	59028	25568	14769	9211	3404	2050	1332	316	105
Baugewerbe	135325	64715	33168	21380	11349	2960	1194	460	80	19
Groß-,Ein.-,Versandhand.	351020	225725	62777	32226	19761	6232	2799	1196	232	72
Verkehr u.Nachrichtenüb.	73517	44472	12067	8149	5242	1756	966	565	209	91
Kredit- u. Finanz.institute	19491	8502	3564	2753	2369	1055	664	402	110	72
Versicherungen	20441	16106	1429	1164	878	444	212	123	43	42
Gastst., Heime, Wäscher.	184774	136648	25890	11012	6746	3034	966	401	64	13
Bildungsstätten., Verlage	55102	29903	10822	7298	4236	1493	710	414	125	101
Gesundh.-u. Veterinärw.	117619	78830	30248	4747	1239	656	621	749	361	168
Rechtsber., Architekt. etc.	174568	121292	29484	14662	6463	1625	661	299	53	29
Andere Dienstleistungen	17220	10601	2125	1514	1624	808	386	136	26	0
Organis. ohne Erwerbsch.	97663	63080	11762	8199	7520	3420	1916	1225	351	190
Summe	1593534	984317	287809	155618	97305	34915	17847	10704	3185	1834

Quelle: (Projektgruppe Betriebspanel, 1994, S.21)

Es zeigt sich, daß den 2,3 Mill. Arbeitsstätten rund 1,6 Mill. Betriebe gegenüberstehen. Allerdings ist die Vergleichbarkeit von Beschäftigtenstatistik und Arbeitsstättenzählung nicht ohne weiteres möglich, da beispielsweise Selbständige ohne sozialversicherungspflichtige Arbeitnehmer nicht in der Beschäf-

[18] Auf eine Darstellung der Betriebs- und Unternehmengrößen in den neuen Bundesländern soll hier verzichtet werden, da zum einen das vorhandene Datenmaterial nur vorsichtige Hochrechnungen sind. Zum anderen unterliegt die Firmengrößenverteilung in den neuen Bundesländern momentan noch erheblichen Veränderungen.

tigtenstatistik auftauchen, hingegen in der Arbeitsstättenzählung berücksichtigt werden (vgl. König, 1994, S.28ff).

Aus demselben Grund ist die Zahl der Unternehmen in der folgenden Tabelle 5 höher als die der Betriebe, weil die Berechnung der Unternehmensgrößenklasse auf der Arbeitsstättenzählung von 1987 beruht, welche die Selbständigen einbezieht.

Tabelle 5: Unternehmen nach Wirtschaftszweigen und Beschäftigtengrößenklassen 1970 und 1987

WIRTSCHAFTS-ZWEIG	JAHR	BESCHÄFTIGTENGRÖßENKLASSEN 1-9	10-49	50-99	100-199	200-499	> 500	Gesamt
Land- u. Forstwirtsch.,	1970	20030	1420	110	17	11	3	21591
Fischerei	1987	25223	2789	139	36	7	1	28195
Differenz 1987/70		**+ 5193**	**+ 1369**	**+ 29**	**+ 19**	**-4**	**- 2**	**+ 6604**
Energie- u. Wasserver-	1970	2158	712	153	127	81	126	3357
sorgung, Bergbau	1987	1843	669	176	109	100	113	3010
Differenz 1987/70		**- 315**	**- 43**	**+ 23**	**- 18**	**+ 19**	**- 13**	**- 347**
Verarbeitendes Gewer-	1970	333145	61226	10214	6047	4399	2485	417456
be	1987	248576	68782	8969	5071	3317	1845	336560
Differenz 1987/70		**- 84569**	**+ 7556**	**- 1245**	**- 976**	**- 1022**	**- 640**	**- 80896**
Baugewerbe	1970	114903	34501	4190	1766	765	215	156340
	1987	137816	39270	2940	1072	395	105	181598
Differenz 1987/70		**+ 22913**	**+ 4769**	**- 1250**	**- 694**	**- 370**	**- 110**	**+ 25258**
Handel	1970	596489	43348	4127	1815	812	313	646904
	1987	530050	48068	3972	1710	870	403	585073
Differenz 1987/70		**- 66439**	**+ 4720**	**- 155**	**- 105**	**+ 58**	**+ 90**	**- 61831**
Verkehr- u. Nachrich-	1970	66436	6329	594	314	194	97	73964
tenübermittlung	1987	69436	10098	866	361	178	100	81039
Differenz 1987/70		**+ 3000**	**+ 3769**	**+ 272**	**+ 47**	**- 16**	**+ 3**	**+ 7075**
Kreditinstitute und	1970	39105	2809	554	346	262	189	43265
Versicherungsgewerbe	1987	75017	3079	776	506	395	279	80052
Differenz 1987/70		**+ 35912**	**+ 270**	**+ 222**	**+ 244**	**+ 133**	**+ 90**	**+ 36787**
Dienstleistungen von	1970	515707	26282	1783	797	444	170	545183
Untern. u. Fr. Berufen	1987	741928	54186	3094	1554	1050	512	802324
Differenz 1987/70		**+226221**	**+ 27904**	**+ 1311**	**+ 757**	**+ 606**	**+ 342**	**+257141**
Insgesamt	1970	1687973	176627	21725	11229	6908	3598	1908060
	1987	1829889	226941	20932	10419	6312	3358	2097851
Differenz 1987/70		**+141916**	**+ 50314**	**- 793**	**- 810**	**- 596**	**- 240**	**+189791**

(Quelle: Bundesministerium der Wirtschaft, 1990, S.103)

Aus Tabelle 5 ist ersichtlich, daß vor allem der Bereich der modernen Dienstleistungsunternehmen eine erhebliche Zunahme an Firmen zu verzeichnen hat. Diese Zuwächse werden jedoch zur Hälfte durch Verluste beim Verarbeitenden Gewerbe und beim Handel kompensiert. Desweiteren zeigt sich, daß obwohl im

Energiesektor als auch im Handel eine erhöhte Firmenkonzentration festzustellen ist, ein Trend hin zu kleineren Unternehmensgrößen zu beobachten ist. Insgesamt sind von den in Tabelle 5 erfaßten ca. zwei Millionen Unternehmen bis auf 40.000 Firmen alle in einer die Analyse betreffenden Größe angesiedelt.

Tabelle 6: Beschäftigte nach Wirtschaftszweigen und Beschäftigtengrößenklassen 1970 und 1987

WIRTSCHAFTS-ZWEIG	JAHR	BESCHÄFTIGTENGRÖßENKLASSEN 1-9	10-49	50-99	100-199	200-499	> 500	Gesamt
Land- u. Forstwirtsch.,	1970	54748	24822	7336	2126	2970	7945	99947
Fischerei	1987	73483	48219	9163	4672	1738	683	137958
Differenz 1987/70		**+ 18735**	**+ 23397**	**+ 1827**	**+ 2546**	**- 1232**	**-7262**	**+ 38011**
Energie- u. Wasserver-	1970	6155	16388	10624	18236	26152	456941	534459
sorgung, Bergbau	1987	5701	15087	12496	16051	32252	403596	485183
Differenz 1987/70		**- 414**	**- 1301**	**+ 1872**	**- 2185**	**+ 6100**	**- 53345**	**- 49276**
Verarbeitendes Gewer-	1970	1020522	1243588	712253	841466	1334758	5157873	10310460
be	1987	871591	1339316	619106	708682	1013683	4029536	8581914
Differenz 1987/70		**- 148931**	**+ 95728**	**- 93147**	**- 132784**	**- 321075**	**-1128337**	**-1728546**
Baugewerbe	1970	428470	676838	286532	240453	221405	319864	2173652
	1987	526131	714277	199405	144503	114602	165674	1864592
Differenz 1987/70		**+ 97661**	**+ 37439**	**- 87127**	**- 96040**	**-106803**	**- 154190**	**- 309060**
Handel	1970	1502822	803818	282424	248523	236730	534068	3608385
	1987	1459902	871550	271586	232794	259578	784757	3880167
Differenz 1987/70		**- 42920**	**+ 67732**	**- 10838**	**- 15729**	**+ 22848**	**+250689**	**+271782**
Verkehr- u. Nachrich-	1970	164368	119243	40346	43744	59708	1017492	1444901
tenübermittlung	1987	191832	189084	59317	50625	54836	967889	1513583
Differenz 1987/70		**+ 27464**	**+ 69841**	**+ 18971**	**+ 6881**	**- 4872**	**- 49603**	**+ 68682**
Kreditinstitute und	1970	76512	55702	39195	48943	81643	357916	659911
Versicherungsgewerbe	1987	138248	71044	54406	70054	122320	523363	979435
Differenz 1987/70		**+ 61736**	**+ 15342**	**+ 15211**	**+ 21111**	**+ 40677**	**+165447**	**+319524**
Dienstleistungen von	1970	1433887	447005	121641	109623	137700	182838	2432694
Untern. u. Fr. Berufen	1987	2178037	897677	212348	215764	320364	649617	4473807
Differenz 1987/70		**+744150**	**+450672**	**+ 90707**	**+106141**	**+182664**	**+466779**	**+2041113**
Insgesamt	1970	4687444	3387404	1500351	1553204	2101066	8034937	21264406
	1987	5444925	4146254	1437827	1443145	1919373	7525115	21916639
Differenz 1987/70		**+757481**	**+758850**	**- 62524**	**-110059**	**-181693**	**-509822**	**+652233**

(Quelle: Bundesministerium der Wirtschaft, 1990, S.104)

Tabelle 6 zeigt ein ähnliches Bild auf wie Tabelle 5. Die hauptsächlichen Beschäftigungsgewinne resultieren aus der Tätigkeit der modernen Dienstleistungsunternehmen. Diese Zuwächse werden aber fast vollständig nivelliert durch Arbeitsplatzverluste im Verarbeitenden Gewerbe und im Bausektor. Von den in Tabelle 6 erfaßten Beschäftigten arbeiten immerhin noch knapp die Hälfte in der für die Analyse relevanten Unternehmensgröße von bis zu fünfzig Mitarbeitern.

Einen weiteren Beleg zur Bedeutung der kleinen Unternehmen liefert eine kurze Betrachtung von Leistungen des deutschen Handwerks, deren Unternehmen nahezu vollständig unter das gewählte Kriterium der kleinen Unternehmen fallen. 1982 waren im deutschen Handwerk 3,8 Mill. Arbeitnehmer beschäftigt, was einem Anteil an der Gesamtheit der Arbeitnehmer von 15 % entsprach. Die 540.000 Betriebe des deutschen Handwerks kennzeichneten für 12% des Sozialproduktes der damaligen Bundesrepublik Deutschland verantwortlich. Besonders deutlich wird die Wichtigkeit dieser kleinen Unternehmen in bezug auf die Arbeitnehmerausbildung. Zwei Drittel aller gewerblichen Ausbildungsverhältnisse wurden in kleinen Unternehmen abgeschlossen (vgl. Statistisches Bundesamt, zitiert nach Rühl, u.a., 1988, S. 37).

2.2. Aspekte einer Theorie der Unternehmung

2.2.1 Warum gibt es Unternehmen?

Das neoklassische Unternehmensbild

Die soeben aufgeworfene Frage kann der traditionell-neoklassische ökonomische Ansatz (wie zum Beispiel der von Walras) nicht erklären. Er kann deshalb keine Antwort dafür vorweisen, weil Informationskosten für die Herstellung von Markttransparenz, Vertragskosten zwischen Wirtschaftssubjekten, usw., unter den restriktiven Annahmen von vollständiger Mobilität der Produktionsfaktoren, vollständiger Transparenz der Wirtschaftsakteure und unendlich schneller Anpassungsgeschwindigkeit dieser gar nicht anfallen können. Es entstehen bei traditioneller neoklassischer Sichtweise des Marktgeschehens nur sogenannte Markttransaktionskosten wie beispielsweise Transportkosten. Dementsprechend ist das Unternehmerbild der traditionellen Theorie. Firmeninhaber sind reine Gewinnmaximierungscomputer, "[...] dessen Software unterschiedliche Spezifikationen von Produktionsfunktionen, Faktor- und Güterpreisen und deren zugehörigen Nachfrage- und Angebotselastizitäten enthält, aber auf Wahrnehmung sozialer Beziehungen nicht programmiert ist" (Reiß, 1993, S.560). Eine Unternehmung wird in rein neoklassischer Sichtweise ausschließlich determiniert auf die Nachfrage nach Produktionsfaktoren, die in einem durch eine spezielle Produktionsfunktion bestimmten technischen Verhältnis das Produzieren und somit letztlich das Anbieten von Gütern mit dem Ziel der Gewinnmaximierung gestatten. Die wesentlichen Existenzgründe für eine Mehrpersonenunternehmung werden vollständig außer acht gelassen und somit auch jedwede Betrachtung unterschiedlicher Unternehmensgrößen von vornherein ausgeklammert.

In der Realitität sind Wirtschaftsakteure bekanntermaßen nur mit einer sehr begrenzten, oftmals regional determinierten Transparenz ausgestattet. Auch Immobilitäten der Produktionsfaktoren (insbesondere von Arbeit) gehören zu den oft beobachtbaren Phänomenen unseres Wirtschaftsgeschehens. Zudem sprechen die häufig auftretenden Strukturkrisen nicht gerade für eine sehr schnelle Anpassungsgeschwindigkeit der Wirtschaftssubjekte. Ein Hauptgrund für die vorhandenen Informations- und Anpassungsmängel liegt im Vorhandensein von Transaktionskosten. Informationsverbesserung und Flexibilitätserhöhung ist mit Kosten verbunden und sei es nur durch den benötigten Zeitaufwand, welcher dann einer anderen, produktiveren Verwendung nicht mehr zur Verfügung steht. In diesem Punkt spannt sich der Bogen hin zu Coase und seiner Begründung für die Existenz von Unternehmen.

Das Unternehmensbild von Coase

Coase fundamentale Erkenntnis ist, daß es einem Unternehmen möglich ist, die externen, das heißt außerhalb einer Organisation auftretenden, Transaktionskosten durch Internalisierung zu senken. "The main reason why it is profitable to establish a firm would seem to be that there is a cost of using the price mechanism" (Coase, 1937, S.390). Die markantesten Kosten, die bei der Nutzung des Preismechanismus entstehen, sind die Informationskosten zur Ermittlung der relevanten Preise. Diese Informationskosten können zwar durch Makler oder andere Spezialisten gesenkt werden, sind aber nicht vollständig zu beseitigen.[19] Desweiteren erwähnt Coase die sogenannten Kontraktkosten, die bei jeder externen Transaktion entstehen. Diese ´Marktkontrakte´ werden zwar ebenfalls nicht vollständig innerhalb eines Unternehmens vermieden, jedoch wird ihre Zahl erheblich reduziert. Das impliziert, bei zunächst wenig differenzierter Betrachtungsweise, daß die relativ anfallenden Transaktionskosten um so geringer sind, je größer ein Unternehmen ist (vgl. Coase, 1937, S.387ff).[20]

Diese Aussage weist bereits auf einen der Schlüsselaspekte der Arbeit hin. "Die Existenz einer Firma ist [...] nicht nur durch Produktionskosten- sondern primär durch Transaktionskostenvorteile bei interner Organisation zu begründen"

---

[19] Wie zu zeigen sein wird trifft dieses vor allem auch auf den Arbeitsmarkt zu, wo Personalvermittlungsagenturen zwar Informationskosten für die Unternehmen senken, diese beiweiten aber nicht vollständig nivelliert werden, sondern bis zu einem Jahresgehalt des Eingestellten ausmachen können; siehe dazu Kapitel 3.1.1.1 sowie die ausführliche Behandlung dieser Problematik in der principal-agent-theory (vgl. Jensen, Meckling, 1976, S.304ff).

[20] Allerdings ist bekannt, daß bei steigender Unternehmensgröße aufgrund von Effizienzverlusten durch eine höhere Unternehmenskomplexität die betriebsinternen Organisationskosten, auch Koordinationskosten genannt, zunehmen.

(Windsperger, 1983, S.903). Demnach ist der Unternehmer nach Coase ein Kalkulator von Organisations- bzw. Transaktionskosten, der nach den jeweiligen Kostengesichtspunkten entweder den Preismechanismus oder das Hierarchieinstrument Unternehmung einsetzt. Besonderes Merkmal einer Unternehmung ist dementsprechend nach Coase eine hierarchische Organisationsstruktur, die im Gegensatz zum nicht hierarchischen Marktpreismechanismus verbunden ist mit Direktionsrecht und Weisungsbefugnissen (vgl. Coase, 1937, S.387ff und Reiß, 1992, S.560ff). "Jemand geht nicht von Abteilung x zur Abteilung y, weil sich die relevanten Preise geändert haben, sondern weil es ihm befohlen wurde" (Coase, 1937, S.388).

Unternehmen werden also gegründet, um mit Hilfe des Anweisungs- , oder ausgeprägter formuliert, Befehlsmechanismus die anfallenden Transaktionskosten zu senken. Dieses gelingt natürlich sowohl kleinen als auch großen Unternehmen, jedoch liegt hier der erste Grund für Beschäftigungsprobleme kleiner Unternehmen versteckt. Wie im folgenden zu zeigen sein wird, gilt: Je größer ein Unternehmen ist, um so geringer sind die anfallenden externen Transaktionskosten in Relation zur Beschäftigtenzahl bzw. zum Umsatz. Anfallende, beschäftigungsbedingte Transaktionskosten sind konkret Such- und Informationskosten, Anbahnungskosten, Kontraktkosten sowie Anpassungskosten, die im Kapitel 3.1.1 dargestellt und deren Auswirkungen auf die Beschäftigungssituation dort ausführlich behandelt werden.

Das Unternehmensbild von Knight

Ein weiterer Aspekt ist die in der Realität vorhandene Unsicherheit der einzelnen Wirtschaftssubjekte bezüglich endogen oder exogen verursachter Änderungen der Rahmenbedingungen. "It seems improbable that a firm would emerge without the existence of uncertainty" führt Coase (1937, S.392) aus und bezieht sich dabei auf das von R. Knight geprägte Unternehmerbild. Nach Knight ist ein Unternehmer gekennzeichnet durch Risikofreude und Wagemut, wobei er für das Tragen des Unternehmerrisikos mit Weisungsmacht ausgestattet und somit auch immateriell entschädigt wird. Den eigentlichen Existenzgrund für ein Unternehmen erkennt Knight in der Einkommenserzielung von Risikoträgern, wobei das Unternehmen letztlich das Mittel ist, nicht versicherbare, risikobehaftete Tätigkeiten ausführen zu können. Diese auf anweisungsgesteuerter Produktion beruhenden Spekulationsaktivitäten sind notwendig, weil es in 'unserer' Welt Unsicherheit gibt (vgl. Knight, 1971 (1921) und Reiß, 1993, S.560ff). Je nach der Stärke und Ausprägung von Unsicherheit werden Tätigkeiten von einem Unternehmen durchgeführt oder nicht. Da es aber vermutlich für Firmen unterschiedlicher Größe verschieden gut ausgeprägte Möglichkeiten der Informationsgewinnung gibt, stellt sich die Frage nach der jeweiligen Reaktionsfähigkeit kleiner und großer Unternehmungen auf Situationsänderungen. Die Existenz von Informationsmängeln als eine Form von Unsicherheit spielt insbesondere bei der Arbeitskräftenachfrage und dem damit zusammenhängenden Vertragsverhalten von Unternehmen eine besondere Rolle.

Das Unternehmensbild von Alchian und Allen

Das Unternehmerbild von Alchian und Allen ist wie das von Coase ein hierarchisch geprägtes, es existiert aber kein reiner Befehlsmechanismus. Es gibt also keine Autorität, sondern ein Unternehmen zeichnet sich nach Alchian und Allen aus als ein auf freiwilliger Basis entstandenes Vertragsnetz, bei dem der Unternehmer als Kontrolleur der Teamproduktion auftritt, dieses aber im Auftrag der Arbeitnehmer tut. Eine Unternehmung ist diesem Verständnis nach ein Mittel zur Organisation von Teamproduktion, mit dessen Hilfe es möglich ist, anfallende Produktionsvorteile der Teamproduktion aufgrund von Spezialisierung durch Arbeitsteilung zu nutzen. Dieses ist aber nur bei preiswerter Leistungskontrolle der jeweiligen Teammitglieder effizient (vgl. Alchian, Allen, 1974 und Reiß, 1993, S.560ff). Alchian und Allen sprechen insbesondere die Probleme an, die sich bei Wachstum eines Unternehmens ergeben: Einerseits die Erfordernis zunehmender Spezialisierung und andererseits zunehmende Kontroll- und Koordinationsprobleme.

Das Unternehmensbild von Schumpeter

Schumpeter sieht den Unternehmer als eine dynamische Persönlichkeit, die Gewinnchancen erkennt und durchsetzt, welche sich aus der Realisierung von Innovationen, das heißt aus technischem oder organisatorischem Fortschritt, ergeben. Schumpeter spricht in diesem Zusammenhang pathetisch vom Initiator eines schöpferischen Zerstörungsprozesses. Aus dieser Sichtweise leitet Schumpeter auch direkt den eigentlichen positiven Aspekt der Unternehmung ab. Sie dient der dynamischen Unternehmerpersönlichkeit als Mittel zur Erzielung von Gewinnen, und hat den Sinn, die wirtschaftliche Entwicklung voranzutreiben. Lediglich als Nebenbedingung sieht er auch eine soziale Funktion von Unternehmen, nämlich den sozialen Wandel zu ermöglichen und voranzutreiben (vgl. Reiß, 1993, S.560ff und März, 1983, S.40ff). Damit kommt Schumpeter von den hier behandelten Ansätzen dem traditionell-neoklassischen am nächsten (vgl. Schumpeter 1964 (1911)). Das Hauptmerkmal einer Unternehmung sieht Schumpeter demzufolge auch in der bestmöglichen Koordination des Produktionsprozesses - die Unternehmung als Bündel von technischen und organisatorischen Produktionsmöglichkeiten. Das Schumpeter´sche Bild vom Unternehmer wird insbesondere dann Bestandteil der nachfolgenden Untersuchungen sein, wenn es konkret um die Tätigkeiten der Unternehmensführungen geht, das heißt es wird der Frage nachgegangen, inwieweit das idealisierte Unternehmerbild Schumpeters in der Realität von Vorgesetzten tatsächlich umgesetzt werden kann. Desweiteren spielen Schumpeters Ausführungen zum Unternehmer bei Fragen zum Unternehmensgewinn und bei Innovationen in Abhängigkeit von der Unternehmensgröße eine Rolle.

Das Unternehmensbild von Marglin

Im Gegensatz zu Alchian und Allen sieht Marglin ein Unternehmen nicht als eine durch ein Vertragsnetz auf freiwilliger Basis entstandene Organisation an, sondern als hierarchische Organisation in Analogie zur Militärorganisation. Dementsprechend faßt Marglin den Unternehmer auch nicht wie Schumpeter als dynamischen Schöpfer einer besseren Zukunft auf, sondern sieht in ihm den Herrscher und Ausbeuter der Arbeiter, der sämtliche Aspekte des Produktionsprozesses unter seine Kontrolle gebracht hat. Dieses ist ihm nicht möglich geworden, weil er dynamische Wesenzüge aufweist, sondern weil es ihm mit Hilfe von zufällig oder historisch bedingten Vorsprüngen in der Vermögens- und Kapitalausstattung gelungen ist, die Absatz- und Beschaffungsmärkte samt seiner Kommunikationskanäle und den gesamten Produktionsprozeß mit Arbeitszeit, Arbeitsmittel, Arbeitsbedingungen, etc. unter seine Kontrolle zu bringen, um daraus Profit zu ziehen. Das Arbeitgeber-Arbeitnehmer-Verhältnis ist also lediglich ein Ausbeutungsverhältnis. Der einzige Existenzgrund einer Unternehmung ist für Marglin somit die Profiterzielung durch Ausbeutung der Arbeiter (vgl. Marglin, 1977, S.60ff). Die einseitige und radikale Sichtweise verdeutlicht die Problematik unterschiedlicher Interessengruppen auch in Unternehmen. Auf der einen Seite die Unternehmer und ihre Interessenvertretung in Arbeitgeberverbänden und auf der anderen Seite die Arbeitnehmer mit ihren Vertretern in Betriebsräten und den Gewerkschaften als Dachorganisationen. Auch wenn in Deutschland das Verhältnis zwischen Selbständigen und abhängig Beschäftigten im Vergleich zu anderen Industrienationen durchaus als moderat und ausgewogen bezeichnet werden kann, ergeben sich durch systembedingte Verteilungskämpfe immer wieder organisatorische Probleme für die Unternehmen. Die Teile des Kapitels 3.1.3 über den Einfluß der Gewerkschaften und Teile der Ausführungen über das Arbeitsangebot (Kapitel 3.2) nehmen deshalb zu diesem Themenkomplex Stellung.

Zusammenfassung

Eines sollte die Darstellung der verschiedenen Ansätze zur Bestimmung der Existenzgründe für Unternehmen aufgezeigt haben. Alle Standpunkte zusammen betrachtet umfassen die wesentlichen Gründe für die Existenz von Unternehmen. Nur die Gesamtheit aller Argumente liefert eine vollständige Begründung für das Vorhandensein von Unternehmen. Zudem weisen alle Ausführungen bereits auf die im Unternehmen zu lösenden, vielfältigen organisatorischen, rechtlichen und sozialen Probleme hin. Schließlich finden sich die angesprochenen unterschiedlichen Unternehmenscharakteristiken in unterschiedlicher Ausprägung in den Führungspersönlichkeiten der Unternehmen wieder. Da aber differentes Risikobewußtsein oder verschiedene Führungsstile einen entscheidenden Einfluß auf die Beschäftigtensituation von Unternehmen haben, werden im folgenden kurz mögliche Charakteristika von Firmenleitern insbesondere kleiner Unternehmungen dargestellt.

Das Unternehmerbild in Klein- und Mittelbetrieben

In den letzten Jahren hat es verschiedene Untersuchungen gegeben, die besonders auf den speziellen Typus eines Kleinunternehmers verwiesen haben (vgl. beispielsweise Hilbert, Sperling 1990 und 1991). Zwei grundlegende Ausprägungen, die jeweils unterschiedliche Akzente der gerade dargestellten Unternehmerbilder beeinhalten, scheinen sich dabei herauszukristallisieren. Zum einen ist das der sogenannte technische Entrepreneur, welcher über eine technisch ausgerichtete Berufserfahrung und Qualifikation verfügt. Die andere typische Unternehmerausprägung in kleinen Firmen ist der sogenannte kaufmännische Entrepreneur, dessen qualifikatorischer Schwerpunkt in ausgeprägten betriebswirtschaftlichen Erfahrungen und Interessen liegt (vgl. Hilbert, Sperling, 1991, S.75ff).

Ist der technisch orientierte Unternehmer vor allem teamorientiert (Alchian, Allen) und achtet er auf soziale Ausgewogenheit im Betrieb, legt der betriebswirtschaftlich geprägte Firmenchef eher Wert auf die außerbetriebliche Umgebung, um hauptsächlich Transaktionskosten (Coase) zu senken und sich zumindest partiell gegen die Folgen von Unsicherheit (Knight) abzusichern. Ist der 'Technikertyp' in der Regel der 'Tüftler', der Produktinnovationen realisieren möchte (Schumpeter), sieht der 'Kaufmannstyp' den Unternehmenszweck häufiger darin, durch Organisationsverbesserungen wie eine eindeutige hierarchische Struktur (Marglin), die Effizienz und damit letztendlich die Existenz des Unternehmens zu sichern.

Da aber die gerade aufgezeigten charakteristischen Merkmale von Unternehmerpersönlichkeiten gerade in Kleinfirmen - durch die dort vorhandene Dominanz der Führungskräfte - die strategischen Entscheidungen maßgeblich determinieren, erscheint es ein sinnvoller Ansatz zu sein, neben den aufgezeigten theoretischen Begründungen für die Existenz von Unternehmen diese in der vorzunehmenden Analyse zu berücksichtigen. Auch weil die momentane Renaissance des Kleinunternehmertums (vgl. Aiginger, Tichy, 1984) schließlich auch weitgehend darauf zurückgeführt wird, daß die heute zunehmend als Muß aufgefaßte Flexibilität von Unternehmen letztlich nur in den Kleinbetrieben aufgrund der dort anzutreffenden spezifischen Unternehmerbesonderheiten realisiert werden kann.

Was aber hat Flexibilität wiederum mit Beschäftigungsproblemen von Unternehmen zu tun? Die Beantwortung dieser Frage wirft ein erstes konkretes Licht auf die vielfältigen Arten von Personalschwierigkeiten, mit denen sich Unternehmen auseinanderzusetzen haben.

Beschäftigungsprobleme von Unternehmen sind teilweise schon häufig diskutiert worden und damit einer breiten Öffentlichkeit bekannt. Zu nennen sind hier beispielsweise Schwierigkeiten der Personalanpassung bei Nachfrageschwankungen aufgrund konjunktureller Einbrüche oder wegen Facharbeitermangels, welcher durch Immobilitäten von Arbeitnehmern hervorgerufen wurde. Es wird dann im gleichen Atemzug die Forderung nach mehr Flexibilität von allen Beteiligten gestellt, allerdings ohne genau darauf einzugehen, was Unternehmensflexibilität letztlich konkret bedeutet. Zudem münden fast alle wissenschaftlichen Betrachtungen von Beschäftigungsproblemen in Unternehmen in die Frage nach der Flexibilität bzw. Inflexibilität in Abhängigkeit von der Unternehmensgröße.

Betrachtet man das Phänomen Beschäftigungsprobleme genauer, wird recht schnell deutlich, daß sämtliche Restriktionen bezüglich Arbeitnehmern offensichtlich auch als Inflexibilitätsphänomene aufgefaßt bzw. zumindest mit diesen in Zusammenhang gebracht werden können. Zudem haben, wie zu zeigen sein wird, fast alle Maßnahmen zur Steigerung der Flexibilität von Unternehmen indirekt auch Einfluß auf die Beschäftigtensituation von Firmen, wenn sie sie nicht sogar direkt ansprechen wie beispielsweise bei der Arbeitszeitflexibilisierungsdebatte.[21] Daher bietet es sich an, für die vorzunehmende Analyse beim Begriff Flexibilität anzusetzen, da offensichtlich Inflexibilität der kleinste gemeinsame Nenner von Beschäftigungsproblemen ist. Der Ansatz-

---

21 Flexibilität kann dann als Oberbegriff für jedwede mögliche Variation von Beschäftigungsverhältnissen aufgefaßt werden.

punkt Unternehmensflexibilität scheint auch insofern legitim zu sein, weil im wirtschaftstheoretischen Idealmodell der vollständigen Konkurrenz - vollständige Flexibilität der Wirtschaftsakteure vorausgesetzt - keinerlei Beschäftigungsprobleme existieren.

Die Ausführungen des folgenden Kapitels werden deshalb dem Versuch dienen, den Begriff Flexibilität zu erläutern. Wie sich herausstellen wird, lassen sich letztendlich vom Ausgangspunkt Flexibilität fast alle Beschäftigungsprobleme angehen. Es wird also folgender Kausalzusammenhang vorausgesetzt:

Abbildung 2: Beziehungsmuster von Theorien der Unternehmung, Flexibilität und Beschäftigungsproblemen von Firmen

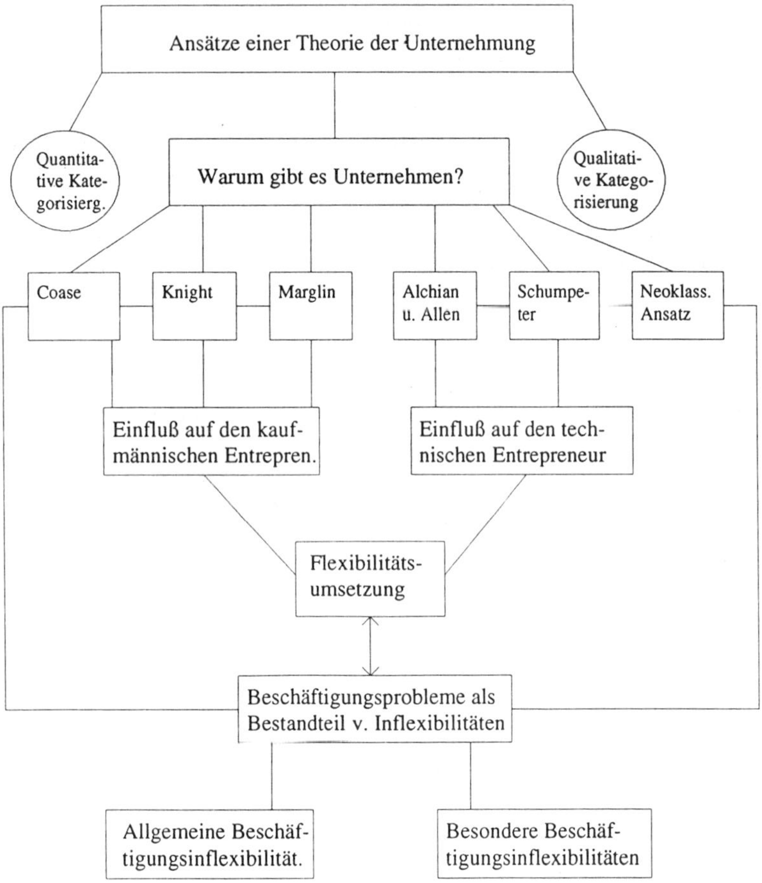

Dieses Beziehungsmuster liegt dem Ansatz dieser Arbeit zugrunde. Auf der Basis verschiedener Unternehmenstheorien werden die in Unternehmen unterschiedlicher Größenklassen auftretenden differenten Beschäftigungsprobleme als direkte Folge von Inflexibilitäten dargestellt. Im folgenden wird der Zusammenhang von Flexibilität und Beschäftigungsproblemen konkretisiert.

2.2.2 Zum Zusammenhang von Flexibilität und Beschäftigungsproblemen

2.2.2.1 Einführung - Was ist Flexibilität?

Abgrenzung des Begriffspaares Flexibilität - Inflexibilität

Wohl kein anderes Schlagwort hat die wirtschaftstheoretische Diskussion im Bereich der Wirtschaftspolitik in den letzten Jahren so geprägt wie der Begriff Flexibilität (oder Flexibilisierung) der Beschäftigungsverhältnisse, der Arbeitszeiten, der Produktion mit Hilfe von 'flexible manufacturing systems' oder der Marktkontrakte.

Flexibilisierung ist das Mode-Schlagwort der achtziger und der frühen neunziger Jahre.[22] Fast jegliche Veränderungen in arbeitsrechtlichen oder produktionstechnischen Gegebenheiten - ob sie nur beabsichtigt oder bereits durchgeführt wurden - werden mit Flexibilisierungserfordernissen begründet. Diese werden darauf zurückgeführt, daß Flexibilität eine Wunderwaffe für Kostensenkungen sei (vgl. Semlinger, 1988, S.229ff). Bei genauerer Betrachtung der jeweiligen, sogenannten Flexibilisierungsmaßnahmen ergibt sich jedoch ein recht diffuses Bild darüber, was Flexibilität im konkreten Produktionsprozeß eigentlich bedeutet, bzw. vice versa worin Inflexibilität sich im einzelnen offenbart. "Es gibt keine allgemein anerkannte bzw. übliche Definition von Flexibilität" (Fritsch, 1989, S.178) bzw. auch keine umfassende Theorie der Flexibilität (vgl. Reichwald, Behrbohm, 1983, S.834). So wird beispielsweise 'lean production' als **das** Flexibilisierungserfordernis unserer Tage angesehen (vgl. Maudrich, 1988, S.500ff). Im Prinzip stellt 'lean production' aber eine ausschließlich effi-

---

[22] Diesem Interesse trägt auch die wirtschaftswissenschaftliche Forschung Rechnung. Unzählige Monographien und Aufsätze haben sich in den letzten Jahren mit dem Thema Flexibilität auseinandergesetzt. Einige einschlägige Beiträge sollen hier exemplarisch genannt werden: Reichwald, Behrbohm (1983), Jones, Ostroy (1984), Kickert (1985), Mascarenhas (1985), Oppolzer, u.a. (1986), Gaugler, Krüsselberg (1986), Carlsson (1988), Däubler (1988), Sengenberger (1988), De Meyer, u.a. (1989), Acs, u.a. (1991), Deregulierungskommission (1991), Semlinger (1991), Zwaan (1992).

zienzfördernde Maßnahme dar, weil zum Beispiel Lagerbestandskosten entfallen. Im selben Atemzug werden aber die Unternehmen, welche ihre Produktion 'entschlacken', eher inflexibel, weil bei exogenen Störungen wie Ausfall eines Lieferanten oder einer unerwarteten Nachfragesteigerung Produktionsausfälle aufgrund der minimierten Lagerbestände drohen.

Weitere mögliche Mißverständnisse hinsichtlich des Flexibilitätsbegriffes existieren im Zusammenhang mit unterschiedlichen Unternehmensgrößen. So gelten kleine und mittelständische Betriebe im Vergleich zu Großunternehmen, gerade auch im Bereich von Beschäftigung, in der Regel als wesentlich flexibler. Es wird jedoch nur selten konkret darauf eingegangen, wodurch eine etwaige Flexibilität hervorgerufen wurde bzw. was für diese Unternehmensflexibilität preisgegeben werden mußte. Oftmals werden kleine Zuliefererbetriebe aufgrund fehlender Marktmacht dazu 'gezwungen', 'flexibler' zu sein, wobei es sich bei dieser Form von Flexibilität lediglich um eine Umverteilung von Risiken handelt und die Schwierigkeiten, die sich aus der 'Flexibilisierung' für die kleinen Unternehmen ergeben, vernachlässigt werden.[23] Beispielsweise geraten bei einer unerwarteten Nachfrageschwankung eines 'lean-production' praktizierenden Großunternehmens dessen kleine Zulieferer in Zugzwang. Diese werden Überstunden oder sonstige Anpassungstätigkeiten vornehmen müssen, was ihren Kostendruck erhöht. Sind die kleinen Unternehmen dann aufgrund der Marktmachtverhältnisse nicht in der Lage, höhere Preise gegenüber ihrem großen Kunden durchzusetzen, besteht die Gefahr ihres Ausscheidens aus dem Markt.

Diese Vernachlässigung der Schwierigkeiten vieler kleiner Unternehmen ist oftmals allein (schon) durch die Tatsache begründet, daß bei einer Flexbilitätsbetrachtung von Firmen unterschiedlicher Größe nicht der in der zur Begutachtung vorgenommenen Stichprobe enthaltene survivor-bias[24] beachtet wird. Viele neugegründete und deswegen überwiegend kleine Unternehmen verschwinden nach recht kurzer Zeit vom Markt, ihre Anpassungsflexibilität war also offensichtlich durchaus begrenzt. In der jeweils gezogenen Stichprobe tauchen jedoch nur noch die überlebenden und deshalb vermutlich flexibleren Unternehmen auf.

Desweiteren liegt der Verdacht nahe, daß kleine Unternehmen auch nur deshalb flexibler sein könnten als große, weil aufgrund der höheren Ausprägung der

---

23 Manz beispielsweise spricht in diesem Zusammenhang davon, daß kleine Zuliefererbetriebe sich gezwungen sehen, "[...] ihre defensiven Flexibilitätspotentiale (passive Beugsamkeit) zu mobilisieren und eine Intensivierung der Arbeit, eine Verschlechterung der Arbeitsbedingungen und eine Auszehrung des Betriebskapitals in Kauf nehmen" (Manz, 1993, S.169). Ähnlich argumentieren Semlinger (1989, S.112) und Weimer (1990, S.94ff).

24 Siehe hierzu auch Fritsch, Hull, 1987, S.149ff.

sozialen Kontakte durch betriebsgrößenbedingte 'Nähe' zwischen Vorgesetzten und Untergebenen, die jeweiligen Mitarbeiter stärker 'unter Druck' gesetzt werden können.[25] " 'Die Belegschaft muß manchmal mitziehen können, wir können uns nicht aussuchen, wann die Aufträge fertig werden müssen, wenn es wirklich eng wird, dann ist eben Flexibilität erforderlich', so ein Unternehmer eines kleinen Maschinenbaubetriebes" (Hilbert, Sperling, 1991, S.77). Ob auf Dauer bei solchen innerbetrieblichen 'Umgangsformen' die Flexibilität erhalten werden kann, sei dahin gestellt. Andererseits ist nicht von der Hand zu weisen, daß ein durch die engen Verbindungen zwischen Management und Personal in Kleinunternehmen resultierendes positives Betriebsklima auch produktivitätsfördernd wirken kann.

Weiterhin kann die häufig geäußerte Meinung, daß kleine Unternehmen flexibler sind, auch daher rühren, daß viele Autoren beispielsweise im Zuge der Diskussion der sogenannten Schumpeter-Hypothese über die Innovationstätigkeiten von Unternehmen unterschiedlicher Größe die dort gefundenen, zum Teil sogar noch umstrittenen, Ergebnisse verallgemeinert und auf andere Bereiche übertragen haben (vgl. Kamien, Schwartz, 1982, S.22ff sowie S.49ff).

Schließlich kann die weitverbreitete Annahme, daß kleine Unternehmen flexibler seien als große, auch darauf zurückzuführen sein, daß kleine Unternehmen oftmals als Gesamtbegriff aufgefaßt werden. Das heißt die Summe aller kleinen Unternehmen ist flexibler als die Summe aller großen Firmen. Der Grund dafür könnte sein, daß kleine Unternehmen sich oftmals in Wachstumsbranchen etablieren. Dann aber ist Flexibilität an sich kein kleinen Unternehmen zuzuschreibender Tatbestand, sondern die Wachstumsbranchen 'erzeugen' die Flexibilität.

Zieht man die Konsequenz aus den aufgezeigten Problemen und Unsicherheiten hinsichtlich des Flexibilitätsbegriffes und akzeptiert andererseits aber den Zusammenhang von Beschäftigungsproblemen und Inflexiblitäten, ist es notwendig, im folgenden, bevor auf eine eventuell vorhandene, unterschiedliche Inanspruchnahme differenter Unternehmensgrößen durch einzelne, bestimmte Inflexibilitäten eingegangen werden kann, zunächst den im weiteren verwandten Begriff Flexibilität (bzw. Inflexibilität) anhand verschiedener Betrachtungsebenen abzugrenzen.

---

[25] Dieses Argument wird noch dadurch untermauert, daß in kleinen Unternehmen in der Regel kein Betriebsrat die Arbeitnehmer vor Übergriffen schützen kann, weil er entweder gar nicht existiert oder auch der sozialen Kontrolle des Firmeninhabers untersteht (vgl. Poutsma, 1991, S.102ff). Die Ergebnisse der im Rahmen dieser Arbeit durchgeführten Fallstudien unterstützen diese These (siehe Kapitel 4, Anhang).

Was bedeutet Flexibilität im Produktionsprozeß?

Die Definition und der Begriff Flexibilität gehen auf Stigler (1939) zurück. Er bezeichnete Attribute einer Produktionstechnologie, die eine größere Variation des Outputs erlaubt (vgl. auch Carlsson, 1989, S.181) als das zentrale Kernstück von Flexibilität. Nach einer neueren Definition von Reichwald und Behrbohm ist Flexibilität ganz allgemein "[...] die Existenz von Freiheitsgraden, d.h. Handlungsspielräume bei der [...] Entscheidungsfindung und -realisation [...]" (Reichwald, Behrbohm, 1983, S.837). Ähnlich auch die Definiton von Marschak und Nelson, die Flexibilität als die Größe des Handlungsparametersets auffassen (vgl. Marschak, Nelson, 1962, S.42ff) oder von Jones und Ostroy, die unter Flexibilität die Möglichkeit für ein Wirtschaftssubjekt verstehen, aus vorhandenen alternativen Handlungsmöglichkeiten auswählen zu können (vgl. Jones, Ostroy, 1984, S.13ff). Eine Position ist dann flexibler als eine andere, wenn sie zu mehr Zukunftsoptionen bei einem unveränderten Kostenniveau führt. Beispielsweise ist ein Unternehmen, welches auf eine substitutionale Produktionsfunktion 'zurückgreifen' kann, immer flexibler als eines, das zumindest vorübergehend mit einer limitationalen Produktionsfunktion operieren muß.[26]

Bezogen auf die Leistungserstellung von Unternehmen bedeutet dies, daß je weniger spezialisiert die Produktionsfaktoren sind, oder je weniger Kosten aufgewandt werden müssen, um Produktionsfaktoren einer anderen Verwendung zuzuführen,[27] desto flexibler ist die Produktion mit der Folge einer Zunahme der Produktionsmöglichkeiten und somit geringer werdender Abhängigkeiten für die Unternehmen. Dieser Schluß bedeutet jedoch nicht notwendigerweise, daß ein Unternehmen mit sehr diversifizierter Produktion auch flexibler ist als ein Einproduktunternehmen. Entscheidend ist vielmehr je nach Betrachtungsweise der Verlauf der Gesamtkostenfunktion[28] bzw. der Verlauf der Durchschnitts- (Stück-) Kostenfunktion sowie der Anstieg der Grenzkosten.

Der Ausgangspunkt der Betrachtung sind zwei Unternehmen, die jeweils ein Gut produzieren. Je flacher eine U-förmige Durchschnittskostenfunktion ist, und je weniger stark die Grenzkosten ansteigen, desto höher ist die Flexibilität eines Unternehmens. Siehe hierzu die folgende Abbildung 3:

---

[26] Wie weiter unten gezeigt wird, gilt diese Aussage aber immer nur für eine bestenfalls mittelfristige Betrachtungsweise, weil langfristig fast alle Produktionsfaktoren substituierbar sind.

[27] Was nichts anderes bedeutet, als daß bei Umsetzungs- oder Anpassungskosten von null die Produktionsfaktoren völlig unspezifiziert sind.

[28] Hier wird bereits die übergeordnete Dimension des Flexibilitätsbegriffes gegenüber wichtigen Beschäftigungsrestriktionen wie der Transaktionskosten- und der Unteilbarkeitsproblematik evident. Siehe dazu auch Kapitel 2.2.2.4.

Abbildung 3: Durchschnitts- und Grenzkostenverlauf zweier repräsentativer Unternehmen

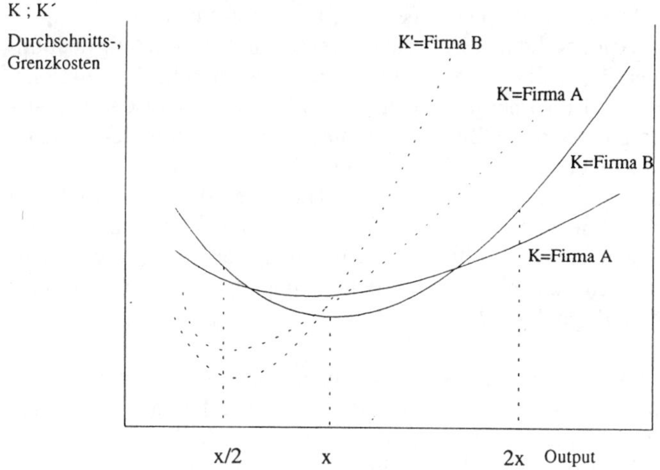

(vgl. ähnliche Darstellungen bei Carlsson, 1989, S.181, Marschak, Nelson, 1962, S.49 oder Stigler, 1939, S.313)

Das Unternehmen A ist also in diesem Beispiel aufgrund seines flacheren Durchschnitts- bzw. Grenzkostenverlaufes flexibler als das Unternehmen B, welches bei einer Ausweitung seines Outputs mit stark zunehmenden Stückkosten und folglich mit höheren Gesamtkosten konfrontiert wäre. Eine Nachfrageschwankung würde somit die Firma B vor weitaus größere Probleme stellen als die Firma A. Dadurch wird eines deutlich: Flexibilität ist kein freies Gut, sondern verursacht je nach Produktsortiment oder Produktionstechnologie unterschiedlich hohe Kosten. So wird ein Unternehmen, welches stetig die Menge X produziert, weil es beispielsweise einen langfristigen Kontrakt mit Abnahmegarantie eines Nachfragers abschließen konnte, mit Sicherheit geringere Kosten haben als ein Unternehmen, das aufgrund von Unsicherheiten über die Auftragslage ständig in der Lage sein muß, die Menge X/2 oder 2X produzieren zu können (vgl. Stigler, 1939, S.125 und Carlsson, 1989, S.181). Diese Aussage wird im Anhang in Anlehnung an ein Modell von Marschak und Nelson (1962) mit Hilfe eines formalen, an der Beschäftigtenproblematik von Unternehmen orientierten, Beispieles verdeutlicht (siehe Anhang, Kapitel 7.3).

Betrachtung des Verhältnisses von Flexibilität zu Effizienz

Mehr Unternehmensflexibilität erfordert demnach generell einen höheren Ressourcenverbrauch. Dieses wird sowohl beim Arbeitseinsatz evident, beispielsweise durch Transaktionskosten, die beispielsweise durch Abfindungszahlungen bei kurzfristiger Personalanpassung entstehen, als auch beim Produktionskapital, so zum Beispiel im Energiebereich: "Bei Flexibilisierung der Arbeitszeit würde der Energiebedarf für Beleuchtung und Klimatisierung der Arbeitsstätten beträchtlich steigen" (Stromthemen, 1989, S.8), und zwar in Relation zur jeweils anwesenden Anzahl von Mitarbeitern. Dieser erhöhte Energiebedarf wirkt jedoch aufgrund des Unteilbarkeitsproblems für kleine Unternehmen relativ kostenbelastender als auf große Firmen, weil die Relation Energiebedarf zur jeweils anwesenden Anzahl von Mitarbeitern ungünstiger ist (siehe auch Kapitel 2.2.2.2 sowie Kapitel 3.1.2.4).

Das heißt - der Stigler´schen Argumentation folgend -, daß ein Unternehmen, welches auf einem bestimmten Level produzieren kann, effizienter ist als ein auf mehrere unterschiedliche Ausbringungsniveaus ausgerichtetes, flexibles Unternehmen. Es gibt also offensichtlich einen tradeoff zwischen Produktivität (statischer Effizienz) und Flexibilität (dynamischer Effizienz).[29]

Dieser tradeoff dürfte der Hauptgrund für die bereits angesprochene weitverbreitete Annahme sein, daß kleine Unternehmen gegenüber großen nicht unerhebliche Flexibilitätsvorteile besitzen. Großen Unternehmen werden bis heute hohe (statische) Effizienzvorteile bei der Produktion eingeräumt (vgl. u.a. Schmidt, Rittaler, 1986, S.59ff) - und ganz das Bild eines relativ unbeweglichen 'Elefanten' vor Augen - werden sie vice versa als wenig flexibel angesehen. Doch wird bei einer solchen Argumentationsweise außer acht gelassen, warum große Unternehmen in der Regel effizienter produzieren (können). Größenvorteile treten beispielsweise nicht nur bei einem großen Einproduktunternehmen auf, sondern können durchaus auch bei einem diversifizierten Großunternehmen existieren. So ist die Produktionspalette eines mit Größenvorteilen ausgestatteten Industriegiganten wie Siemens erheblich umfassender als das Produktangebot irgendeines kleinen Zulieferers und doch hat Siemens mit Sicherheit keine Flexibilitätsnachteile gegenüber den kleinen Firmen. Im Gegenteil, der Grund warum Siemens überhaupt auf Zulieferer zurückgreift, dürfte darin bestehen, daß das zuliefernde Kleinunternehmen nur ein bestimmtes Produkt produziert

29 Zumindest läßt sich dieser tradeoff theoretisch ableiten. Natürlich besteht in der Praxis häufig ein positiver Zusammenhang zwischen Produktivität und Flexibilität, weil dynamische Unternehmensführungen ihr Augenmerk sowohl auf eine Steigerung der statischen Effizienz als auch auf eine möglichst gute Anpassungsfähigkeit legen. Das ändert aber nichts am grundsätzlichen theoretischen Zusammenhang von Produktivität und Flexibilität.

und dieses deshalb kostengünstiger herstellen kann. Dann aber wäre dieses spezialisierte, aber eben auch kleine Unternehmen effizient, aber unter keinen Umständen flexibel im Stigler'schen Sinne.

Diese Erwägungen verdeutlichen nochmals, daß bevor ein Resümee über Flexibilitätsvorteile oder -nachteile von Unternehmen unterschiedlicher Größe abgegeben werden kann, zunächst einmal Klarheit über die verschiedenen Formen und Dimensionen, in denen Flexibilität auftreten kann, verdeutlicht werden müssen, um nicht vorschnelle und deshalb teilweise falsche Aussagen über die Unternehmensflexibilität zu provozieren.

Die Formen von Flexibilität und ihre jeweilige Bedeutung

Im folgenden wird der Begriff Flexibilität konkretisiert und die jeweilige Bedeutung der einzelnen Formen von Inflexibilität als Ausdruck von Beschäftigungsproblemen soll aufgezeigt werden.

Quantitative Flexibilitätspotentiale der Beschäftigung

Das Wort flexibel impliziert bei oberflächlicher Betrachtung unabhängig von Raum und Zeit zu sein oder mit anderen Worten, es "[...] erweckt den Anschein, daß es sich dabei um eine überdauernde Eigenschaft handelt" (Reichwald, Behrbohm, 1983, S.838). Dem ist aber keineswegs so. Flexibilität besitzt immer dann auch eine begrenzte zeitliche Dimension, wenn es sich um kardinal meßbare Flexibilitätspotentiale handelt. So sind Lagerbestände oder Kapazitätsreserven erschöpfbare Flexibilitätspotentiale, deren Flexibilitätsspannen quantifizierbar sind. Bei diesen Kapazitätsreserven handelt es sich nicht nur um kapitalbedingte Flexibilitätspotentiale, sondern auch um die Möglichkeit, mit einem vorhandenen Arbeitskräftepool auf Nachfrageschwankungen oder ähnliche Anpassungserfordernisse jederzeit reagieren zu können.

Unter quantitativen Flexibilitätspotentialen der Beschäftigung wären demnach zu verstehen:

- Anzahl der Beschäftigten
- Arbeitsdauer
- Wochenendarbeit, Nachtarbeit, Schichtarbeit
- Teilzeitarbeit, Gleitzeit, neue Arbeitszeitformen

Das Tempo des Verzehrs bzw. das Ausmaß der möglichen Inanspruchnahme dieser Flexibilitätsreserven bestimmt dann letztlich den Grad an Beschäftigtenflexibilität eines Unternehmens.

Qualitative Flexibilitätspotentiale der Beschäftigung

Neben diesen quantitativen Flexibilitätspotentialen gibt es allerdings auch qualitative Flexibilitätsreserven. Darunter sind im technischen Bereich vor allem Produktionsanlagen zu verstehen, die innerhalb kurzer Zeit einer anderen Verwendung zugeführt werden können. Diese qualitativen Flexibilitätspotentiale sind jedoch mit Kosten für die Umrüstung der Fertigungsanlagen oder für einen bestimmten Anpassungsaufwand in Form von Planänderungen verbunden (vgl. Fritsch, 1989, S.180). Allerdings sind diese Kosten in den letzten Jahren durch die Entwicklung und Einführung neuer Produktionstechnologien wie CNC, CAD oder FMS (flexible manufacturing system) erheblich zurückgegangen (siehe zu den neuen Technologien Kapitel 3.1.3.5). Demgegenüber stehen allerdings nicht unerhebliche Kosten, die für eine Qualifizierung bzw. ständige Weiterbildung der Belegschaften in den Unternehmen eben aufgrund der Digitalisierung der Produktion entstehen.

Im personellen Bereich liegen daher qualitative Flexibilitätspotentiale der Beschäftigung im jeweiligen Ausbildungsniveau der Arbeitnehmer. Grundlegend sind in diesem Zusammenhang Bildungsniveau, Ausbildungsstand und das Alter der Arbeitskräfte. Die zeitliche Dimension von Flexibilität liegt hierbei darin, daß zumindest Bildungsniveau und Ausbildungsstand jeweils selbst durch ein Unternehmen im Zeitablauf beeinflußbar sind. Welche Bedeutung hat nun die zeitliche Dimension von Flexibilität für Beschäftigungsprobleme kleiner Unternehmen?

Die zeitliche Dimension von Flexibilität

Die Bedeutung des beobachteten Zeitraumes für eine Flexibilitätseinschätzung von Unternehmen zeigt sich beispielsweise bei einer Betrachtung der Produktionsfunktionen von Unternehmen. Eine Einschätzung hinsichtlich der Produktionstechnik kann nämlich nur bei einer kurzfristigen Betrachtung zu unterschiedlichen Produktionsrestriktionen als Ergebnis führen. So werden einige Unternehmen zwar bei einer Momentanalyse (initiiert aufgrund eines exogenen Schocks für die betrachteten Unternehmen) eine limitationale Produktionsfunktion und andere eine eher substitutionale Produktionsfunktion aufweisen, aber schon bei mittelfristiger Betrachtungsweise wird sich das Bild ändern. Es scheint evident zu sein, gerade beim heutigen Evolutions- und Entwicklungstempo der Produktionstechnologie, daß alle Unternehmen, wenn nicht mittelfristig, dann zumindest langfristig in ihrer Produktion viele Faktoren weitgehend substituieren können. Eine Ausnahme bilden hier nach wie vor insbesondere Unternehmen des Handwerks und eine Reihe von Dienstleistungsbranchen (Hotel- und Gaststättengewerbe, Gebäudereiniger, Sicherheits- und Auftragsdienste, etc.). In diesen überwiegend kleinen Unternehmen bringt es der Leistungserstellungsprozeß mit sich, daß der Produktionsfaktor Arbeit nur sehr begrenzt durch Kapital substituiert werden kann. Daraus folgt, daß viele kleine Unternehmen die Handlungsalternative 'Substitution von Produktionsfaktoren' nicht besitzen und somit zumindest in diesem Zusammenhang weniger flexibel sind. Ob das Fehlen dieser Handlungsalternative jedoch ein gravierendes Manko ist, muß für den jeweiligen Einzelfall begutachtet werden.

Flexibilitätsbetrachtungen sollten deshalb auch immer die Überprüfung der Notwendigkeit für Unternehmen, Anpassungen im Zeitablauf vornehmen zu müssen, einschließen, wie der folgende Abschnitt deutlich zu machen versucht. Das heißt hier wird die Frage aufgeworfen, welches Unternehmen überhaupt Bedarf hat, flexibel zu sein.

2.2.2.2 Zum Zusammenhang von Flexibilität und Unsicherheit bzw. Informationsdefiziten

Die Bedeutung des Informationszeitpunktes für Unternehmen

Neben der gerade erwähnten Bedeutung der zeitlichen Perspektive bei der Betrachtung von Produktionstechniken verschiedener Unternehmen, spielt die Zeit noch eine erhebliche Rolle bei der Frage, ob Unternehmen effizient oder eher flexibel sind, wenn Flexibilität und Informationsaufwand, als ökonomischer Ausdruck für die im Unternehmen vorhandene Unsicherheit, in einen Zusammenhang gebracht werden.[30] Je eher ein Unternehmen einen bestimmten Fle-

[30] Dieser Zusammenhang ist sogar grundlegender Art. Wenn keine Unsicherheit (im Knight´schen Sinne existierte (vgl. Knight, 1971 (1921)), sondern wir in einer statischen Welt lebten, würde es den Begriff Flexibilität gar nicht geben. Nur aufgrund von durch Unsicherheiten über den zukünftigen Lauf der Dinge verursachten Informationsdefiziten ist es notwendig, sich mehrere Handlungsalternativen oder Verhaltensoptionen aufrecht zu erhalten. Das Erkennen von bestimmten Entwicklungen, also das Tempo der Informationserreichung (-beschaffung), oder allgemeiner, der jeweilige Informationsstand, mindert somit eigentlich den notwendigen, ständig bereitzuhaltenden, Flexibilitätsbedarf. Siehe ausführlicher zum Verhältnis von Unsicherheit und Flexibilität Kapitel 2.2.2.3.

xibilitätsbedarf wahrnimmt, um so geringer werden die Kosten aufgrund verspäteter Anpassungsmaßnahmen sein. Ist ein Unternehmen also mit ausreichend vielen Informationen ausgestattet, so entstehen bei später notwendigen Entscheidungen weniger Anpassungskosten.

Abbildung 4: Vorhaltezeit im Flexibilitätsprozeß

```
___________________I______________________I_____I_______> t
                 t(w)                   t(r)   t(s)
```

t(w): Zeitpunkt der Wahrnehmung von Flexibilitätsbedarf
t(r): Zeitpunkt der Einleitung von Gegenmaßnahmen
t(s): Bedarfszeitpunkt

(Quelle: Reichwald, Behrbohm, 1983, S.839)

Ist ein Unternehmen dagegen mit weniger Informationen über seine Umwelt ausgestattet, steigt die Unsicherheit dieses Unternehmens und es muß flexibler sein, um höhere Anpassungskosten zu vermeiden, da ansonsten die in der Abbildung 5 aufgezeigte Situation eintreten kann:

Abbildung 5: Verzögerungszeit im Flexibilitätsprozeß

```
___________________I_____I_______________________I_______> t
                 t(s)  t(w)                    t(r)
```

t(w); t(r); t(s); siehe oben

(Quelle: Reichwald, Behrbohm, 1983, S.839)

Letztlich bedeutet beispielsweise eine Abnahmegarantie eines Nachfragers für ein Unternehmen eine kurzfristige Reduktion von Unsicherheit und damit des Risikos. Bei langfristiger Betrachtung ergibt sich jedoch ein genau entgegengesetztes Bild, weil aufgrund einer kontinuierlichen einseitigen Unternehmensausrichtung gefährliche Abhängigkeiten entstehen können. Daraus folgt der interessante Zusammenhang, daß ein Unternehmen kurzfristig durch eine Reduktion der eigenen Handlungsmöglichkeiten in der Lage ist, Unsicherheit und damit das Risiko zu senken, langfristig aber nur durch eine zunehmende Flexibilisierung der Produktionstechnologie und damit der Produktionspalette hohe Risiken umgehen bzw. kompensieren kann. Risiko bzw. Unsicherheit sind also stark mit dem Begriff Flexibilität verflochten. Hart bezeichnet Flexibilität deshalb als die Antwort eines Unternehmens auf Unsicherheit bezüglich Nachfrageschwankungen oder sonstiger Marktunvollkommenheiten (vgl. Hart, 1950, Supplement). Dieses Zitat von Hart gibt einen weiteren Hinweis auf den Zusammenhang von Informationsdefiziten als Ausdruck von Unsicherheit und Flexibilität, der im folgenden dargestellt werden soll.

Verhältnis von Flexibilitäts- und Informationskosten

Ein scheinbar optimaler Zustand für jedes Unternehmen wäre es, bestmögliche Informationen zu besitzen und möglichst flexibel zu sein. Die oben erwähnten Ausführungen von Knight weisen aber bereits auf die Ineffizienz einer solchen Unternehmenspolitik hin. Denn Informationsbeschaffung ist mit nicht unerheblichen Kosten verbunden. Daraus folgt, daß auch hier, ähnlich wie bei der bereits oben vorgenommenen Betrachtung vom Zusammenhang zwischen Flexibilität und Produktivität, ein tradeoff zwischen Informationskosten und realisierter Flexibilität vorliegt. Es entsteht ein Optimierungskalkül für Unternehmen mit den Entscheidungsvariablen Informationsaufwand und vorhandenem Flexibilitätspotential. Je mehr Informationen ein Unternehmen besitzt, je sicherer also das Unternehmen bezüglich momentaner und zukünftiger Ereignisse sein kann, um so weniger flexibel müssen die Produktionsmöglichkeiten des betreffenden Unternehmens sein. Vice versa gilt, je weniger Informationsaufwand ein Unternehmen betreibt, je höher also die Unsicherheit über die zukünftige Entwicklung ist, desto flexibler und damit auch teurer ist die Produktionsstruktur des betreffenden Unternehmens. Die folgende Abbildung 6 verdeutlicht den Zusammenhang:

Abbildung 6: Zusammenhang von Flexibilität und Informationen

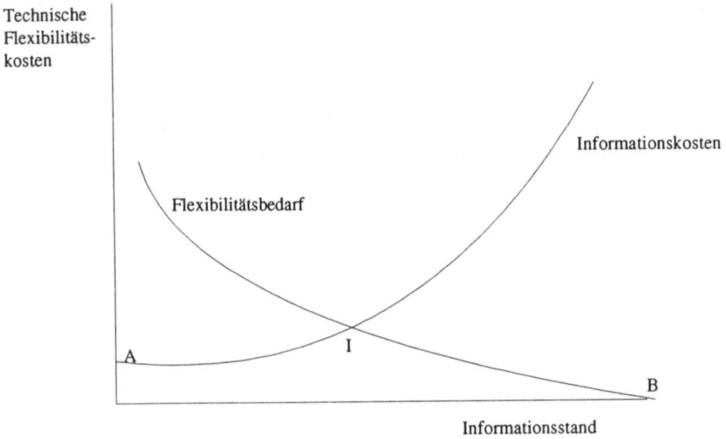

(Quelle: Eigener Entwurf)

Der konvexe Verlauf[31] der beiden Kurven verdeutlicht, daß mit zunehmender Information die eingesparten Flexibilitätskosten relativ abnehmen und weitergehende Informationen nur mit zusätzlichen Schwierigkeiten zu erlangen sind. Die zunächst nur leicht ansteigende, nahezu konstante, Informationskostenkurve verdeutlicht, daß ein gewisses Maß an Informationen relativ leicht zu erhalten ist. Im Punkt A sind nur die unbedingt zur Produktion im Unternehmen notwendigen Informationen vorhanden. Der Flexibilitätsbedarf bei Maschinen und Personal ist dementsprechend hoch. Punkt B stellt den Zeitpunkt vollständiger Information dar. Es gibt zwar keinen Flexibilitätsbedarf mehr, dafür aber enorm hohe (unendliche) Informationskosten.[32] Im Punkt I ist ein Optimum gegeben, in dem die Summe der aufgewandten Kosten für Flexibilität und Informationen minimiert oder anders formuliert, die Grenzkosten der Flexibilität

---

[31] Das leichte Fallen der Informationskostenkurve bei Punkt A entsteht dadurch, daß bei Beginn des Informationsgewinnungsprozesses überhaupt ein Informationsfluß einsetzt, der zunächst aufgrund der Vorteile, die aus der Kommunikation seiner Mitarbeiter beispielsweise für das Unternehmen entsteht, die enstehenden Informationskosten übersteigt.

[32] Mit anderen Worten, es liegt folgende Situation in diesem Punkt vor: Wenn ein Unternehmen vollständig informiert ist, besitzt es keinerlei Flexibilitätsbedarf mehr. Die Frage, die auch in der weiteren Vorgehensweise in den späteren Kapiteln im Mittelpunkt steht, ist, inwieweit es Unternehmen gelingt, diese von ihnen erfaßten Informationen in ihren Produktionsabläufen und in Zusammenarbeit mit ihren Beschäftigten auch zu verarbeiten und in Verbesserungen umzusetzen. Beispielsweise wie kann man absehbare Unteilbarkeitsphänomene umgehen oder mit gesetzlichen Restriktionen wie Kündigungszeiten umgehen?

gleich den Grenzkosten der Information sind. In diesem Punkt I ist deshalb das Optimum gegeben, weil hier der vorhandene Informationsstand und das im Unternehmen existierende Flexibilitätspotential die Gesamtkosten minimiert. Dieser Tatbestand wird in der Literatur auch als das Dilemma der Flexibilitätsplanung bezeichnet (vgl. Reichwald, Behrbohm, 1983, S.840ff). Die folgende Abbildung 7 stellt nochmals explizit dar, warum es sich um ein Dilemma handelt:

Abbildung 7: Dilemma der Flexibilitätsplanung

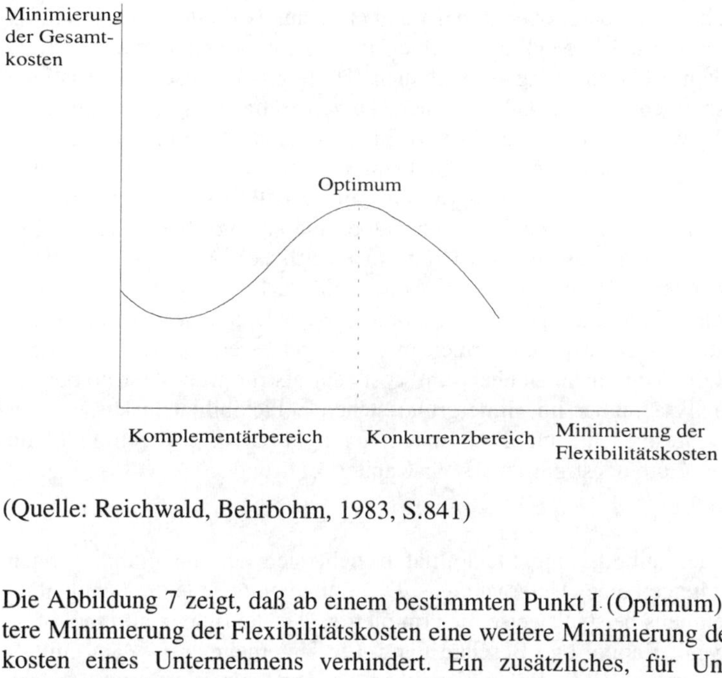

(Quelle: Reichwald, Behrbohm, 1983, S.841)

Die Abbildung 7 zeigt, daß ab einem bestimmten Punkt I (Optimum), eine weitere Minimierung der Flexibilitätskosten eine weitere Minimierung der Gesamtkosten eines Unternehmens verhindert. Ein zusätzliches, für Unternehmen schwierig zu lösendes, Problem ergibt sich jedoch bei den Optimierungskalkülen deshalb, weil der Punkt annähernd vollständiger Information in der Regel nicht erreicht werden dürfte und somit ein exakter Berechnungspunkt fehlt.[33]

---

[33] Der Punkt vollständiger Information muß (und kann) zwar prinzipiell nicht erreicht werden. Dadurch entsteht aber bei der Optimierung das Problem, daß das betreffende Unternehmen bei unvollständiger Information nicht weiß, wo es sich auf der Informationskostenkurve befindet, oder besser, wie lang der 'Ast' des Informationsstandes überhaupt ist. Die Beantwortung dieser Frage ist aber der Philosophie übertragen und eine befriedigende Beantwortung

Flexibilität und Zeitabhängigkeit

Eine weitere zeitliche Dimension von Flexibilität muß noch angesprochen werden. Wie in der Diskussion über substitutionale bzw. limitationale Produktionsfunktionen bereits angedeutet wurde, ist Zeit keine feste, konstante Größe, sondern sie unterliegt einem stetigen (Zeit-)Ablauf. Je nach Zeithorizont ergeben sich jeweils unterschiedliche Flexibilitätserfordernisse als auch Flexibilitätspotentiale. Carlsson unterteilt deshalb Flexibilität in Abhängigkeit von der Zeit in operationale (kurzfristige), taktische (mittelfristige) sowie strategische (langfristige) Flexibilität (vgl. Carlsson, 1989, S.186ff)

Ein Unternehmen ist dann operational flexibel, wenn es Produktionsstrukturen installiert, die ein hohes Maß an variablen Produktionsabläufen einschließlich einer flexiblen Ablaufplanung ermöglichen. Hintergrund dieser kurzfristigen Flexibilitätsbetrachtung ist, daß bei einem kurzen Betrachtungszeitraum nicht nur die 'Hardware' (Kapital) ein fixes Element darstellt, sondern auch die 'Software' von Unternehmen, wie die Planung, der Beschäftigtenstand, etc., kurzfristig oftmals nicht oder kaum variabel sind. Als Beispiel für operationale (kurzfristige) Flexibilität kann folgender Tatbestand herangezogen werden: Ein temporärer Nachfragerückgang wird mit einer zeitlichen Anpassung des Produktionsapparates beantwortet. Diese Anpassung dürfte zumindest in großen Unternehmen aufgrund der geringeren Dominanz der Unteilbarkeitsphänomene (siehe Kapitel 3.1.2) in diesen Firmen in der Regel reversibel sein und stellt somit für kleine Unternehmen eher sunk costs dar als für große.[34] Die bei der weiteren Analyse immer im Hintergrund stehende Flexibilitätsdiskussion bezieht sich weitestgehend auf diese spezifizierte, kurzfristige Flexibilität von Unternehmen (zumindest gilt dieses für Kapitel 3.1.1 und in Teilen für Kapitel 3.1.2).

Taktische oder mittelfristige Flexibilität bezieht sich auf die grundlegenden Vorentscheidungen eines Unternehmens. Die einmal getroffene Größenplanung des Unternehmens beispielsweise, determiniert später die (maximale) mögliche Ausstattung mit Kapital und Beschäftigung. Ein Unternehmen ist dann mittelfristig flexibel, wenn es die Produktionshöhe, das Produktsortiment und geringfügige Produktdesignänderungen vornehmen kann, ohne bei der Organisations- und Produktionsausstattung massive Veränderungen vornehmen zu müssen. Als

---

wird nach dem jetzigen Stand der Dinge von der Menschheit nur schwerlich gegeben werden können.

34 Beispielsweise ist eine extra für einen größeren Auftrag anzuschaffende Maschine in einem großen Unternehmen eher einer anderen Verwendung zuzuführen als das in einem Kleinbetrieb der Fall wäre. Ähnliches gilt für neu eingestellte und nach Erledigung des Auftrages umzusetzende Arbeitskräfte.

Beipiel für taktische (mittelfristige) Flexibilität kann folgende Situation angeführt werden: Die mit der Fertigung eines saisonabhängigen Artikels verbundenen Extremauslastungen des Produktionsapparates werden durch horizontale Diversifizierung in ein Produkt mit gegenläufiger Bedarfsentwicklung verstetigt, beispielsweise wenn ein Skihersteller neben seiner Standardproduktion auch in die stärker im Sommer frequentierten Marktsegmente Wasserski oder Skateboard einsteigt. Auch hier handelt es sich eher um zyklisch auftretende Anpassungsmaßnahmen, die prinzipiell reversibel sind. Sunk costs würden diese Anpassungsmaßnahmen nur dann darstellen, wenn ein genereller Strukturbruch im Nachfrageverhalten der Kunden zu einer (endgültigen) Veränderung der Produktionsabläufe und zur Forcierung von Produktinnovationen führen würde (vgl. Reichwald, Berhbohm, 845ff).

Strategische oder langfristige Flexibilität schließlich bezieht sich auf die Umgebungsvariablen von Unternehmen. Das heißt wie kann ein Unternehmen selbst seine Umwelt verändern (Marktmachtfrage), bzw. wie kann das Risiko bei ungewissen Umgebungseinflüssen in Grenzen gehalten werden. Die Grenzen von strategischer Flexibilität stellen eher psychische Restriktionen der Organisatoren oder Verantwortlichen wie Vorbehalte gegenüber Neuerungen dar, als daß sie Natur der physischen Unternehmensdeterminanten wären. Strategische oder langfristige Flexibilität liegt dann vor, wenn beispielsweise auf eine - mit Hilfe von Informationsbeschaffungsmaßnahmen wie Marktanalysen ermittelte - anhaltende Tendenz zu steigender Produktvielfalt bei sinkenden Stückzahlen mit einer Einführung von flexiblen Fertigungssystemen auf der Realisationsebene sowie mit einer dezentralen EDV-Konzeption auf der Planungsebene reagiert wird. Diese strukturellen Änderungen auf Fertigungs- und Informationsorganisationsebene sind generell irreversibel, stellen also für alle Unternehmensgrößen sunk costs dar (vgl. Reichwald, Behrbohm, 1983, S.846ff). Hier wird also die Bedeutung der jeweiligen Marktstruktur bzw. Marktmacht für Unternehmen deutlich, aus denen sich jeweils unterschiedliche Beschäftigungsprobleme von Unternehmen je nach ihrer Größe ableiten lassen (vgl. dazu Kapitel 3.3).

2.2.2.3 Zum Zusammenhang von Flexibilität und Unternehmensgröße

Generell entstehen Flexibilitätserfordernisse aufgrund von Nachfrageschwankungen, Arbeits- , Kapital- und Produktmarktveränderungen, wobei letztere weitgehend durch technologischen Wandel hervorgerufen werden. Es besteht dann für Unternehmen aller Größen die Erfordernis, neue Produkte oder zumindest variantenreichere Produkte einzuführen bzw. generelle Qualitätsverbesserungen vorzunehmen. Außerdem verändert technologischer Wandel zudem das

Produktionssystem. Es werden neue Maschinen, neue Produktionsmethoden, neue Managementsysteme sowie neue Kontrollformen (z.B. durch Computerisierung) benötigt. Eine ebensolche große Rolle spielen exogene Schocks, die durch staatliche, regulative Maßnahmen hervorgerufen werden. Da Großunternehmen in der Regel durch ihre Marktmacht eher lobbyistische Möglichkeiten als kleine haben, ihr politisches und ökonomisches Umfeld zu beeinflussen (z.B. durch das Arbeitsplatzargument), müssen sie prinzipiell weniger flexibel sein, weil sie von staatlichen Maßnahmen seltener unverhofft betroffen werden.[35] Deshalb vermuten viele Autoren (vgl. u.a. Zimmermann, 1991), daß der Grad an Flexibilität mit der Größe abnimmt. Zudem ist nicht nur das Umfeld der großen Firmen besser kontrollierbar, sondern es besteht für Großunternehmen auch jederzeit die bereits erwähnte Möglichkeit, aufgrund ihrer Marktposition Flexibilitätsbedarfe auf ihre meistens kleinen Zulieferer abzuwälzen (vgl. Fritsch, 1989, S.181ff). Letztlich jedoch erfordern Umgebungsturbulenzen von allen Marktakteuren ein gewisses Maß an Flexibilität, sofern sie auf Dauer am Markt bestehen wollen (vgl. Carlsson, 1989, S.182 sowie Marschak, Nelson, 1962, S.48ff). Wie sehen also die konkreten Zusammenhänge zwischen unterschiedlichen Unternehmensgrößen und Flexibilität aus?

Mascarenhas beispielsweise stellt fest, daß es keinen Zusammenhang zwischen Unternehmensgröße und Flexibilität gibt (Mascarenhas, 1985, S.109ff).[36] Diese These ist jedoch nur bei einem sehr engen Flexibilitätsbegriff haltbar. Eng meint hier eine undifferenzierte, grobe Betrachtung von Flexibilitätseigenschaften von Unternehmen. Zumindest zeigt die Aussage von Mascarenhas aber, daß kleine Unternehmen keineswegs generell flexibler sein müssen als große. Es ergibt sich bei differenzierter Betrachtung von Gesichtspunkten, welche die Flexibilität von Unternehmen betreffen könnten, ein sehr heterogenes Bild. Diese teils für die Flexibilität von großen, teils für die Flexibilität von kleinen Unternehmen sprechenden Aspekte, geben dann zusammengefaßt das falsche, oberflächliche Bild ab, daß Unternehmensgröße und Flexibilität rein gar nichts miteinander zu tun haben. Bei der in dieser Arbeit vorgenommenen Partialisierung des Begriffes Flexibilität (siehe unten), lassen sich sehr wohl Unterschiede im Flexibilitätspotential, je nach Unternehmensgröße, feststellen.
Mascarenhas selbst führt die von ihm ermittelte Nichtkorrelation von Unternehmensgröße und Flexibilität auf seine Untersuchungsmethode, oder genauer auf

[35] Auch wenn es natürlich einscheidende Änderungen des Staatskonsums wie zuletzt bei der Rüstungsindustrie gibt. Diese staatlichen Verhaltensänderungen waren aber in der Regel gerade für große, gut informierte Unternehmen antizipierbar.

[36] Er weist jedoch einen signifikanten Zusammenhang zwischen betrieblicher Flexibilität und der Dynamik bzw. Komplexität des Umfeldes der Unternehmungen nach (vgl. Mascarenhas, 1985, S.109ff), was auch die oben aufgeworfenen Thesen zur Marktstruktur und Flexibilität unterstützt.

seine Definition der Meßvariablen von Flexibilität, zurück: "It appears that the relationship between these two variables [Flexibilität; Unternehmensgröße] may be more complex than either one of the divergent views discussed earlier claims it to be" (Mascarenhas, 1985, S.119). So steigt mit der Unternehmensgröße mit hoher Wahrscheinlichkeit die Spezialisierung der Führungskräfte und leitenden Angestellten an. Da als ein Indiz für Flexibilität oftmals sich überschneidende Fertigkeiten und Fähigkeiten der Beschäftigten angesehen wird, geht von zunehmender Spezialisierung bei dieser Art der Meßtechnik die entsprechende Flexibilitätskennziffer grundsätzlich zurück. Wenn die zunehmende Spezialisierung aber einhergeht mit technischen Entwicklungen als Puffergröße, steigt die Flexibilität, was andere Kennziffern wie Produktionsprozeßflexibilität anbelangt, an. Daraus folgt, daß es nur sinnvoll ist, Aussagen über den Zusammenhang von Flexibilität und Unternehmensgröße zu machen, wenn Einzelaspekte betrachtet werden können (vgl. Mascarenhas, 1985, S.118ff).

Das folgende Beispiel soll die Problematik noch weiter verdeutlichen. Wird die Hierarchie von Wirtschaftsunternehmen betrachtet, so lautet die gängige These derzeit in etwa folgendermaßen: Ein hoher Grad der Hierarchisierung von Unternehmen kann als ein Indiz für Inflexibilität herangezogen werden (vgl. u.a. Fritsch, 1989, S.181). Ein Beleg für diese These könnte sein, daß große Unternehmen in den letzten Jahren verstärkt Anstrengungen unternommen haben, ihre Hierarchiepyramiden abzuflachen (vgl. Zündorf, Grunt, 1980, S.62ff). Eine vollständige Nivellierung bis zu einer einzigen Hierarchieebene jedoch, wie sie in der Regel bei selbstverwalteten, alternativen Betrieben der achtziger Jahre vorlag, darf aufgrund der durch die vollständige Hierarchieabflachung hervorgerufenen endlosen Entscheidungsvorgänge mit den bekannten, daraus resultierenden Ineffizienzen, durchaus als Synonym für vollständige Inflexibilität dienen.

Wie kann man sich dann der Fragestellung, ob kleine Unternehmen mehr oder weniger flexibel als große sind bzw. welche Unternehmensgröße hinsichtlich seiner Belegschaften im Vorteil ist, am besten nähern? Da im folgenden ausschließlich auf die Beschäftigtensituation von (kleinen) Unternehmen eingegangen werden soll, bietet es sich augenscheinlich an, zunächst einmal sämtliche denkbaren und relevanten beschäftigungsbedingten Inflexibilitäten, die in Unternehmungen auftreten können, zu sammeln und zu gruppieren. Das wird im folgenden Kapitel 2.2.2.4 durchgeführt. Im daran anschließenden Kapitel 3 werden dann jeweils die ermittelten beschäftigungsbedingten Inflexibilitäten einzeln, gegebenenfalls auch hinsichtlich ihrer möglichen Auswirkungen auf die Gesamtflexibilität von Unternehmen, untersucht. Es wird deutlich werden, daß nahezu alle Beschäftigungsprobleme von Unternehmen sich letztlich auch als Flexibilitätsprobleme definieren lassen.

2.2.2.4 Beschäftigungsbedingte Ursachen für Inflexibilitäten im Überblick

In diesem Kapitel wird eine Auflistung von Unteilbarkeiten, besonderen Inflexibilitäten und Transaktionskosten vorgenommen, die zusammengefaßt die beschäftigungsbedingten Inflexibilitäten darstellen.

Als Ausgangspunkt wird der n-te Teil der Beschäftigten eines Unternehmens, also der einzelne Mitarbeiter, betrachtet. Der Kontakt eines (zunächst potentiellen) Arbeitnehmers mit einem Unternehmen erstreckt sich über folgenden zeitlichen Ablauf:[37]

Übersicht 2: Beziehungsmuster von Unternehmen und einem einzelnen Arbeitnehmer:

I. Arbeitsnachfrageseitige Betrachtung (Kap. 3.1):

---

1. Kontaktaufnahme: Arbeitnehmer/Unternehmen

Beschreibung:	durch AN	durch Unternehmen	
	(Initiativ-bewerbung)	direkt:	indirekt:
		- Inserate	- Vermittlung durch d. Arbeitsamt
		- Promotionsveranst.	- Personalvermittlungsagenturen ('Head-Hunter')
		- Betriebsaushänge	
		- etc.	- Vermittl. durch vorh. Mitarb.
Kostenart:	Such- und Informationskosten (Anbahnungskosten)		
Einordnung:	Transaktionskostenproblematik (Kap. 3.1.1)		
Art d. Flexib.:	Such- oder Informationsgewinnungsflexibilität		

---

[37] Die im folgenden aufgeführten verschiedenen Kostenarten werden in den anschließenden Kapiteln systematisch und im einzelnen erläutert und dann jeweils einer unternehmensgrößenspezifischen Betrachtung unterzogen.

2. Einstellung:

Kostenart:	(Anbahnungskosten), Kontraktkosten, Einstellungskosten (Mobilitäts-, Koordinations-, Umzugskosten), Einarbeitungs- und Ausbildungskosten, technisch bedingte Anpassungskosten
Einordnung:	Transaktionskostenproblematik (Kap.3.1.1)
Art d. Flexib.:	Organisationsflexibilität Personalkapazitätsflexibilität

---

3. Beschäftigung(szeit) I:

Probleme, bzw. daraus resultierende Kosten(-arten):	Arbeitszeitvariationen, Führungstätigkeiten (Hierarchieebenen, Aufstiegsmöglichkeiten), Fort- und Weiterbildungsmaßnahmen, gesetzliche und freiwillige betriebliche Sozialleistungen, Produktionsprozeßvariationen
Einordnung:	Unteilbarkeitsproblematik (Kap.3.1.2)
Art d. Flexib.:	Arbeitszeitflexibilität, Arbeitsflexibilität

---

4. Beschäftigung(szeit) II:

Probleme bzw.daraus resultierende Kosten(-arten):	Lohnhöhenfestlegung, Betriebsver- und Betriebsauslagerungen, Qualifikationshemmnisse, Länge der Arbeitsverträge, Einfluß der Gewerkschaften, Risikoverhalten, Informationsmängel, technische Produktionsprobleme, Einfluß staatlicher Maßnahmen, Konsequenzen aus Nachfrageschwankungen (z.B. Überstunden)
Einordnung:	Besondere Inflexibilitäten (Kap. 3.1.3)
Art d. Flexib.:	Lohnstrukturinflexibilität, räumliche Immobilität, sektorale Inflexibilität, kontraktbedingte Inflexibilität, technische Flexibilität, Anpassungsflexibilität auf endogene oder exogene Störungen (extern verursachte Inflexibilitäten durch Staat, Gewerkschaften)

---

5. Entlassung:

Kostenart:	Entlassungskosten durch Kündigungsschutzregelungen, Sozialpläne, Betriebsrat, soziale Interdependenzen, Humankapitalverluste (betriebsspezifische, sunk costs)
Einordnung:	Transaktionskostenproblematik (Kap. 3.1.1)
Art d. Flexib.:	Flexibilität der Beschäftungsverhältnisse, Personalkapazitätsflexibilität

---

II. Arbeitsangebotsbezogene Betrachtung (Kap. 3.2):

---

1. Einstellung:

Nutzenart:	Warum und wieviel Arbeit wird angeboten? Räumliche Disparitäten des Arbeitsmarktes und die arbeitnehmerbezogene Mobilitätsproblematik, Einfluß des Entgelts
Einordnung:	Determinanten des Arbeitsangebotes (Kap. 3.2.1) Beispiel: das neoklassische Angebotsmodell (Kap. 3.2.1.1) Pekuniäre Determinanten (Kap. 3.2.1.2) Sektorale (qualifikatorische) Inflexibilitäten (Kap. 3.1.3.3) Räumliche Immobilitäten (Kap. 3.1.3.4)
Art d. Flexib.:	Arbeitsangebotsflexibilität

---

2. Beschäftigung(szeit), Arbeitsleistung:

Nutzenart:	Betriebliche Einflußfaktoren auf die Arbeitsleistung,[38] (Einfluß der Arbeitsbedingungen, etc.), sonstige individuelle Determinanten des Arbeitsangebotes
Einordnung:	Betriebssoziale Determinanten (Kap. 3.2.1.3) Tätigkeitsbedingte Determinanten (Kap. 3.2.1.4) Persönlichkeitsbezogene Determinanten (Kap. 3.2.1.5)
Art d. Flexib.:	Arbeitsleistungsflexibilität

---

[38] Natürlich üben bessere betriebliche Sozialleistungen nicht nur einen Anreiz für eine höhere Leistungsbereitschaft aus, sondern sie sind auch für die Entscheidung, überhaupt Arbeit anzubieten, von nicht zu unterschätzender Bedeutung. Genauso ist die Lohnhöhe nicht nur für die generelle Arbeitsaufnahme maßgeblich, sondern sie hat auch Einfluß auf Arbeitsproduktivität. Eingeordnet wurde hier jeweils nach der vermutlich stärksten Ausprägung.

3. Entlassung:

Nutzenart:	Bereitschaft zur Mobilität/Fluktuation nur bei entsprechender Verbesserung
Einordnung:	Persönlichkeitsbezogene Determinanten (Kap. 3.1.2.5)
A.d.Flexib.:	Arbeitsangebotsflexibilität

III. Der Einfluß der Marktstruktur auf die beschäftigungsbedingte Flexibilität (Kap. 3.3):

---

1. Einstellung:
Konzentrationsniveau des Marktes, Gewinnsituation und Risikoverhalten der Unternehmen (Kap. 3.3.2, 3.3.6)

2. Beschäftigung(szeit):
Häufigkeit von exogenen Schocks, der Grad der Produktdifferenzierung, Einfluß von Unternehmenswachstumsraten (Kap. 3.3.3, Kap. 3.3.4)

3. Entlassung:
Betriebsgrößennachteile; Informationsfragen in Abhängigkeit von der Marktstruktur, beispielsweise Schwierigkeiten bei marktdominierender (exponierter) Stellung, weil hohes Öffentlichkeitsinteresse bei Unternehmensentscheidungen (Kap. 3.3.5)

Die Übersicht 2 stellt eine überblicksartige Sammlung (aller) das Begriffspaar Unternehmung - Beschäftigung betreffender, möglicher Untersuchungsgegenstände der Unternehmensflexibilität bezüglich ihrer Beschäftigtensituation dar. Die einzelnen Flexibilitäts- bzw. Inflexibilitätsaspekte werden im folgenden in Abhängigkeit von der Unternehmensgröße untersucht.

3. Erklärungsansätze für die Beschäftigungsprobleme kleiner Unternehmen

3.1 Arbeitsnachfragebezogene Erklärungsansätze

3.1.1 Beschäftigungsbedingte Transaktionskosten in Abhängigkeit von der Unternehmensgröße

3.1.1.1 Der Transaktionskostenansatz

Einführung

Die Notwendigkeit der Betrachtung von Transaktionskosten ergibt sich aus der grundlegenden Bedeutung dieses Ansatzes für die Beschäftigtenproblematik. Die Transaktionskostentheorie (vgl. u.a. Coase 1937/1960, Arrow 1969/1973, Demsetz 1967, Alchian, Demsetz 1972, Williamson 1975/1979/1981/1990, Wegehenkel 1980/1981, Picot 1982, Becker 1985, Pitelis 1993) berücksichtigt entgegen der traditionellen Mikrotheorie, daß innerhalb des Wirtschaftsgeschehens Koordinationskosten entstehen. Die Berücksichtigung von Hemmnissen des Wirtschaftsprozesses aufgrund von Marktunvollkommenheiten macht den Transaktionskostenansatz zu einem der ergiebigsten für die Analyse von Beschäftigungsproblemen von Unternehmen.

Denn gäbe es im realen Wirtschaftsgeschehen keine Transaktionskosten, wäre eine Betrachtung von Unternehmensflexibilität ähnlich wie bei Vorliegen von vollständiger Information weitgehend sinnlos - jedes Unternehmen wäre in vielen Bereichen vollständig flexibel und zudem unendlich schnell anpassungsfähig und würde sich somit auf demselben strategischen Niveau wie jedes andere Unternehmen auch befinden. Lediglich Unteilbarkeiten[1] und die Auswirkungen von externen Effekten müßten dann noch berücksichtigt werden. Es gibt aber in der Realität offensichtlich eine Menge von Transaktionskosten, auch wenn sich diese im einzelnen nur schwer messen lassen. Diese Transaktionskosten sind aber letztlich die ökonomische Dimension, die die jeweilige Höhe bzw. Stärke von Inflexibilitäten bestimmen.

---

[1] Wobei Unteilbarkeiten letztlich auch Inflexibilitätsphänomene darstellen.

Definitorische Abgrenzung von beschäftigungsbedingten Transaktionskosten und Unternehmen

Einer der Hauptkritikpunkte am Transaktionskostenansatz richtet sich an die angeblich fehlende Quantifizierbarkeit von Transaktionskosten (vgl. Williamson, 1990, S.4ff). Dieser Mangel an Operationalisierbarkeit von Transaktionskosten resultiert oftmals aus der nicht ausreichenden Definition derselben. Deshalb wird im folgenden eine relativ ausführliche Abgrenzung von (beschäftigungsbedingten) Transaktionskosten vorgenommen.

Dahlman charakterisiert Transaktionskosten als "...search and information costs, bargaining and decision costs, policing and enforcement costs (Dahlman, 1979, S.6). Woll definiert Transaktionskosten als "...die zur Abwicklung einer Transaktion [...] erforderlichen Kosten, z.B. für Vertragsabschlüsse, zur Durchsetzung von Vertragsansprüchen bei Streitigkeiten, für Transport von Gütern, für Wartezeiten bis zur Verfügbarkeit (Woll, 1988, S.420). Weise bezeichnet "... Kosten der Durchsetzung, der Kontrolle und des Austauschs von Eigentumsrechten" (Weise, 1979, S.133) oder noch allgemeiner "Kosten der Partnersuche, Transportkosten, Kontraktkosten, Rechtsübertragungskosten, Kontrollkosten und Durchsetzungskosten der Eigentumsrechte" (Weise, 1979, S.155) als Transaktionskosten. Nach Williamson sind unter Transaktionskosten "Reibungen im arbeitsteiligen Prozeß" zu verstehen. Sie zeigen sich in "Form von Aktivitäten für Informationssuche, Verhandlungen, Koordination, Steuerung, Kontrolle und Anpassungsmaßnahmen an Änderungen (Williamson, 1990, S.XIII). Alle Definitionen erscheinen jedoch für die vorzunehmende Analyse nicht konkret genug zu sein.

Da einen Schwerpunkt dieser Arbeit **beschäftigungsbedingte** Transaktionskosten bilden, wird folgende erste Eingrenzung vorgenommen. Unter beschäftigungsbedingten Transaktionskosten werden nur die Kosten verstanden, die aus jeglicher Veränderung der Beschäftigungsmenge entstehen und solche, die aus einer qualitativen Veränderung des Faktors Arbeit resultieren.

Was verbirgt sich nun konkret hinter den beschäftigungsbedingten Transaktionskosten? Allgemein kann man sie als die anfallenden Such- und Informationskosten, Anbahnungskosten, Kontraktkosten sowie die verschiedenen Arten von Anpassungskosten bei Durchführung von qualitativen oder quantitativen Beschäftigungsvariationen bezeichnen.[2] Diese Abgrenzung ist für die vorlie-

---

[2] Der statt beschäftigungsbedingten Transaktionskosten verwendete Oberbegriff Anpassungskosten wie bei Franz (1991) oder bei Nickell (1986) ist für eine mikroökonomische Betrachtung nicht ausreichend. Zum Teil entstehen Such- und Informationskosten, Anbahnungskosten als auch Kontraktkosten (bei Rechtsabteilungen in großen Unternehmen) unabhängig da-

gende Arbeit aber immer noch zu unpräzise, denn unter dem Begriff Such- und Informationskosten läßt sich beispielsweise sehr viel fassen. Eine Analyse nach den Beschäftigungswirkungen von Transaktionskosten je nach Unternehmensgröße erfordert jedoch eine genaue Betrachtung der Kostenarten.

Unter Such- und Informationskosten werden im folgenden Kosten zur Beibehaltung oder Herstellung von Arbeitsmarkttransparenz sowie Kosten zur Vorbereitung der Einstellung eines potentiellen Beschäftigten angesehen. Konkrete Beispiele für diese Kostenart sind anfallende Gebühren bei Einschaltung einer Personalvermittlungsagentur, Kosten für Erkundigungen beim Arbeitsamt (insbesondere Personalkosten), Aufwendungen für Stelleninserate sowie Kosten für sonstige potentielle Rekrutierungsmöglichkeiten wie Betriebsaushänge usw..

Unter Anbahnungskosten sind finanzielle Aufwendungen für Personalauswahlgespräche, standardisierte Auswahltests, Assessment-Center oder externe Informationsbeschaffungen über einen Bewerber zu verstehen.

Kontraktkosten sind in diesem Fall die für die konkrete Ausgestaltung und den eventuell notwendigen, notariellen Abschluß von Arbeitsverträgen anfallenden Aufwendungen. Bei größeren Unternehmen entstehen zusätzliche Kontraktkosten durch die Zustimmungspflicht des Betriebsrates oder durch gesetzlich vorgeschriebene ärztliche Untersuchungen des zu beschäftigenden Arbeitnehmers. Ebenfalls unter dieser Kostenart ist die verwaltungsmäßige Abwicklung von Einstellungen und Entlassungen einzuordnen (vgl. Franz, 1991, S.141ff).

Unter Anpassungskosten schließlich werden insbesondere Einarbeitungskosten und Entlassungskosten verstanden.[3] Einarbeitungskosten bestehen im einzelnen aus Lohnkosten für den Arbeitseinweiser, aus eventuell durch die Stellenbesetzung entstandenen Produktionsausfallzeiten oder durch Aufwendungen für notwendige, adhoc stattfindende, betriebliche bzw. außerbetriebliche Fort- und Weiterbildungsmaßnahmen.[4] Die in größeren Betrieben häufig vorhandenen

---

von, ob eine Situationsänderung wie Beschäftigtenfluktuation vorliegt, aufgrund derer eine Anpassung im eigentlichen Sinn vorgenommen werden müßte.

[3] Die bei makroökonomischer Betrachtungsweise ebenfalls unter Anpassungskosten gefaßten Ausgaben für Überstunden oder Kurzarbeit werden hier ausgeklammert. Bei diesen Ausgaben handelt es sich letztlich nicht um beschäftigungsbedingte Transaktionskosten, sondern nur um eine Reaktion auf Vorliegen von diesen.

[4] Einarbeitungskosten werden deshalb auch als Anlern- und Ausbildungskosten bezeichnet (vgl. Picot, 1982, S.277). Im Sinn der Argumentation in der Fußnote 2 sind hier nur Anlern- und Ausbildungskosten von neu eingestellten Arbeitnehmern gemeint.

Traineepositionen stellen ein typisches Beispiel für diese Art von beschäftigungsbezogenen Transaktionskosten dar.

Entlassungskosten stellen institutionell bedingte Anpassungskosten dar. Sie entstehen durch gesetzliche Vorschriften wie Kündigungsfristen, soziale Gründe, Abfindungen, Überbrückungsgelder oder Sozialpläne. In diesem Zusammenhang noch besonders zu erwähnen sind Anpassungskosten, die auch institutionell begründet sind, jedoch weder Einarbeitungs- noch Entlassungskosten darstellen. Es handelt sich hierbei um Aufwendungen, die entstehen, weil formale Ausbildungsabschlüsse gefordert werden oder Schwerbehindertenquoten einzuhalten sind (vgl. Franz, 1991, S.141ff).

Zusätzliche Anpassungskosten entstehen dann, wenn aufgrund der persönlichen Fähigkeiten oder Qualifikationen des neuen Arbeitnehmers strukturelle Produktionsablaufänderungen vorgenommen werden müssen. Es kann in diesem Fall wiederum zu Produktionsausfallzeiten oder zu anderen, unnötig Ressourcen verbrauchenden, Ineffizienzen kommen. Oftmals ergeben sich zusätzliche Kosten auch nur deshalb, weil der Produktionsfaktor Kapital weniger gut teilbar ist als der Faktor Arbeit.[5] Dieses ist beispielsweise dann der Fall, wenn personelle Veränderungen zu Wartezeiten an Maschinen führen, weil diese jeweils nur von einer Person bedient werden können - die Anschaffung einer weiteren Maschine aber zu Überkapazitäten führen würde. Man kann in diesem Fall von kapitalinduzierten im Gegensatz zu arbeitsinduzierten Anpassungskosten sprechen.

Eine Zusammenfassung der beschäftigungsbedingten Transaktionskosten liefert die folgende Übersicht 3:

---

[5] Zur Unteilbarkeitsproblematik siehe Kapitel 3.1.2.

Übersicht 3 : Beschäftigungsbedingte Transaktionskosten[6]

Merkmals- Besch.bed. struktur Transaktionskosten	Institutionell bedingte Trans.kosten	Produktions- bedingte Trans.kosten	Vollzogene Fluktuation
Such- und Info.kosten (Inserate, Arbeitsamt, Placementstrategien	NEIN	JA	EVTL.
Anbahnungskosten (Auswahlgespräche, Erkundigungen)	NEIN	JA	EVTL.
Kontraktkosten (Vertragsmodalitäten, Betriebsrat)	JA	JA	EVTL.
Anpassungskosten I: Einarbeitungskosten (Prod.ausfall, Trainees)	NEIN	JA	JA
Anpassungskosten II: Entlassungskosten (Kündig.schutz, Abfind.)	JA	NEIN	JA
Anpassungskosten III: Technologisch bedingte (Prod.ablaufänderung)	NEIN	JA	JA

Diese Klassifikation von beschäftigungsbedingten Transaktionen erscheint für die folgende Analyse ausreichend zu sein.[7]

---

[6] Eine Anmerkung zu diesem Punkt. Die viel diskutierte Deregulierung des Arbeitsmarktes würde, wenn überhaupt, nur zu Einsparungen bei den institutionell bedingten Kosten führen. Wie aus der Übersicht 3 zu entnehmen ist, machen diese Kosten aber nur einen Teil der gesamten anfallenden beschäftigungsbedingten Transaktionskosten aus. Zudem würden sich die gesamtwirtschaftlichen Transaktionskosten bei Wegfall von Kündigungsschutzregelungen erhöhen, da jeder Arbeitnehmer und Arbeitgeber separat Arbeitsverträge mit entsprechenden Kündigungsvereinbarungen aushandeln müßte (vgl. Brandes, u.a., 1991, S.126ff).

[7] Um die Bedeutung von beschäftigungsbedingten Transaktionskosten zu verdeutlichen, sei ein Ergebnis aus einer Studie des Arbeitsringes der chemischen Industrie erwähnt: Die gesamten Fluktuationskosten betrugen durchschnittlich für einen Produktmanager 93.480 DM, für einen Diplom-Chemiker 74.785 DM, für einen Facharbeiter 13.335 DM und für einen Hilfsarbeiter 9.775 DM (zitiert nach Rühl, u.a., 1986, S.4).

In den folgenden Abschnitten werden die in der Übersicht 3 aufgeführten Kostenarten beschäftigungsbedingter Transaktionen einzeln dargestellt und mit Hilfe thesenhafter Aussagen über ihren Kostenverlauf analysiert. Es handelt sich bei der folgenden Untersuchung um eine reine Plausibilitätsanalyse. Die meisten der vorliegenden empirischen Studien sind insofern von ihren Ergebnissen her verzerrt, weil sie in der Regel vom Istzustand ausgehen. Sie können dabei nicht berücksichtigen, daß bei Nichtexistenz von beschäftigungsbedingten Transaktionskosten das Verhalten von Unternehmen mit sehr hoher Wahrscheinlichkeit ein anderes wäre. Das heißt, daß es einen vom Istzustand abweichenden Sollzustand gibt. Es handelt sich also im folgenden teilweise um hypothetische Kosten und nicht um tatsächlich aufgewandte. Zunächst werden die Such- und Informationskosten von Unternehmen unterschiedlicher Größe betrachtet.

3.1.1.2 Such- und Informationskosten

In mehreren einschlägigen Untersuchungen der letzten Zeit wurde festgestellt, daß insbesondere kleine und mittlere Unternehmen Schwierigkeiten bei der Personalbeschaffung haben (vgl. insbesondere Rosenbladt 1990, Mendius, u.a. 1987, Fritsch, Hull 1987, Bock 1985, Fischer, Deeke 1986, Jagoda 1993, Betriebspanel 1994). So ermittelten Infratest und IAB 1989 in getrennten Untersuchungen die Zahl der offenen Stellen pro 100 Beschäftigten in Abhängigkeit von der Betriebsgröße:

Tabelle 7: Offene Stellen pro 100 Beschäftigte:

Beschäftigtengrößenkl.	Infratest 4/89	IAB 9/89
1-4	---	9,2
5-19	10,1	6,8
20-99	5,0	4,5
100-499	1,7	2,3
500 und mehr	1,4	1,4
GESAMT	4,4	4,0

(Quelle: Rosenbladt, 1990, S.375)

Kleine Unternehmen suchen gemessen an ihrer Beschäftigtenzahl demnach wesentlich häufiger (oder länger) neue Arbeitskräfte als Großunternehmen. Aufgrund der Schwierigkeiten bei der Personalsuche von kleinen Firmen (gegenüber großen Unternehmen viermal so hoch in der Berufsgruppe un- und angelernte Arbeiter, sechzehnmal so hoch in der Berufsgruppe Angestellte mit einfacher Tätigkeit, bei Facharbeitern und qualifizierten Angestellten fanden kleine Betriebe zehnmal so häufig keine Mitarbeiter wie Großbetriebe) beträgt der nichtrealisierte Teil des Einstellungspotentials 30 % gegenüber 6 % bei Großbetrieben. Ein Grund für diese Akquisitionsprobleme stellen insbesondere Such- und Informationskosten bei der Arbeitsnachfrage dar, denn diese sind ein nicht unerheblicher Kostenfaktor für Unternehmen. Suchkosten sind Aufwendungen, die konkret bei einer etwaigen Beschäftigtenfluktuation oder bei einer geplanten Belegschaftsausweitung anfallen, während unter Informationskosten Aufwendungen für eine dauerhafte, kontinuierliche Arbeitsmarkttransparenz zu verstehen sind.

Welche Suchkosten fallen nun konkret bei der Akquisition von Beschäftigten an? Unternehmen akquirieren Personal hauptsächlich nach folgenden Methoden:

- Stellenbesetzungen mit Hilfe des Arbeitsamtes
- Stellenbesetzungen durch Inserate oder Betriebsaushänge
- Stellenbesetzungen durch Nutzung von Kontaktnetzen
- Stellenbesetzungen aufgrund von Initiativbewerbungen

(vgl. Schüle, 1987, S.121ff)

Diese Methoden werden im folgenden einzeln analysiert.

Stellenbesetzungen mit Hilfe des Arbeitsamtes

Ein grundlegendes Argument für eine zentrale Vermittlungsbehörde ist die Möglichkeit der Transaktionskostensenkung für die Arbeitsnachfrageseite; das heißt das Arbeitsamt übernimmt eine Maklerfunktion bezüglich des Arbeitsangebotes. Die erste, Such- und Informationskosten betreffende, Problematik ergibt sich aus dem den Arbeitsämtern zur Verfügung stehenden Pool von Arbeitssuchenden. Ein großer Teil der registrierten Arbeitslosen besitzt keine bzw. nur unzureichende Qualifikationen. Aber insbesondere kleine Betriebe wie Handwerksunternehmen oder auch viele Dienstleistungsunternehmen haben ein höheres durchschnittliches Qualifikationsanforderungsprofil, was ihre Arbeitsplätze anbelangt, als Großunternehmen. So ermittelte Schüle, daß Betriebe mit über 500 Beschäftigten prozentual mehr als dreimal so viel Hilfsarbeiter einstellen wie Betriebe mit bis zu 50 Beschäftigten (vgl. Schüle, 1987, S.103). Es passen also Arbeitsangebot und Arbeitsnachfrage oftmals nicht zusammen. Das hat zur Folge, daß kleine Unternehmen länger mit dem Arbeitsamt in Kontakt stehen als Großbetriebe, um einen adäquaten Bewerber vermittelt zu bekommen. Dieser Kostennachteil wird noch dadurch verstärkt, daß in kleinen Unternehmen in der Regel eine leitende Führungskraft (oftmals der Firmeninhaber selbst) die Kontakte zum Arbeitsamt pflegen muß, während in Großbetrieben ein ohnehin schon beschäftigter (weil organisatorisch erforderlicher) Personalsachbearbeiter diese Funktion übernehmen kann. Es fallen also für kleine Unternehmen auch vergleichsweise höhere Personalkosten beim Suchprozeß an bzw. der Firmeninhaber muß auf andere, wichtige Tätigkeiten verzichten, was auch Kosten verursacht.

Zudem sind die Kleinbetriebe aufgrund ihrer Struktur oftmals nicht in der Lage, die vom Arbeitsamt angebotenen Arbeitsförderungsmaßnahmen nach dem AFG wie die Übernahme von Lohnkosten, Einarbeitungszuschüssen oder befristeten Beschäftigungsmöglichkeiten in Betracht zu ziehen. Das liegt zum einen daran, daß die diesen Maßnahmen vorausgehenden bürokratischen Informationsprozesse häufig die zeitlichen Ressourcen von Selbständigen überfordern. Zum anderen dürften viele Kleinunternehmer nicht mit der notwendigen Transparenz für diese Maßnahmen ausgestattet sein, weil auch die Erlangung von Basiswissen mit Informationskosten verbunden ist.[8] Es ist also zu konstatieren, daß kleine Unternehmen vermutlich nur zu höheren Kosten Arbeitsmarkttransparenz durch das Arbeitsamt erlangen können als große Firmen. Das gleiche Kostenargument dürfte bei den u.a. von den Industrie- und Handelskammern angebotenen Beratungsdiensten gelten.

Stellenbesetzungen durch Inserate oder Betriebsaushänge

(Zeitungs-)Inserate scheinen auch für kleine Unternehmen eine sinnvolle Strategie zu sein. Ein erstes, nicht zu unterschätzendes Hindernis ist jedoch, zumindestens im großstädtischen Raum oder in Ballungszentren, der erhebliche Kostenfaktor für erfolgversprechende Inserate. Beträge von bis zu 12.000,- DM stellen für große Firmen annehmbare Suchkosten dar, können für manchen Kleinunternehmer aber durchaus zur Hemmschwelle werden. Zudem dürften Großunternehmen in der Regel oftmals gleichzeitig mehrere Stellen zu besetzen haben. Bei Inseraten liegen jedoch sinkende Durchschnittskosten vor, da die In-

---

[8] Siehe zu den Problemen befristeter Beschäftigung in kleinen Unternehmen auch die entsprechenden Passagen in Kapitel 3.1.2.4.

seratkosten unterproportional zur Zahl der einzustellenden Mitarbeiter steigen[9] (vgl. Franz, 1991, S.143).

Ein weiteres Argument gegen die Inanspruchnahme von Printmedien durch kleine Unternehmen aufgrund von Kostennachteilen soll hier noch erwähnt werden, obwohl es sich letztlich bereits um Anbahnungskosten handeln dürfte. Bei Inseraten fallen für die Unternehmen neben den reinen Anzeigenkosten die Auswahlkosten immer vollständig bei ihnen selbst an. Im Gegensatz dazu wird bei Einbeziehung des Arbeitsamtes ein Teil der Vorauswahl (und somit der Kosten) durch das Arbeitsamt getragen. Diese Auswahlkosten sind aber aus den oben bereits genannten Gründen bei kleineren Betrieben relativ höher als in großen Firmen.

Was die kostengünstige Informationsbeschaffung, sprich Erlangung von Arbeitsangeboten durch Betriebsaushänge oder Inserattafeln an Betriebsgebäuden betrifft, ist offensichtlich, daß die Erfolgsaussichten von kleinen Unternehmen eben aufgrund ihrer Größe (weniger Beschäftigte und oftmals räumlich in "Nischen" angesiedelt) in diesem Punkt ebenfalls stark eingeschränkt sind. Setzt man also Kosten für den Betriebsaushang in bezug zum darauf erfolgten Arbeitsangebot, ergibt sich wiederum ein struktureller Nachteil für die kleinen Firmen.

Stellenbesetzungen durch Nutzung von Kontaktnetzen

Soziale Kontaktnetze stellen ein sehr effektives Mittel als 'screening device' dar. Betrachtet man den Beziehungskomplex Kontaktnetze unternehmensgrößenspezifisch, so ist auch hier offensichtlich, daß kleine Unternehmen schon allein aufgrund ihrer Größe Nachteile in Kauf zu nehmen haben. Die den Kleinbetrieben zur Verfügung stehenden Kontaktnetze sind durch die geringe Mitarbeiterzahl determiniert und wegen der eher regional begrenzt angesiedelten Kundenstruktur zusätzlich eingeschränkt (vgl. zu sozialen Kontaktnetzen Fritsch, 1987, S.186ff oder Scheib, 1987, S.90ff). Ohnehin ist zu bezweifeln, ob bei einem vorhandenen überregionalen Kontaktnetz eher Personal gefunden werden könnte, da das qualifizierte Arbeitsangebot in vielen Bereichen nicht ausreichend ist und zudem, eventuell vorhandene, mobile Arbeitskräfte aufgrund der vorhandenen Lohndifferentiale (vgl. Gerlach, Schmidt, 1989) zwischen einzelnen Betriebsgrößen eher zu Großbetrieben als zu kleinen Unternehmen wechseln dürften.

---

9 Zumindestens nehmen die Inseratkosten relativ gesehen ab, da z.B. der Unternehmenskopf, Bewerbungsfristen oder anderer, standardisierbarer Text nur einmal pro Anzeige angeführt werden müssen.

Weiterhin entstehen hohe Suchkosten im Vergleich zum Ertrag dadurch, daß bestimmte Maßnahmen, die in großen Unternehmen beinahe schon zum Standard gehören, sich für kleine Betriebe, die nur selten mehrere Personen einstellen, nicht eignen und schon von ihrer Art her die vorhandenen Firmenstrukturen überfordern würden. Drumm nennt eine Vielzahl von umfangreichen, werbenden Selbstdarstellungen, die ein Kontaktnetz aufbauen bzw. pflegen sollen:

- PR-Anzeigen
- detaillierte Stellenangebote
- Firmenberichte in Fachzeitschriften
- Umfangreiche Sozialberichte in Geschäftsbereichen der Aktiengesellschaften
- Differenzierte Darstellung des sozialpolitischen Instrumentariums
- Hinweise auf Arbeits- und Arbeitszeitgestaltung gemäß motivationstheoretischer Erkenntnisse
- Arbeitsphysiologisch- und motivational positive Konzeptdarstellung der Arbeitszeitgestaltung
- Hinweise auf Aufstiegs- und Fortbildungsmöglichkeiten
- Darstellung der Leitbilder der Personalführung
- Typische Wertkategorien und Leistungsziele

(vgl. Drumm, 1987, S.50f)

Es ist einleuchtend, daß diese Selbstdarstellungen für kleine Unternehmen finanziell nicht tragbar und strukturell in der Regel nicht leistbar sind (vgl. auch Sadowski, 1989, S.110). Explizit erwähnt seien in diesem Zusammenhang die sogenannten Placement-Strategien. Hier werden von Betrieben besondere Informationsveranstaltungen oder gut dotierte Praktika für Schüler und Studenten angeboten. Diese von Drumm als die preiswertesten und effektivsten Beschaffungsstrategien bezeichneten Placement-Aktionen stehen kleinen Unternehmen aus oben genannten Gründen wohl nicht zur Verfügung (vgl. Drumm, 1987, S.51ff). Das hängt natürlich auch mit dem Stellenanforderungsprofil von kleinen Unternehmen zusammen, die erst in letzter Zeit auch verstärkt Hochschulabsolventen, auf die die Placement-Strategien insbesondere abzielen, nachfragen.[10]

---

[10] Eine Bemerkung zu Hochschulabsolventen oder allgemeiner, Beschäftigten mit höherem Qualifikationsniveau: Führungskräfte werden immer häufiger von Personalvermittlungsagenturen vermittelt, wobei durchaus Informationskosten bis zu einem durchschnittlichen Jahresgehalt anfallen können (vgl. Gaugler, Weber, 1987, S.168). Da kleine Unternehmen bis heute aber nur einen sehr geringen Bedarf an solchen Führungskräften haben, wird hier auf eine vergleichende Betrachtung verzichtet.

Stellenbesetzungen aufgrund von Initiativbewerbungen

Dieser Punkt hängt eng mit dem vorherigen zusammen, soll aber dennoch eigenständig behandelt werden, da inzwischen mehr als 25 % aller letztlich durchgeführten Stellenbesetzungen auf Initiativbewerbungen zurückzuführen sind (vgl. u.a. Cramer, 1990 oder Schüle, 1987).

Initiativbewerbungen gehen ausschließlich auf Aktivität des Arbeitsangebotes zurück, mit dementsprechenden Such- und Informationskosten von null für das angeschriebene Unternehmen. Das heißt Suchkosten fallen prinzipiell nur dann an, wenn bei bestimmten Unternehmen eine sehr hohe Anzahl von Bewerbungen eingeht, obwohl gar keine zusätzliche Arbeitsnachfrage besteht. Nun werden Initiativbewerbungen in der Regel aber nur an größere Unternehmen, bestenfalls noch an mittelständische Betriebe gerichtet. Denn auch die Arbeitsanbieter wissen, daß die Wahrscheinlichkeit einer freien Stelle bei mehreren hundert Mitarbeitern wesentlich größer ist als bei einem Unternehmen, wo eine zusätzliche Stelle 10% des gesamten Beschäftigungspotentials ausmacht.[11] Diese Verhaltensweise hat aber zur Folge, daß die bedeutende such- und informationskostensenkende Wirkung von Initiativbewerbungen fast ausschließlich größeren Unternehmen zugute kommt.

Zusammenfassung der Ergebnisse - Herleitung einer Such- und Informationskostenfunktion

Aggregiert man die gefundenen Ergebnisse zu einer Such- und Informationskostenfunktion in Abhängigkeit von der Unternehmensgröße, so könnte deren Verlauf wie folgt aussehen:

[11] Von anderen Beweggründen, sich eher bei Großunternehmen als bei kleinen Firmen zu bewerben, wie der Anreiz höherer Löhne oder besserer Sozialleistungen, einmal abgesehen. Auf die hinter diesen Anreizen stehenden Closed-Shop-Strategien oder Segmentationsbestrebungen von Unternehmen wird im Kapitel 3.1.2 genauer eingegangen werden.

Abbildung 8: Such- und Informationskosten in Abhängigkeit von der Unternehmensgröße[12]

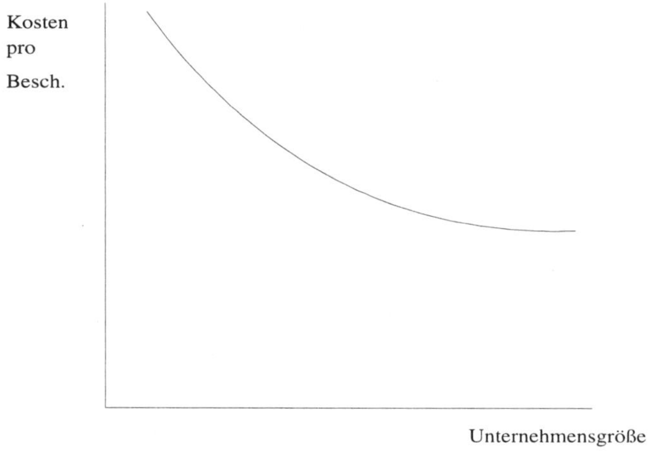

(Quelle: Eigener Entwurf)

Aus der Abbildung 8 wird deutlich, daß Such- und Informationskosten den von Coase für Transaktionskosten unterstellten, typischen Verlauf besitzen.[13] Es bleibt festzuhalten, daß kleine Unternehmen aufgrund der oben beschriebenen organisatorischen und finanziellen Restriktionen natürlich nicht sämtliche möglichen Akquisitionsstrategien (wie beispielsweise die erwähnten Placement-Strategien) ausschöpfen. Das senkt zwar ihren tatsächlichen finanziellen Aufwand für die Personalbeschaffung, illustriert aber deshalb auch ihre Schwierigkeiten bei der Besetzung von offenen Stellen.

---

12 Bei dieser und allen folgenden Abbildungen gemessen an der Beschäftigtenzahl. Zudem wird aus Vereinfachungsgründen wiederum von einer relativ homogenen Arbeitsnachfrage, was die Qualitätsanforderungen an die zu Beschäftigenden anbelangt, ausgegangen.

13 Dieser Verlauf wird noch dadurch wahrscheinlicher, weil indirekte Suchkosten (Produktionsausfallzeiten) durch eine momentane Nichtbesetzbarkeit einer Stelle (vgl. Sadowski, 1989, S.110) eher bei Kleinunternehmen als bei großen Firmen anfallen werden. Dieses bewirkt der zahlenmäßig determinierte Mitarbeiterstamm kleiner Unternehmen, aufgrund dessen neben des ohnehin geringeren Lohnniveaus potentielle Arbeitnehmer wegen fehlender Aufstiegsmöglichkeiten nur schwer neu angeworben werden können.

3.1.1.3 Anbahnungskosten

Wie bereits erwähnt, entstehen bei Personalauswahlgesprächen Kosten aufgrund der aufgewandten Arbeitszeit des Interviewers. Diese Kosten dürften um so höher sein, je geringer die Zahl der Beschäftigten des Unternehmens ist, weil zum einen der Unternehmerlohn des in einem kleinen Betrieb in der Regel die Auswahlgespräche führenden Firmeninhabers höher ist als der Lohn eines Personalsachbearbeiters im Großunternehmen und zum anderen, weil die Regelmäßigkeit anfallender Auswahlgespräche im Großunternehmen zu einer höheren Erfahrung und Transparenz des Personalbevollmächtigten führt. Dieser Informationsvorsprung gegenüber einem Kleinunternehmer impliziert eine effizientere und somit kostengünstigere Auswahl von Bewerbern. Dieser Kostenvorteil wird noch dadurch verstärkt, da es größeren Unternehmen aufgrund ihrer finanziellen Ausstattung bzw. ihrer ohnehin besseren Kontakte (siehe dazu den Abschnitt über die Kontaktnetze von Unternehmen) leichter möglich ist, externe Informationen über einen Bewerber zu beschaffen.

Eine weitere Form von Anbahnungskosten entstehen bei Auswahltests sowie bei Assessment-Centern. Bei Auswahltests, die prinzipiell auch für kleine Unternehmen durchführbar sind, zumindest durch externe Beratungsfirmen, besteht die Besonderheit darin, daß hohe 'economies of scale' auftreten. Die Kosten bleiben in ihrer Höhe gleich, egal ob ein neuer oder viele neue Mitarbeiter einzustellen sind, weil beispielsweise ein Fragebogen nur einmal konzipiert werden muß oder auch bei steigender Teilnehmerzahl an den Auswahlverfahren eine Aufsichtsperson ausreicht. Darum sinken mit einer ansteigenden Beschäftigtenzahl die anfallenden Anbahnungskosten pro Beschäftigten, weil mit zunehmender Unternehmensgröße die Wahrscheinlichkeit dafür steigt, mehrere Arbeitnehmer gleichzeitig einzustellen.

Bei den Assessment-Centern handelt es sich im Prinzip um ein ganzes Bündel von Auswahlgesprächen. Assessment-Center sind deshalb ein sehr effizientes und probates Mittel, wenn auch ein vergleichsweise teures, um aus einer Vielzahl von Bewerbern die richtigen auszuwählen. Hier gilt jedoch, was die spätere Einstellung anbelangt, ähnlich wie bei den eher noch unverbindlichen sogenannten Placement-Strategien (deswegen Such- und Informationskosten und keine Anbahnungskosten), daß Assessment-Center prinzipiell die finanziellen und personellen Kapazitäten von Kleinunternehmen übersteigen. Zwar senkt das Fehlen dieser Akquisitionsmaßnahme wiederum den tatsächlichen Aufwand von kleinen Unternehmen bezüglich Anbahnungskosten - theoretisch bleibt aber folgender Verlauf einer Anbahnungskostenfunktion in Abhängigkeit von der Unternehmensgröße erhalten:

Abbildung 9: Anbahnungskosten in Abhängigkeit von der Unternehmensgröße

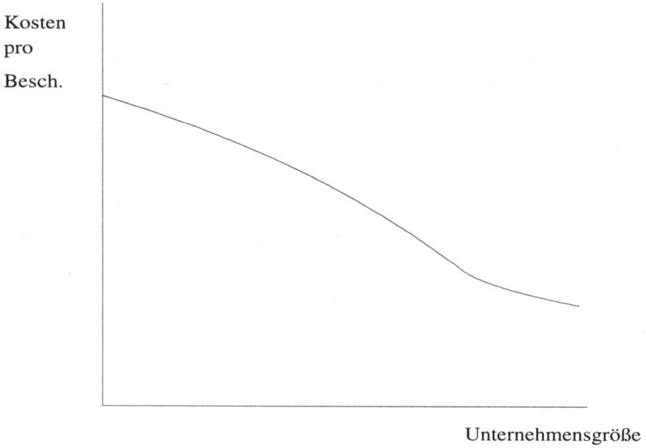

(Quelle: Eigener Entwurf)

Der zunächst stark degressive Verlauf der obigen Kurve ergibt sich, weil die kostenintensiven Assessment-Center oder die externe Informationsbeschaffung erst ab einer Beschäftigtenzahl, die jenseits der Grenze des mittelständischen Unternehmens liegt, rentabel werden.[14]

3.1.1.4 Kontraktkosten[15]

Kontraktkosten stellen für alle Unternehmensgrößen einen nicht zu unterschätzenden Kostenfaktor dar. Dieses liegt an der Besonderheit der in Arbeitsverträgen definierten Austauschverhältnisse. Arbeitsverträge sind in der Regel asym-

[14] Würden nur die tatsächlich durchgeführten Assessment-Center betrachtet, ergäbe sich bei einer Unternehmensgröße von mehr als 2000 Mitarbeitern ein Sprung in der Kostenfunktion, da unterhalb dieser Beschäftigtenzahl in der Regel keine Assessment-Center durchgeführt werden.

[15] Kontraktkosten können auch als Einstellungskosten im engeren Sinn bezeichnet werden, wohingegen unter Einarbeitungskosten (Kapitel 3.1.1.5) Einstellungskosten im weiteren Sinn zu verstehen sind. Kostenmäßig sind unter Kontraktkosten konkret beispielsweise Aufwendungen für Personal zur Prüfung und Formulierung von Arbeitsverträgen bzw. Ausfallzeiten von Betriebsratsmitgliedern, die bei evtl. notwendigen Sitzungen zur Personalplanung anfallen, zu verstehen.

metrisch gestaltet. Das heißt die eine Vertragsseite (Unternehmer) spezifiziert konkret Lohn- und Gehaltsansprüche der Arbeitnehmer, wohingegen auf der Beschäftigtenseite Arbeitsintensität und auch der konkrete Arbeitsinhalt meistens unspezifiziert bleiben[16,17] (vgl. Weise, 1979, S.182ff).

Es ergibt sich jedoch grundsätzlich die Notwendigkeit, gewisse Rahmenbedingungen des Arbeitsverhältnisses vertraglich festzulegen. Die Kosten für die konkrete Ausgestaltung von Arbeitsverträgen dürften mit zunehmender Verantwortung, die an eine Stelle geknüpft ist, ansteigen, was tendenziell die Kontraktkosten erhöht, je größer ein Unternehmen ist. Dieser Effekt wird noch dadurch verstärkt, daß ab einer Betriebsgröße von mehr als zwanzig Mitarbeitern Unternehmen einer Zustimmungspflicht des Betriebsrates bei Einstellungen unterliegen (vgl. IWD, 1991/48, S.7) bzw. bei bestimmten Beschäftigungspositionen eine ärztliche Untersuchung vorgeschrieben ist.[18]

Dieser Kostenvorteil für kleine Unternehmen wird allerdings weitgehend dadurch nivelliert, daß mit steigender Unternehmensgröße, absolut betrachtet, häufiger Einstellungen vorgenommen werden. Dadurch kommt es zu einem eher standardisierten Ablauf der Einstellungsmodalitäten bzw. der bürokratischen Verwaltung der Eingestellten und somit wiederum zu 'economies of scale'. Da in großen Unternehmen zudem eine Rechtsabteilung vorhanden ist, die neben sonstigen juristischen Fragen auch arbeitsrechtliche Probleme lösen kann, entstehen bei sehr großen Unternehmen zudem 'economies of scope'.

Zusammenfassend ist festzustellen, daß Kostenvorteile und -nachteile sich bei kleinen und großen Unternehmen die Waage halten dürften. Lediglich mittelständische Betriebe haben mehr Kostennachteile aufzuweisen mit einem höchsten Belastungsgrad dort, wo 'economies of scale' bzw. 'economies of scope' noch nicht greifen. Somit ergibt sich für eine Kontraktkostenfunktion in Abhängigkeit von der Unternehmensgröße folgender Verlauf:

---

[16] Letzteres deshalb, weil einerseits viele Arbeitsleistungen von vornherein nicht genau festlegbar sind, andererseits weil Unternehmen durch die ungenaue Spezifizierung flexibler auf Umweltveränderungen reagieren und somit das Maß ihrer Unsicherheit senken können.

[17] Auf kontraktbedingte Inflexibilitäten, die sich u.a. aufgrund der gerade erwähnten Besonderheit von Arbeitsverträgen ergeben, wird gesondert in Kapitel 3.1.3.1 eingegangen. Hier werden zunächst nur die speziellen Kosten des Vertragsabschlußprozesses betrachtet.

[18] Es gibt eine Reihe weiterer arbeitsrechtlicher Vorschriften wie die zunehmende Zahl von Betriebsratsmitgliedern bei steigender Unternehmensgröße. Diese Kostenbelastung steigt aber ab einer Unternehmensgröße von fünf Mitarbeitern proportional mit der zunehmenden Unternehmensgröße an und ist somit vernachlässigbar.

Abbildung 10: Kontraktkosten in Abhängigkeit von der Unternehmensgröße

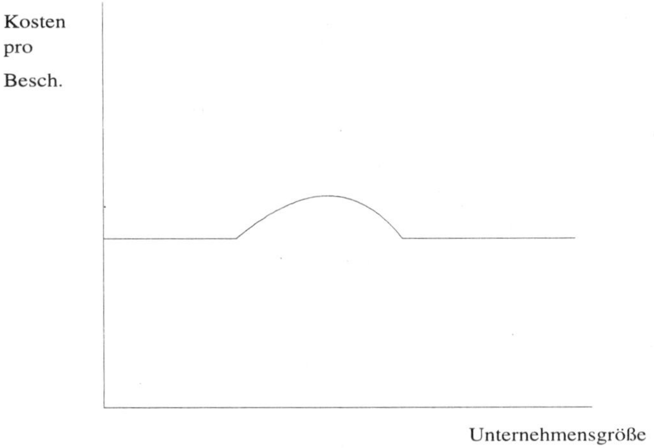

(Quelle: Eigener Entwurf)

3.1.1.5. Anpassungskosten

Einarbeitungskosten

Zunächst werden die im Beschäftigungsverlauf eines Arbeitnehmers zeitlich zuerst anfallenden Anpassungskosten, die Einarbeitungskosten, betrachtet. Diese sind, wie bereits angedeutet wurde, Einstellungskosten im weiteren Sinn. Das heißt es handelt sich um Kosten, die nicht direkt beim Einstellungsvorgang anfallen, sondern erst mit zeitlicher Verzögerung auftreten. Nichtsdestotrotz stellen die Einarbeitungskosten einen erheblichen Kostenfaktor dar, der jedoch mit zunehmender Unternehmensgröße aufgrund von nachlassenden Unteilbarkeitsphänomenen an Bedeutung verliert.

Die erste Art von Einarbeitungskosten stellen die Lohnkosten für den Arbeitseinweiser dar. Je höher die qualitativen Anforderungen des neu zu besetzenden Arbeitsplatzes sind, desto höher sind die anfallenden Lohnkosten für den Ausbilder. Es ist offensichtlich, daß die Kosten pro Vorgang bei mehreren, gleichzeitig vorgenommenen Einstellungen überproportional abnehmen, da in der Regel ein Ausbilder mehrere neue Arbeitnehmer betreuen und einweisen kann. Bei mehreren Einstellungen besteht zudem die Möglichkeit, externe Weiterbildungsmaßnahmen kostengünstiger durchführen zu lassen. Bei kleinen Unternehmen dürften diese einarbeitungskostensenkenden Maßnahmen generell nicht durchführbar sein.[19]

Genauso sind die Belastungen für ein kleines oder mittelständisches Unternehmen enorm hoch, wenn hochqualifizierte Hochschulabsolventen zunächst zwei Jahre als Trainee Praxiserfahrung sammeln müssen oder sollen. Zudem erhöht der sunk-cost-Charakter dieser Aufwendungen das Risiko (bei Abwanderung des ausgebildeten Trainees) der Unternehmen, wobei kleinere Firmen bei Abwanderung ihres womöglich einzigen Trainees relativ mehr belastet werden, als wenn bei einem großen Unternehmen drei von sechs Nachwuchskräften den Betrieb verlassen. Dieses dürfte der Grund dafür sein, daß von kleinen Firmen nur selten Trainee-Arbeitsplätze angeboten werden.

Abschließend seien hier noch die durch die Stellenbesetzung auftretenden Produktionsausfallzeiten erwähnt.[20] Neue Mitarbeiter führen zunächst fast immer zu geringeren Produktionserträgen. Das liegt zum einen daran, daß aufgrund der Heterogenität der Arbeitnehmer oftmals gewisse strukturelle Produktionsablaufänderungen notwendig werden (siehe hierzu auch die entsprechenden Abschnitte dieses Kapitels). Zum anderen muß man davon ausgehen, daß neue Mitarbeiter eine gewisse Zeit der Eingewöhnung und Anpassung brauchen und es somit zu Produktivitätseinbußen kommt.[21] Diese dürften um so höher sein, desto größer der Beschäftigungsanteil der Neueingestellten an der Gesamtbeschäftigung ist. Aus diesen Überlegungen heraus ergibt sich folgender Einarbeitungskostenverlauf in Abhängigkeit von der Unternehmensgröße:

---

[19] Hier bieten sich beispielsweise vom Arbeitsamt oder von den Industrie- und Handelskammern durchgeführte zentrale Veranstaltungen an, wo aus vielen kleinen Betrieben jeweils eine in Frage kommende Person an einer Weiterbildungsmaßnahme teilnimmt. In diesem Bereich könnte eine stärkere Kooperation von kleinen Unternehmen untereinander daher durchaus mit Kostenvorteilen verbunden sein.

[20] Sadowski bezeichnet diese Produktionsausfälle als indirekte Einarbeitungskosten, hingegen Aufwendungen für Lehrmittel als direkte Einarbeitungskosten (vgl. Sadowski, 1989, S.109).

[21] Nicht zu unterschätzen ist zudem die zeitliche Dimension der Einarbeitungszeit. Rühl, u.a. schätzen die durchschnittliche Einarbeitungzeit eines neu eingestellten Facharbeiters auf vier Monate, in der ein neuer Arbeitnehmer nur durchschnittlich 60% der Normalleistung erbringt (vgl. Rühl, u.a., 1986, S.35).

Abbildung 11: Einarbeitungskosten in Abhängigkeit von der Unternehmensgröße

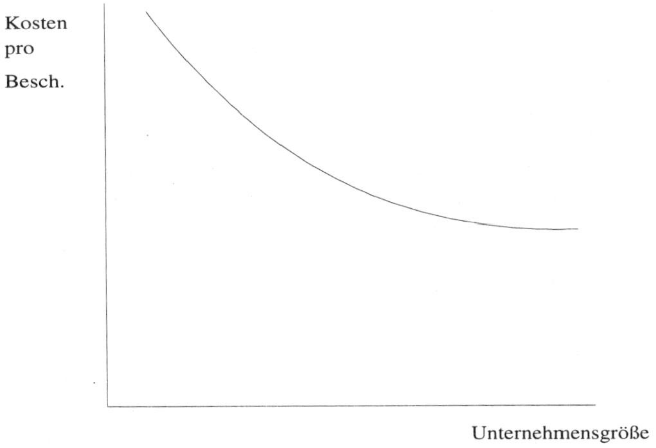

(Quelle: Eigener Entwurf)

Der konvexe Verlauf der Einarbeitungskostenfunktion ergibt sich, weil mit zunehmender Unternehmensgröße die Einsparungen an Einarbeitungskosten aufgrund der höheren Einstellungsfrequenz überproportional abnehmen.

Entlassungskosten

Bei den Entlassungskosten, als weiterer Art von Anpassungskosten, ergibt sich aufgrund rechtlicher Restriktionen ein eher entgegengesetztes Bild. Die folgende Übersicht 4 gibt einen Überblick über die vom Gesetzgeber, insbesondere zum Schutz der Arbeitnehmer, erlassenen rechtlichen Vorschriften bei vorzunehmenden Entlassungen (ohne allgemeine arbeitsrechtliche Vorschriften):

Übersicht 4: Ausgewählte Schutzrechte für Arbeitnehmer bei Entlassungen

Zahl der Mitarbeiter	Arbeitsrechtliche Schutzmaßnahme
ab drei	Besondere Kündigungsfristen für Angestellte
ab sechs	Geltung des Kündigungsschutzgesetzes (einschließlich Mutterschutz und Erziehungsurlaub) Wehrdienst kein wichtiger Kündigungsgrund auch für unverheiratete Arbeitnehmer unter bestimmten Voraussetzungen
ab 21	Beratung mit dem Betriebsrat bei Betriebsänderungen - Interessenausgleich und Sozialplan Verpflichtung des Arbeitgebers zur Anzeige beim Arbeitsamt bei Entlassung von mehr als fünf Arbeitnehmern
ab 60	Anzeigepflicht des Arbeitgebers beim Arbeitsamt bei Entlassung von 10% oder mehr als 25 Arbeitnehmern
ab 500	Anzeigepflicht des Arbeitgebers beim Arbeitsamt bei Entlassung von mindestens 30 Arbeitnehmern

(Quelle: IWD, 1991/48, S.7)

Allerdings macht diese Übersicht deutlich, daß die oftmals zitierten erheblichen Kosteneinsparungen kleiner Unternehmen aufgrund fehlender Kündigungsschutzmaßnahmen wohl nur bis zu einer Unternehmensgröße von bis zu fünf Mitarbeitern vorliegen. Zwar dürften sich mit steigender Unternehmensgröße steigende Entlassungskosten einstellen, weil die Stellung des Betriebsrates ebenfalls an Reputation gewinnt bzw. bei mehr als 20 Mitarbeitern Sozialpläne aufgestellt werden müssen und mehr Abfindungen gezahlt werden (vgl. Deregulierungskommission, 1991, S.144 oder Schellhaaß, 1984, S.149f). Jedoch dürfte dieser Kostenanstieg allein schon dadurch gemildert werden, weil größere Betriebe in der Regel interne oder externe Rechtsexperten an der Hand haben, die etwaige, kostenintensive personalpolitische Fehler erst gar nicht entstehen lassen. Zudem sollte man die sozialen Hemmschwellen, die in kleinen Unternehmen existieren, auf keinen Fall unterschätzen. Der soziale Kontakt zwischen Leitenden und Untergebenen ist größenbedingt in kleinen Unternehmen wesentlich ausgeprägter als in großen Firmen. Zudem ist aufgrund der, durch den begrenzten Mitarbeiterstamm kleiner Unternehmen bewirkten, engen Zusammenarbeit zwischen Arbeitgebern und Arbeitnehmern ein abgestimmtes Verhalten von Betriebsrat und Betriebsleitung wahrscheinlich, sofern dieser existiert (vgl. Sadowski, 1989, S.86). Rechnet man die daraus möglicherweise resultierende kapazitäre Unterauslastung den Entlassungskosten zu, so wird der Kostenvorteil der extrem kleinen Unternehmen zumindest ein wenig nivelliert. Aus diesen kurzen Überlegungen heraus ergibt sich folgender möglicher Verlauf von Entlassungskosten in Abhängigkeit von der Unternehmensgröße:

Abbildung 12: Entlassungskosten in Abhängigkeit von der Unternehmensgröße

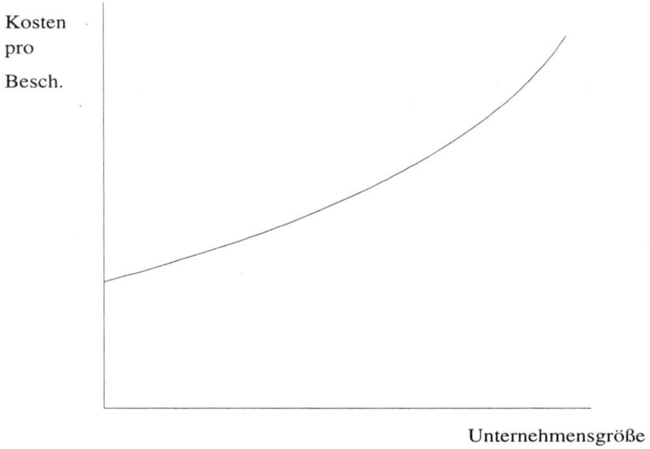

(Quelle: Eigener Entwurf, siehe hierzu auch Franz, 1991, S.144ff.)

Technologisch bedingte Anpassungkosten

Abschließend werden die technologisch bedingten Anpassungskosten betrachtet. Diese Anpassungskostenart ist dann von Relevanz, wenn aufgrund der persönlichen Fähigkeiten oder Qualifikationen des neuen Arbeitnehmers bzw. Weggang eines alten Mitarbeiters der Produktionsablauf geändert werden muß. Dieser Fall tritt beispielsweise dann ein, wenn für bestimmte, hochqualifizierte Tätigkeiten wie CNC-Dreher kurzfristig das Arbeitsangebot nicht ausreicht, so daß es zu betriebsinternen Umsetzungsmaßnahmen kommt. Diese auf Unteilbarkeitsphänomene zurückzuführenden Ineffizienzen werden mit zunehmender Unternehmensgröße eher abnehmen, da aufgrund des größeren Mitarbeiterstammes die Teilbarkeit des Produktionsfaktors Arbeit zunimmt. Diese sogenannten arbeitsinduzierten Anpassungskosten nehmen dementsprechend mit einer zunehmenden Unternehmensgröße ab. Außerdem ist festzuhalten, daß zusätzliche Entlassungskosten durch Verluste an Aus- und Weiterbildungsinvestitionen, insbesondere bei firmenspezifischem Humankapital, entstehen (vgl.

Sadowski, u.a., 1989, S.103ff). Da kleine Unternehmen jedoch häufig in Marktnischen produzieren und somit eine sehr spezielle Produktionsweise besitzen, dürften die Verluste an firmenspezifischem Humankapital besonders für kleine Firmen gravierend sein. Verstärkt wird dieser Effekt noch dadurch, daß der Produktionsfaktor Kapital in der Regel noch weniger teilbar ist als der Produktionsfaktor Arbeit (vgl. Franz, 1991, S.141ff) und die Kapitalteilbarkeitsschwellen bei kleinen Unternehmen enger beieinander liegen als bei größeren Firmen. Allerdings muß konstatiert werden, daß kleine Unternehmen in der Regel eher personalkosten- statt kapitalkostenintensiv sind. Trotzdem dürfte sich für technologisch bedingte Anpassungskosten folgender Verlauf in Abhängigkeit von der Unternehmensgröße ergeben:

Abbildung 13: Technologisch bedingte Anpassungskosten in Abhängigkeit von der Unternehmensgröße

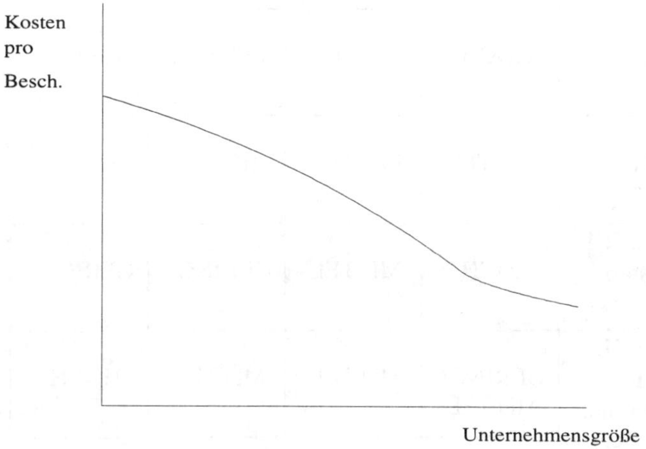

(Quelle: Eigener Entwurf)

Der degressive Verlauf der Funktion ist dadurch erklärbar, daß mit steigender Unternehmensgröße die Teilbarkeit der Produktionsfaktoren überproportional zunimmt.

3.1.1.6 Aggregierter beschäftigungsbedingter Transaktionskostenverlauf

Die Übersicht 5 faßt die in den vorigen Kapiteln (3.1.1.2-3.1.1.5) abgeleiteten Ergebnisse zusammen:

Übersicht 5 : Belastung mit beschäftigungsbedingten Transaktionskosten je nach der Unternehmensgröße[22]

Unternehmens-größe / Besch.bed. Transaktionskosten[23]	Kleinstunternehmen (<6 AN)	Kleines Unternehm. (<50 AN)	Mittleres Unternehm. (<500 AN)	Großes Unternehm. (>500 AN)
Such- und Info.kosten (Inserate, Arbeitsamt, Placementstrategien	HOCH	HOCH	MITTEL	GERING
Anbahnungskosten (Auswahlgespräche, Erkundigungen)	HOCH	HOCH	MITTEL/ HOCH	GERING
Kontraktkosten (Vertragsmodalitäten, Betriebsrat)	MITTEL	MITTEL	HOCH	MITTEL
Anpassungskosten I: Einarbeitungskosten (Prod.ausfall, Trainees)	HOCH	MITTEL	GERING	GERING
Anpassungskosten II: Entlassungskosten (Kündig.schutz, Abfind.)	GERING/ MITTEL	MITTEL	MITTEL	HOCH
Anpassungskosten III: Technologisch bedingte Prod.ablaufänderung)	HOCH	HOCH	MITTEL	GERING

Aggregiert man nun die ermittelten, hypothetischen Verläufe der einzelnen transaktionskostentheoretischen Kostenarten, so ergibt sich für die gesamte be-

---

[22] Unter der Annahme, daß die qualitative Beschäftigtenstruktur aller Unternehmen relativ homogen ist.

[23] Es handelt sich hierbei um beschäftigungsbedingte Transaktionskosten pro Beschäftigten.

schäftigungsbedingte Transaktionskostenkurve in Abhängigkeit von der Unternehmensgröße folgender Verlauf:

Abbildung 14: Aggregierte beschäftigungsbedingte Transaktionskosten in Abhängigkeit von der Unternehmensgröße

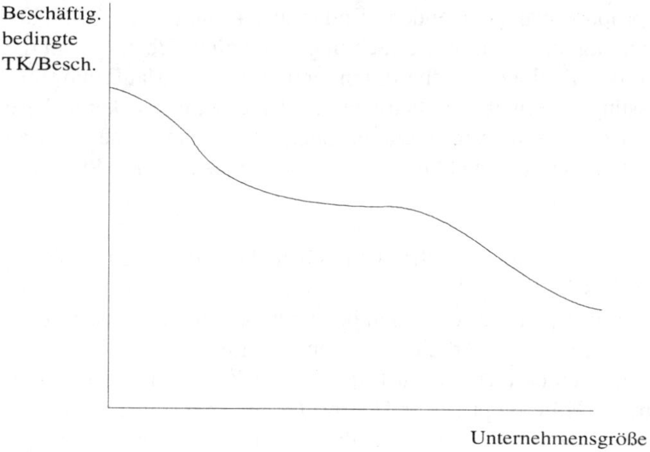

(Quelle: Eigener Entwurf, siehe dazu auch Bellmann, Buttler, 1989, S.202ff)

Folgende Probleme sind dabei zu berücksichtigen. Als wichtigster Punkt ist sicherlich die jeweilige Gewichtung der Einzelkurven zu betrachten. Die Kontraktkostenkurve einschließlich der arbeitsrechtlichen Vorschriften bei Einstellungen dürften für fast alle Qualifikationsniveaus ein beträchtliches Potential ausmachen. Das gleiche gilt für die Such- und Informationskostenkurve mit Ausnahme gering qualifizierter Beschäftigung. Nicht sonderlich ins Gewicht fallen dürften die Anbahnungskosten, hier allerdings mit der Ausnahme sehr hoher Beschäftigungsqualifikationen. Anpassungskosten schließlich stellen insgesamt betrachtet einen hohen Anteil an den beschäftigungsbedingten Transaktionskosten dar, wobei überraschenderweise die Einarbeitungskosten den Entlassungskosten letztlich gleichgestellt werden können. Die technologisch bedingten Anpassungskosten sind nur schwer abzuschätzen, weil sie je nach Branche stark differieren werden. Im Mittel dürften sie aber in etwa, aufgrund von Humankapitalverlusten bei Abwanderung von Arbeitnehmern, den Umfang von Such- und Informationskosten ausmachen.[24]

Bei der Aggregation der einzelnen Kostenarten wurde weiterhin ein additiver Kostenverlauf unterstellt. Das ist in einigen Fällen sicherlich problematisch, da die einzelnen Kostenarten logischerweise oft nicht unabhängig voneinander sind und deshalb teilweise nicht gleichgerichtet verlaufen. So dürften Kontraktkosten, bei überproportional steigenden Entlassungskosten innerhalb der gesamten Unternehmung, bei relativer Betrachtung abnehmen. Bezieht man die Analyse aber jeweils auf einen Beschäftigten und dessen Verlauf von Einstellung bis Entlassung innerhalb des betrachteten Unternehmens, kann diese gegenläufige Tendenz vernachlässigt werden. Genauso ist dann eine positive Korrelation, beispielsweise von Suchkosten zu Einstellungskosten, additiv abbildbar.

Zudem ist zu festzustellen, daß es wahrscheinlich nicht unbedeutende Unterschiede hinsichtlich beschäftigungsbedingter Transaktionen zwischen den einzelnen Branchen gibt. Beispielsweise können bei einer starken gewerkschaftlich bedingten Standardisierung von Arbeitsverträgen in einigen Branchen Kontraktkosten eingespart werden (siehe dazu Kapitel 3.1.3.1). Genaueres läßt sich darüber jedoch nur mit Hilfe empirischer Überprüfungen, z.B. mit Fallstudien, sagen.[25] Trotz dieser eventuellen branchenbedingten Niveauverschiebung bleiben aber unternehmensgrößenspezifische Unterschiede bestehen.

---

[24] Diese auf den ersten Eindruck hin etwas gewagte These wird durch Ergebnisse einer Personalberatungsfirmenumfrage von Gaugler u. Weber unterstützt. Sie ermittelten, daß die Suchkosten auf der ersten Führungsebene im Durchschnitt bei Suchanzeigen 41.878,- DM und bei Direktansprachen gar 52.566,- DM ausmachten. Selbst auf der untersten Führungsebene (Abteilungsleiter) betrugen die Suchkosten im Durchschnitt noch 26.400,- DM bzw. 26864,- DM (vgl. Gaugler, Weber, 1987, S.168).

[25] Die bereits erwähnte Arbeit von Rühl, u.a., die eine empirische Untersuchung von Fluktuationskosten im Handwerk vorgenommen haben (mit allerdings sehr geringen Fallzahlen) ermittelten für Unternehmen unter bzw. über einhundert Mitarbeitern, daß bei allen Berufsgruppen (bis auf Betriebsleiter) die Fluktuationskosten im Trend mit steigender Unternehmensgröße abnehmen. Dieses ist um so erstaunlicher, weil Handwerksunternehmen in der Regel alle eher kleinbetrieblich ausgerichtet sind. Allerdings sind die Ergebnisse der Studie aufgrund der geringen Fallzahlen nur zum Teil signifikant (vgl. Rühl, u.a., 1986, S.176ff). Überhaupt gibt es bis heute generell Probleme für empirische Studien über beschäftigungsbedingte Transaktionskosten, weil es sich bei Unternehmensdaten um sehr sensible Daten handelt. Deshalb und aufgrund zeitlicher Restriktionen lassen sich Unternehmen nur eingeschränkt befragen. Hier dürfte erst das im Entstehen befindliche Betriebspanel des IAB Abhilfe schaffen (vgl. Projektgruppe Betriebspanel 1991, 1993, und 1994).

Eine Übersicht über die ermittelten Ergebnisse zu beschäftigungsbedingten Transaktionskosten als Ursache von kleinen Unternehmen befindet sich im Kapitel 5.

Im folgenden wird nun der zweite große Themenkomplex der arbeitsnachfragebezogenen Erklärungsansätze für Beschäftigungsprobleme von kleinen Firmen behandelt - die Unteilbarkeitsphänomene im Wirtschaftsprozeß.

3.1.2 Betrachtung und Auswirkungen von beschäftigungsbedingten Unteilbarkeiten

3.1.2.1 Einführung

Die Theorie der vollständigen Konkurrenz geht von einer atomistischen Marktstruktur aus. Diese Annahme bezieht sich nicht nur auf die Output- oder Marktseite, sondern auch auf die Inputseite - oder Produktionsseite. Es wird von einer beliebigen Teilbarkeit der Produktionsfaktoren ausgegangen. Das heißt auf die Beschäftigung bezogen, daß von einer beliebigen Teilbarkeit von Personen und Arbeitsstunden ausgegangen wird (vgl. Gerlach, Hübler, 1987, S.305ff). Diese Infinitesimalität ist in der Realität jedoch nicht vorhanden, im Gegenteil, es liegen oftmals starke Unteilbarkeiten der Produktionsfaktoren und der angebotenen Leistungen vor.

Im folgenden wird deshalb die Beschäftigungssituation - insbesondere von kleinen Unternehmen - hinsichtlich der Probleme, welche aufgrund von Unteilbarkeiten entstehen, untersucht, wobei die Unteilbarkeitsphänomene des Produktionsfaktors Arbeit im Vordergrund stehen sollen.

Nach einer kurzen Abgrenzung der Begriffe Unteilbarkeiten und kleine Unternehmen (Kapitel 3.1.2.2) werden zunächst die Ursachen von Größenvorteilen aufgrund von Unteilbarkeiten dargestellt (Kapitel 3.1.2.3). Daran anschließend werden ausführlich die Auswirkungen von Unteilbarkeitsphänomenen und die beschäftigungsstrategischen Konsequenzen, die Unternehmen verschiedener Größe daraus ziehen, analysiert (Kapitel 3.1.2.4). Mögliche Lösungsansätze für Unteilbarkeitsprobleme oder zumindest zur Vermeidung der aus Unteilbarkeitsphänomenen entstehende Effizienzeinbußen werden schließlich zusammen mit anderen Ansätzen im Kapitel 5 dieser Arbeit betrachtet.

3.1.2.2 Definitorische Abgrenzung von Unteilbarkeiten

Vorhandene Unteilbarkeitsphänomene werden in der Regel dadurch offensichtlich, daß mit steigender Unternehmensgröße 'economies of scale' entstehen, die zu relativ geringeren Kosten für die Bereitstellung von Gütern führen. Das heißt einer subadditiven Kostenstruktur liegen letztlich immer Unteilbarkeiten zugrunde. Eine subadditive Kostenstruktur ist dann gegeben, wenn gilt

$$K(X^M) < K(X^1) + K(X^2) + ... + K(X^z)$$

wobei K(X) = Kostenfunktion
X^M = gesamte produzierte Menge
X^m (m=1,2....z) = Teilmengen von X^M; Summe aller $X^m = X^M$.

Zusätzlich können bei einem Unternehmen Größenvorteile dadurch entstehen, daß eine Ausweitung der Produktgruppe (Produktdifferenzierung) zu Verbundvorteilen führt. Ein für die Beschäftigungssituation relevanter Fall liegt beispielsweise vor, wenn durch eine Produktdifferenzierung ansonsten nicht genutzte Kapazitäten der Geschäftsleitung von Unternehmen ausgeschöpft werden können. Diese Verbundvorteile, oder 'economies of scope' liegen vor, wenn gilt

$$K(X^1,X^2) < K(X^1,0) + K(0,X^2)$$

wobei K(X) = Kostenfunktion
X^1,X^2 = produzierte Menge von Gut 1 und Gut 2

Natürlich ist es prinzipiell jedem Unternehmen möglich, ein bestimmtes effizientes Güterbündel zu produzieren und somit die vorhandenen Verbundvorteile auszunutzen. Jedoch dürften kleine Unternehmen stärkeren kapazitären und letztlich finanziellen Restriktionen bei Produktdifferenzierungsvorhaben unterworfen sein als Großunternehmen. In der Realität ist jedenfalls zu beobachten, daß kleine Unternehmen weniger stark diversifizieren oder mehrbetrieblich (siehe unten) produzieren. Das bedeutet aber nichts anderes, als daß 'economies of scope' in der Regel nur von größeren Unternehmen ausgeschöpft werden können.

Auf den in dieser Arbeit zu betrachtenden Schwerpunkt bezogen, resultiert daraus die Notwendigkeit einer Untersuchung, ob Unternehmen mit zunehmender Größe den Produktionsfaktor Arbeit effizienter einsetzen können oder nicht.

3.1.2.3 Ursachen von Größenvorteilen aufgrund von Unteilbarkeiten

In diesem Kapitel sollen organisations- und technologisch bedingte Unteilbarkeiten - insbesondere des Produktionsfaktors Arbeit- , die Unternehmen zu Anpassungen veranlassen, untersucht werden.

"Allein schon die physischen Eigenschaften eines Gutes können bewirken, daß nur in sehr groben Einheiten getauscht werden kann, eine infinitesimale Tauschadaption aufgrund zu geringer Teilbarkeit der Tauschgüter nicht realisiert wird" (Picot, u.a., 1989, S.25ff). Es ergibt sich also aufgrund fehlender technischer Eigenschaften bereits ein Mangel an Stetigkeit hin zum Gleichgewicht.

Diese von Picot, Schneider und Laub angesprochenen Unteilbarkeitsphänomene sind eher allgemeiner oder umfassender Art und sind insbesondere bei Nachfrageschwankungen problematisch.[26] Aber diese outputbezogenen Unteilbarkeiten wie sie beispielsweise bei Flugzeugen oder einem Hochhaus vorliegen, haben letztlich die gleichen Ursachen wie inputbezogene Unteilbarkeitsphänomene. Immer dann, wenn Produktionsfaktoren oder die Güterproduktion nur in Sprüngen zu variieren sind, unterliegen Unternehmen Anpassungserfordernissen wie beispielsweise einer umfassenden Kapazitätsvariation, die zum Teil mit erheblichen Kosten verbunden sind.

Im folgenden wird versucht, die Ursachen von Unteilbarkeiten zunächst allgemein zu erfassen. Unteilbarkeitsphänomene liegen offensichtlich dann vor, wenn die Produktionsfunktionen in einem Wirtschaftsbereich nicht vollständig homogen sind. Es wird dann zu starken unterschiedlichen Kostensituationen von Unternehmen kommen, wenn "...die langfristigen Durchschnittskosten über einen so weiten Bereich abnehmen, daß ihr Minimum und damit die optimale Betriebskapazität erst bei einem Produktionsniveau eintritt, das mit den Bedingungen vollkommener Konkurrenz in diesem Bereich nicht mehr vereinbar ist" (Sohmen, 1976, S.84).

Eine Produktionsfunktion ist homogen vom Grade r, wenn gilt

$k^r y = g(k_{r1}, k_{r2})$ mit $k > 0$, wobei

---

26 Deshalb gehören diese Ursachen von Unteilbarkeiten eher zu den marktstrukturbezogenen Aspekten (Kapitel 3.3) dieser Arbeit. Aus diesem Grund wird auf die outputbezogenen Unteilbarkeitsphänomene hier nur am Rande eingegangen.

k = Verfielfachung einer produzierten Menge, wobei $k^r > k$ bei $r > 1$ und g dem f bei homothetischen Produktionsfunktionen entspricht.

Im Fall von $r = 1$ ist die Produktionsfunktion homogen vom Grade 1 oder linear-homogen (vgl. Schumann, 1987, S.114ff). Es liegen konstante Skalenerträge vor, das heißt eine proportionale Veränderung aller Faktormengen führt zur gleichen proportionalen Veränderung der Ausbringungsmenge. Liegen jedoch Unteilbarkeitsphänomene vor, so wird $r > 1$ sein (der Homogenitätsgrad ist größer als 1) und es kommt zu steigenden Skalenerträgen. Es gilt also

$$[g(k_{r1}, k_{r2}) \text{ mit } k > 1] < k^r y$$

Liegt aber eine nicht linear-homogene Produktionsfunktion mit zunehmenden Skalenerträgen vor, so ist das jeweilige Produktionsoptimum der Unternehmen an der Kapazitätsgrenze gegeben. Es ist evident, daß große Unternehmen durch diese Produktionssituation bevorteilt sind. Ein Vorliegen dieser Situation bedingt ohne staatliche Regulierungseingriffe ein natürliches Monopol. Es handelt sich also um einen Extremfall. Die in dieser Arbeit behandelten Unteilbarkeitsphänomene beziehen sich auf die in der Realität eher auftretende Situation, daß für bestimmte Unternehmensgrößen in spezifischen Bereichen (Unteilbarkeitsschwellen) bei kurzfristiger Betrachtungsweise nicht linear-homogene Produktionsfaktoren vorliegen.

Mit anderen Worten, es kommt in der Realität relativ häufig zu subadditiven Kostenfunktionen mit partiell steigenden Durchschnittskosten.

Die folgende Abbildung 15 zeigt, daß die Menge Xb zu Kosten von AC produziert werden kann. Steigt nun die Nachfrage auf Xe, so kann die Unternehmung aufgrund des Kapazitätssprunges (des vorliegenden Unteilbarkeitsphänomens) von C nach D nur noch zu Kosten von AE produzieren. Wie der jeweilige Fahrstrahl aus O aber nachweist, sind die Durchschnittskosten bei der produzierten Menge Xe höher als bei Xb. Das heißt trotz steigender Durchschnittskosten (und insgesamt abnehmenden Skalenerträgen) liegt eine subadditive Kostenstruktur vor, die zu Größenvorteilen bei den Unternehmen führt. Im folgenden werden mögliche praxisbezogene Ursachen von Unteilbarkeiten betrachtet und analysiert.

Abbildung 15: Subadditive Kostenfunktion mit partiell steigenden Durchschnittskosten

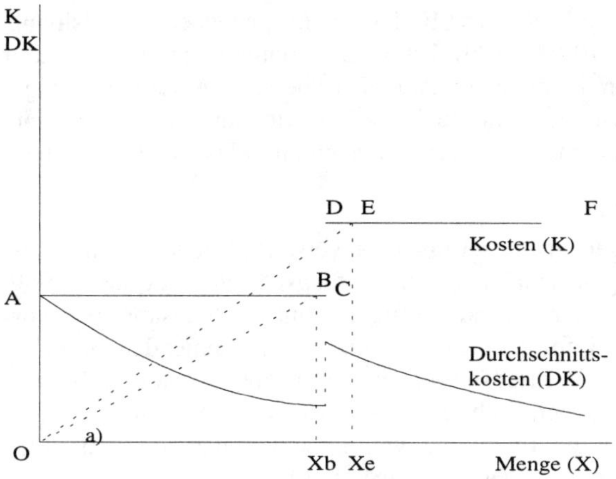

(Quelle: Fritsch, u.a, 1993, S.131)

Unteilbarkeiten treten in nahezu allen Bereichen ökonomischer Produktion auf und führen zu niedrigeren Stückkosten - bei Forschungs- und Entwicklungsaufgaben, bei der Fertigung, beim Vertrieb, beim Transport sowie der Lagerhaltung und nicht zuletzt auch bei der Unternehmensleitung und dem gesamten Mitarbeiterstab (vgl. Kallfass, 1989, S.28ff). Die Gründe dafür sind vielschichtiger Art. Zunächst werden die Vorteile größerer Einproduktunternehmen, also das Vorliegen von 'economies of scale', betrachtet.

Ursachen von 'economies of scale'

Bereits Adam Smith stellte folgendes fest, was Kallfass modern so ausdrückt, "[...] eine ausdifferenzierte, betriebsinterne Arbeitsteilung [führt] zu realen Arbeitsersparnissen in allen Funktionsbereichen der Produktion" (Kallfass, 1989, S.29). Dieses resultiert hauptsächlich aus dem Vorhandensein von nicht heterogenen Aufgabenkomplexen, was eine Spezialisierung der Arbeitnehmer je nach Begabung, Interesse oder Kompetenz möglich macht. Die Vorteile der Spezialisierung sind Anfang dieses Jahrhunderts durch die Einführung des Taylorismus besser genutzt geworden. Häufiges Wiederholen bestimmter Aufgaben führt zu kumuliertem Wissen und die damit einhergehenden Lerneffekte sorgen für eine effizientere Kostensituation der Unternehmen. Es gibt eine Untersuchung, die behauptet, daß in der Flugzeugindustrie eine 80%-Lernkurve vorliegt, das heißt "...bei jeder Verdoppelung der Ausbringung sinkt der durchschnittliche Arbeitsinput um 20% auf 80% des vorangegangenen Arbeitsinputs pro Stück" (Baßeler, u.a., 1991, S.189). Zusätzlich erlauben die zu verstärkter Spezialisierung führenden homogenen Aufgaben bessere Automatisierungsmöglichkeiten und begünstigen somit auch die "Entwicklung und den Einsatz von Werkzeugen sowie dauerhafter Bauten, Anlagen und Maschinen" (Kallfass, 1989, S.20).

Zudem treten bei den sogenannten 'set-up-costs' verstärkt 'economies of scale' auf. Bei diesen "ausbringungsunabhängigen Anfangskosten" (Kallfass, 1989, S.30) werden große Betriebe aufgrund niedrigerer Entwicklungskosten bevorteilt, da beispielsweise die Informationsgewinnung mit abnehmenden Grenzkosten oder der Aufbau von Vertriebswegen mit geringeren Kosten verbunden sind. Dieses ist insbesondere bei Nachfrageschwankungen von Vorteil. Kallfass erwähnt hier als Beispiel die Erstellung von Druckvorlagen oder die Entwicklungskosten eines PKW (vgl. Kallfass, 1989, S.30ff).

Überhaupt sind es oftmals technische Gründe, die für ein Sinken der Stückkosten bei zunehmender Unternehmensgröße verantwortlich sind. Maschinenkapazitäten sind in großen Firmen besser nutzbar, die Reserve- und Reparaturkapazitäten steigen unterproportional an und die bekannte 2/3-Regel beim Materialaufwand kommt zur Geltung.[27]

Zusammenfassend läßt sich feststellen, daß insbesondere die Begrenztheit des Mitarbeiterstabes, technische Gründe sowie Restriktionen innerhalb der Produktion zu Unteilbarkeiten und somit zu Kostenvorteilen von großen gegenüber kleinen Unternehmen führen. Anschließend werden die Ursachen für 'economies of scope' dargestellt und erläutert.

Ursachen für 'economies of scope'

Die Vorteile der Mehrbetrieblichkeit (zum Begriff siehe Kapitel 2.1.1) als meist notwendige Folge der verbundenen Produktion liegen allgemein in der Möglichkeit, durch gemeinsame Forschung und Entwicklung, der Zentralisation der Buchhaltung, des Mahnwesens oder des Marketings eine Reduktion der Durch-

[27] Die sogenannte 2/3-Regel besagt, "...daß der Materialaufwand für zylindrische Produktionskapazitäten (z.B. Hochöfen, Pipelines...Schiffe) in der zweiten, das Volumen hingegen in der dritten Potenz wächst" (Baßeler, u.a., 1991, S.189). Daraus folgt, daß die Anlagekosten unterproportional ansteigen.

schnittskosten bei Steigerung der Ausbringungsmenge zu erreichen (vgl. Kallfass, 1989, S.32ff). Diese 'economies of scope', oder auch Verbund- bzw. Diversifikationsvorteile genannt, entstehen hauptsächlich deshalb, weil bestimmte Produktionsfaktoren nicht beliebig teilbar sind und somit bei der Produktion nur eines Gutes Überkapazitäten entstehen. Dieses ist häufig bei Managementaufgaben, beim oft erwähnten Lehrbuchbeispiel der Betriebsfeuerwehren oder bei sonstigen, vorgeschriebenen, aber nicht outputgebundenen, ressourcenverzehrenden Einrichtungen der Fall. Folgende allgemeine Bedingungen lassen sich für die Existenz von 'economies of scope' anführen:

Der nicht beliebig teilbare Produktionsfaktor (hier wird insbesondere auf den Faktor Arbeit abgestellt) führt notwendigerweise zu Kostenvorteilen, wenn bei der Erstellung nur eines Produkts

a) der Produktionsfaktor nicht ausgelastet ist.

b) der Produktionsfaktor trotz etwaiger Spezialisierung für die Produktion eines weiteren Gutes geeignet ist.

c) eine alternative marktliche Nutzung der Leerkapazität wegen hoher Transaktionskosten nachteilig ist.

d) für die Erstellung eines Gutes kostenwirksame Anschaffungen (hier insbesondere organisatorisches Wissen, Marketinginformationen, Reputationen, Rechte oder andere Faktoren wie Grundstücke) notwendig sind, die dann unentgeltlich für die Produktion anderer Güter zur Verfügung stehen. Das heißt die Grenzkosten der Nutzung dieser kostenwirksamen Anschaffungen sind für die Produktion zusätzlicher Güter gleich null. Man spricht hier auch von "public input" (Bailey, Friedlaender, 1982, S.1026) oder "incremental costs" (Baumol, Panzar, Willig, 1982, S.67ff).

e) die eingesetzten Produktionsmittel die Eigenschaft eines "shared input" (Willig, 1979, S.346) besitzen. Dabei kommt es bei einem gleichzeitigen Einsatz von Produktionsfaktoren zu einem geringeren Ressourcenverbrauch als bei einem getrennten Einsatz von Produktionsfaktoren.[28]

f) spezialisierte Investitionsgüter erforderlich sind, die bei marktlicher Bereitstellung aufgrund der notwendigen Langfristigkeit der Verträge nur zu hohen

---

[28] Es liegen hier demnach "...offensichtlich positive externe Produktionseffekte eines Gutes auf die Produktion eines anderen Gutes vor" (Kallfass, 1989, S.33).

Transaktionskosten zu erhalten sind, wodurch eine betriebliche Bereitstellung auch des spezialisierten Investitionsgutes sinnvoller erscheint.

(vgl. Kallfass, 1989, S.29ff)

Soweit die Erfassung der Ursachen von Unteilbarkeiten. Letztlich lassen sich auch die Diversifikationsvorteile auf die drei bereits erwähnten elementaren Ursachen zurückführen: die Begrenztheit des Mitarbeiterstabes, die technischen Bedingungen der Produktion sowie die organisatorischen Auswirkungen von Nachfrageschwankungen.

Durch den Abbau vermeidbarer Unteilbarkeitsphänomene kommt es zu einer besseren Auslastung von betrieblichen Kapazitäten. Die Frage, die bleibt, ist die nach der Umsetzbarkeit von Anpassungen. Viele moderne Maschinen (beispielsweise ein 'Alleskönner') besitzen bestimmte Auslastungserfordernisse, die sich nicht umgehen lassen. Deshalb existieren die Forderungen nach längeren Maschinenlaufzeiten. Bezeichnenderweise kommen diese Forderungen von großen Unternehmen, denn kleine Betriebe sind oftmals schon aus organisatorischen Gründen gar nicht in der Lage, ihren Produktionsprozeß zeitlich auszudehnen.[29] Um einen Überblick darüber zu bekommen, für welche Unternehmensgröße welche Anpassungen möglich sind, werden nun konkret die Auswirkungen von Unteilbarkeiten bezüglich der Beschäftigungsmöglichkeiten und Beschäftigungsstrategien von Unternehmen verschiedener Größe dargestellt.

3.1.2.4 Auswirkungen von Unteilbarkeiten

Unteilbarkeitsphänomene bei Arbeitszeitvariationen

Umsetzung von Arbeitszeitverkürzungen

Hinter dem bekannten Flexibilisierungsproblem Arbeitszeit steht letztlich das Unteilbarkeitsproblem. Es ist beispielsweise allein schon aus Organisationsgründen nicht möglich, daß jeder Arbeitnehmer seine Arbeitszeit frei wählen kann, und zwar nach Stunden, Tagen und Wochen. Gäbe es diese Unteilbarkeit nicht, wäre die Arbeitszeit lediglich eine abhängige Variable des jeweiligen

---

29 Auch wenn diese Aussage umstritten sein sollte, im folgenden werden eine Reihe von Hinweisen für die Richtigkeit dieser These gegeben. Auch in den Ergebnissen der Fallstudien (siehe Kapitel 4 bzw. Anhang) kommt die Stimmigkeit dieser Aussage zum Ausdruck.

Lohnniveaus. Die festzulegende Arbeitszeit ist aber nicht nur unabhängig vom jeweiligen Lohn, sondern die Arbeitszeit determiniert im Gegenteil in gewisser Weise die Lohnhöhe, wenn auch nicht den Lohnsatz (vgl. Rothschild, 1963, S.77ff).

Die Arbeitszeit ist somit eine äußerst wichtige strategische Variable für Unternehmen, deren tariflich bedingte Veränderung zunächst analysiert werden soll.

Betrachten wir als Ausgangspunkt ein Zahlenbeispiel mit der Annahme, daß sich die Tarifpartner innerhalb der Metallindustrie 1990 auf eine wöchentliche, stufenweise Reduzierung der Arbeitszeit von 37,5 auf 35 Stunden bis 1993 geeinigt haben. Für einen kleinen Zuliefererbetrieb der Metallbranche bedeutet diese Vereinbarung, daß bei fünf Beschäftigten in diesem Betrieb die wöchentliche Arbeitszeit insgesamt um 12,5 Stunden verringert wird. Setzt man eine konstante Nachfrage voraus, wird schnell deutlich, daß hier ein Unteilbarkeitsproblem vorliegt. Für den Arbeitsausfall der in der Regel qualitativ anspruchsvoll ausgebildeten Mitarbeiter[30] kleiner Unternehmen wird sich nur schwerlich ein neuer Arbeitnehmer mit einer wöchentlichen Arbeitszeit von nur 12,5 Stunden finden lassen. Das Unternehmen wird also nicht zusätzlich einstellen (können), sondern die Anpassung durch Mehrarbeit, sprich Überstunden, vornehmen. Dadurch entstehen dem Betrieb aber Kostennachteile, weil er Überstundenzuschläge zahlen muß und zudem die Arbeitsproduktivität Überstunden leistender Beschäftigter im Vergleich zu Normalarbeitszeit leistenden Kollegen geringer ist. Außerdem hat häufige Mehrarbeit eine eher negative Auswirkung auf die Arbeitszufriedenheit, was sich wiederum auf die Anzahl der Krankheitstage niederschlägt.

Ein Mehrbetriebsunternehmen mit drei Betrieben und jeweils fünf Mitarbeitern hingegen, könnte einen bewährten Mitarbeiter als Springer zwischen den drei Zweigstellen einsetzen und zusätzlich eine neue Arbeitskraft einstellen. Wenn dieser neue Arbeitnehmer dann noch vom kleinen Einbetriebsunternehmen abgeworben wurde,[31] ist das Beschäftigungsproblem aufgrund des zu geringen Mitarbeiterstabes für das Fünf-Mitarbeiter-Unternehmen noch spürbarer.

Ein ähnlicher Mechanismus greift auch bei einem Großunternehmen, wo zudem oftmals noch die zusätzliche Möglichkeit besteht, aufgrund der Größe des Betriebes die Produktion umzustrukturieren (siehe dazu die entsprechenden Abschnitte dieses Kapitels) oder wo eventuell vorhandene Überkapazitäten durch

[30] Qualitativ anspruchsvoll ausgebildet deshalb, weil Mitarbeiter in sehr kleinen Betrieben in der Regel sehr flexibel in verschiedenen Arbeitsbereichen einsetzbar sein müssen.

[31] Weil größere Unternehmen in der Regel höhere Löhne zahlen und bessere Sozialleistungen anbieten, erscheint diese These durchaus plausibel zu sein.

die Arbeitszeitverkürzungen ausgeschöpft werden und somit letztlich gar kein zusätzlicher Kostendruck entsteht. So gesehen werden insbesondere kleine Unternehmen nachteilig von Arbeitsverkürzungen bei vollem oder nicht vollem Lohnausgleich betroffen sein, wobei ihnen aufgrund ihrer geringen Marktmacht auch nicht das Kostenventil einer Preisanhebung für ihre Produkte zur Verfügung steht. Das Hauptunteilbarkeitsproblem resultiert also aus den Restriktionen, die ein zu geringer Mitarbeiterstab mit sich bringt.

Einführung von Teilzeitarbeit[32]

Ähnlich stellt sich die Situation bei der Einführung von Teilzeitarbeit dar. Diese ist gerade auch für kleine Unternehmen unabdingbar, weil sie mehr Probleme bei der Besetzung von offenen Stellen haben als große Firmen (vgl. Cramer, 1990, S.248ff). Das insbesondere noch beim Arbeitsamt zur Verfügung stehende Arbeitsangebot besteht aber zu einem guten Teil aus teilzeitwilligen Arbeitnehmerinnen. Für ein kleines Unternehmen, besonders im handwerklichen oder kleingewerblichen Sektor, stellt die Einführung von Teilzeitarbeit aber eine große organisatorische Herausforderung dar.

Auf die zunächst bei der notwendigen Einstellung (falls die Nachfrage gestiegen oder zumindest konstant geblieben ist) auftretenden Schwierigkeiten wurde bereits im Kapitel über beschäftigungsbedingte Transaktionskosten hingewiesen. Jede zusätzliche Einstellung bedingt jedoch auch zusätzliche Verwaltungsaufgaben, die absolute Anzahl an Vakanzen steigt, die Abstimmung zweier Arbeitnehmer auf einem Arbeitsplatz (bei Job-Sharing) erfordert neue Kosten durch die jeweilige Übergabe und durch doppelte tägliche Einarbeitungszeiten bei der jeweiligen Arbeitsaufnahme. Mit diesen Problemen dürften große Unternehmen aufgrund ihrer Organisationsstruktur besser umgehen können als Kleinbetriebe.

Zusätzlich bedingt eine Aufblähung des Mitarbeiterstabes durch Teilzeitarbeit sowohl gewerberechtlich als auch arbeitsrechtlich geforderte Anpassungen. So müssen ab einer bestimmten Betriebsgröße Aufenthaltsräume und Sanitätsräume für die Arbeitnehmer bereitgestellt werden. Zudem können ab einer Mitarbeiterzahl von mehr als vier Beschäftigten Betriebsräte gewählt bzw. bereits vorhandene Arbeitnehmervertreter müssen ab einer Mitarbeiterzahl von mehr als 300 Beschäftigten völlig von der Arbeit im eigentlichen Produktionsprozeß

[32] Einen umfassenden Überblick über die im folgenden anzusprechenden Arbeitszeitvariationsformen bieten Buschmann, Ulber 1989, insbesondere S.119ff. Olschok-Tautenhahn 1990 sowie Bihl 1982 stellen die Kostenvor- und nachteile von Teilzeitarbeit umfassend dar.

freigestellt werden (vgl. Giebel, 1985, S.137). Diese Anpassungsmaßnahmen absorbieren deshalb für Unternehmen, die aufgrund der Teilzeitarbeit Unteilbarkeitsschwellen überschreiten, möglicherweise sämtliche Flexibilitätsvorteile wie eine Erhöhung der Produktivität, geringere Fehlzeiten und gesteigerte Variationsmöglichkeiten beim Einsatz der Arbeitskräfte (vgl. Ollmann, 1983, S.11), welche die Arbeitszeitvariation mit sich gebracht hat.[33]

Einführung von Gleitzeit

Was für Teilzeitarbeitsvorhaben gilt, trifft erst recht auf die für große Betriebe in der Regel eher unproblematischen Gleitzeiteinführungen zu. Wiederum kleingewerblich und eher handwerklich ausgerichtete Branchen tun sich schwer bei der Umsetzung dieser Arbeitszeitvariationsform. Denn oftmals haben diese Betriebe einen außerbetrieblichen Leistungserstellungsprozeß (siehe Kapitel 2.1.1), was bedeutet, daß morgens die gesamte Belegschaft zu den diversen Arbeitsstätten (Baustellen, Parkanlagen, etc.) gefahren werden muß. Wenn dann ein Teil der Belegschaft um 7.00 Uhr, ein anderer Teil um 8.00 Uhr und ein letzter Teil erst gegen 9.00 Uhr die Arbeit aufnehmen möchte, ist das organisatorische Chaos perfekt. Auch hier haben Großbetriebe den Vorteil, daß sich aus einem größeren Arbeitnehmerpool automatisch mehrere, arbeitsfähige Teams bilden lassen, die dann jeweils zu unterschiedlichen Zeiten ihre Arbeit aufnehmen können. Zudem bestehen sowohl bei der Teilzeit- als auch der Gleitzeiteinführung technische Umsetzungsprobleme (vgl. Seifert, 1992, S.66ff), weil beispielsweise eine Mindestanzahl von Mitarbeitern für die komplette Auslastung eines stark technisierten Produktionsprozesses erforderlich ist.

Einführung von kapazitätsorientierter, variabler Arbeitszeit oder Kurzarbeit

Als letzte Variationsmöglichkeit soll in diesem Abschnitt der kapazitätsorientierte Jahresarbeitszeitvertrag (vgl. Schneider, 1987) oder eine ähnliche Variante, die kapazitätsorientierte, variable Arbeitszeit (KAPOVAZ) betrachtet werden.

---

33 Insbesondere fallen zusätzliche Kosten für Unternehmen in Form von gestiegenen Personalnebenkosten, höheren Verwaltungs, Ein- und Ausbildungskosten und bei kopfbezogenen Sozialleistungen wie Fahrtkosten oder Essenzuschüsse an. Lediglich bei den Sozialleistungen stellen sich kleine Unternehmen nicht schlechter als große, weil sie in Regel keine zusätzlichen Vergütungen entrichten. Ein Sonderfall liegt noch bei Job-Sharing vor, wenn eine über der Beitragsbemessungsgrenze liegende Stelle geteilt wird. Dann steigt die Gehaltsumme nominal um ca. 8%, real immer noch um etwa 2% (vgl. Olschok-Tautenhahn, 1990, S.54ff)

Hier treten, neben bereits erwähnten organisatorischen Problemen, Unteilbarkeitsphänomene aufgrund von Nachfrageschwankungen auf den Plan. Große Unternehmen haben durch 'just-in-time'-Maßnahmen oder durch 'lean production' einen beachtlichen Teil der Risiken, die durch Nachfrageschwankungen entstehen (Lagerhaltungsfragen, Überkapazitäten, etc.) auf die in der Regel kleinen Zuliefererbetriebe abgewälzt. Mit anderen Worten, gerade kleine Betriebe (auch durch die im Handwerk oft vorkommenden saisonüblichen Schwankungen) sind von erheblichen Nachfrageveränderungen betroffen. Für diese Unternehmen wäre somit eine sich an die Auslastung flexibel anpassende Belegschaftskapazität besonders rentabel. Da aber bei sehr kleinen Unternehmen überwiegend die Hauptverdiener einer Familie beschäftigt sind (das durchschnittliche Qualifikationsniveau ist höher als bei großen Unternehmen und die Teilzeitquote geringer, vgl. Büchtemann, 1989, S.108f sowie Jaenichen, Stephan, 1992, S.8ff), wird sich die Belegschaft nur ungern auf verhältnismäßig starke Schwankungen ihres Einkommens einlassen. Der Widerstand gegen Einführung solcher Maßnahmen dürfte sich noch dadurch steigern, daß die sozialen Interdependenzen zwischen Eigentümer und Arbeitnehmern in kleinen Unternehmen aufgrund der weniger komplexen Hierarchiestrukturen wesentlich ausgeprägter sind als beispielsweise in großen Konzernen. Zwar besteht als weniger vornehme Variante der Kapazitätsanpassung bei Nachfrageschwankungen das Instrument der Kurzarbeit, aber auch hier verhindern zum Teil irrationale Ängste wie die überdimensionierten Befürchtungen an einen Reputationsverlust der Unternehmen bzw. kenntnisbedingte Hemmnisse der Kleinunternehmer, daß die Kurzarbeit letztlich eingeführt wird.

Der soeben angesprochene Aspekt gibt bereits einen Hinweis auf das nächste zu betrachtende Unteilbarkeitsproblem, die Führungstätigkeiten oder Managementaufgaben innerhalb von Unternehmen.

Unteilbarkeitsphänomene bei Führungstätigkeiten

Bei kleinen Betrieben, insbesondere mit Beschäftigungszahlen zwischen zwanzig und fünfzig Mitarbeitern ermittelten Conrad-Betschart u.a. eine Managementlücke, die als ein Hauptgrund für die geringe wirtschaftliche Effizienz dieser Betriebsgröße angesehen wird. Diese Managementlücke ist gekennzeichnet durch das Fehlen eines dieser Betriebsgröße entsprechenden Organisations- und Führungskonzeptes (vgl. Conrad-Betschart, u.a., 1990, S.8ff), was oberflächlich betrachtet unter Umständen mit dem Fehlen von operativen Verwaltungsaufgaben begründet werden kann.

Bei genauerer Betrachtung entsteht diese Managementlücke bei kleinen Unternehmen vor allem aus zwei Gründen. Zum einen wachsen insbesondere kleine Dienstleistungsunternehmen überproportional schnell. Eine zunächst ausreichende alleinige Führungskraft verliert mit der Zeit aufgrund der zunehmenden Unternehmenskomplexität sehr leicht den Überblick über die notwendigerweise zu treffenden Entscheidungen. Zum anderen spielt die bei kleinen Firmen häufig vorkommende Unternehmensform des Alleineigentümers eine wichtige Rolle. Diese Alleininhaber besitzen zum Teil ausgeprägte Abneigungen gegen eine Aufnahme weiterer, mit Managementaufgaben betrauter, neuer Spitzenkräfte, weil die Firmeninhaber um ihr 'Alleinherrschaftsrecht' bangen. So ist zu erklären, warum in kleinen Unternehmen, die zum Teil durchaus beachtliche Umsätze vorweisen können, Stabsabteilungen mit einem hohen Qualifikationsanforderungsprofil fehlen. Deshalb ist bis heute die Nachfrage von kleinen Unternehmen nach Akademikern eher als gering zu bezeichnen[34] (vgl. Fritsch, 1987, 179ff). Durch die in großen Unternehmen vorhandenen Stabsabteilungen, deren Mitglieder sich jeweils auf ein bestimmtes Ressort spezialisieren können, treffen Großunternehmen in der Regel aber bessere Entscheidungen mit dem Resultat geringeren Fehlverhaltens (vgl. Fritsch, 1987, S.183).[35]

Ein weiteres Problem gibt es für kleine Unternehmen dann, wenn eine vorhandene Führungskraft durch Krankheit zeitlich oder durch Abwanderung gar total ausfällt. Der geringe Mitarbeiterstab kleiner Unternehmen bewirkt eine Zentralisation des Wissens, mit der Folge, daß die entstehenden Kompetenzlücken bei Verlust einer Führungskraft für die Kleinbetriebe um so gravierender sind. Der kleine Mitarbeiterstab ist aber gleichzeitig Ursache dafür, daß kleine Unternehmen den Verlust einer Führungskraft nur sehr schwer in annehmbarer Zeit kompensieren können. Was ist der Grund für diesen Tatbestand?

In großen Betrieben existieren bessere Aufstiegchancen durch größere interne Arbeitsmärkte (vgl. Fritsch, 1987, S.178ff). Diese prognostizierten Aufstiegschancen sind aber ein probates Mittel zur Bindung von Arbeitnehmern an ein Unternehmen. Deshalb forcieren große Unternehmen (auch in ihrer Außendarstellung) die Einführung geregelter Aufstiegsmodalitäten in Form von sogenannten "Mobilitätsketten" (Schüle, 1987, S.90). Diese Möglichkeiten bestehen jedoch für kleine Unternehmen nicht. Deshalb haben große Unternehmen we-

---

[34] So auch Schüle, der eine Konzentration der Beschäftigung von Ingenieuren, Technikern und Naturwissenschaftlern auf große Unternehmen festgestellt hat (vgl. Schüle, 1987, S.103ff).

[35] Was nicht ausschließt, daß auch in den großen Konzernen vieles nicht so glatt verläuft, wie es sein sollte. Das liegt vielleicht an einer mit zunehmender Unternehmensgröße zu beobachtender bürokratischen Inflexibilität (vgl. Aiginger, Tichy, 1984, S.17ff), auch bekannt unter dem Stichwort 'schleichende Büroparalyse', dem 1.Parkinson´schen Gesetz.

sentlich vielfältigere Möglichkeiten, das Risiko einer Arbeitnehmerkündigung auf den vorhandenen größeren Mitarbeiterstab zu streuen.

Ein letzter Aspekt leitet bereits zum folgenden Kapitel über. Es wird oft - insbesondere von gewerkschaftlicher oder politischer Seite - von kleinen Unternehmen gefordert, selbst ihren Führungsnachwuchs durch verstärkte Anstrengungen im Fort- und Weiterbildungsbereich heranzubilden. Daß viele Unternehmen dieses auch versuchen, und wie weiter unten festgestellt wird, die notwendigen Ausbildungsmaßnahmen trotz der Existenz von Unteilbarkeitsproblemen und einer hohen Fluktuationsrate ergreifen, ist unübersehbar. Es fehlt jedoch an der Bereitschaft vieler Arbeitnehmer, gerade in kleinen Betrieben, sich aus- oder weiterbilden zu lassen (vgl. Schüle, 1987, S.114ff).

Unteilbarkeitsphänomene bei Fort-, Weiter- und Ausbildungsmaßnahmen

Fort-und Weiterbildung

Auch bei Fort- und Weiterbildungsmaßnahmen spielt die Größe des Mitarbeiterstabes eine wichtige und entscheidende Rolle. Im Bereich der Fort- und Weiterbildung entstehen Vorteile großer Unternehmen dadurch, daß eine große Firma praktisch einen Weiterbildungskurs allein organisieren kann, weil die Anzahl der Mitarbeiter ausreichend groß ist. Durch diese mögliche Selbstorganisation gibt es zum einen Synergieeffekte innerhalb des Kollegenkreises und zum anderen dürfte auch die Bereitschaft der Mitarbeiter, an solchen Veranstaltungen teilzunehmen, steigen. Zusätzlich entstehen Kostenvorteile bei externen Veranstaltungen aufgrund der gemeinsamen Anreisemöglichkeiten der Beschäftigten. Desweiteren können wegen der hohen Nachfrage einer einzelnen großen Unternehmung günstigere Konditionen bei der Unterkunft und für die gesamte Weiterbildungsveranstaltung realisiert werden.

Diese Kostenaspekte sind aber nur ein Grund dafür, daß kleine Unternehmen ihre Mitarbeiter in der Regel weniger fort- und weiterbilden lassen. Denn oft verhindert bereits eine nicht ausreichend vorhandene Markttransparenz der Firmeninhaber über von Industrie- und Handelskammern angebotene bzw. von den Arbeitsämtern finanzierte und betreute Fort- und Weiterbildungsmaßnahmen dic Teilnahme an solchen offerierten Veranstaltungen. Zum anderen entstehen große Probleme bei kleinen Unternehmen, Weiterbildungsmaßnahmen durchzuführen, weil massive größenbedingte Schwierigkeiten der organisatorischen Bewältigung von Fortbildungsmaßnahmen vorliegen (vgl. Fritsch, 1987, S.179 bzw. Klein, 1993, S.160ff). Der Grund dafür sind die erforderlichen, betriebsinternen Umsetzungen von Mitarbeitern, die sich aufgrund der notwendigen Freistellungen für die Weiterbildungsmaßnahmen ergeben.

Dieses sind meines Erachtens die wichtigsten Aspekte, welche die geringere Fort- und Weiterbildung bei kleinen Unternehmen erklären.[36]

Ausbildung

Kleine Unternehmen, insbesondere das Handwerk, bilden wesentlich stärker aus als Großbetriebe.[37] Die Gründe dafür wurden zum Teil bereits in Kapitel 3.1.1 angesprochen, der wichtigste dürften die mit hohen Fluktuationsraten[38] einhergehenden Probleme bei der Besetzung offener Stellen sein (vgl. Cramer, 1990, S.248ff). Nichtsdestotrotz ist die eigentliche Ausbildung für kleine Betriebe schwieriger zu organisieren und somit womöglich teurer als für Großbetriebe. Allerdings sind die Auszubildenden in kleinen Firmen in der Regel intensiver am konkreten Produktionsprozeß beteiligt. Dadurch wird ein Teil der Ausbildungskosten durch die anteiligen Verkaufserlöse kompensiert.[39] Für die Auszubildenden bietet die ausgeprägtere Einbeziehung in den Leistungserstellungsprozeß zudem die Chance, die Lehrinhalte gleich praktisch anwenden und somit den eigenen Lerninhalt intensivieren zu können.

Aber die stärkere Integration der Auszubildenden in den Produktionsprozeß bietet nicht nur Vorteile. Kleine Handwerksbetriebe berichten immer wieder über die Probleme, die sich beispielsweise aus dem wochenlangen Blockunterricht der Auszubildenden ergeben. Verschärft wird die Situation noch dadurch, daß oftmals Auszubildende verschiedener Berufslehrjahre zeitgleich zum Schulunterricht abgerufen werden. Dadurch kommt es zu Produktionsausfallzeiten, weil die Auszubildenden eben stark in den Produktionsprozeß integriert sind.

---

36 Nach einer Erhebung des IW von 1989 bildeten alle Großunternehmen, aber nur zwei Drittel der Kleinbetriebe mit weniger als zehn Beschäftigten weiter (zitiert nach: Der Bundesminister für Wirtschaft, 1990, S.232).

37 "Im Durchschnitt werden mehr als vier von fünf Jugendlichen (85,1%) in kleinen und mittleren Arbeitsstätten mit bis zu 500 Beschäftigten ausgebildet" (Der Bundesminister für Wirtschaft, 1990, S. 231); bei einem Anteil von nur rund 70% an allen sozialversicherungspflichtig Beschäftigten dieser Unternehmensgrößenklasse.

38 Die hohen Fluktuationsraten ergeben sich aufgrund geringerer Lohnanreize, weniger umfangreichen Sozialleistungen und höheren beschäftigungsbedingten Transaktionskosten.

39 Typisch für einen Teil der Auszubildenden in Kleinbetrieben ist, daß sie durch den Einsatz in der Produktion rentable Arbeitskräfte sind. Auch deshalb bilden Handwerksunternehmen vielfach über Bedarf aus.

Ein weiteres Problem ergibt sich, wenn der Ausbildungsprozeß von einer einzigen Person abhängt - was in kleinen Unternehmen häufig der Fall ist - und dieser Arbeitnehmer dann aus Krankheitsgründen ausfällt. Ein weiterer ausbildungsberechtigter oder ausbildungsfähiger Mitarbeiter ist meistens nicht vorhanden, so daß die Auszubildenden tagelang mit wenig produktiven und nur mit geringen positiven Ausbildungseffekten verbundenen Aufgaben beschäftigt werden. Diese Ausfallzeiten sind für viele kleine Betriebe kostenmäßig durchaus spürbar.

Unteilbarkeitsphänomene bei Sozialleistungen

Hier muß zunächst grundsätzlich zwischen freiwilligen, tariflichen und gesetzlichen betrieblichen Sozialleistungen[40] unterschieden werden. Im folgenden werden zunächst die letztgenannten behandelt.

Gesetzliche betriebliche Sozialleistungen

Auf den ersten Blick bestehen nur geringe Unterschiede zwischen den verschiedenen Unternehmensgrößen, was die kostenmäßige Belastung durch gesetzliche betriebliche Sozialleistungen anbelangt. Da sehr kleine Unternehmen in manchen Bereichen sogar Ausnahmeregelungen genießen, um die kostenmäßige Belastung durch gesetzlich verordnete betriebliche Sozialleistungen zu senken (siehe auch Kapitel 3.2.2), scheinen Kleinunternehmen in diesem Fall auf den ersten Blick nicht wegen ihrer Beschäftigungsgröße benachteiligt zu sein. Aber was die organisatorischen Anpassungsmöglichkeiten an Veränderungen anbelangt, welche aufgrund von gesetzlich geforderten betrieblichen Sozialleistungen hervorgerufen wurden, ergeben sich für Kleinbetriebe wiederum Nachteile.

Betrachten wir als exemplarisches Beispiel die Mutterschutzregelungen bzw. die daran zeitlich anschließenden, auch Väter betreffenden, Erziehungsurlaubsregelungen. Eine Schwangerschaft einer Mitarbeiterin, die für den Eigentümer einer Unternehmung in der Regel nicht vorherzusehen ist, bedeutet, daß für eine befristete Zeit eine andere Person die Tätigkeit der von der Mutterschutz- bzw.

---

40 Im folgenden Kapitel wird jeweils nur eine Auswahl charakteristischer, mit Unteilbarkeitsphänomenen behafteter, gesetzlicher und freiwilliger betrieblicher Sozialleistungen betrachtet. Auf den Spezialfall der tarifvertraglich vereinbarten betrieblichen Sozialleistungen wird hier beispielsweise nicht eingegangen (siehe dazu den entsprechenden Abschnitt im Kapitel 3.1.3). Eine gesamte Übersicht über alle Arten und Formen von Sozialleistungen bietet exemplarisch Giebel, 1985, S.29ff bzw. Büdenbender, Selke, 1993, S.542ff.

Erziehungsurlaubsregelung betroffenen Arbeitnehmerin[41] übernehmen muß. Es ist offensichtlich, daß diese Unterbrechung in einem großen Konzern kaum Schwierigkeiten aufwerfen wird. Für ein kleines Unternehmen ist der Ersatz einer Fachkraft, nahezu von heute auf morgen, dagegen kaum möglich. Selbst wenn es dem Kleinunternehmen gelingen sollte, die Position schnell adäquat neu zu besetzen, bedeutet die voraussichtlich notwendige Befristung der ausgeschriebenen Stelle ein Problem. Qualitativ hoch ausgebildete Mitarbeiter werden kaum einer Befristung ihres Arbeitsvertrages zustimmen. Wird deshalb ohne Befristung eingestellt, kommt es nach Ablauf des Erziehungsurlaubes zu einer personellen Überbesetzung, welche in Großbetrieben allein schon wegen der, absolut betrachtet, höheren Fluktuationsfrequenz einfacher zu kompensieren sein dürfte. In kleinen Unternehmen hingegen, determiniert der vorhandene kleine Mitarbeiterstab die Umsetzungsmöglichkeiten (vgl. Schüle, 1987, S.118).

Zu ähnlichen organisatorischen Schwierigkeiten kommt es bei längerer Krankheit eines Mitarbeiters. Verstärkt wird hier das Unteilbarkeitsproblem noch dadurch, daß die sechswöchige Lohnfortzahlung durch die Unternehmen, für kleine Firmen mit beispielsweise fünf Arbeitnehmern die Lohnkosten für diese Zeit um 20% ansteigen lassen, während die Mehrbelastung von großen Unternehmen geringer ist, weil nicht unbedingt neu eingestellt oder Überstunden geleistet werden müssen (vgl. Fischer, 1992, S.495ff).

Eine weiterere wichtige, gesetzlich vorgeschriebene, Sozialleistung ist der Arbeitsschutz. Dieser hat vorrangig drei elementare Zielsetzungen. Er soll erstens den Arbeitnehmer vor zu starker Ausnutzung seiner Leistungsfähigkeit durch die Betriebe schützen. Zweitens soll er einer Überforderung der Arbeitnehmer durch 'Selbstausbeutung' Vorschub leisten. Drittens beinhaltet der Arbeitsschutz eine Vorsorgemaßnahme gegen die objektiv-technischen Risiken der Arbeitswelt. Ökonomisch wirkt sich der Arbeitsschutz zunächst einmal arbeitsverknappend aus, da viele Arbeitsschutzmaßnahmen die Arbeit von Frauen, Jugendlichen und Kindern einschränken. Diese Regelungen erstrecken sich von generellen Arbeitsverboten bis hin zu zeitlicher Einschränkung der Arbeitstätigkeit (vgl. Zerche, 1979, S.15ff).

Die Vorteile der Arbeitsschutzmaßnahmen liegen für Arbeitnehmer auf der Hand. Durch das Arbeitsverbot für unter 14-jährige Personen steigt die Güte der Ausbildung an, weil die notwendige Reife der Auszubildenden durch das höhere Arbeitseintrittsalter sichergestellt ist. Die bessere Ausbildung bewirkt zudem ein höheres anschließendes Arbeitsentgelt, wobei letzteres auch durch einen

---

41 oder Arbeitnehmers, der Vaterschaftsurlaub beantragt hat

besseren Gesundheitsstand durch adäquate Arbeitszeiten und Vermeidung von Arbeitsunfällen wegen Arbeitsüberlastung realisiert wird. Der verbesserte allgemeine Gesundheitsstand hat zudem die Konsequenz, daß er der oben angesprochenen Arbeitsverknappung entgegenwirkt.

Für die Unternehmen bringen die von staatlicher Seite auferlegten Arbeitsschutzmaßnahmen zunächst einmal höhere Arbeitskosten mit sich. Einmal führen die Arbeitszeitbeschränkungen zu mehr, und aufgrund der entsprechenden höheren Vergütung durch Lohnzuschläge, teureren Überstunden oder es müssen zusätzliche (Aushilfs-)Arbeitskräfte eingestellt werden, wodurch zusätzliche Einarbeitungskosten entstehen. Desweiteren erhöhen zusätzliche Arbeitssicherheitsmaßnahmen die Investitionskosten der Betriebe. Gleichzeitig steigen durch Arbeitsschutzvorkehrungen die Beiträge zur Unfallversicherung der Berufsgenossenschaften, da hier der auf den ersten Blick paradox erscheinende Zusammenhang hergestellt wird, daß wenn viele Schutz- und Sicherheitsmaßnahmen getroffen werden, auch das Unfallrisiko dementsprechend hoch sein muß und deshalb die Versicherungsbeiträge nach oben angepaßt werden. Diese von den Unternehmen durchzuführenden Maßnahmen unterliegen aber alle wiederum Unteilbarkeitsphänomenen, weshalb die Umsetzung von Arbeitsschutz für Firmen mit mehr Beschäftigten 'economies of scale' beinhalten und deshalb für kleine Unternehmen auch hier Kostennachteile entstehen.

Ein letzter Aspekt muß in diesem Zusammenhang noch angesprochen werden. Die Arbeitsschutzgesetze (vgl. Koll, 1989, Schroer, 1990 oder Konstanty, 1990) sehen gerade für jugendliche Auszubildende eine Reihe von Bestimmungen vor, die die Arbeitszeit, Arbeitsschutzmaßnahmen oder die Arbeitsinhalte betreffen. Die Einhaltung dieser Vorschriften erfordert für viele kleine Unternehmen im Prinzip nicht leistbare Anpassungsanstrengungen. Eine Bäckerei beispielsweise, beginnt in der Regel ab ca. 3.00 Uhr morgens mit dem Produktionsprozeß, oder in einem Hotelbetrieb sind auch um 23.00 Uhr abends noch Gäste zu betreuen. Eine enge Einbindung jugendlicher Auszubildender in den Arbeitsprozeß wird bei Einhaltung dieser Bestimmungen jedoch fast unmöglich. Auch viele Arbeitsschutzmaßnahmen, die in Großbetrieben aufgrund der besseren finanziellen Ausstattung und des größeren Mitarbeiterstabes schon zum Standard freiwilliger Sozialleistungen gehören, müssen bei kleinen Unternehmen extra für womöglich einen einzigen Auszubildenden eingeführt werden (zum Beispiel die Ummantelung bestimmter Schaltcranlagen mit einem Schutzgehäuse).

Auf der anderen Seite profitieren die Unternehmen insgesamt aber auch von den gestiegenen Arbeitsschutzvorschriften und den deshalb durchgeführten Sicherheitsvorkehrungen. Da die Arbeitsschutzmaßnahmen zumindest mittelfristig zu einer qualitativen und langfristig auch zu einer quantitativen Verbesserung des

Arbeitsangebotes führen, weil es weniger Arbeitsangebotsausfälle aufgrund von Überforderung oder 'Selbstausbeutung' gibt, erhöht sich dementsprechend die Arbeitsproduktivität der Unternehmen (vgl. Zerche, 1979, S.15ff), was aber sowohl für kleine als auch für große Firmen gilt. Die erwähnten Kostennachteile kleiner Unternehmen bei der Umsetzung von Arbeitsschutzmaßnahmen werden davon nicht berührt und deshalb auch nicht nivelliert.

Allgemein ist zu vermuten, daß für fast alle realisierten gesetzlichen Sozialleistungen die jeweilige Anpassung für große Unternehmen leichter möglich zu sein scheint als für kleine Unternehmen. Ob dieses auch bei freiwilligen betrieblichen Sozialleistungen gilt, wird im folgenden untersucht.

Freiwillige betriebliche Sozialleistungen

Da private Unternehmen in der Regel Gewinnmaximierer sind oder zumindest diesem Ziel nicht völlig abgeneigt sind, auch wenn sie zeitweilig andere Umsatz- oder Marktmachtziele verfolgen, und zudem über die in der Bundesrepublik Deutschland hohen Personalnebenkosten klagen, verwundert die Einführung freiwilliger betrieblicher Sozialleistungen auf den ersten Blick. Aber die 'Geste' freiwilliger betrieblicher Sozialleistungen trägt entscheidend zu einer höheren Arbeitszufriedenheit und somit zu einer geringeren Fluktuationsrate bei. Ganz zu schweigen von den mit freiwilligen betrieblichen Sozialleistungen einhergehenden Arbeitsproduktivitätszuwächsen (vgl. Mendius, u.a., 1987, S.85ff).

Wie sieht nun die Möglichkeit einer Einführung freiwilliger betrieblicher Sozialleistungen für Unternehmen unterschiedlicher Größe aus? Offensichtlich treten Unteilbarkeitsprobleme bei sogenannten 'Sachsozialleistungen' zutage. Ein Kleinstunternehmer mit weniger als sechs Mitarbeitern dürfte wohl kaum in der Lage sein, eine Betriebskantine zu errichten, soziale Engagements wie einen Betriebskindergarten, Betriebssport oder ähnliches zu fördern oder ein kompliziertes Jahresleistungsprämiensystem einzuführen. Letzteres wird schon deshalb kaum realisiert werden, weil der gerade in vielen kleinen Unternehmen vorherrschende patriarchalische Führungsstil der Eigentümer dieses verhindert. So sind, welche Formen auch immer, Erfolgsbeteiligungs- oder Gewinnbeteiligungskonzepte in kleinen Firmen eher selten anzutreffen. Es kommt lediglich vor, daß ein Unternehmer einem bewährten Mitarbeiter eine außerordentliche Leistungsprämie zukommen läßt.

Aber selbst wenn der Inhaber eines kleinen Unternehmens freiwillige Sozialleistungen anbieten möchte, stößt er auf erhebliche Hindernisse. Der kleine Mitarbeiterstab determiniert beispielsweise die Konzeption eines Betriebsrentensystems, weil nicht ausreichend hohe Rücklagen gebildet werden können. Zudem übersteigen die für freiwillige betriebliche Sozialleistungen in der Regel notwendigen Ausgaben den Kapitalrahmen der meisten kleinen Firmen. Deshalb bieten große Unternehmen weitestgehend höhere freiwillige Sozialleistungen als ihre kleinen Mitkonkurrenten an (Fritsch, 1987, S.184). Siehe dazu die folgenden Tabellen, welche die Verbreitung der betrieblichen Altersversorgung nach Unternehmen und Beschäftigten in Industrie und Handel aufzeigen:

Tabelle 8: Verbreitung der betrieblichen Altersversorgung nach Unternehmen und Beschäftigten im Handel

HANDEL	Unternehmen mit betrieblicher Altersversorgung (in ...% der erfaßten Unternehmen der jeweiligen Größenklasse)				Beschäftigte mit betrieblicher Altersversorgung (in ...% der erfaßten Beschäftigten der jeweiligen Größenklasse)			
	1979 1)	1981 2)	1984 3)	1987 4)	1979 1)	1981 2)	1984 3)	1987 4)
Untern. mit								
3-5	20	21	22	23	10	12	11	9
6-9	29	28	36	38	11	12	13	19
10-19	33	40	35	32	12	12	12	11
20-49	43	50	50	47	14	15	16	15
50-199	58	67	68	71	21	27	29	28
200-499	54	81	67	85	23	30	31	44
500 u. mehr Beschäftigt.	77	85	82	87	50	62	53	54
Handel insgesamt	28	30	30	32	23	28	26	28
Großhandel	31	37	35	31	23	30	28	29
Einzelhand.	26	27	29	33	23	28	25	27

1) Quelle: Ifo-Erhebung Oktober/November 1979. -- 2) Quelle: Ifo-Erhebung Juni/Juli 1981. 3) Quelle: Ifo-Erhebung Juni/Juli 1984. -- 4) Quelle: Ifo-Erhebung November/Dezember 1987.

(Quelle: Ruppert, 1988, S.41)

Tabelle 9: Verbreitung der betrieblichen Altersversorgung nach Unternehmen und Beschäftigten in der Industrie

INDUSTRIE	Unternehmen mit betrieblicher Altersversorgung (in ...% der erfaßten Unternehmen der jeweiligen Größenklasse)				Beschäftigte mit betrieblicher Altersversorgung (in ...% der erfaßten Beschäftigten der jeweiligen Größenklasse)			
	1979 1)	1981 2)	1984 3)	1987 4)	1979 1)	1981 2)	1984 3)	1987 4)
Untern. mit								
20-49	44	50	44	39	24	27	24	23
50-199	72	75	75	75	44	47	48	46
200-999	89	92	92	91	63	70	70	68
1000u.mehr Beschäftigt.	98	97	97	99	80	85	89	91
Industrie insgesamt	64	67	63	61	66	70	72	72
Grundstoff- u. Produktionsgüter	71	77	73	72	77	76	78	83
Investitionsgüter	71	70	66	62	68	75	79	78
Verbrauchsgüter	53	59	53	54	52	53	53	50
Nahrungs- u. Genußmittelind.	70	68	72	64	57	62	60	59

1) Quelle: Ifo-Erhebung Oktober/November 1979. -- 2) Quelle: Ifo-Erhebung Juni/Juli 1981. 3) Quelle: Ifo-Erhebung Juni/Juli 1984. -- 4) Quelle: Ifo-Erhebung November/Dezember 1987.

(Quelle: Ruppert, 1988, S.28)

Auffallend ist zunächst, daß Beschäftigte in der Industrie wesentlich häufiger in den Genuß von einer betrieblichen Altersversorgung kommen als ihre Kollegen im Handel. Es existieren demnach offensichtlich beträchtliche Branchenunterschiede hinsichtlich der betrieblichen Sozialleistung betriebliche Altersversorgung. Da aber bekanntermaßen die Konzentration innerhalb der Industrie höher als im Handel ist, weil dort die vielen kleinen Einzelhandelsgeschäfte zur Dekonzentration beitragen, bestätigen die beiden Tabellen auch im Vergleich die These, daß größere Unternehmen vermutlich bessere und umfangreichere Sozialleistungen anbieten. Für sich betrachtet, zeigen beide Tabellen ohnehin eindeutig die höhere Inanspruchnahme des Vergütungsinstrumentes betriebliche Altersversorgung, je größer die Unternehmen, gemessen an ihrer Beschäftigtenzahl, werden.[42]

Unteilbarkeitsphänomene im Produktionsprozeß

Im folgenden Abschnitt wird eine eher kapitalorientierte Betrachtung vorgenommen. Dieses erscheint deshalb sinnvoll zu sein, weil auch kapitalbedingte Unteilbarkeitsphänomene zu Beschäftigungsproblemen führen können. Dieses ist beispielsweise häufig bei Wachstum von Unternehmen der Fall. Eine nur stufenweise mögliche Anpassung der Kapitalkapazität, beispielsweise durch Anschaffung einer neuen Maschine, erfordert in der Regel eine mit Problemen behaftete Anpassung der Arbeitskapazität und zwar nicht nur hinsichtlich quantitativer sondern auch aufgrund qualitativer Veränderungen.

Das Problem der qualitativen Anpassung des Beschäftigungspools eines Unternehmens wurde bereits in einem obigen Abschnitt dieses Kapitels (Unteilbarkeiten bei Aus-, Fort- und Weiterbildung) betrachtet. Auch auf die Schwierigkeiten, die bei Neueinstellungen von Betrieben zu lösen sind, wurde bereits im Kapitel 3.1.1 dieser Arbeit eingegangen. Im Vordergrund dieses Abschnittes steht demnach die Anpassung der Arbeitskapazität an die Kapitalkapazität mit Hilfe einer Umstrukturierung des vorhandenen Mitarbeiterstammes innerhalb eines Unternehmens.

"Moderne Technologie wendet hauptsächlich die Fertigungstechnik der Massenproduktion an und macht sich dadurch die Produktivitätsvorteile hoher Losgrößen zunutze" (Bartel, 1990, S.136). Massenproduktion ist aber für kleine Unternehmen weitgehend nicht realisierbar, weil die Marktstellung der kleinen Firmen einen Massenabsatz nicht zuläßt.[43]

Eine Ausweitung der Maschinenkapazität führt jedoch sowohl bei kleinen als auch großen Unternehmen zu der Erfordernis, die modernen und deshalb teuren Maschinen auszulasten. Deshalb forcieren Unternehmen die Einführung und Diskussion von Schichtarbeit, Nachtarbeit und Wochenendarbeit. Es ist evident,

---

[42] Weitere Vergleiche der Inanspruchnahme vom Instrument Sozialleistungen je nach der Unternehmensgröße werden im Kapitel 3.2 vorgenommen.

[43] Neueste Entwicklungen der Computertechnologie (CIM-, CAD-Fertigungstechnik) haben allerdings dazu geführt, daß Größenvorteile abgeschwächt worden sind (vgl. Fritsch, 1987, S.190ff). Vergleiche zu diesem Punkt auch das Kapitel 3.1.3.5 dieser Arbeit über Inflexibilitäten bei technischem Wandel.

daß eine rund um die Uhr eingesetzte Maschine eher die für sie getätigten Investitionskosten kompensieren kann als eine an nur fünf Tagen in der Woche mit jeweils knapp acht Stunden regelmäßiger Arbeitszeit genutzte. Schicht- und Nachtarbeit entfallen für viele kleine Unternehmen im Handwerk jedoch von vornherein, weil der außerbetriebliche Leistungserstellungsprozeß, der oft in den Wohnräumen der Kunden oder zumindest in Wohngebieten stattfindet, diese gar nicht zuläßt. Zudem dürfte, wie bereits oben angedeutet, der Mitarbeiterstamm der kleinen Firmen auch gar nicht das Potential für eine so weitgehende Flexibilisierung der Arbeitszeit (beispielsweise durch Wochenendarbeit) aufweisen. So hat Schüle insbesondere in kleinen Einzelhandelsbetrieben und weitgehend auch im Handwerk eine fehlende Bereitschaft zur Samstagsarbeit festgestellt und zwar sowohl von Arbeitnehmern als auch von Arbeitgebern (vgl. Schüle, 1987, S.114).[44] Denn die Eigentümer kleiner Unternehmen sehen sich vor ein persönliches Unteilbarkeitsproblem gestellt, weil sie beispielsweise bei Einführung eines Zwei-Schicht-Systems ihre Kontroll- und Führungsaufgaben nahezu sechzehn Stunden am Tag ausüben müßten.

Deshalb bestehen für kleine Unternehmen gewisse Restriktionen, die mit einer hohen Auslastungserfordernis einhergehenden technischen Innovationen auch einzuführen. Wahrscheinlich bereits aus diesem Grund weisen Großunternehmen ein überproportional hohes Ausmaß an technischem Fortschritt aus und sind daher **langfristig** eher konkurrenz- und überlebensfähig als kleine Unternehmen. Ohnehin sind die Rationalisierungsmöglichkeiten von Kleinstunternehmen aufgrund vieler Tatbestände stark eingeschränkt (vgl. dazu die Ausführungen in Kapitel 3.1.3.5).

Ein letzter Aspekt soll hier noch einmal den Unterschied von Mehrbetriebs- und Einbetriebsunternehmen (überwiegend kleine Unternehmen) verdeutlichen. Bartel verweist darauf, daß die Unternehmenskonzentration höher sei als die Betriebskonzentration. Das hängt damit zusammen, daß Großunternehmen bei U-förmigem Verlauf der langfristigen Durchschnittskostenkurve Tochterbetriebe gründen, die der mindestoptimalen Betriebsgröße entsprechen. Daraus folgt, daß diese Mehrbetriebsunternehmen einerseits zu minimierten Kosten fertigen können und andererseits über den reinen Produktionsbereich hinausgehende Größenvorteile realisieren können (aufgrund der Zentralisation von anderen Funktionsbereichen einer Unternehmung, vgl. Bartel, 1990, S.139ff). Diese Strategie der 'Multiplant-Economics' ist für kleine Einbetriebsunternehmen jedoch nicht realisierbar. Auf eventuell auftretende Schwierigkeiten bezüglich der Organisation innerhalb von großen Konzernen wie das agency-Problem

---

44 Siehe zu diesem Punkt auch die Untersuchung von Groß, Thoben, Bauer, 1989, die den Zusammenhang von Sonntagsarbeit und Unternehmensgröße untersucht haben (S.90ff).

(steigende Kontroll- und Koordinationskosten mit zunehmender Anzahl der Tochterbetriebe) oder das voice-Problem (Kontaktverluste zwischen Arbeitnehmer und Vorgesetzten) soll hier nicht näher eingegangen werden.

Möglichkeiten, insbesondere für kleine Unternehmen, die Unteilbarkeitsprobleme zumindest zu lösen bzw. deren Auswirkungen möglichst gering zu halten, werden in Zusammenhang mit anderen Vorschlägen zur Reduktion von Beschäftigungsproblemen kleiner Unternehmen in Kapitel 5 dieser Arbeit behandelt. Zudem sind die ermittelten Ergebnisse zu Unteilbarkeitsphänomenen wiederum im Kapitel 5 zusammengefaßt dargestellt.

Das nächste Kapitel beschreibt nun nach Transaktionskosten und Unteilbarkeitsphänomenen als allgemeinen beschäftigungsbedingten Inflexibilitäten weitere in Unternehmen auftretende, weniger unfangreiche sowie geringere Allgemeingültigkeit beanspruchende und damit eher als besondere oder speziell zu bezeichnende beschäftigungsbedingte Inflexibilitäten.

3.1.3 Besondere beschäftigungsbedingte Inflexibilitäten in Abhängigkeit von der Unternehmensgröße

Es werden im folgenden die Bedingungen bzw. Eigenschaften von Inflexibilitäten, die nicht bereits explizit in den vorangegangenen Kapiteln über Transaktionskosten sowie Unteilbarkeiten angesprochen worden sind, behandelt. Es geht also nicht um konkrete Kosten der Beschäftigtenanpassung an eine neue Situation durch Stellenabbau bzw. Einstellung von neuen Mitarbeitern wie im Transaktionskostenkapitel, sondern um Inflexibilitäten bei den bereits Beschäftigten (kontraktbedingte Inflexibilitäten) oder um sektorale (qualifikatorische) Inflexibilitäten aufgrund von spezialisierten Produktionsfaktoren sowie um Kosten durch räumliche Immobilitäten insbesondere des Faktors Arbeit (räumliche Inflexibilitäten).

Grundlage der folgenden Überlegungen ist der Bezug zu der im Kapitel 2.2.2 dargestellten Flexibilitätsdiskussion und die zugehörige Fragestellung, ob kleine Unternehmen tatsächlich flexibler sind als große.

3.1.3.3 Kontraktbedingte Inflexibilitäten

Unter kontraktbedingten Inflexibilitäten werden in dieser Arbeit die Elemente aus Arbeitsverträgen verstanden, aus denen sich Starrheiten - nicht sofort bei Bedarf änderungsfähige Unternehmensstrukturen - ergeben. Diese Inflexibilitäten sind nicht mit den in Kapitel 3.1.1 behandelten Kontraktkosten zu verwechseln, bei denen es sich ausschließlich um Vertragsabschluß- und Vertragsauflösungskosten handelt. Im Mittelpunkt der kontraktbedingten Inflexibilitäten stehen dagegen die reinen Vertragsinhalte. Im einzelnen sind das die Dauer der Arbeitsverträge, die vereinbarte Lohnhöhe und Lohnart, die vertraglich zugesicherten Lohnnebenkosten,[45] Urlaubsregelungen und die generellen Informationsprobleme für die in Verträgen festgelegten, zu erbringenden Leistungen der Arbeitnehmer. Zunächst werden im folgenden die Ausgestaltungsmöglichkeiten von Arbeitsverträgen bezüglich ihrer jeweiligen optimalen Dauer betrachtet.

Arbeitsverträge

Die Frage nach der optimalen Vertragsdauer ist ähnlich wie die nach der optimalen Arbeitszeit letztlich rein hypothetischer Natur. Zumindest gibt es für die zeitliche Länge von Arbeitsverträgen zwei feststehende Eckpunkte. Zum einen ist das die sehr kurze und gegen null gehende Vertragsdauer der sogenannten Tagelöhner. Zum anderen ist das der lebenslang unkündbare Arbeitsvertrag, der in der Regel bei (Lebenszeit-)Beamten besteht.

Keine dieser beiden extremen Vertragsdauern erscheint aber, zumindest aus heutiger Betrachtungsweise, optimal zu sein, wie auch die zunehmende Kritik am Beamtentum generell und an der sozialen Schieflage hinsichtlich einer gerechten Verteilung von Arbeit im speziellen vermuten läßt. Ein etwaiges Tagelöhnersystem sollte in einer Sozialen Marktwirtschaft ohnehin keinen Platz haben. Warum besteht aber die Notwendigkeit der gegenwärtig geführten Diskussionen über die optimale Mobilität von Beschäftigten (vgl. Fritsch, u.a., 1993, S.229ff) und der generellen Flexibilisierung der Arbeitsverhältnisse (vgl. u.a. Gaugler, Krüsselberg, 1987 oder Dahrendorf, 1988) und nicht nur der Arbeitszeitflexibilisierung? Welche Vor- und Nachteile ergeben sich für Unternehmen aus längeren bzw. aus kürzeren Arbeitskontrakten?

Wohlfahrtstheoretisch werden dauerhafte Beschäftigungsverhältnisse von neoklassisch orientierten Ökonomen eher als ungünstig eingestuft, weil sie im Ver-

---

[45] Wobei hier nur noch die Aspekte behandelt werden, die aufgrund einer sinnvolleren Systematik nicht bereits im Unteilbarkeitskapitel (vgl. Kapitel 3.1.2) angesprochen worden sind.

gleich zu kurzfristigen Kontrakten eine geringere Effizienz aufweisen und somit zu einem Verlust an gesellschaftlicher Wohlfahrt führen. Hingegen betonen institutionalistisch oder soziologisch orientierte Ökonomen die Vorteilhaftigkeit von langfristigen Beschäftigungsverhältnissen als sogenannte 'second-best'-Lösung, weil die idealtypischen Umweltzustände des Modells der vollständigen Konkurrenz in der Realität nicht oder zumindest kaum existent sind (vgl. Hübler, 1990, S.9ff). Hübler kommt zu dem Fazit, daß es eine generelle optimale Beschäftigungsdauer nicht gibt bzw. geben kann, "[...] weil je nach historischer Entwicklung, Struktur und institutionellen Gegebenheiten die bestmögliche Lösung variiert [...]" (Hübler, 1990, S.29). Die Fragestellung, die im folgenden von Interesse sein soll, ist jedoch, ob sich nichtsdestotrotz konsistente Aussagen über eine für verschiedene Unternehmensgrößen vorteilhaftere und realisierbare Beschäftigungsdauer machen lassen. Mit anderen Worten, es wird der Frage nachgegangen, ob es ökonomische Gründe für unterschiedlich lange Beschäftigungsverhältnisse bzw. Arbeitsverträge je nach der Unternehmensgröße gibt.

Die potentiellen Nachteile einer dauerhaften Beschäftigung faßt Hübler unter Hinweis auf die gängige Literatur zu diesem Arbeitsbereich (u.a. Hamermesh 1988, OECD 1986, Sachverständigenrat 1987, Schellhaaß 1984, 1985, Soltwedel 1984) wie folgt zusammen:

Übersicht 6: Nachteile dauerhafter Beschäftigung:

- Kostenbelastung der Unternehmen (beispielsweise durch Senioritätsentlohnung oder sinkender Arbeitsproduktivität älterer Arbeitnehmer)
- Behinderung des Strukturwandels
- Behinderung des Informationsaustausches
- Verlust an Flexibilität und Unabhängigkeit
- Benachteiligung von Outsidern (beispielsweise Arbeitslose)

(vgl. Hübler, 1990, S.15)

Die Kostenbelastung der Unternehmen durch zu lange Kontrakte ergibt sich vor allem aus zwei Gründen. Zum einen ist langfristig die Marktentwicklung und damit die Nachfragehöhe und der Druck zur Rationalisierung nur schwer abzuschätzen. Zum anderen ist beim Produktionsfaktor Arbeit im Einzelfall nicht abzusehen, wie sich die Grenzproduktivität älterer oder länger im Unternehmen beschäftigter Mitarbeiter entwickelt.[46] Eine Kostenbelastung der Unternehmen ergibt sich bei längeren Kontrakten dann bei jeweils negativer Entwicklung der Nachfrage und der Grenzproduktivität der Arbeitnehmer mit zunehmender Betriebszugehörigkeitsdauer. Wären hingegen kürzere Kontrakte geschlossen worden, beispielsweise durch eine Befristung der Beschäftigung, könnte andererseits den Unternehmen betriebsspezifisches Humankapital verloren gehen (vgl. u.a. Schmidt, 1984, Lutz, 1987). Weiterhin könnte es durch kürzere Laufzeiten der Kontrakte zu einer geringeren Arbeitszufriedenheit der Mitarbeiter bzw. zu einer geringeren Identifikation mit dem Unternehmen kommen. Die Folge wären dann eventuell wiederum Produktivitätseinbußen. Andererseits nimmt aufgrund der in den Unternehmen praktizierten Senioritätsentlohnung mit steigendem Durchschnittsalter der Belegschaft die Lohnsumme in den Betrieben zu (vgl. dazu den entsprechenden Abschnitt dieses Kapitels über die Lohnhöhe).

Die tatsächliche Kostenbelastung verschiedener Unternehmensgrößen durch längere Beschäftigungsverhältnisse ist nicht eindeutig zu bestimmen. Je größer ein Unternehmen ist, um so eher ist ein überdurchschnittliches Durchschnittsalter der jeweiligen Belegschaft zu beobachten (vgl. Szydlik, 1990, S118ff). Die Begründung dafür könnte der gerade in großen Unternehmen zu beobachtende hohe gewerkschaftliche Organisationsgrad der Beschäftigten sein, aus der sich eine auf Absicherung der beschäftigten Arbeitnehmer ausgerichtete Vertragsstrategie der Betriebsräte ableiten läßt.[47] Durch die Zunahme des durchschnittlichen Mitarbeiteralters wird einerseits tendenziell die durchschnittliche Produktivität der Arbeitnehmer sinken. Andererseits steht dem aber ein großes Potential an betriebsspezifischem Wissen, Routine und Erfahrung entgegen. Weiterhin dürften Großunternehmen aufgrund des weiter oben konstatierten professionelleren Personalmanagements über bessere Informationen verfügen und damit auch die tatsächlichen Fähigkeiten der Mitarbeiter besser einschätzen können. Dem spricht wiederum entgegen, daß je größer eine Belegschaft ist, um so eher 'shirking' für den einzelnen Beschäftigten möglich wird. Was Nachfrageschwankungen anbelangt, ist aufgrund der höheren Marktmacht der großen Firmen eher davon auszugehen, daß kleine Unternehmen ein variableres Auftragsvolumen handhaben müssen und für sie damit langfristige Beschäftigungsverhältnisse aufgrund der geringeren Anpassungsfähigkeit kostenbelastender wären. Das hat auch Auswirkungen auf die Möglichkeit konkreter Stellenbe-

---

[46] Vergleiche zur generellen Problematik von Informationsasymmetrien bei Arbeitsverträgen beispielsweise Weise (1979), Reiß (1990), Lorenz (1990) oder Brandes, u.a. (1991). Die Diskussion dürfte aber hinlänglich bekannt sein, so daß hier nicht näher darauf eingegangen werden muß.

[47] Siehe dazu auch die Aussagen der Insider-Outsider-Theorie, die im Kern davon ausgehen, daß die Existenz von Gewerkschaften die Machtposition der Insider noch verstärken (vgl. Solow, 1985, S.411ff oder Lindbeck, Snower, 1986, S.235ff).

schreibungen in Arbeitsverträgen, welche einer besseren Kontrolle dienen können. In kleinen Unternehmen ist eine exakte Formulierung der Aufgaben eines Mitarbeiters aber aufgrund der umfassenderen Tätigkeiten der dort Beschäftigten aber schwieriger (vgl. Schwarz, 1990, S.232ff).

Ebenso widersprüchlich wie das gerade Ausgeführte sind zwei weitere von Hübler (1990) angesprochene Nachteile dauerhafter Arbeitsverhältnisse. Tatsächlich ist zunehmend zu beobachten, daß insbesondere alte, großbetrieblich organisierte Industrien erhebliche Probleme mit der Bewältigung des Strukturwandels besitzen. Hier führen lange Beschäftigungszeiten in Verbindung mit dem erwähnten starken gewerkschaftlichen Organisationsgrad zu langen Kündigungsfristen und erheblichen Kosten durch die Sozialplangesetzgebung (vgl. Schellhaaß, 1984, S.139ff).[48]

Für kleine Unternehmen stellt sich beim Strukturwandel aber das Problem, daß von ihnen als erstes erwartet wird, sich schnell an neue Gegebenheiten anpassen zu können. Ob dann tatsächlich bei längeren Arbeitsverhältnissen langjährige und verdiente Mitarbeiter aufgrund der bereits angesprochenen 'sozialen Nähe' von Verantwortlichen und Untergebenen in kleinen Unternehmen schnell entlassen werden, steht auf einem anderen Blatt.

Kleine Unternehmen haben aber mit Sicherheit nicht den Nachteil großer Firmen zu verzeichnen, daß langfristige Kontrakte zu einer Behinderung des Informationsaustausches im Unternehmen führen, da der kleine Betrieb meistens noch gänzlich vom Firmeninhaber zu überschauen ist. In großen Unternehmen hingegen führen die längeren Arbeitsverhältnisse zu einer Ausuferung der Betriebshierarchie, da fast jeder langjährige Mitarbeiter aufsteigen möchte (Arbeitszufriedenheitsaspekt) und somit viele Informationen durch zu lange Entscheidungswege 'versickern' können. Außerdem sinkt möglicherweise mit zunehmender Betriebszugehörigkeitsdauer das Engagement der Mitarbeiter, jede Neuigkeit nach 'oben' weiterzuleiten.

Diese letzten erwähnten Aspekte führen vermutlich für sich betrachtet wirklich zu einem Verlust an Flexibilität und Unabhängigkeit von großen Unternehmen bezüglich ihrer Personalentscheidungen.

Eher gesamtgesellschaftliche Probleme spricht Hübler (1990) mit seinem letzten erwähnten Nachteil dauerhafter Beschäftigung an - die Benachteiligung von Outsidern. In der Tat ist eine zunehmende Aufspaltung der Arbeitsanbietenden

---

48 Andererseits sind es momentan gerade die großen Firmen, die in einem atemberaubenden Tempo ihre Belegschaftsgrößen reduzieren.

in Stamm- und Randbelegschaften zu beobachten. Insbesondere einmal arbeitslos gewordene Arbeitnehmer haben zunehmend Schwierigkeiten, eine schnelle Wiedereingliederung in den Arbeitsprozeß zu erreichen, wie die ständig steigende Zahl an Langzeitarbeitslosen leider eindrucksvoll beweist. In diesem Punkt sind übrigens die Verhaltensunterschiede von Unternehmen verschiedener Größe nahezu vollständig nivelliert. Kleine Firmen weichen gegenüber großen nur noch bei den (jugendlichen) Auszubildenden von dieser Strategie ab. Relativ gesehen bilden sie nach wie vor wesentlich mehr aus als Großunternehmen und geben somit auch mehr jugendlichen Arbeitlosen bzw. Jüngeren mit 'niedrigeren' Berufsabschlüssen eine Chance.

So widersprüchlich die theoretischen Analysen der Nachteile dauerhafter Beschäftigung je nach der Unternehmensgröße zu sein scheinen, um so eindeutiger sind die Ergebnisse einer umfangreichen Unternehmensbefragung von Büchtemann (1989) für das Arbeits- und Sozialministerium des Bundes bezüglich der Inanspruchnahme befristeter Beschäftigung nach dem Beschäftigungsförderungsgesetz von 1985 je nach der Betriebsgröße. Siehe dazu die folgende Tabelle 10:

Tabelle 10: Betriebe mit (befristeten) Neueinstellungen im Zeitraum zwischen Mai 1985 und April 1987[49]

Anzahl der Beschäftigten pro Betrieb [50]	Anzahl der Betriebe (n = 2174)	gesamte Neueinstellungen (n = 106794)	davon befristete Neueinstell. (n = 44194)
1-5	9,1 %	1,3 %	0,5 %
6-20	47,4 %	15,6 %	6,9 %
21-49	33,9 %	26,6 %	21,4 %
50-99	4,1 %	6,7 %	5,0 %
100-499	4,8 %	24,6 %	32,7 %
500 und mehr	0,7 %	25,2 %	33,5 %

Quelle: (Büchtemann, 1989, S.105)

Aus der Tabelle 10 ist zu ersehen, daß insbesondere Kleinstunternehmen im Beobachtungszeitraum nur sehr selten Neueinstellungen und noch weniger befristete Neueinstellungen vorgenommen haben. Hingegen haben die sehr großen Unternehmen im Vergleich zu ihrem gesamten Beschäftigungsanteil überpro-

49 86,0% aller Betriebe der Unternehmensbefragung hatten in dem entsprechenden Zeitraum Neueinstellungen vorgenommen.

50 Abhängig Beschäftigte ohne Auszubildende

portional viel neues Personal eingestellt und diese so häufig wie bei keiner anderen Unternehmensgrößenklasse teilweise nur mit befristeten Kontrakten ausgestattet. Erstaunlich hoch ist die Quote der befristeten Neueinstellungen an den Gesamteinstellungen. Mehr als zwei Fünftel aller neuen Mitarbeiter wurden zunächst nur zeitlich begrenzt eingestellt. Die Unternehmen messen also sehr wohl den möglichen Nachteilen einer dauerhaften Beschäftigung eine entsprechende Bedeutung zu.

Trotz der hohen Zahl der befristeten Einstellungen, die Büchtemann ermittelt hat, ist die Mehrzahl der Neueinstellungen unbefristet eingestellt worden und zwar in allen Unternehmensgrößenklassen. Da man davon ausgehen darf, daß insbesondere große Unternehmen in der Regel nicht systematisch irrationale Entscheidungen treffen, muß es Gründe dafür geben, auch längerfristige Arbeitskontrakte abzuschließen. Im folgenden werden deshalb mögliche Vorteile von dauerhaften Beschäftigungsverhältnissen betrachtet. Es wird deutlich werden, daß die Vorteile langfristiger Kontrakte durchaus die Nachteile derselben überwiegen können.

Als mögliche Vorteile einer langfristigen Beschäftigung sieht Hübler (1990) die sich mit Hilfe dauerhafterer Kontrakte vermeidbaren Probleme des realen Marktgeschehens bezüglich der Beschäftigtensituation von Unternehmen an. Mit anderen Worten, es gibt keinen vollständigen Wettbewerb, deshalb bieten sich aus Kostengründen langfristige Beschäftigungsverhältnisse an. Die von Hübler genannten Gründe sind in der Übersicht 7 zusammengefaßt:

Übersicht 7: Vorteile langfristiger Beschäftigungsverhältnisse (wegen möglicher Vermeidung von):

- Informationsmängel und -asymmetrie, Unsicherheit
- Heterogenität der Arbeitskräfte bzw. der Belegschaft
- risikoaverses Verhalten der Arbeitnehmer
- Vorhandensein von Transaktionskosten
- Anpassungsverzögerungen
- Nichttransferierbarkeit von betriebsspezifischen Qualifikationsmerkmalen
- Kollektiver Organisation von Arbeitskräften
- Nichtauftreten der Rigidität von Löhnen[51]

(vgl. Hübler, 1990, S.19)

[51] Die beiden letztgenannten Punkte sind meines Erachtens nicht eindeutig als Vorteile von langfristigen Kontrakten einzuordnen. Sie werden deshalb später gesondert behandelt. Siehe dazu S.125ff.

Im folgenden werden die von Hübler angesprochenen Aspekte genauer betrachtet. Als erstes steht das Informationsargument im Mittelpunkt.

Durch langfristige Kontrakte wird ganz sicher die ansonsten ständig zu beobachtende Unsicherheit bei vorzunehmenden Neueinstellungen für die Unternehmen gesenkt. Ein bewährter, langjährig beschäftigter Mitarbeiter wird trotz eines wahrscheinlich höheren Lohnes insgesamt kostengünstiger für ein Unternehmen sein, weil die durch Informationsmängel oder Informationsasymmetrien induzierten hohen Informations-, Such- und Kontrollkosten bei neuen Mitarbeitern nicht anfallen.[52] Zudem wird der Produktionsablauf der Unternehmen nicht durch eine bei ständig vorgenommenen Neueinstellungen auftretenden Heterogenität der Beschäftigten gestört. Auch kommt es durch eine routinierte Belegschaft vermutlich zu geringeren Anpassungsverzögerungen bei notwendig werdenden Veränderungen im Unternehmen und damit verbunden auch zu einer Senkung von internen als auch externen Transaktionskosten. Dies kann allein schon dadurch hervorgerufen werden, weil die betriebsspezifischen Qualifikationsmerkmale der Stammbelegschaft nicht ohne weiteres auf neue Mitarbeiter übertragen werden können.

Die bis hier angeführten Vorteile dauerhafter Beschäftigung gelten meines Erachtens uneingeschränkt für alle Unternehmensgrößen. Lediglich für einzelne Branchen mögen sich Unterschiede ergeben. So dürften sich in Sektoren mit eher niedrigeren durchschnittlichen Qualifikationsanforderungen viele der angesprochenen Vorteile als wenig substantiell erweisen. Dieses gilt aber wiederum übergreifend für alle Unternehmensgrößenklassen.

Ein gravierendes Problem ergibt sich für kleine Unternehmen dennoch aus der Vertragsdauerdiskussion. Wie bereits erwähnt sind die Fluktuationsraten in kleinen Firmen wesentlich höher als in Großunternehmen. Das bedeutet aber, daß kleine Unternehmen oftmals nicht in den Genuß der Vorteile langfristiger Beschäftigungsverhältnisse kommen können. Da andererseits die Ergebnisse der Diskussion von Nachteilen dauerhafter Beschäftigung bezüglich verschiedener Unternehmensgrößen eher widersprüchlich waren, ergibt sich zusammenfassend durchaus ein Kostennachteil für kleine Unternehmen und zwar aufgrund der zu kurzen Betriebszugehörigkeitszeiten der Beschäftigten. Dem steht zwar ein hohes Maß an vermeintlicher Personalflexibilität entgegen, aber was nutzte beispielsweise Robinson die Möglichkeit der freien Zeiteinteilung, wenn ihm neben Freitag keine (geeigneten) Arbeitskräfte zur Verfügung standen?

---

52 Es werden im Prinzip Probleme, die sich aus der sogenannten X-Ineffizienz ergeben, vermieden. X-Ineffizienz bedeutet, daß es durch nicht vollständig am Unternehmenserfolg orientierte Arbeitnehmer, weil diese beispielsweise eigene Ziele verfolgen, zu Ineffizienzen kommt (vgl. Leibenstein, 1978).

Ein Einwand gegenüber möglichen Vorteilen aus dauerhaften Beschäftigungsverhältnissen mag sein, daß kurzfristig laufende Verträge doch immer wieder verlängert werden können. Aus vielen psychologischen Untersuchungen ist jedoch bekannt, daß Arbeitnehmer überwiegend risikoavers sind.[53] Dementsprechend nimmt ihre Arbeitsmotivation bei kurzfristigen Verträgen einerseits ab, um vielleicht kurz vor dem jeweiligen Vertragsende wieder anzusteigen, wie man es teilweise im Profisport beobachten kann. Andererseits wird der psychische Leistungsdruck auf die Mitarbeiter erhöht mit einer eventuellen Folge von Fehlzeiten oder anderen Nachteilen von Übermotivation wie fehlende Kollegialität, mit der Folge einer durch das negativ beinflußte Betriebsklima hervorgerufenen geringeren Arbeitsproduktivität.

Desweiteren haben kurzfristige Arbeitsverträge und die damit verbundenen Unsicherheiten für Arbeitnehmer auch gesellschaftlich und wirtschaftspolitisch negative Auswirkungen. Selbst wenn ein befristet beschäftigter Arbeitnehmer es wollte, was eher unwahrscheinlich ist, wird kaum ein seriöses Kreditinstitut beispielsweise Kredite für einen Immobilienkauf zur Verfügung stellen, wenn der potentielle Kreditnehmer nur einen zwei- oder dreijährigen Arbeitsvertrag vorweisen kann. Eine moderne Industriegesellschaft sollte, und damit abweichend von den hehren, aber realitätsfernen Ansprüchen des neoklassischen Arbeitsangebotsmodelles, aus diesen und ähnlichen Gründen eine gewisse Arbeitsmarktinflexibilität in Kauf nehmen.

Als Fazit ist festzuhalten, daß es in der Tat keine optimale Beschäftigungsdauer zu geben scheint. Vermutlich spricht aber vieles dafür, daß die momentanen durchschnittlichen Betriebszugehörigkeitszeiten von Mitarbeitern in kleinen Unternehmen eher zu gering, während die in den (sehr) großen Firmen wahrscheinlich eher zu lang sind.

Zwei der von Hübler (1990) angesprochenen möglichen Vorteile dauerhafter Beschäftigung - die Vermeidung der kollektiven Organisation von Arbeitskräften (siehe Abschnitt über den Einfluß der Gewerkschaften) sowie das Nichtauftreten der Rigidität von Löhnen (siehe Abschnitt über die Lohnhöhe und Lohnrigiditäten in Abhängigkeit von der Unternehmensgröße) - werden aufgrund der meines Erachtens nicht eindeutig in Richtung Vor- bzw. Nachteile von langfristigen Kontrakten gehenden sowie aufgrund der Komplexität und Heterogenität dieser Punkte im folgenden gesondert behandelt.

---

[53] Dieses entspricht auch den Aussagen der Kontrakttheorie, die Lohnrigiditäten u.a. mit der Risikoaversion der Arbeitnehmer begründet (vgl. Ramser, 1978, S.628ff oder Helberger, 1982, S.398ff).

Lohnhöhe und Lohnrigiditäten in Abhängigkeit von der Unternehmensgröße

Die Lohnhöhe einschließlich der Lohnnebenkosten wird neben der erwarteten Produktnachfrage und dem technischen Fortschritt als eine der zentralen Determinanten der Beschäftigung angesehen (vgl. z.B. Kraft, 1991, S.252), auf deren Betrachtung und Analyse demzufolge ein Hauptaugenmerk der wirtschaftstheoretischen Forschung und Diskussion der letzten Jahre gerichtet wurde. Durch die Lohnhöhe wird sowohl das Arbeitsangebot als auch die Arbeitsnachfrage beeinflußt. Daraus folgt, daß die Lohnhöhe insbesondere die Fluktuationsraten der Beschäftigten maßgeblich festlegt. Höhere Löhne stellen somit einerseits für die Unternehmen ein Mittel dar, auf einen sowohl quantitativ als auch qualitativ ausreichenden Beschäftigungsstamm zurückgreifen zu können, andererseits können hohe Löhne in Krisenzeiten nicht ohne weiteres gesenkt werden. Die Folge ist eine zunehmende Rigidität der Löhne.

Die Frage, die zunächst im Zusammenhang mit Löhnen bzw. Lohnnebenkosten geklärt werden muß, ist die nach der Abhängigkeit von Unternehmensgröße und der Entlohnungshöhe. Eine Vielzahl von Untersuchungen der letzten Jahre kommen hier zu dem - auch für verschiedene Länder - einhelligen Ergebnis, daß ein positiver Zusammenhang zwischen der Unternehmensgröße und der Lohnhöhe existiert.[54] Als Beispiel seien hier kurz die Ergebnisse von Cramer (1987, S.26ff) angeführt, der einen positiven Zusammenhang von Betriebsgröße und Einkommen der Beschäftigten konstatiert und zudem feststellte, daß zwischen 1981 und 1985 die Einkommensunterschiede zwischen Arbeitnehmern von kleinen zu denen von großen Unternehmen weiter angestiegen sind. Siehe dazu die Tabelle 11 auf Seite 128:

Aus Tabelle 11 ist zu entnehmen, daß die mittleren Einkommen pro Kalendertag, welche in Großbetrieben mit mehr als 1000 Beschäftigten erzielt werden, doppelt so hoch sind wie in Kleinbetrieben mit 1 bzw. 2-9 Arbeitnehmern. Interessant ist zudem, daß diese Einkommensdifferenz für fast alle Wirtschaftszweige besteht und das unabhängig von prosperierenden oder schrumpfenden Betrieben einer Größenklasse mit dem entsprechenden Einfluß auf die Beschäftigtenentwicklung die Arbeitnehmer einer Unternehmensgrößenklasse durchschnittlich dasselbe Einkommen erzielten (vgl. Cramer, 1987, S.27). Daraus läßt sich ableiten, daß es offensichtlich einen grundsätzlichen positiven Zusammenhang zwischen der Unternehmensgröße und der Entlohnung geben

---

54 Vergleiche zu diesem Themenkomplex beispielsweise für Deutschland: Gerlach, Schmidt (1989) und (1990), Cramer (1987), Brüderl, Preisendörfer (1986), Schmidt, Zimmermann (1989), Wagner (1991). Für die USA untersuchten diese Frage u.a. Oi (1991), Brown, Medoff (1989), Weiss (1966). Für Großbritannien analysierte Blanchflower (1986) den Zusammenhang von Konzentration und Lohnhöhe.

muß. Die daran anknüpfende Frage allerdings, warum große Unternehmen höhere Löhne zahlen (können) als kleine Firmen, ist bis heute äußerst umstritten und deshalb immer wieder untersucht worden.[55] Im folgenden sollen die verschiedenen Argumente kurz dargestellt und einer Bewertung unterzogen werden, weil dadurch interessante Schlüsse über mögliche Beschäftigungsvor- bzw. nachteile je nach der Unternehmensgröße gezogen werden können.[56]

Tabelle 11: Betriebsgröße und Einkommen

Betriebsgröße n.d. Beschäftigtenzahl	Mittleres Einkommen pro Kalendertag (DM) 1981	1985	%-Veränderung
1	47	53	12,7
2-9	55	64	16,4
10-19	66	77	16,7
20-49	71	84	18,3
50-99	74	89	20,3
100-499	78	94	20,5
500-999	82	99	20,7
1000 und mehr	90	110	22,2
Insgesamt	75	89	18,6

(Quelle: Cramer, 1987, S.27)

Das erste Argument, warum größere Firmen höhere Löhne zahlen (können) als kleinere Unternehmen, betrifft Überlegungen zur Humankapitalausstattung von

55 Exemplarisch für eine Vielzahl von Untersuchungen seien hier folgende genannt. Lorenz, Wagner (1988) und Mellow (1982) untersuchten die Möglichkeit kompensierender Lohndifferentiale. Oi (1983), de Gijsel (1983) und Garen (1985) sehen einen positiven Zusammenhang von Kontroll-, Anleitungs- und Beurteilungskosten und stellen humankapitaltheoretische Überlegungen in den Vordergrund. Hübler (1984) stellt die Monopolmachtthese in den Mittelpunkt seiner Betrachtungen. Strand (1987) und Weiss/Landau (1984) untersuchen die Wirkung von unvollständigen Informationen auf das Unternehmensgrößen-Lohndifferential. Den Einfluß der Betriebszugehörigkeitsdauer auf die Lohnhöhe beschreiben für die USA und Japan Hashimoto, Raisian (1985). In eine ähnliche Richtung gehen die Ausführungen von Doeringer, Piore (1971), Sengenberger (1978), Lutz (1987) oder Alewell (1993) über betriebsinterne Arbeitsmärkte. Schließlich untersuchten Stiglitz (1987) und Gerlach, Hübler (1989) den Zusammenhang von Lohnsatz und Produktivität der Arbeitnehmer.

56 Anzumerken bleibt, daß wenn im folgenden von der Lohnhöhe gesprochen wird, in der Regel nur vom Lohnsatz und nicht von sonstigen Gratifikationen oder Sozialleistungen die Rede ist. Daß größere Unternehmen bessere Sozialleistungen anbieten - und warum sie dieses können - wurde bereits ausführlich im Kapitel 3.1.2 über Unteilbarkeitsphänomene behandelt.

Unternehmen. Es wird vielfach angenommen, daß die Beschäftigten von Großunternehmen über bessere Qualifikationen und mehr Fähigkeiten verfügen als entsprechende Arbeitskräfte in kleineren Betrieben. Unter denselben Wettbewerbsbedingungen, das heißt die Arbeitsplätze der verschiedenen Unternehmensgrößenklassen sind vergleichbar, was Standort, Arbeitsbedingungen oder ähnliches anbelangt, müßten dann die größeren Firmen bereit sein, höhere Löhne zu zahlen, die als 'Quasirente' für die besser Qualifizierten zu verstehen wären. Die bessere Humankapitalausstattung der größeren Unternehmen könnte beispielsweise mit einer vermehrten Durchführung von Weiterbildungmaßnahmen, mit einer höheren Kapitalintensität in Verbindung mit einem höheren qualitativen Anforderungsniveau an die jeweilige Belegschaft oder mit besseren Akquisitionsstrategien und damit einhergehendem Reputationsgewinn der großen Unternehmen begründet werden.

Gerlach, Schmidt ermittelten mit den ersten vier Wellen (1984-1987) des sozioökonomischen Panels tatsächlich, daß das Qualifikationsniveau in großen Firmen höher ist. Nach Kontrolle der Humankapitalausstattung der Betriebe betrug bei gepoolter Betrachtung der Jahre 1984-1987 das Firmenlohndifferential bei Männern 15 %, bei Frauen gar 25 % zwischen der kleinsten Unternehmensstandardgruppe (20 - < 200 Arbeitnehmer) und der größten Standardgruppe (> 2000 Arbeitnehmer). Ohne explizite Berücksichtigung der Humankapitalausstattung der Betriebe war der prozentuale Abstand zwischen den beiden erwähnten Firmenstandardgruppen 1984 23,58 % bei Männern und 30,96 % bei Frauen, 1987 sogar 29,08 % bei Männern und 33,03 % bei Frauen (vgl. Gerlach, Schmidt, 1989, S.358). Daraus folgt, daß ein Teil der Firmenlohndifferentiale in der Tat auf Qualifikationsunterschiede zurückzuführen ist.[57] Interessant ist weiterhin, daß auch nach statistischer Kontrolle der Humankapitalausstattung die Firmenlohndifferentiale der Männer im Zeitablauf zunehmen, und zwar von 14 auf 19 Prozentpunkte zwischen den beiden extremen Unternehmensstandardgruppen (vgl. Gerlach, Schmidt, 1989, S.359). Werden die geschätzten Einkommensfunktionen um sonstige Gratifikationen wie Weihnachts- und Urlaubsgeld sowie Gewinnbeteiligungen erweitert, dann steigen die Firmenlohndifferentiale sogar noch an, beispielsweise bei Frauen 1986 von 21,86 % (Lohn) auf 29,01 % (erweiterte Einkommensfunktion). Das heißt große Unternehmen zahlen, wie bereits in Kapitel 3.1.2 angedeutet, nicht nur einen höheren Lohn, sondern bieten auch bessere freiwillige Sozialleistungen an (vgl. Gerlach, Schmidt, 1989, S.360).

Welche Notwendigkeit besteht aber überhaupt für ein Unternehmen, besser qualifizierte Arbeitskräfte zu beschäftigen? Letztlich lassen sich alle möglichen

---

57 Zu ähnlichen Ergebnissen kommen auch Schmidt/Zimmermann (1989, S.8)

Antworten auf diese Frage auf Produktivitätsvorteile reduzieren. Ist die Produktivität eines Arbeitnehmers höher, kann ein Unternehmen im Gegenzug auch höhere Löhne zahlen. Wenn es sich aber bei der Lohnhöhenfrage lediglich um ein Produktivitätsproblem handelt, müßte ein Unternehmen prinzipiell indifferent sein, zwei Arbeitnehmer mit gleich 'niedriger' Produktivität und identisch niedrigem Lohn oder einen Arbeitnehmer mit doppelt so hoher Produkti-vität und entsprechend doppelt so hohem Lohn einzustellen (vgl. Gerlach, Schmidt, 1989, S.356). Zwei Arbeitnehmer werden allerdings insgesamt mehr Transaktions- und Kontrollkosten verursachen als ein Arbeitnehmer. Dieser Tatbestand gilt jedoch grundsätzlich sowohl für kleine als auch für große Unternehmen. Oi sieht aber komparative Vorteile für Kontroll- und Anleitungstätigkeiten in kleinen Unternehmen, weil der Betrieb überschaubarer ist, und schätzt somit den Anreiz, weniger, dafür jedoch qualifizierteres Personal einzustellen, als für große Firmen höher ein (vgl. Oi, 1983), weil die Einsparungen an Kontroll- und Anleitungstätigkeiten bei weniger Einstellungen aufgrund des obigen Arguments für große im Vergleich zu kleinen Betrieben relativ gesehen größer sind.

Wenn man sich jedoch die Ausführungen des Transaktionskostenkapitels (Kapitel 3.1.1) in Erinnerung ruft, ist nicht ganz einzusehen, warum Kontrolle und Anleitung von Beschäftigten in großen Firmen teurer sein sollen. Oi ermittelte zwar, daß die Einarbeitungs- und Anlernzeiten in Unternehmen mit durchschnittlich 2200 Beschäftigten rund 54 Stunden gegenüber nur rund 34 Stunden in Kleinunternehmen mit durchschnittlich 8 Arbeitnehmern pro neu Eingestelltem betrugen (Oi, 1991, S.24). Diese 20 Stunden mehr an Einführungszeiten können aber wiederum auf ein höheres qualitatives Anforderungsniveau der Arbeitsplätze in großen Firmen zurückzuführen sein. Oder aber es läßt gar auf ein niedrigeres Qualifikationsniveau der Beschäftigten in Großunternehmen schließen, weil weniger geeignete Arbeitskräfte längere Zeit brauchen, die neuen Arbeitsgänge zu verstehen.[58] Zudem läßt Oi außer acht, wer die jeweiligen Einführungsstunden in den Betrieben gibt. Dies sind wie oben erwähnt, in kleineren Unternehmen in der Regel die Firmeninhaber, deren entgangener Unternehmerlohn höher sein dürfte als die Personalkosten, die durch einen sonstigen Angestellten (z.B. einem Vorarbeiter) im Großunternehmen entstehen. Das Argument, große Unternehmen würden aufgrund relativ ansteigender Kontroll- und Anleitungskosten höhere Löhne zahlen, erscheint demnach wenig stichhaltig zu sein.

---

[58] Diese Annahme, daß in großen Unternehmen eine sehr heterogene Beschäftigungsstruktur vorherrscht scheint durchaus realistisch zu sein. Es gibt einerseits einen wesentlich höheren Akademikeranteil in großen Unternehmen (vgl. Sadowski, 1983, S.53ff) und andererseits durch häufig standardisierte Fertigungstechnik in Großunternehmen viele Arbeitsplätze für lediglich angelernte Hilfskräfte.

Wesentlich mehr Gehalt scheint die These zu beinhalten, große Unternehmen müßten aufgrund einer höheren Kapitalintensität qualifizierteres Personal einstellen. Wie im Kapitel 3.1.3.5 ausführlicher beschrieben wird, ist die Kapitalintensität in größeren Firmen tatsächlich höher. Dies ist allein schon aus der Tatsache abzuleiten, daß die arbeitsintensiven, weil nur schwer rationalisierbaren, Leistungsprozesse hauptsächlich in kleinbetrieblich strukturierten Bereichen wie im Handwerk, Einzelhandel oder im Dienstleistungssektor vorzufinden sind. Entscheidend ist nunmehr, ob eine Arbeitstätigkeit, die hauptsächlich die Bedienung von Maschinen umfaßt, tatsächlich ein höheres Qualifikationsniveau der Mitarbeiter beansprucht. Grundsätzlich muß diese Frage offensichtlich bejaht werden. Daraus folgt für kleine Industrieunternehmen aber auch - sollten sie sich entscheiden zu modernisieren -, daß sie neben hohen Investitionskosten auch höhere Löhne und zudem Kosten für Weiterbildungsmaßnahmen für ihre Mitarbeiter finanzieren müssen, was ihre oftmals schwierige Kapitalmarktsituation (siehe Kapitel 3.3.6) noch weiter verschlechtert.

Zudem ist es für kleine Unternehmen tendenziell schwieriger, ein professionelles Personalmarketing zu betreiben (siehe Kapitel 3.1.1). Diese strukturellen Nachteile können aber dazu führen, daß potentielle Arbeitnehmer mit besseren Qualifikationen sich schon aus diesem Grund zu den größeren Firmen hingezogen fühlen. Die von der jeweiligen Unternehmensreputation großer Konzerne ausgehenden Auswirkungen auf das Arbeitsangebot sollten nicht unterschätzt werden. Es ist oftmals gesellschaftlich angesehener, bei einem großen Weltkonzern ein kleines Rad am Wagen darzustellen, als in einem kleinen Unternehmen das 'Mädchen für alles zu sein'.

Die Ausgangsfrage jedoch, warum größere Unternehmen höhere Löhne zahlen (insbesondere warum sie es können), wird mit dem Qualifikationsargument demnach nur zu einem geringen Teil beantwortet. Ein Einwand zu dieser Aussage könnte sein, daß Variablen wie Schulbildung, Berufserfahrung oder die Betriebszugehörigkeitsdauer, mit denen in der Regel die Humankapitalausstattung von Betrieben erfaßt werden soll, nur unzureichend die tatsächlichen Fähigkeiten und Intelligenzniveaus der Mitarbeiter abbilden. Separiert man jedoch nach der Heterogenität der Mitarbeiter, das heißt kontrolliert man nach unbeobachteten Fähigkeiten der Beschäftigten, in dem ausschließlich Firmenwechsler betrachtet werden, so ändert sich an der Größe des Firmenlohndifferentials so gut wie nichts (vgl. Gerlach, Schmidt, 1989, S.364ff). Ein weiterer, möglicherweise gewichtigerer Erklärungsansatz für höhere Löhne in Großunternehmen, den der kompensierenden Lohndifferentiale, soll im folgenden einer Betrachtung unterzogen werden.

Kompensierende Lohndifferentiale sind Lohnausgleichszahlungen beispielsweise für schlechte Arbeitsbedingungen wie körperlich schwere oder monotone Arbeit, Nacht- oder Wechselschichten, strenge Kontrollen, belastende Umwelteinflüsse, schlechtes Betriebsklima oder nur geringfügige Mitbestimmungsmöglichkeiten. Aber auch ein hohes Arbeitsplatzrisiko, geringere betriebliche Zusatzleistungen oder ein ungünstiger Unternehmensstandort können Gründe für die Notwendigkeit eines kompensierenden Lohndifferentials sein. Mellow beispielsweise argumentiert nun, daß eine zunehmende Arbeitsteilung zu monotoneren Tätigkeiten und somit zu höheren nervlichen Anspannungen führt, die durch eine höhere Lohnzahlung kompensiert werden müssen (vgl. Mellow, 1982). Die empirischen Untersuchungen zu kompensierenden Lohndifferentialen kommen aber fast übereinstimmend zu dem überraschenden Ergebnis, daß die Arbeitsplatzbedingungen zwar einen Teil der beobachteten Einkommensdifferentiale erklären können, allerdings in genau entgegengesetzter Richtung der Erwartungen. "[...] schlechte Arbeitsbedingungen [wie Monotonie, negative Umwelteinflüsse, Schichtarbeit] führen ceteris paribus zu einem geringeren Einkommen" (Wagner, 1991b, S.81, vgl. auch Lorenz, Wagner, 1988). Ebenso ermitteln Schmidt, Zimmermann (1989) für die Variablen schwere physische Arbeit, Arbeiten unter jeweiligen Wetterbedingungen und Luftbelastung einen negativen Zusammenhang zur Lohnhöhe (vgl. Schmidt, Zimmermann, 1989, S.7f). Lediglich Nacht- oder Wechselschichten erhöhen aufgrund von Schichtzulagen den Lohn (vgl. Gerlach, Schmidt, 1989, S.362). Da aber die Arbeitsbedingungen in kleinen Unternehmen signifikant schlechter sind (vgl. Mendius u.a., 1987, Weimer, 1983 und 1990) erklärt dies zumindest einen Teil des Lohndifferentials in Abhängigkeit von der Unternehmensgröße.[59]

Auch für den Komplex Arbeitsplatzrisiko und Sektorlohndifferentiale ermittelte Wagner einen negativen Zusammenhang (Wagner, 1991b, S.88ff), woraus folgt, daß von Arbeitslosigkeit bedrohte Beschäftigte einen geringeren Lohn beziehen als Arbeitnehmer auf sicheren Arbeitsplätzen. Da aber zumindest kurzfristige Arbeitslosigkeit - aufgrund der höheren Fluktuationsrate - eher Beschäftigten in kleinen Unternehmen droht, ist dieses ein weiteres Indiz für die Begründung des Firmenlohndifferentials, allerdings wiederum in einer anderen Richtung als in der Theorie der kompensierenden Lohndifferentiale angenommen.

Die bei den kompensierenden Lohndifferentialen angesprochene Monotonie der Arbeitsplätze ist auf eine zunehmende Arbeitsteilung zurückzuführen. Dadurch

---

[59] Allerdings ist damit nicht die Frage beantwortet, warum Arbeitnehmer, die schlechteren Arbeitsbedingungen ausgesetzt sind, durchschnittlich weniger Lohn erhalten. Vermutlich dürften die Gründe für diesen Tatbestand entweder im jeweiligen Qualifikationsniveau der Beschäftigten oder im gewerkschaftlichen Organisationsgrad der betreffenden Unternehmen liegen.

aber, daß Arbeitnehmer mit monotoner Beschäftigung geringer entlohnt werden und die Arbeitsteilung in Großunternehmen wesentlich umfassender ist als in kleinen Firmen, müßte dieser Tatbestand zu einer Verringerung des Firmengrößenlohndifferentials führen. Dem wirkt aber entgegen, daß durch die zunehmende Arbeitsteilung in Großunternehmen in der Regel die Anzahl der Hierarchiestufen ansteigt. Das wiederum induziert eine Zunahme von durchzuführenden Kontroll- und Anleitungsfunktionen in den Betrieben, wodurch es mehr 'Vorgesetzte' gibt. Diese erhalten jedoch Lohnprämien für die Übernahme von Verantwortung, so daß die eben beschriebene, kompensierende Wirkung monotoner Arbeitsbedingungen auf das Firmenlohndifferential zumindest teilweise wieder ausgeglichen wird (vgl. de Gijsel, 1983 und 1989). Diesen Schlußfolgerungen entsprechen auch die Ergebnisse von Gerlach, Schmidt (1989, S.363) zu diesem Punkt. Eine positiv mit der hierarchischen Stellung im Unternehmen korrelierende Autonomie am Arbeitsplatz wirkt deutlich additiv auf das Einkommen.

Unter anderem die gerade angesprochene Arbeitsteilung führt aufgrund der damit erreichbaren höheren Produktivität zu höheren Gewinnen in den mehr arbeitsteilig produzierenden großen Unternehmen. Generell ist festzustellen, daß die Ertragssituation großer Firmen - klammert man extreme konjunkturelle Schwankungen wie die gegenwärtige Rezession einmal aus - besser ist.[60] Allein schon wegen des höheren gewerkschaftlichen Organisationsgrades der Beschäftigten in großen Unternehmen, werden die Arbeitnehmer an den Gewinnen der Unternehmen eher beteiligt.[61] Dies erhöht einerseits die Arbeitsmoral, wodurch nochmals die Arbeitsproduktivität gesteigert wird. Andererseits werden wegen der aus den höheren Lohnzahlungen resultierenden Reputationssteigerung weniger Kündigungen provoziert und qualitativ besseres Personal mit wiederum positiven Auswirkungen auf die Arbeitsproduktivität kann akquiriert werden (vgl. Hübler, 1984, S.57). Diese Argumentationskette ist in der Literatur als 'ability to pay'-These bekannt geworden (vgl. beispielweise Weiss, 1966 oder Mellow, 1982).[62]

---

60 Zu diesem Ergebnis kommen zumindest Keasey, Watson (1993) sowie Andersson (1987) in ihren umfangreichen Studien. Irsch (1988) stellt hingegen fest, daß die Rentabilität in kleinen Unternehmen besser sei. Allerdings nivelliert sich dieser Vorsprung bei Einbeziehung des Unternehmerlohns, den in großen Firmen in der Regel ja Manager und nicht die Eigentümer erhalten, und bei Veranschlagung einer, in kleinen Unternehmen notwendigerweise erhöhten, Risikoprämie, quasi vollständig.

61 Siehe dazu ausführlicher den folgenden Abschnitt über den Einfluß der Gewerkschaften auf die unternehmerische Personalpolitik.

62 Marktbeherrschende Unternehmen können beispielsweise deshalb höhere Löhne zahlen, weil sie die gestiegenen Personalkosten einfach auf ihre Preise überwälzen. Diese Möglichkeit haben im intensiven Wettbewerb stehende kleine Unternehmen jedoch nicht. Siehe dazu

Bei der Überprüfung dieser These kommen Gerlach, Schmidt (1989, S.366ff) zu dem Ergebnis, daß von der Gewinnsituation der Unternehmen keine durchschlagende Wirkung auf das Firmengrößenlohndifferential ausgeht. Allerdings ist ihre Vorgehensweise bei der empirischen Überprüfung eher kritisch zu beurteilen. Gerlach, Schmidt testen sechs Wirtschaftssektoren und argumentieren, daß in den Branchen Handel, Bau, Maschinenbau mit eher kleinbetrieblicher Struktur im Gegensatz zu den Sektoren Eisen, Stahl und Chemie das Firmengrößenlohndifferential geringer ausgeprägt sein müßte. Sie stellen aber fest, daß unabhängig von der jeweiligen Wettbewerbsintensität in den Sektoren, große Firmen mehr zahlen als kleine. Die entscheidende Frage jedoch, inwieweit beispielsweise die Gewinnrelation eines Handelsbetriebs mit 50 Beschäftigten im Vergleich zu einem mit fünf Arbeitnehmern von der Gewinnrelation eines Chemieunternehmens mit 5000 Arbeitnehmern zu dem eines mit 500 Arbeitnehmern voneinander abweicht, wird und kann mit Hilfe von aggregierten Sektorenbetrachtungen gar nicht kontrolliert werden. Wenn beispielsweise die Gewinnrelationen in den beiden beschriebenen Fällen identisch sind, dann kann es ohne Einschränkungen, relativ gesehen, auch das gleiche Firmengrößenlohndifferential in den beiden Sektoren geben. Auf die jeweilige absolute Lohnhöhe kommt es dann in den Branchen gar nicht an. Das Entscheidende ist nach Meinung des Verfassers - und stellt eine herausragende Bedeutung für die jeweilige Lohnhöhe in Unternehmen dar -, daß ein im Vergleich zur Konkurrenz mit höheren Profiten ausgestattetes Unternehmen in der Lage ist, höhere Löhne zu zahlen als die direkten Konkurrenten innerhalb der betreffenden Branche. Denn gerade Unternehmer mit schwieriger Geschäftslage weigern sich in der Regel, auch nur geringfügige Lohnzugeständnisse zu machen. So ist bei Tarifverhandlungen immer wieder zu beobachten, daß die von den Arbeitgeberverbänden ausgehandelten Lohnabkommen zu Austrittswellen gerade der kleinen und mittleren Unternehmen der Arbeitgeberverbände führen (vgl. Hübler, 1984).

Ein weiteres Argument für höhere Löhne in Großunternehmen haben Weiss, Landau (1984), Garen (1985) bzw. Strand (1987) zur Diskussion gestellt. Sie alle sehen als Begründung für unterschiedliche Lohnhöhen unvollständige bzw. asymmetrische Informationen an. Weiss, Landau (1984) argumentieren, daß mit zunehmender Unternehmensgröße das verfügbare Arbeitsangebot nur unterproportional ansteigt. Mit anderen Worten, das Verhältnis von Bewerberzahl zu offenen Stellen geht zurück. Deshalb würden große Firmen höhere Löhne anbieten und niedrigere Einstellungsstandards akzeptieren. Ähnlich ist die Argumentation von Strand (1987), der aufgrund des Zusammenhanges - höhere Produk-

---

ausführlicher das Kapitel 3.3 zum Einfluß der Marktstruktur auf die Beschäftigtensituation von Unternehmen.

tivität, größere Belegschaft - die Notwendigkeit sieht, daß bei Fluktuationen größere Firmen gezwungen sind, mehr Personal einzustellen und deshalb höhere Löhne anbieten müssen als kleine, um wieder ein Beschäftigungsgleichgewicht erreichen zu können.

Abgesehen davon, daß diese beiden Ansätze sehr abstrakt und theoretisch wirken, ist wenig einleuchtend, warum große und deshalb bekannte Unternehmen bei der Personalakquisition gegenüber Kleinunternehmen benachteiligt sein sollten. Auch daß größere Firmen niedrigere Einstellungsstandards akzeptieren, erscheint eher unglaubwürdig zu sein. Eine weitere Überlegung soll die Kritik an den Ansätzen von Weiss, Landau bzw. Strand noch verdeutlichen. Wachsende Unternehmen dürften in der Regel sehr produktiv sein und zusätzlich, überproportional viel, neues Personal benötigen. Es müßte nach der Argumentation der beiden Ansätze zu Rekrutierungsschwierigkeiten kommen. Auch dieses ist in der Realität zu beobachten (vgl. Schüle, 1987, Cramer, 1990). Unglücklicherweise sind aber wachsende, insbesondere bezüglich ihrer Mitarbeiterzahl expandierende Unternehmen in der Regel relativ kleine Firmen. Das würde dann aber eher dafür sprechen, daß kleine Unternehmen höhere Löhne zahlen müßten als große Firmen.

Garen (1985) schließlich greift ein Argument von Oi (1983) wieder auf, welches weiter oben bereits vom Verfasser angezweifelt wurde. Aufgrund der Annahme steigender Kontroll- und Anleitungskosten in Großunternehmen, folgert Garen, daß größere Unternehmen Schwierigkeiten haben, neue Arbeitnehmer entsprechend ihren tatsächlichen Fähigkeiten zu beurteilen. Sie würden eher Schulstandards wie Schul- oder Examensnoten als Qualifizierungsmerkmale heranziehen,[63] wodurch "[...] das absolute Glied einer Lohnfunktion mit der Firmengröße wächst" (zitiert nach Gerlach, Schmidt, 1989, S.356), was nichts anderes bedeutet, daß die Lohnkosten insgesamt zunehmen, oder anders ausgedrückt, die großen Firmen höhere Löhne zahlen. Wiederum ist ein möglicher Einwand gegen diesen Argumentationsstrang augenscheinlich. Im Gegensatz zu kleinen Unternehmen investieren große Firmen hohe Summen für die Durchführung von Assessment-Center oder ähnliche Personalauswahlverfahren. Schulstandards dienen bestenfalls zur Vorauswahl der Jobinteressenten. Kleinere Firmen hingegen sind bei ihren Einstellungsverfahren weniger professionell.[64]

Insgesamt betrachtet dürfte das Argument asymmetrischer Informationen eher dafür sprechen, daß kleine Firmen aufgrund von Transparenzdefiziten Stellen-

63 Insgesamt wird in Deutschland Bildungsabschlüssen eine weit höhere Bedeutung eingeräumt als in anderen Ländern, wie beispielsweise den USA (vgl. Neubäumer, 1989, S.363).

64 Vergleiche zu diesem Punkt auch die entsprechenden Ausführungen des Kapitels 3.1.1.

besetzungsprobleme haben (siehe auch Schüle, 1987, bzw. Cramer, 1990) und dementsprechend höhere Löhne zahlen müßten, was sie aber de facto nicht tun. Wenden wir uns also einer weiteren, vielleicht stichhaltigeren, Erläuterung des Firmengrößenlohndiffentials zu - der Effizienzlohnhypothese.

Ursprünglich sollten die Effizienzlohntheorien[65] einen Beitrag zur Erklärung von Arbeitslosigkeit liefern (vgl. Franz, 1991, S.300ff). Im Mittelpunkt der Analyse steht aber der behauptete positive Zusammenhang von Lohnhöhe und Produktivität. Das heißt Unternehmen können deshalb Löhne über dem Markträumungslohn zahlen, weil durch bessere Vergütungen einerseits die Fluktuations-, Kontroll- oder sogenannten Shirkingkosten (vgl. Shapiro, Stiglitz, 1984, S.433ff) gesenkt werden können und andererseits das Arbeits- und Betriebsklima heraufgesetzt werden kann. Diese Argumentation erscheint in der Tat plausibel zu sein, allerdings bleibt wiederum der Tatbestand bestehen, daß dieses sowohl für große als auch für kleine Unternehmen gelten dürfte. Daraus folgt aber, daß empirische Studien, die einen positiven Zusammenhang von Effizienzlöhnen und Produktivität feststellen, zur Erklärung des Firmengrößenlohndifferentials nichts bzw. nur wenig aussagen können. Viele der bisher angesprochenen Erklärungsansätze zur höheren Entlohnung in größeren Firmen erklären lediglich die positiven Auswirkungen höherer Löhne, nicht aber, warum nicht alle Unternehmen dementsprechend bessere Zahlungen anbieten (können).

Dieses trifft auf die folgenden Ansätze, die Senioritätsentlohnung, bzw. den tenure-Ansatz nicht zu. Diesen Ansätzen zugrunde liegt die Theorie impliziter Kontrakte, bei denen der Anfangslohn eines Beschäftigten zunächst unter seiner Grenzproduktivität liegt.[66] Die nebenstehende Abbildung 16 verdeutlicht den Zusammenhang:

Aufgrund der Länge der Karriere- und Aufstiegspfade, die große Firmen - und nur diese - in Aussicht stellen können, wird die durchschnittliche Betriebszugehörigkeitsdauer verlängert. Es kommt zu einer festen Stammbelegschaft, die schließlich aufgrund eines höheren Durchschnittsalters zu einem insgesamt höheren Lohn in den großen Unternehmen führt. Finanzierbar ist die Senoritätsentlohnung wegen des Lohnverzichts der jüngeren Belegschaft, plus den Effekten, die beim Effizienzlohnansatz bereits beschrieben wurden. Kleine Unternehmen können jedoch diese Strategie nicht anwenden, weil sie einmal weniger

---

65 Übersichten über die verschiedenen Ansätze liefern beispielsweise Yellen (1984), Scheuer (1986/87) und Stiglitz (1987).

66 Einen Überblick über die Kontrakttheorien geben beispielsweise Ramser (1978), Diekmann (1982) und Rosen (1985).

stark hierarchisiert sind[67] und damit nur kürzere Karriere- und Aufstiegspfade anbieten können. Zum anderen dürfte die Bereitschaft von Belegschaften kleiner Unternehmen, implizite Verträge zu akzeptieren, aufgrund des höheren Arbeitsplatzrisikos in ihren Betrieben (siehe oben) geringer sein.

Abbildung 16: Lohnentwicklung bei impliziten Verträgen

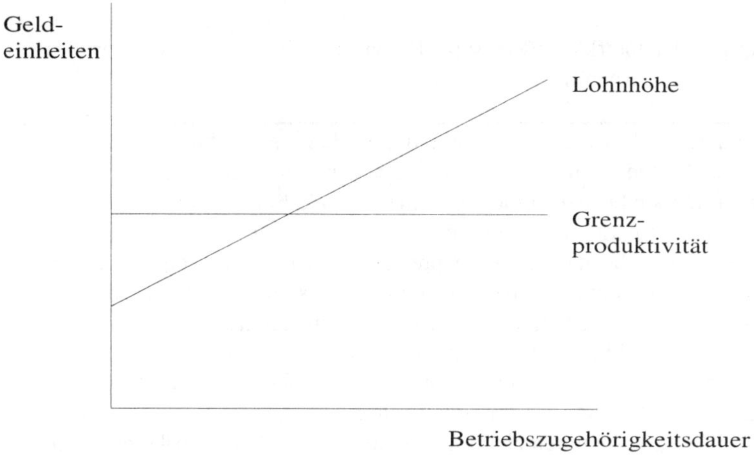

(vgl. dazu Franz, 1991, S.297ff)

Ähnlich wie bei den Senioritäts- und tenure-Ansätzen kann auch für die Segmentationstheorien argumentiert werden. Diese betriebsinterne Arbeitsmärkte behandelnden und auf Doeringer, Piore (1971) sowie Sengenberger (1978) zurückgehenden Ansätze beschreiben, daß die positiven Effekte einer zurückgehenden Fluktuationsrate für ein Unternehmen dadurch erreicht werden können, daß die Stammbelegschaft, die durch höhere Löhne im Betrieb gehalten wird, bei Beförderungen oder Versetzungen gegenüber Neueinstellungen bevorzugt wird. Dadurch entsteht eine Stamm- und eine Randbelegschaft in den größeren Unternehmen und insgesamt ein gespaltener Arbeitsmarkt von Personen mit langfristiger Beschäftigung und einem Anteil von häufig von Arbeitslosigkeit betroffenen Werktätigen. Zudem führen die höheren Löhne der großen Stammbelegschaften in den Großunternehmen zum beobachteten Firmengrößenlohn-

67 Interessant ist bei diesem Aspekt, daß der momentan propagierte und zu beobachtende Hierarchieabbau bei großen Unternehmen das Firmengrößenlohndifferential verkleinern wird. Ob das für die großen Unternehmen letztlich von Vorteil ist, bleibt abzuwarten.

differential, weil kleine Unternehmen allein schon deshalb keine Arbeitsmarktsegmentation betreiben können, weil die von ihnen benötigte Anzahl an Beschäftigten nicht zu einer Aufteilung in Stamm- und Randbelegschaft ausreicht.

Faßt man die Fülle der Erklärungen für höhere Löhne in Großunternehmen zusammen, so sind folgende entscheidende Aspekte hervorzuheben und festzuhalten:

Übersicht 8: Haupterklärungsansätze für das höhere Lohnniveau in großen Unternehmen:

- Insbesondere der besseren Ertragssituation großer Unternehmen kommt eine herausragende Bedeutung für das Firmengrößenlohndifferential zu.
- Großunternehmen besitzen eine ausreichend große Belegschaft, um die Vorteile von Segmentationsstrategien nutzen zu können.
- Großunternehmen besitzen eine entsprechende Arbeitsplatzsicherheit, damit die Belegschaft implizite Verträge akzeptiert und somit das Unternehmen betriebsspezifisches Humankapital im Unternehmen halten kann.
- Qualifikations- und Produktivitätsunterschiede erklären nicht das Firmen größenlohndifferential, weil sie oftmals nur eine Folge derselben sind.
- Ansätze asymmetrischer Informationen, etc., sind eher ein Indiz dafür, daß Löhne in Kleinunternehmen eigentlich höher sein müßten. Auf keinen Fall erklären sie das positive Verhältnis von Firmengröße und Entlohnung.

Als generelles Fazit läßt sich anführen, daß kleine Unternehmen, es sei denn sie sind in einer Marktnische zufällig Marktführer und stark expandierend (wie Unternehmen (I) in den Fallstudien dieser Arbeit, siehe Kapitel 4 bzw. Anhang), zumindest bei impliziten Verträgen generell benachteiligt sind, was die Möglichkeiten anbelangt, höhere Löhne zu zahlen, um damit vorhandene Beschäftigungsprobleme zu mindern.

Die in diesem Kapitel nicht explizit betrachteten Lohnnebenkosten unterliegen in vielerlei Hinsicht den gleichen Mechanismen wie der gerade beschriebene Lohnsatz. Allerdings existieren die Gründe für niedrigere Lohnnebenkosten in kleinen Unternehmen hauptsächlich aufgrund von Unteilbarkeitsphänomenen, wie auch in Kapitel 3.1.2 ausführlich dargestellt wurde.

Im folgenden wird neben anderen Einflüssen von Gewerkschaften auf die Unternehmenseffizienz je nach der Firmengröße auf die, an die Ausführungen dieses Kapitels anschließende, Möglichkeit eines gewerkschaftlich induzierten Lohndifferentiales eingegangen.

Der Einfluß der Gewerkschaften

Als ein immer wieder verwendetes Erklärungsargument für vorhandene (beobachtbare) Lohnunterschiede zwischen großen und kleinen Unternehmen wird die These angeführt, daß die Beschäftigten in großen Firmen überdurchschnittlich stark gewerkschaftlich organisiert sind und sie deshalb die Macht hätten, höhere Löhne duchzusetzen. Richtig ist offensichtlich, daß Arbeitnehmer großer Unternehmen häufiger Gewerkschaftsmitglieder sind als die Beschäftigten in kleineren Firmen. So ermittelte Wagner anhand von Daten des sozioökonomischen Panels (2.Welle, 1985), daß ein signifikanter Zusammenhang zwischen Betriebsgröße und Gewerkschaftsmitgliedschaft besteht (vgl. Wagner, 1991a, S.138ff).[68] Ein ähnliches Bild ergab eine Untersuchung von Brown, Hamilton und Medoff, wobei überhaupt nur 18% der amerikanischen Arbeitnehmer gewerkschaftlich organisiert sind. Jedoch ist die Wahrscheinlichkeit, daß in größeren Firmen Beschäftigte Gewerkschaftsmitglieder sind, wesentlich höher als in kleinen Unternehmen, egal ob eine Unternehmens- oder Arbeitsstättenbetrachtung durchgeführt wird. Bei Unternehmen mit weniger als fünfzig Mitarbeitern betrug die Wahrscheinlichkeit 8%, bei Firmen mit mehr als tausend Beschäftigten hingegen 66% (Brown, Hamilton, Medoff, 1991, S.59f).

Die Fakten sprechen aber gegen die zweite Behauptung, daß es ein gewerkschaftlich induziertes Lohndifferential insbesondere bei Großunternehmen gibt. Nach den Untersuchungen Wagners besteht kein evidenter Zusammenhang zwischen Gewerkschaftsmitgliedschaft und Lohnhöhe.[69] Er ermittelte lediglich zweifelsfrei, "[...] daß die Varianz der Einkommen für gewerkschaftlich organisierte Arbeitskräfte geringer ist und ihre Berufserfahrungs-Einkommensprofile flacher verlaufen als dies bei Nicht-Mitgliedern der Fall ist" (Wagner, 1991a, S.135). Ein ähnliches Bild ergibt sich in dem 1983 vom Bureau of Labor Statistics durchgeführten Current Population Survey für die USA. Nach dieser Untersuchung verdienten Beschäftigte in nicht gewerkschaftlich organisierten großen Unternehmen (Arbeitsstätten) 36% (39%) mehr als die vergleichbaren

---

[68] In allen von Wagner abgebildeten Beschäftigungsklassen war die ermittelte Betriebsgröße für Gewerkschaftsmitglieder wesentlich höher als bei nicht gewerkschaftlich organisierten Beschäftigten (vgl. Wagner, 1991a, S.138ff).

[69] Wagner ermittelte u.a., "[...] daß männliche Arbeiter, die Gewerkschaftsmitglieder sind, ceteris paribus einen rund 2,5% höheren Lohn als Nicht-Mitglieder beziehen, während bei männlichen Angestellten ein entsprechendes Gehaltsdifferential von -7% geschätzt wird" (Wagner, 1991a, S.135).

Lohngruppen in kleinen nicht gewerkschaftlich organisierten Unternehmen (Arbeitsstätten). Beschäftigte in gewerkschaftlich organisierten großen Unternehmen (Arbeitsstätten) hingegen verdienten nur 14% (9%) mehr als die vergleichbaren Lohngruppen in kleinen gewerkschaftlich organisierten Unternehmen (Arbeitsstätten) (vgl. Brown, Hamilton, Medoff, 1990, S.30ff). Zweierlei ist besonders interessant an diesen Erhebungen. Erstens nivelliert entgegen der Aussage der obigen These zu gewerkschaftlich induzierten Lohndifferentialen das Vorhandensein von Gewerkschaften die Lohnunterschiede zwischen großen und kleinen Unternehmen. Zweitens verdienen die Beschäftigten von großen Unternehmen, wenn sie in kleinen Nebenstellen, also externen Arbeitsstätten, von großen Unternehmen arbeiten, offensichtlich weniger als ihre Kollegen in den Unternehmenszentralen. So erhielten die Mitarbeiter von großen Unternehmen 37% höhere Löhne als ihre counterparts in kleinen Unternehmen. Bei einer Betrachtung von Arbeitsstätten jedoch, sinkt dieser Größenunterschied der Löhne auf 29% (vgl. Brown, Hamilton, Medoff, 1990, S.31). Noch ein Aspekt zu den Lohnunterschieden zwischen kleinen und großen Firmen. Der Effekt kommt beispielsweise nicht nur zustande bei einer vergleichenden Betrachtung von der eher großbetrieblich strukturierten Industrie mit dem eher kleinbetrieblich organisierten Handel, sondern ist auch innerhalb einer Branche mit einer Reihe von großen und kleinen Unternehmen zu beobachten.

Wie ist nun zu erklären, daß die Lohnunterschiede bei gewerkschaftlich organisierten Firmen unterschiedlicher Größe geringer ausfallen? Die Antwort ist relativ einfach. Nicht gewerkschaftlich organisierte Unternehmen versuchen zumindest die gleiche Lohnhöhe wie die gewerkschaftlich organisierten Firmen zu zahlen, weil sie von den Gewerkschaften als potentielle cash-cows angesehen werden. Würden die Unternehmen mit wenig (in Deutschland) oder mit gar nicht organisierten Beschäftigten zu geringe Löhne bezahlen, würde das den non-union-Status der Unternehmen gefährden, weil sich die Arbeitnehmer aufgrund ihrer dann geringeren Arbeitszufriedenheit den Gewerkschaften zuwenden würden. Diese union-free-Strategien insbesondere der großen Firmen erklären das stärkere Ausmaß des Lohndifferentials zwischen großen und kleinen Firmen gegenüber dem durch gewerkschaftliche Aktivitäten resultierenden Lohndifferential. Aber entgegen den Wünschen der Gewerkschaften nach keiner Lohnkonkurrenz für gleiche Arbeit, zahlen große, gewerkschaftlich organisierte Unternehmen sowohl in den USA als auch in Deutschland mehr als ihre kleinen, gewerkschaftlich organisierten Konkurrenten (siehe oben).

Zu klären ist letztlich noch die Frage, warum Gewerkschaften besonders in großen Unternehmen präsent sind und sich dort engagieren. Aufgrund der bis jetzt aufgezeigten Nachteile für Arbeitnehmer in kleinen Unternehmen, insbesondere was Sozialleistungen, Löhne und Arbeitsbedingungen anbelangt (siehe Kapitel

3.1.2.4) sollten die Gewerkschaften doch eher in den kleinen Firmen für ihre Interessen werben (vgl. Freemann, Medoff, 1984). Obwohl Gewerkschaften in den USA in den dortigen kleineren Unternehmen erheblich bessere Wahlchancen (vgl. Brown, Hamilton, Medoff, 1990, S.62ff) haben als in großen Firmen, richten sich ihre Anstrengungen aber darauf, sich in den Großunternehmen zu etablieren. Mehrere Gründe sprechen für dieses Verhalten von Gewerkschaften. Erstens erhalten die Gewerkschaften bei einer erfolgreichen Unionisierung eines Großunternehmens monatlich ein Prozent der Löhne, was absolut gesehen natürlich erheblich mehr ist, als wenn erfolgreich um ein Unternehmen mit einhundert Beschäftigten geworben wurde. Zum anderen sind die Löhne in den großen Unternehmen wesentlich höher, was die Beiträge von bei großen Firmen beschäftigten Arbeitnehmer logischerweise für die Gewerkschaften interessanter macht. Weiterhin sind auch gewerkschaftliche Aktivitäten mit economies of scale verbunden, da die für die gewerkschaftliche Organisation aufgewandten Durchschnittskosten pro Arbeitnehmer umso geringer sind, je größer das Unternehmen ist. Siehe dazu die folgende Abbildung 17:

Abbildung 17: Unternehmensgröße und Durchschnittskosten gewerkschaftlicher Tätigkeit pro Arbeitnehmer

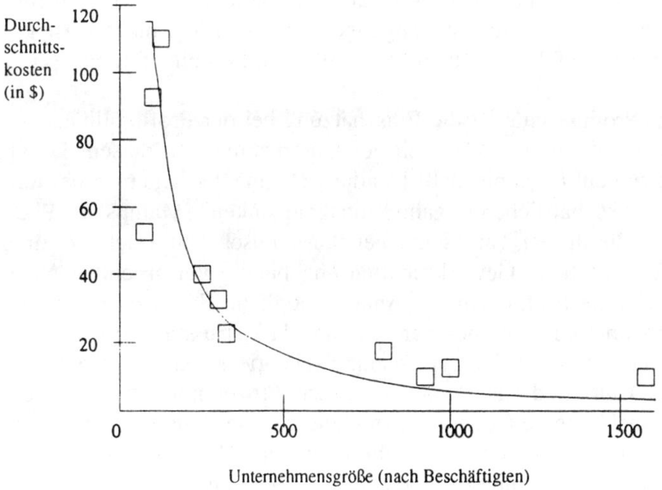

(Quelle: Brown, Hamilton, Medoff, 1990, S.63)

Ein letzter Grund für die höhere Repräsentanz der Gewerkschaften in Großunternehmen ist dadurch gegeben, daß in den größeren Firmen die Belegschaften ein wesentlich höheres Durchschnittsalter aufweisen (vgl. Brown, Medoff, Hamilton, 1990, S.62ff), was vor allem durch die hohe Abwanderungsrate junger Arbeitnehmer aus kleinen Unternehmungen hervorgerufen werden dürfte.

Gewerkschaften werden aber nicht nur Auswirkungen auf die Lohnhöhe zugeschrieben, sondern auch als Urheber von höheren Personalnebenkosten, längeren Vertragsdauern und inflexibleren Betriebsnutzungszeiten angesehen (vgl. Addison, Genesko, Schnabel, 1989). Mit anderen Worten, Gewerkschaften belasteten die Produktivitäts- und Profitabilitätssituation von Unternehmen. Stimmt diese Aussage, dann würden sich größere Firmen aufgrund des stärkeren Einflusses der Gewerkschaften in ihren Betrieben gegenüber ihren kleinen Konkurrenten hinsichtlich Produktivität und Gewinnaussichten schlechter stellen. Diese Ausgangsfrage ist Hauptbestandteil einer aktuellen Untersuchung von Mainusch mit Hilfe des Sozio-ökonomischen Panels (vgl. Mainusch, 1992). Er kommt zu dem Ergebnis, "daß anhand der Daten des Sozio-ökonomischen Panels keine Quelle für einen potentiellen gewerkschaftlichen Produktivitätseffekt [...] auszumachen ist" (Mainusch, 1992, S.226). Daraus folgt, daß ein Einfluß der Gewerkschaften auf die Produktivität von Unternehmen, gemessen an der Betriebszugehörigkeitsdauer, dem Fluktuationsverhalten, der Arbeitszufriedenheit und der Qualität der Arbeitsbedingungen offensichtlich nicht vorliegt, bzw. verschiedene Einflußfaktoren zu einem nivellierten Ergebnis führen.[70]

Anders als bei der Produktivität ist die Einschätzung bei der Profitabilitätsauswirkung von gewerkschaftlicher Tätigkeit auf Unternehmen. In diesem Punkt kommt Mainusch zu dem Ergebnis, daß "[...] die Gewinne der Unternehmer mit zunehmendem gewerkschaftlichen Organisationsgrad sinken" (Mainusch, 1992, S.227). Als Grund für diesen Tatbestand nennt Mainusch hauptsächlich eine 'lump-sum'-Steuer, derzufolge Gewerkschaften unabhängig von irgendwelchen Rahmenbedingungen die Profite senken. Andere mögliche Erklärungsversuche für die Gewinnabnahme bei Unternehmen wie die Marktstruktur, die Höhe der Kapitalintensität oder Ansätze der 'rent-seeking'-Theorie seien in diesem Zusammenhang irrelevant. Lediglich von realisierten Prozeßinnovationen seien gewerkschaftlich unabhängige Gewinnentwicklungen ausgegangen. Auf diesen Aspekt wird im Kapitel 3.1.3.5 über Inflexibilitäten bei technischem Wandel in Abhängigkeit von der Unternehmensgröße zurückzukommen sein.

---

70 Mainusch ermittelte beispielsweise einen positiven, wenn auch schwachen, Zusammenhang von Gewerkschaftsmitgliedschaft und Betriebszugehörigkeitsdauer, wohingegen er in bezug auf die Qualität der Arbeitsbedingungen einen negativen Zusammenhang zur Gewerkschaftsmitgliedschaft feststellte (vgl. Mainusch, 1992, S.107ff).

Als Fazit läßt sich feststellen, daß die Mutmaßungen über den erheblichen Einfluß von Gewerkschaften auf die Unternehmen einer grundlegenden Abschwächung bedürfen. Damit gehen von den Gewerkschaften auch keine nivellierenden Einflüsse dahingehend aus, die hinsichtlich Beschäftigungsproblemen ansonsten eher besser darstehenden Großunternehmen gegenüber ihren kleinen Konkurrenten schlechter zu stellen.

Im Gegenteil, ein Aspekt spricht auch in diesem Zusammenhang klar für eine Bevorzugung von großen Firmen. Im allgemeinen werden neue Tarifverträge von den jeweiligen Spitzenverbänden von Arbeitgebern und Arbeitnehmern abgeschlossen. Die Verhandlungen führenden Gremien sind aber in der Regel mehrheitlich von Angehörigen der großen Unternehmen eines Tarifgebietes dominiert. Dementsprechend geht die Leistungsfähigkeit dieser großen Unternehmen maßgeblich in den zu findenden Kompromiß ein. Durch die Allgemeinverbindlichkeit von Tarifverträgen (§5, Tarifvertragsgesetz) kann sich diesem Verhandlungsergebnis kaum ein Unternehmen entziehen. Daß dadurch häufig kleinere, weniger leistungsfähige Firmen vor große Probleme gestellt werden, liegt auf der Hand.

Eine Betrachtung des Einflusses der Gewerkschaften ist letztlich aber nur dann vollständig, wenn man auch die Auswirkungen des Betriebsverfassungsgesetzes, insbesondere die sich daraus ergebenden Einflußmöglichkeiten von Betriebsräten in die Analyse mit einbezieht. Eine Gleichschaltung von Gewerkschaften und Betriebsräten ist heutzutage zunehmend unzulässig, weil letztere verstärkt autonome Entscheidungsmöglichkeiten frei von gewerksschaftspolitischen Einflußnahmen fordern und auch umsetzen, wie es beispielsweise in der letzten Zeit bereits häufiger in einigen Großunternehmen vorgekommen ist.

Der Einfluß der Betriebsräte bzw. des Betriebsverfassungsgesetzes

Die in dieser Arbeit hauptsächlich im Vordergrund stehende Unternehmensgröße besitzt nur selten einen Betriebsrat.[71] Von den in den Fallstudien untersuchten Firmen besaß keine einen Betriebsrat. Daher geht es in diesem Punkt hauptsächlich darum, wie stark Großunternehmen durch die Existenz arbeitnehmervertretender Personen in ihrem Entscheidungsprozeß beeinflußt bzw. gegebenenfalls eingeschränkt werden.

---

[71] Unternehmen mit weniger als fünf ständigen, wahlberechtigten (notwendig dafür ist nach §7 BetrVG älter als 18 Jahre zu sein) Mitarbeitern sind nach §1 BetrVG gänzlich von einer Betriebsratsbildung befreit.

Giebel zeigt, daß es theoretisch zu einer Mehrbelastung von kleinen Unternehmen gegenüber großen Konkurrenten auch hinsichtlich der vom §9 BetrVg geforderten Zahl der Betriebsratsmitglieder kommt. Die folgende Tabelle 12 weist die prozentuale Mehrbelastung der kleinen Unternehmen nach:

Tabelle 12: Anteil der Betriebsratsmitglieder an der Belegschaft

Zahl der wahlberechtigten Arbeitnehmer	Betriebsratsmitglieder nach §9 BetrVG		Freigestellte Betriebsratsmitglieder, §38 BetrVG	nicht freigestellte Betriebsratsmitglieder		Zahl der beschäftigten Arbeitnehmer
	absolut	in % der wahlberech. Arbeitn.		absolut	in % der beschäftigt. Arbeitn.	
5-20	1	20,00-5,00	-	1	-	-
21-50	3	14,29-6,00	-	3	-	-
51-150	5	9,80-3,33	-	5	-	-
151-300	7	4,64-2,33	-	7	-	-
301-600	9	2,99-1,50	1	8	2,67-1,33	300-600
601-1000	11	1,83-1,10	2	9	1,50-0,90	601-1000
1001-2000	15	1,50-0,75	3	12	1,20-0,60	1001-2000
2001-3000	19	0,95-0,63	4	15	0,75-0,50	2001-3000
3001-4000	23	0,77-0,58	5	18	0,60-0,45	3001-4000
4001-5000	27	0,67-0,54	6	21	0,52-0,42	4001-5000
5001-7000	29	0,58-0,41	7	22	0,44-0,37	5001-6000
			8	21	0,35-0,30	6001-7000
7001-9000	31	0,44-0,34	9	22	0,31-0,26	7001-8000
			10	21	0,26-0,23	8001-9000
je angefangene weitere 3000	+2	+0,06666	11	22	0,24-0,22	9001-10000
			+1		0,005	je angefangene weitere 2000

(Quelle: Giebel, 1985, S.137)

Aus Tabelle 12 ist ersichtlich, daß die Zahl der Betriebsratsmitglieder in Unternehmen mit fünf Mitarbeitern mehr als fünfzig mal so hoch ist wie bei einem Unternehmen mit 5000 Mitarbeitern.[72]

---

[72] Ein ähnliches Bild ergibt sich bei den Jugendvertretungen. Unternehmen mit fünf wahlberechtigten jugendlichern Mitarbeitern haben eine um mehr als sechsmal höhere Anzahl an im Bedarfsfall freizustellenden Jugendvertretern als Firmen mit 250 wahlberechtigten jugendlichen Beschäftigten (vgl. Giebel, 1985, S.138).

Auch bei der Zahl der von der 'regulären' Arbeitstätigkeit freizustellenden Betriebsratsmitglieder stellt sich eine ähnliche Situation ein. Allerdings beginnt die Belastung hier erst für Unternehmen mit mehr als 300 Mitarbeitern. Damit ist die in dieser Arbeit betrachtete Unternehmensgrößenklasse von dieser Personalproblematik nicht betroffen.

Die entscheidende Frage ist nun, inwieweit Firmen unterschiedlicher Belegschaftsgröße tatsächlich einen Betriebsrat installiert haben. Eine Untersuchung von 1983 im Raum Trier kam zu dem Ergebnis, daß Unternehmen mit fünf bis zwanzig Beschäftigten 14 %, Unternehmen mit bis zu 50 Arbeitnehmern 39 %, Firmen mit bis zu 150 Mitarbeitern 72 % und in den zwölf größten befragten Unternehmen zu 100 % ein Betriebsrat installiert worden war (vgl. Projektgruppe 'Personalstruktur', 1983, S.325).

Zu einem ähnlichen Ergebnis kommen Falke, u.a. (1981, S.47), die in ihrer Untersuchung bei Firmen mit bis zu zwanzig Beschäftigten nur in 6,4 % der Fälle einen Betriebsrat ausmachten, hingegen bei Unternehmen mit mehr als 600 Beschäftigten grundsätzlich die Existenz eines Betriebsrates feststellen konnten.

Gewerkschaftliche Schätzungen gehen davon aus, daß im Bereich der Industrie 30 % der Betriebe, im Handwerkssektor sogar bis zu 80 % der Firmen keinen Betriebsrat installiert haben. Insgesamt sprechen die Gewerkschaften davon, daß nur jeder zweite Betrieb in Deutschland Betriebsräte besitzt (vgl. Kohl, 1983, S.234).

Faßt man die Belastungswirkungen betriebsverfassungsrechtlicher Organe der unternehmerischen Praxis zusammen, so wird die aus dem Betriebsverfassungsgesetz abgeleitete deutliche Mehrbelastung von kleineren Unternehmen aufgrund der angesprochenen geringeren tatsächlichen Betriebsratshäufigkeit in kleinen Firmen zumindest teilweise kompensiert. Allerdings muß in diesem Zusammenhang auch darauf hingewiesen werden, daß durch die bekanntermaßen geringere Betriebsratstätigkeit in kleinen Unternehmen potentielle Arbeitnehmer lieber bei größeren Firmen eine Anstellung wahrnehmen, weil sie dort eine bessere Durchsetzbarkeit ihrer Interessen und Mitbestimmungsrechte vermuten.

Auf die Problematik von Gesamtbetriebsräten (§ 47 BetrVG) sowie von Konzernbetriebsräten (§ 54 BetrVG soll nicht näher eingegangen werden, da sich in diesem Punkt unternehmensgrößenspezifische Unterschiede nicht herleiten lassen. Zum einen, weil die Wahlverfahren zur Ermittlung der unternehmensübergreifenden Betriebs- und Konzernbetriebsräte relativ unaufwendig sind und zum anderen entsprechende Reisekosten und Freistellungen in der Regel nur bei sehr großen Unternehmen anfallen.

Was die aus dem Betriebsverfassungsgesetz abgeleitete Belastung durch die Wirtschaftsausschußtätigkeit (§ 106 BetrVG) mit einhergehender Unterrichtung der Arbeitnehmer anbelangt, so ist festzustellen, daß Unternehmen mit weniger als zwanzig Beschäftigten keinerlei Belastungen unterliegen. Firmen von zwanzig bis zu 100 Mitarbeitern entstehen Kosten nur durch die Unterrichtung der Arbeitnehmer. Ab 100 Beschäftigten setzt ein Belastungssprung ein, weil Wirtschaftsausschüsse installiert werden können. Bis zu einer Unternehmensgröße von bis zu 1000 Mitarbeitern sinkt diese Kostenbelastung relativ betrachtet wieder ab. Bei mehr als 1000 Beschäftigten besteht die Pflicht zur schriftlichen Unterrichtung der Arbeitnehmer, was wiederum zu einem Anschwellen der Kostenbelastung führt. Die folgende Abbildung 18 stellt die Zusammenhänge graphisch dar:

Abbildung 18: Kostenbelastung verschiedener Unternehmensgrößen durch die Einrichtung von Wirtschaftsausschüssen

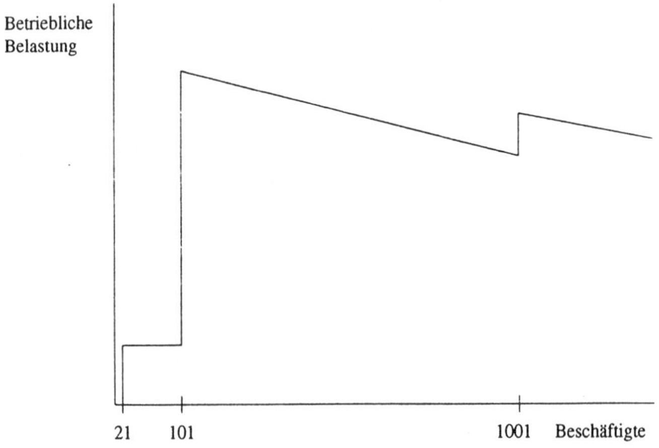

(Quelle: Giebel, 1985, S.279, leicht modifizierte Darstellung)

Zu den Einigungsstellen nach § 76 und § 76a BetrVG ist zu sagen, daß die empirisch nachweisbaren Kosten dieser Gremien Unternehmensgrößen ab 50 bis zu 150 Mitarbeitern sowie Firmen mit 1000 bis 2000 Beschäftigten überproportional hoch belasten. Lediglich sehr kleine und sehr große Unternehmen haben deutlich niedrigere Kosten (vgl. Giebel, 1985, S.280ff sowie Glaubitz, 1983, S.555ff).

Insgesamt betrachtet entsteht kleinen Unternehmen mit bis zu 50 Beschäftigten aufgrund der Ausgestaltung des Betriebsverfassungsgesetzes sicherlich ein Kostenvorteil gegenüber ihren größeren Konkurrenten. Allerdings dürften die Kosteneinsparungen nicht gravierend sein und werden zudem noch durch den bereits oben angesprochenen negativen Arbeitsangebotseffekt, der verursacht wird durch die nicht existierenden Betriebsräte in den Unternehmen, gemindert.

Kostenbelastungen durch Fehlzeiten

Ein weiterer, letzter Aspekt der kontraktbedingten Inflexibilitäten betrifft Fehlzeiten von Arbeitnehmern. Diese sind in der Systematik dieser Arbeit an dieser Stelle plaziert, weil sich erst aufgrund bestehender Arbeitsverträge zwischen Unternehmen und Arbeitskräften Probleme aus längeren Fehlzeiten von Mitarbeitern für Firmen ergeben (können).

Zu den Fehlzeiten im engeren Sinn[73] zählen insbesondere Ausfallzeiten wegen Krankheit, Kur, Unfall, Mutterschaft oder Sonderurlaub. In Deutschland betrugen die Fehlzeiten 1990 145 Stunden bei einer Jahressoll-Arbeitszeit von 1651, was einer Fehlzeitquote von 8,78 % entspricht (vgl. iwd, 1991/17, S.4f).[74] 1989 betrug die durchschnittliche Fehlzeitquote noch 7,9 % (vgl. Stephan, 1991, S.583).

Die aus den Fehlzeiten resultierenden Lohnfortzahlungen im Krankheitsfall oder Kosten des Mutterschaftsurlaubs sind als Lohnnebenkosten zu interpretieren, aus denen je nach der Unternehmensgröße unterschiedliche Kostenrisiken für die Unternehmen entstehen können (vgl. Lipp, 1989, S.371f).[75] In großen Unternehmen treten aufgrund der großen Stammbelegschaft Krankheiten bzw. die Fehlzeiten wie im Durchschnitt der Gesellschaft auf. Das hat zur Folge, daß sich große Firmen im Prinzip gegen eine zu hohe Belastung durch Lohnfortzah-

---

73 Aus Fehlzeiten im engeren Sinn sind die gesetzlich legitimierten Ausfallzeiten ausgegrenzt. Fehlzeiten im weiteren Sinn enthalten also auch Fehltage aufgrund von tariflich vereinbarten Urlaubszeiten oder Feiertagsregelungen (vgl. Stephan, 1991, S.583), die hier an anderer Stelle behandelt werden (siehe Kapitel 3.1.2 sowie Kapitel 3.2). Eine Definition und ausführliche Darstellung der Einflußgrößen von Fehlzeiten befindet sich in Kowling (1993, S.88ff).

74 Zum Vergleich: Die niedrigsten Fehlzeitenquoten besaßen 1990 Japan (1,64%) und die USA mit (2,99%). Die geringste Abwesenheitsquote in Europa wies 1990 die Schweiz mit 5,54 % auf. Negative Spitzenreiter waren Schweden (13,33%), Norwegen (10,32%) und die Niederlande (9,12%) (vgl. iwd, 1991/17, S.5/eigene Berechnungen).

75 Um die Dimension der Lohnfortzahlungen deutlich zu machen: Von 1980 betrugen die Kosten der Entgeltfortzahlung 36,8 Mrd. DM, 1985 39,0 Mrd. DM und 1989 45,5 Mrd. DM für die Arbeitgeber Westdeutschlands (vgl. iwd, 1991/8, S.4f).

lungen versichert haben und ein großes Unternehmen insofern "[...] eine Prämie zahlt, wie sie zur Abdeckung des Lohnfortzahlungsrisikos in der Gesamtwirtschaft zu entrichten wäre" (Lipp, 1989, S.371). Bei mittleren und insbesondere kleinen Unternehmen ist jedoch aufgrund der kleinen Stammbelegschaft das Risiko eines Beschäftigten krank zu werden, nicht breit gestreut.[76] "[...] Kommt es in einer Region zu einer Grippewelle, sind die Lohnnebenkosten überdurchschnittlich hoch oder schwanken im Zeitablauf stark" (Lipp, 1989, S.371). Eine nicht zu unterschätzende Rolle spielen auch die sogenannten 'Leerkosten', wobei die Kapitalintensität der Arbeitsplätze ein wichtiger Bestimmungsgrund dieser Leerkosten sind. Desweiteren üben die Höhe des Arbeitsentgelts, der Produktionsablauf, die Tätigkeitsstruktur, die konjunkturelle Lage sowie das Zinsniveau einen Einfluß auf die Höhe der Leerkosten aus (vgl. Giebel, 1985, S.593ff). Wenn durch den Ausfall eines Mitarbeiters ein hochkapitalisierter Arbeitsplatz unbesetzt bleibt, entstehen (Leer-)Kosten aus mehreren Gründen. Zum einen entstehen kalkulatorische Zinskosten für den nicht besetzten Arbeitsplatz. Ist der nicht besetzte Arbeitsplatz sequentiell im Produktionsablauf eingebettet oder diesem vorangestellt, entstehen zusätzliche krankheitsbedingte Ausfallzeiten durch Produktionsengpässe. Diese sind je nach konjunktureller Lage eventuell mit weiteren Kosten aufgrund von anfallenden Vertragsstrafen oder ähnlichem verbunden. Die Höhe des Arbeitsentgelts schließlich determiniert das Ausmaß von Überstundenzuschlägen, beispielsweise bei möglicher späterer Nacharbeit des Fehlenden, oder den Zeitarbeitslohn für extern eingesetzte Springer. Alle diese Aspekte von Leerkosten sieht Giebel (1985, S.593ff) als relativ betriebsgrößenunabhängig an. Dem ist aber entgegenzuhalten, daß kleine Unternehmen häufiger als große wegen fehlender Marktmacht bei Nichtlieferung Vertrags- bzw. Konventionalstrafen zu erwarten haben. Auch dürften Zinskosten das geringere Finanzpolster der kleinen Firmen eher belasten. Zudem ist es aus den in Kapitel 3.1.2 ausführlich beschriebenen Unteilbarkeitsgründen heraus in kleinen Unternehmen in der Regel mit vielmehr Problemen behaftet, personelle Umsetzungen oder eine andere Strukturierung der Arbeit vorzunehmen. Wer ersetzt beispielsweise die einzige Bürokraft in einem Kleinstbetrieb? Hier muß entweder der Firmeninhaber einspringen - wenn er kann - oder es muß auf teuerere Zeitarbeit zurückgegriffen werden.

In der Möglichkeit für Unternehmen, eine Arbeitskräftereserve vorzuhalten, sieht Giebel deshalb auch die einzige Chance, Leerkosten zu begrenzen. Beim

---

[76] Hier kommt das Gesetz der großen Zahl zum Tragen. "Nach dem Gesetz der großen Zahl nimmt mit steigender Arbeitnehmerzahl das Risiko einer Abweichung vom Erwartungswert ab; entsprechend besteht in kleinen Unternehmen ein größeres Risiko, daß die Zahl der erkrankten Arbeitnehmer diesen Wert und damit gegebenenfalls auch die Kapazität der Arbeitskräftereserve übersteigt" (Giebel, 1985, S.592).

Horten von Arbeitnehmern treten aber extreme Unternehmensgrößenunterschiede auf (vgl. Giebel, 1985, S.595). Bei einer durchschnittlichen Fehlzeitenquote von 9% ist erst bei einer Stammbelegschaftsgröße von elf Mitarbeitern statistisch gesehen ein Springer ausgelastet. Da aber das Tätigkeitsspektrum in kleinen Unternehmen aufgrund der geringen Teilbarkeit eher umfassend ist, muß der benötigte Springer schon ein 'Allround-Talent' - mit entsprechenden Lohnkosten - sein. In Großunternehmen hingegen kann die Arbeitskräftereserve in Regel spezialisierter sein, beispielsweise für zehn beschäftigte CNC-Dreher wird ein zusätzlicher benötigt oder für die gesamte Lohnbuchhaltung fungiert eine weitere Bürokraft als ständig verfügbares Aushilfspotential. Zudem bietet sich in großen Firmen eher die Möglichkeit, bei längeren Ausfallzeiten, beispielsweise aufgrund von Mutterschutzregelungen, aus dem eigenen Beschäftigungspool kurzfristige Umsetzungen vornehmen zu können. Die Kostenvorteile großer Unternehmen, wo Umbesetzungen relativ problemlos erscheinen, dürften evident sein.

Die kostengünstigste Alternative könnte für Unternehmen jeder Größe jedoch darin bestehen, Anreize zu setzen, um Fehlzeiten von vornherein zu minimieren. Insbesondere die Determinanten Arbeitszufriedenheit, Entlohnung und die Qualität der Arbeitsplätze spielen hierbei eine wichtige Rolle. Die Möglichkeiten, je nach der Unternehmensgröße Fehlzeiten entgegenzuwirken, finden sich in den entsprechenden Kapiteln zur Lohnhöhe, Arbeitsbedingungen und zum Arbeitsangebot.[77]

Damit ist die Betrachtung der kontraktbedingten Inflexibilitäten abgeschlossen. Die folgenden drei zu behandelnden Aspekte sind aufgrund ihrer Wichtigkeit zwar als eigenständige Unterkapitel aufgeführt, werden aber, was die sektoralen Inflexibilitäten und die räumlichen Immobilitäten betrifft, nur kurz angesprochen, weil sie sehr stark mit bereits abgehandelten Aspekten von Beschäftigungsproblemen der Unternehmen korrespondieren.

Der dritte folgende Aspekt, Inflexibilitäten bei technischem Wandel, wird ebenfalls nur in Grundzügen dargestellt, was in diesem Fall aber mit der bereits angedeuteten Komplexität dieses speziellen Problemfeldes begründet werden kann. Technischer Fortschritt und die damit einhergehenden möglichen Be-

---

[77] In den letzten Jahren ist der Versuch konkretisiert worden, eine Theorie betrieblicher Fehlzeiten, basierend auf dem neoklassischen Arbeitsangebotsmodell, zu konstruieren. Vergleiche hierzu beispielsweise Barmby, Treble (1991); Barmby, Sessions, Treble (1992) oder Stephan (1991). Diese Theorieansätze für diesen Abschnitt heranzuziehen ist aber deshalb wenig erfolgversprechend, weil der in den Ansätzen verwandte Fehlzeitenbegriff sowohl shirking als auch das generelle Nichtangebot von Arbeit umfaßt und somit wesentlich umfangreicher ist als der hier ausschließlich benutzte Krankheitsaspekt von Fehlzeiten.

schäftigungswirkungen sind nicht umfassend als Teilaspekt einer Analyse darstellbar. Um aber nicht vollständig darauf verzichten zu müssen und um den ansonsten in dieser Arbeit gewährleisteten Anspruch auf Vollständigkeit der Beschäftigungsprobleme kleiner Unternehmen aufrecht erhalten zu können, wird der Versuch unternommen, die wichtigsten Aspekte des technischen Wandels hinsichtlich ihrer Auswirkungen auf die Personalentscheidungen von Unternehmen kurz darzustellen (siehe Kapitel 3.1.3.5).

Zunächst wird jedoch als Einführung zu diesem Themenkomplex ein kurzer Überblick über die generelle Problematik von Mobilitäts- und Koordinationskosten gegeben, wobei es hauptsächlich um den Umfang geht, in dem Unternehmen verschiedener Größen von Fluktuationen bzw. von Mobilität betroffen sind.

3.1.3.2 Allgemeine Betrachtung der Mobilitäts- und Koordinationskosten

Im folgenden wird die Faktorimmobilität als Beispiel von Inflexibilität betrachtet und zwar insbesondere die Arbeitsmobilität und die Arbeitskräftefluktuation. Die Arbeitsmobilität umfaßt " [...] alle von Arbeitskräften ausgeführten Bewegungsvorgänge [...], die zu einer Veränderung der Arbeitskräftestruktur einer Volkswirtschaft führen" (Adebahr, 1975, S.242). Unter dem Begriff Arbeitskräftefluktuation hingegen wird der Wechsel eines Arbeitnehmers von einem Unternehmen zum anderen unter Beibehaltung des Arbeitsortes, Wirtschaftszweiges und der ausgeübten Tätigkeit verstanden (vgl. Schmidt, 1984, S.2). Mit anderen Worten umfaßt die Arbeitsmobilität sämtliche Berufswechsel, wohingegen die Arbeitskräftefluktuation sämtliche Betriebswechsel bei Beibehaltung der vorher ausgeübten Tätigkeit beinhaltet. Zum Zusammenhang von Mobilität und Fluktuation stellt Schmidt fest, daß " [...] die intersektorale [Arbeits-] Mobilität häufig mit intrasektoraler Arbeitskräftefluktuation und mit zunehmender Konzentration der Arbeitskräfte in großen Unternehmungen verbunden [ist] " (Schmidt, 1984, S.2).

Diese Aussagen stimmen mit den Annahmen der Segmentationstheorie überein (vgl. Alewell, 1993). Aus den verschiedenen Ansätzen der Segmentationstheorie lassen sich drei Arbeitsmarktsegmente ableiten, die jeweils unterschiedliche Intensitäten von Arbeitsmobilität und Arbeitskräftefluktuation aufweisen. Als erstes ist der betriebliche Teilarbeitsmarkt zu nennen, welcher gekennzeichnet wird durch ausgeprägte Hierarchiestrukturen[78] und in der Regel nur qualifizierten Arbeitskräften zugänglich ist. Er umfaßt deshalb die Stammbelegschaften von Unternehmen mit der damit logischerweise einhergehenden geringeren Arbeitsmobilität bzw. Arbeitskräftefluktuation. Tendenziell große Unternehmen besitzen ausgeprägte Stammbelegschaften und haben somit geringere Mobilitäts- und Fluktuationsprobleme.

Die berufsfachlichen Teilarbeitsmärkte dagegen betreffen hauptsächlich handwerkliche und somit weitestgehend kleine Unternehmen, da sich diese beruflichen Teilarbeitsmärkte auf vorwiegend von kleineren Unternehmen ausgebildete Facharbeitskräfte beziehen. Da die Beschäftigungsverhältnisse aber bei kleinen und mittleren Unternehmensgrößen eher instabil sind, trotz in der Regel sicherer Arbeitsplätze, liegt für den Bereich der berufsfachlichen Teilarbeitsmärkte eine mäßige Mobilität, aber eine hohe Fluktuation vor.

Das dritte und letzte Arbeitsmarktsegment stellt der sogenannte externe Arbeitsmarkt dar, welcher vor allem durch angelernte oder ungelernte Arbeitskräfte gekennzeichnet ist. Da die weniger qualifizierten Arbeitnehmer bei Nachfrageflauten die ersten sind, die von den Unternehmen entbehrt werden können (Randbelegschaften), liegt auf den externen Teilarbeitsmärkten sowohl eine hohe Mobilität als auch eine starke Fluktuation vor. Insbesondere mittlere und große Unternehmen rekrutieren Arbeitspersonal von den externen Teilarbeitsmärkten. Das spricht für die These, daß die bei großen Firmen eher mögliche Standardisierung der Produktion zu einer im Durchschnitt geringeren Qualifikation der manuell tätigen Arbeitskräfte bei gleichzeitiger Höherqualifizierung der 'white-collar' Arbeitnehmer führt.[79] Faßt man die Aussagen der Segmentationstheorie zu unternehmensgrößenspezifischen Unterschieden der Beschäftigungsverhältnisse zusammen, läßt sich folgendes konstatieren: "Je größer die Unternehmungen sind und je geringer die Qualifikation der Arbeitskräfte ist, desto stärker schwankt die Beschäftigtenzahl" (Schmidt, 1984, S.12) und um so höher ist demnach die Instabilität der Beschäftigungsverhältnisse. Daraus kann man aber nicht schließen, daß die Fluktuationsraten in kleinen Unternehmen insgesamt tatsächlich niedriger sind. Das Gegenteil ist der Fall. Die Quintessenz daraus ist lediglich folgendes.

Je größer die Unternehmung ist, um so eher ist die Dauer der Beschäftigungsverhältnisse eine unternehmenspolitische Instrumentvariable. Es ergeben sich

---

[78] Wenn es auch neuerdings in vielen Unternehmungen Bestrebungen gibt, diese Hierarchien aufgrund von Entscheidungsineffizienzen abzubauen.

[79] Besonders in Großunternehmungen sind die Beschäftigtenverhältnisse dem Druck technologischer Veränderungen und den Schwankungen der Nachfrage auf den Güter- und Dienstleistungsmärkten ausgesetzt (siehe hierzu auch Kapitel 3.1.3.5).

zwar je nach Konzentrationsgrad der Industriezweige Unterschiede der Beschäftigungsschwankungen in den Branchen bzw. Betriebsgrößengruppen. Die allgemeinen Voraussetzungen jedoch, Anpassungen an die Umgebungsvariablen der Unternehmen vorzunehmen, sind für große Firmen branchenübergreifend besser als für kleine oder mittlere Unternehmensgrößen (vgl. Schmidt, 1984, S.10). Daher treiben vor allem Großunternehmen die Segmentation der Arbeitsmärkte voran, weil auch die Bildung von Stamm- und Randbelegschaften eine für die Unternehmen durchaus ansprechende Anpassungsmethode darstellt. Zu dieser Art von Anpassungsmöglichkeiten gehören auch die von großen Firmen zunehmend gewünschte und praktizierte wirtschaftliche Verflechtung mit kleinen Zulieferunternehmen. Die Mitarbeiter dieser Zuliefererfirmen stellen im Prinzip die Randbelegschaften der großen Unternehmen dar, die dadurch in die Lage versetzt werden, bei Umsatzeinbußen ohne große Schwierigkeiten, die ansonsten beispielsweise durch die Sozialplangesetzgebung entstanden wären, Produktionskapazitäten abzubauen.

Kleine Unternehmen hingegen versuchen auch in rezessiven Marktphasen ihre Beschäftigten zu halten, um damit den für sie kaum tragbaren, erhöhten Wiederbeschaffungskosten der qualifizierten Arbeitskräfte zu entgehen. Letztlich ist der Versuch der kleinen Unternehmen, ihre Beschäftigten zu halten, jedoch wenig von Erfolg gekrönt. Ein Indiz für diese Behauptung ist das Ergebnis einer Untersuchung von Friedrich und Henniges, nach der Unternehmen des verarbeitenden Gewerbes mit mehr als 1000 Arbeitnehmern 46% ihrer Facharbeiterstellen mit eigenen Nachwuchskräften besetzen können, während die entsprechende Besetzungsquote bei Unternehmen mit 20-49 Beschäftigten nur bei 17% liegt (vgl. Friedrich, Henniges, 1982, S.9ff). Die durchschnittliche Besetzung mit eigenen Nachwuchskräften aller befragten Unternehmen betrug hingegen 38%.[80] Zu konstatieren ist jedoch auch, daß je größer eine Unternehmung ist, die Dequalifizierung der übernommenen Facharbeitskräfte durch Anstellung als angelernte bzw. ungelernte Arbeitskräfte (überproportional) zunimmt, was aber wie gezeigt wurde, keine negative Auswirkung auf das Lohnniveau im Vergleich zu kleinen Unternehmen haben muß.

Es bestehen nun insbesondere beim Produktionsfaktor Arbeit Mobilitäts- bzw. Fluktuationsprobleme, die sich nach regionalen bzw. sektoralen Gesichtspunkten klassifizieren lassen, je nachdem ob es sich um interbetriebliche oder inter-

---

80 Durch die geringeren Selbstrekrutierungsmöglichkeiten tragen die kleinen Unternehmen also zu einer höheren Arbeitskräftefluktuation bei (vgl. Schmidt, 1984, S.23). Allerdings werben die großen Unternehmen auch sehr viele von den kleinen Firmen ausgebildeten Fachkräfte ab. Das Handwerk beispielsweise bildet nahezu zwei Drittel aller Auszubildenden des Verarbeitenden Gewerbes aus (vgl. Rühl, 1986). Insofern relativiert sich die obige Aussage nicht unerheblich.

sektorale Mobilitäten handelt und welche die Unternehmen verschiedener Größe unterschiedlich belasten. Wenden wir uns zunächst den sektoralen bzw. qualifikatorischen Inflexibilitäten zu.

3.1.3.3 Sektorale (qualifikatorische) Inflexibilitäten

Sektorale bzw. qualifikatorische Inflexibilitäten bezüglich des Arbeitsmarktes entstehen dadurch, daß durch den Branchenwechsel von Arbeitnehmern oftmals große Verluste an Humankapital (Berufsausbildung, etc.) entstehen. Dieses führt zu teilweise hohen Anlern- oder Ausbildungskosten, die für kleine Unternehmen gewichtiger sein dürften als für große. Trotzdem versuchen vor allem große Unternehmen mit Lohnanreizen oder anderen Vergünstigungen Fluktuation zu verhindern, um so Kosten zu sparen (siehe die entsprechenden obigen Passagen).

In einer Zeit, in der aufgrund zunehmend komplexer werdender Produktionsprozesse und einer ansteigenden Umweltinterdependenz die Arbeitsteilung zumindest zwischen den Unternehmen stark zugenommen hat, ist es auch für Arbeitnehmer weitgehend schwerer geworden, bei einem eventuellen Arbeitsplatzwechsel sektorale Grenzen zu überschreiten. Weil sich diese sektorale Inflexibilität aber weitestgehend auf die Qualifikationen der Arbeitnehmer bezieht, kann man sie auch als qualifikatorische Inflexibilitäten bezeichnen.

Inwiefern lassen sich nun bei dieser Inflexibilitätskategorie unternehmensgrößenspezifische Unterschiede ausmachen? Faktum ist, daß im handwerklichen Sektor die Arbeitnehmer aufgrund der dort vorherrschenden kleinteiligen Produktionsweise umfassender ausgebildet und trainiert und dementsprechend weniger stark spezialisiert sind (vgl. u.a. Rühl, u.a., 1986).

Dieser umfassendere Kenntnisstand hat zur Folge, daß die entsprechenden Arbeitnehmer kostengünstig von größeren Firmen für die dort vorhandenen speziellen Tätigkeitsfelder angelernt werden können und somit von den kleinen Firmen abgeworben werden. Umgekehrt sind die sehr speziell ausgebildeten Fachkräfte der Großunternehmen oftmals für die vielfältigen Aufgaben in Kleinfirmen nicht einzusetzen. Es ergibt sich demnach vor allem für den produzierenden und verarbeitenden Industriesektor die Situation einer einseitigen qualifikatorischen Inflexibilität - zum Nachteil der dort angesiedelten kleinen Unternehmen.

Ähnliches gilt auch für Sektoren, die fast ausschließlich kleinbetrieblich strukturiert sind. Nehmen wir als Beispiel das Baugewerbe. Jeder dort arbeitende Facharbeiter (beispielsweise ein Maurer) hat in der Regel eine dreijährige Ausbildungszeit absolviert. Da große Unternehmen zum einen höhere Löhne zahlen und zum anderen vielfach auch für fachfremde Arbeitskräfte einen entsprechenden Arbeitsplatz mit geringen Einarbeitungsaufwand bereitstellen können, werben diese Firmen, wenn auch nicht unbedingt gezielt, fachfremd ausgebildete Arbeitnehmer aus kleinen Unternehmen ab. Dadurch geht einerseits den kleinen Firmen Humankapital in beträchtlicher Höhe verloren und andererseits kann das Bauunternehmen kaum das benötigte spezialisierte Personal aus Großunternehmen abwerben. Wenn nicht schon allein das Lohnniveau dieses verhindert, dann zumindest die fehlenden Qualifikationen dieser Arbeitskräfte, weil sie eben nicht umfassend oder in einem anderen Beruf ausgebildet wurden.

Der Tatbestand der einseitigen qualifikatorischen Inflexibilitäten bei kleinen Unternehmen hat zudem die Folge, daß benötigtes fachspezifisches Personal entweder selbst ausgebildet werden muß oder nur im eigenen Branchensegment gefunden werden kann. Diese Art von Faktorimmobilität bringt aber ständige Stellenbesetzungsprobleme mit sich.

Wenden wir uns nun einem weiteren speziellen Aspekt von Inflexibilitäten zu, dem der räumlichen Immobilitäten.

3.1.3.4 Räumliche Immobilitäten

Regionale Mobilitäts- oder Fluktuationsprobleme im Hinblick auf die Beschäftigung wären beispielsweise die Erschwernis gerade für kleine Unternehmen, ihre Arbeitsnachfrage eventuell durch Anwerben potentieller Arbeitskräfte aus strukturschwachen Räumen zu befriedigen, weil die Kostenerstattungen (z.B. durch hohe Löhne) an die Arbeitnehmer als Entschädigung aufgegebener sozialer Bindungen sehr hoch sein können. Letztere werden auch als immaterielle Kosten der Arbeit bezeichnet. Diese räumlichen Disparitäten des Arbeitsmarktes und die arbeitnehmerbezogene Mobilitätsproblematik sollen im folgenden kurz dargestellt und untersucht werden.

Große Unternehmen sind in der Regel in Ballungszentren angesiedelt, während in Randgebieten kleinere Unternehmen vorherrschen. In diesen Randgebieten sind jedoch nur schwierig ansiedlungswillige Facharbeiter zu gewinnen. Der Grund dafür könnte im folgenden liegen.

Die neuartigen Produktionsverfahren wie just in time-Produktion (JIT) mit der damit einhergehenden lean production, bewirken eine weniger weitgehende Fertigungstiefe insbesondere bei den vormals sehr komplex produzierenden großen Unternehmen. Diese Produktionsarten ermöglichen, wie wir oben gesehen haben, eine größere Flexibilität und damit verbunden eine Zunahme von kleinen Zuliefererbetrieben. Um aber Produktionsengpässe durch einen nicht reibungslosen Ablauf der Anlieferung zu vermeiden, müssen diese kleinen Anbieter in der Nähe der großen nachfragenden Konzerne angesiedelt sein. Dieser Tatbestand führt jedoch zu der in vielen Ländern zu beobachtenden Polarisierung zwischen urbanen Regionen (Agglomerationen) und den jeweiligen Randgebieten (Peripherien). Für die kleinen spezialisierten Unternehmen in den jeweiligen Oberzentren ist diese Tendenz mehr als erfreulich, da viele traditionell in den Randgebieten beheimatete kleine ehemalige Konkurrenzfirmen eben keine Wettbewerber mehr darstellen, weil sie aufgrund ihrer Entfernung zu den jeweiligen Produktionszentren strukturell benachteiligt sind. Gerade auch aus diesem Grund ist zu erklären, warum in den letzten Jahren ein regelrechter Boom hin zu Gewerbe- und Technologieparks stattgefunden hat (vgl. Tichy, 1991, S.25f).

Diese Tatsache hat jedoch auch beträchtliche Auswirkungen auf die Arbeitsnachfrage und somit konsequenterweise auch auf das Arbeitsangebot. Potentielle Arbeitsanbieter sind zunehmend gezwungen, ihre traditionellen ländlichen Wohngebiete zwecks Arbeitsaufnahme zu verlassen und die ohnehin schon von sozialen Problemen wie Wohnungsnot, etc. belasteten Ballungsräume aufzusuchen. Dieses führt einerseits zu einem eventuellen Verdrängungswettbewerb zwischen Arbeitsanbietern in den Zentren, verbunden mit für die Beschäftigten negativen Lohneffekten sowie anderen negativen sozialen Komponenten und zum anderen haben die in den Randgebieten verbliebenen, noch wettbewerbsfähigen Unternehmen zusehends Schwierigkeiten, ihre Arbeitsnachfrage befriedigen zu können.[81]

3.1.3.5 Inflexibilitäten bei technischem Wandel

Probleme, die sich aus Erfordernissen des technischen Wandels für die Personalpolitik von Unternehmen ergeben, wurden bereits mehrfach kurz angesprochen. Aufgrund der zunehmenden Bedeutung dieses Themenbereiches wird an

---

81 Vgl. zu den Problemen aufgrund von Pendelzeiten des Arbeitsangebotes Gerlach, Stephan, 1992.

dieser Stelle der Versuch unternommen, die angedeuteten Sachverhalte in einem Kapitel zu bündeln.

Der grundlegende Zusammenhang zwischen Technologieentwicklung und Beschäftigung basiert auf zwei fundamentalen 'Säulen'. Zum einen ist seit Beginn der Industrialisierung stetig der Produktionsfaktor Arbeit durch den Faktor Kapital substituiert worden. Auslöser dieser Prozesse waren jeweils Prozeßinnovationen, die zu einem enormen Anstieg der Arbeitsproduktivität geführt haben. Zum anderen ist die Anzahl und die Güte der Produkte in einem ebensolchen Tempo gewachsen, was zu einem generellen Anstieg des Ressourcenverzehrs einschließlich des Faktors Arbeit geführt hat. Die beiden 'Säulen' provozieren demnach einen bezüglich des Produktionsfaktors Arbeit gegenläufigen Effekt: Produktinnovationen sind beschäftigungsfördernd, Prozeßinnovationen hingegen arbeitssparend (vgl. Zimmermann, 1989, S.132f). Verschiebt sich zudem die Relation zwischen Prozeß- und Produktinnovationen hin zu ersteren, wie gegenwärtig zu beobachten ist, dann resultiert daraus in der Summe ein auf die Arbeitsnachfrage negativer Effekt.

Kommt es nicht nur zu Innovationen, die unternehmensintern verursacht werden, also endogener Art sind, sondern zu Inventionen, welche in der Regel exogener Natur sind, dann verursachen auch Produktinventionen über induzierte Prozeßinnovationen einen negativen Beschäftigungseffekt (vgl. Zimmermann, 1989, S.139ff).

Die Frage, die sich demnach für eine unternehmensgrößenspezifische Betrachtung der Auswirkungen von technischem Wandel für die jeweilige Beschäftigtensituation stellt, ist also, ob sich einerseits grundlegende Unterschiede für Rationalisierungsmöglichkeiten und andererseits generelle Vorteile für die Realisierung von Innovationen je nach der Unternehmensgröße feststellen lassen.

Betrachten wir zunächst die generellen Rationalisierungsmöglichkeiten von Unternehmen. Rationalisierungen wurden seit Ende der 60er Jahre ausgelöst durch den existierenden Arbeitskräftemangel und bis heute, jetzt aufgrund des Konzeptes der Kosteneinsparung, fortgesetzt (vgl. Matthes, 1989, S.56). Die Veränderung der demographischen Situation spielt dabei keine Rolle. Betrachtet man die daraus resultierenden Beschäftigungseffekte, so wird deutlich, daß vor allem große Unternehmungen ihre Produktion zunächst stark automatisierten und heute 'schlanker' gestalten. Kleine Firmen haben offensichtlich nur sehr begrenzte Rationalisierungsmöglichkeiten. Das liegt hauptsächlich daran, weil in den eher kleinbetrieblich organisierten Branchen bzw. Sektoren Handwerk und Dienstleistungen aufgrund des Produktions- bzw. Arbeitsprozesses weniger Produktivitätsfortschritte realisiert werden können. In den Bereichen, wo nach wie der arbeitende Mensch den Mittelpunkt des Produktionsprozesses darstellt, also der Hauptanteil am Wertschöpfungsprozeß mit individuellen Eigenschaften erwirtschaftet wird, ist der Raum für arbeitssparende Prozeßinnovationen relativ gering. Wie sollte beispielsweise in einem Friseursalon oder einer Arzt- oder Rechtsanwaltspraxis die Friseuse, der Arzt oder der Rechtsanwalt ersetzt werden? Natürlich hat die Entwicklung der Mikroelektronik auch in diesen Segmenten dazu geführt, daß bestimmte verwaltungstechnische Aufgaben wesentlich weniger Zeit in Anspruch nehmen, weil Arbeit durch Kapital (in diesem Fall Computer) ersetzt wurde. Das führt beispielsweise in einer Arztpraxis zu einer Reduktion des Personals in Höhe von 20% bei gleichbleibendem Output. Die Rationalisierungen in der großbetrieblich organisierten Stahlindustrie haben zu einem Beschäftigungsabbau um mehr als 80% bei gleichbleibendem Output geführt.

Zwar wird auch in Branchen, die bisher sehr arbeitsintensiv waren, technischer Fortschritt weiterhin in irgendeiner Form Einzug erhalten,[82] aber grundsätzlich gilt der Zusammenhang, daß das rationalisierungsfähige und somit arbeitssparende Potential mit sinkender Unternehmensgröße abnimmt.[83] Es bleibt also festzuhalten, daß sowohl das geringere Beschäftigungspotential als auch die Art und Weise der Leistungserstellung in kleinen Unternehmen das dortige, vorhandene Rationalisierungspotential im Vergleich zu großen Firmen erheblich einschränken.

Die zweite zu klärende Frage ist die nach dem Produktinnovationspotential je nach der Unternehmensgröße. Zieht man zur Beantwortung dieser Fragestellung Erhebungen über die angemeldeten Patente in der Bundesrepublik heran, so ist zu konstatieren, daß die kleinen Unternehmungen durchaus ebenbürtig bei der Schaffung neuer Produktideen zu sein scheinen. Allerdings ist schon bei der Zahl der Patentanmeldungen ein deutlicher Überhang von Innovationsprojekten

82 Beispielsweise wird in der japanischen Bauindustrie bereits heute verstärkt daran gearbeitet, ab der Jahrtausendwende eine robotergesteuerte Errichtung von Gebäuden zu ermöglichen. Schon jetzt werden zunehmend neue, per Knopfdruck zu steuernde, Maschinen auf japanischen Baustellen eingesetzt, die eingezogene Decken glätten oder Verputzungstätigkeiten ausführen. Das heißt auch in Branchen, wo es bislang ausgeschlossen erschien, verstärkt Arbeit durch Kapital zu substituieren, führt die dynamische Entwicklung der Mikroelektronik zu neuen Beschäftigungssituationen.

83 Cantzler stellt beispielsweise in einer in Rheinland-Pfalz durchgeführten Unternehmensbefragung fest, daß nur 38% der Betriebe mit 1-10 Beschäftigten, aber 96% der Betriebe mit mehr als 200 Mitarbeitern über eine Mikroelektronik-Prozeßanwendung verfügten. Ähnliche Ergebnisse leitete Cantzler für die neuen Telekommunikationsdienste ab (vgl. Cantzler, 1990, S.259ff). Einen ersten Überblick über die europäische Beschäftigungsentwicklung aufgrund neuer Informationstechnologien geben Gill, Krieger, 1992.

großer Unternehmen festzustellen.[84] Diese Tatsache allein sagt aber noch nichts über die Beschäftigungseffekte von Innovationsaktivitäten aus, denn Patentanmeldungen sind zunächst einmal beschäftigungsneutral. Erst wenn aus einer registrierten Produktneuerung ein realisiertes Investitions- oder Konsumgut geworden ist, können sich positive Beschäftigungseffekte einstellen. Die Umsetzung von Produktideen bis hin zur Marktreife ist nun aber offensichtlich für kleine Unternehmen mit erheblichen Problemen behaftet. Zum einen fehlen in kleinen Firmen nahezu vollständig Forschungs- und Entwicklungsabteilungen, die aus vielversprechenden Güterprototypen marktfähige Produkte entwickeln. Oftmals übernimmt ein ohnehin schon überlasteter Firmenchef oder leitender Angestellter diese Aufgabe als zusätzliche Arbeitsleistung. Selbst wenn dann unter diesen erschwerten Bedingungen ein Projekt voranschreitet, scheitert die Markteinführung häufig durch fehlendes Kapital oder Absatzmöglichkeiten der kleinen Unternehmen. In vielen Fällen wird von Großunternehmen dann einfach das Patent der kleinen Firma per Lizenz übernommen. Negativ formuliert stellen in solchen Fällen die Kleinunternehmen nur ausgelagerte Forschungs- und Entwicklungsabteilungen der großen Konzerne dar. Dauerhafte positive Beschäftigungseffekte durch Produktinnovationen sind deshalb nur ab einer Unternehmensgröße zu erwarten, wo das Firmenkapital und die sonstigen Marktbeziehungen ausreichend hoch bzw. gut sind. Das dürfte in der Regel aber erst bei einer Beschäftigungshöhe von mehr als fünfhundert Mitarbeitern der Fall sein.

Welche Auswirkungen oder Beschäftigungsprobleme ergeben sich nun aus diesen Konstellationen für die verschiedenen Unternehmensgrößen? Die besseren generellen Rationalisierungsmöglichkeiten für große Unternehmen stellen auf alle Fälle einen Flexibilitätsvorteil für diese dar. Der Mitarbeiterstamm läßt sich wesentlich weitgehender variieren und das, wie die gegenwärtigen Rationalisierungstendenzen in der Großindustrie eindrucksvoll entgegen allen Zweifeln gezeigt haben, in einem beachtenswerten Tempo. Gleichzeitig fällt es großen Unternehmen aufgrund ihrer strukturellen Vorteile offensichtlich leichter, Produktinnovationen zur Marktreife zu bringen. Das führt aber wiederum zu einem Flexibilitätsvorteil der großen gegenüber den kleinen Firmen, weil Produkte, die einer gewissen Marktsättigung unterliegen, schneller durch neue Produkte ersetzt werden können. Zwar kann ein aufgrund neuer Produkte expandierendes großes Unternehmen Probleme bei der Personalakquisition besitzen, aber zu-

---

[84] Oppenländer führt eine Statistik des Ifo-Institutes an, derzufolge nur 15,2 % der Innovationsprojekte von Unternehmen des verarbeitenden Gewerbes mit weniger als 50 Beschäftigten schließlich zum Patent angemeldet wurden. Hingegen war der Anteil der Firmen mit 200-999 Arbeitnehmern 35,6% und die Unternehmen mit mehr als 1000 Beschäftigten erreichten sogar eine Quote von 61.8% der Anmeldungen (vgl. Oppenländer, 1985, S.196).

mindest hat es gegenüber kleinen Konkurrenten eine Handlungsoption, nämlich die der Beschäftigungsausweitung, mehr.

Eine Übersicht der ermittelten Ergebnisse von beschäftigungsbedingten Inflexibilitäten als Ursache von Beschäftigungsproblemen von kleinen Unternehmen befindet sich im Kapitel 5. Damit ist die Betrachtung der arbeitsnachfragebezogenen Erklärungsansätze von Beschäftigungshemmnissen kleiner Unternehmen abgeschlossen. Im folgenden werden die entsprechenden arbeitsangebotsbezogenen Erklärungsansätze aufgezeigt.

3.2 Arbeitsangebotsbezogene Erklärungsansätze

3.2.1 Einführung: Das neoklassische Arbeitsangebotsmodell - Herleitung der Determinanten des Arbeitsangebotes

Nachdem die arbeitsnachfragebezogenen Erklärungsansätze von Beschäftigungsproblemen kleiner Unternehmen ausführlich behandelt worden sind, richtet sich das Augenmerk im folgenden auf die arbeitsangebotsbezogenen Erklärungsansätze von eventuellen Ungleichgewichtszuständen auf dem Arbeitsmarkt. Auch hier stehen innerhalb der Betrachtung unterschiedliche Verhaltensmuster von Wirtschaftssubjekten hinsichtlich der Unternehmensgrößen im Vordergrund. Um eventuell vorhandene Präferenzen des Arbeitsangebotes hinsichtlich unterschiedlicher Unternehmensgrößen analysieren zu können, werden zunächst die allgemeinen Determinanten, die das Arbeitsangebot restringieren, hergeleitet und anschließend untersucht. Ausgangspunkt der Betrachtungen ist das neoklassische Arbeitsangebotsmodell.

Dieses unterstellt für die Individuen eine ordinale Nutzenfunktion

$U = U(T_F, Y)$,

wobei T_F die einem Individuum zur Verfügung stehende Freizeit und Y das Einkommen des Individuums, bzw. das damit zu realisierende Güterbündel beschreibt. Die erste Ableitung der Nutzenfunktion ist positiv, das heißt es entstehen keine absoluten Sättigungseffekte. Die zweite Ableitung dagegen ist negativ, was bedeutet, daß Konsum von Gütern und Freizeit mit einem abnehmenden Grenznutzen behaftet sind. Weiterhin gilt, daß

$Y = A + w\,T_H$ für $T_H = T - T_F$ und damit
$Y = A + w\,(T-T_F)$ ist.

A stellt eine Erweiterung des ursprünglichen klassischen Arbeitsangebotskonzeptes durch eine Nichtarbeitseinkommensvariable dar. Beispielsweise handelt es sich dabei um Einkünfte aus Vermögen oder Transfers. w ist der Lohnsatz, den das Individuum realisieren kann und T_H ist die eingesetzte Arbeitszeit des Individuums, die aus T, der dem Individuum insgesamt zur Verfügung stehenden Zeit (also maximal 24 Stunden täglich), abzüglich der realisierten Freizeit des Individuums T_F, resultiert. Damit ergibt sich für das Optimum der Allokation von Einkommen und Freizeit für ein Individuum folgender, mit Hilfe des Lagrange-Ansatzes dargestellter, Zusammenhang:

$$L = U (T_F, Y) - \lambda [Y - A - w (T-T_F)]$$

$$\delta L/ \delta Y = \delta U/ \delta Y - \lambda = 0$$
$$\delta L/ \delta T_F = \delta U/ \delta T_F - \lambda w = 0$$
$$\delta L/ \delta \lambda = Y - A - w$$

Daraus folgt, daß das optimale Arbeitsangebot dort realisiert wird, wo der Stundensatz w gleich dem Verhältnis der Grenznutzen von Freizeit und Einkommen ist. Oder mit anderen Worten formuliert: Im Arbeitsangebotsoptimum realisiert das Individuum den gleichen Grenznutzen für Freizeit oder Einkommen. Es gilt demnach:

$$(\delta U/ \delta T_F)/ (\delta U/ \delta Y) = w^*$$

Graphisch stellt sich die Situation für einen Arbeitsanbieter, wie in der nebenstehenden Abbildung 19 gezeigt, dar:

Liegt jetzt beispielsweise der in der Gesellschaft realisierte Arbeitszeitstandard über dem individuellen optimalen Arbeitsangebot, dann ist das Individuum zum realen Lohnsatz nicht bereit, Einkommen durch weniger Freizeit zu substituieren. Diese Situation ist in den industrialisierten Wohlstandsgesellschaften durchaus zu beobachten und erklärt zumindest einen Teil der in diesen Staaten auftretenden Fachkräftemängel.

Die obigen Ausführungen zeigen, daß eine optimale Anpassung der Arbeitsnachfrage an die Präferenzen des Arbeitszeitangebotes nur dann sicher gelingen kann, wenn es in den Unternehmen individuell gestaltbare Möglichkeiten der freien Variation von Freizeit und Arbeitsangebot gibt.

Abbildung 19: Optimales Arbeitsangebot eines Individuums

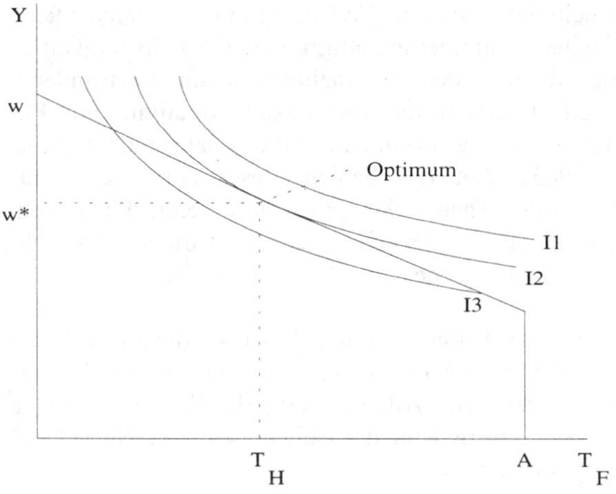

(Quelle: Franz, 1991, S.35, modifizierte Darstellung)

In unserem Wirtschaftssystem gibt es allerdings für nicht selbständig beschäftigte Arbeitskräfte in der Regel nur zwei Wochenarbeitszeitstandards, einmal die Vollbeschäftigung mit einer 35-40 Stunden Arbeitswoche und zum anderen die Teilzeitbeschäftigung, die weitgehend festgelegt ist auf die Hälfte der regulären Vollbeschäftigungsarbeitszeit. Auf der Grundlage verschiedener Arbeitszeitpräferenzbefragungen von Arbeitnehmern (vgl. beispielsweise Brinkmann, 1983; Landenberger, 1986 oder Rauscher, 1991) läßt sich aber der Schluß ziehen, daß unflexible Arbeitszeitregelungen bzw. Arbeitszeitstandards die Verwirklichung eben dieser optimalen individuellen Zeitallokation verhindern. Einen Einfluß auf die Arbeitszeitwünsche von Individuen üben vor allem persönliche Eigenschaften oder Verhältnisse der Arbeitnehmer wie Geschlecht, Familienstand, Kinderzahl, Haushaltseinkommen, Bildung oder die berufliche Stellung aus.

Diese Präferenzen sind in der neoklassischen Theorie durch unterschiedliche Lagen und Steigungen der Indifferenzkurven durchaus noch abbildbar. Allzuoft wird allerdings in der herkömmlichen ökonomischen Theorie der Erklärung des Arbeitsangebotes ausschließlich auf den Einkommensaspekt von Arbeit eingegangen. Nach Noll (1977, S.210) stellt die ökonomische Funktion aber nur eine von drei Funktionen beruflicher Arbeit dar. Neben der Deckung des Einkommensbedarfes spielen die psychologische sowie die soziale Funktion von

('Lohn'-)Arbeit eine wichtige Rolle für die Arbeitsanbieter. Arbeit soll zur Selbstbewußtseinsbildung, Identitätsbildung und zur Stabilisierung von Umweltbeziehungen genauso beitragen, wie zur Zuweisung eines sozialen Status, der durch eine gesellschaftliche Positionierung aufgrund der Arbeitstätigkeit erreicht wird. Hierbei spielen dann in den Unternehmen selten vorzufindende Merkmale wie Hierarchiefreiheit, Eigenverantwortlichkeit, Kreativität und Flexibilität eine erhebliche Rolle für eine eventuelle Arbeitsplatzannahme eines Individuums (vgl. Then, 1985). Auf das Fehlen dieser Attribute in der 'herkömmlichen' Arbeitswelt führt Then (1985) auch auftretende Phänomene wie die freiwillige Arbeitslosigkeit von Personen oder die Aufnahme von Nebenbeschäftigungen (legale Tätigkeiten oder illegale Schwarzarbeit) zurück.

Ein entscheidender Aspekt für die Aufnahme einer Arbeit ist demnach die erwartete bzw. realisierbare Arbeitszufriedenheit (einschließlich eines Einkommenseffektes) eines Arbeitnehmers. Als Arbeitsplatzmerkmale, die einen erheblichen Einfluß auf die Arbeitszufriedenheit ausüben, sehen Habich (1984) sowie Noll (1982) daher folgende Kriterien:

Übersicht 9: Arbeitsplatzmerkmale mit erheblichem Einfluß auf die Arbeitszufriedenheit

- Verdienstmöglichkeiten
- Arbeitsbedingungen als Ausdruck für psychische und physische Belastungen am Arbeitsplatz
- Abwechslung bei der Arbeit (Monotoniegrad der Tätigkeiten)
- Verhältnis zu Kollegen
- Sicherheit vor Entlassung[85]
- Arbeitszeitregelungen
- Ansehen der Tätigkeit in der Öffentlichkeit (sozialer Status)
- Möglichkeiten zur selbständigen Gestaltung und Einteilung der Arbeit

(vgl. Habich, 1984 sowie Noll, 1982)

Das neoklassische Modell müßte demnach beispielsweise um ein Maß für die Arbeitsplatzqualität q erweitert werden (vgl. Schwarze, 1988, S.157ff).[86]

---

[85] Für Heinze u.a. (1986) und Habich, Noll (1992) das wichtigste Merkmal für die Arbeitszufriedenheit überhaupt.

[86] q beinhaltet beispielsweise die Arbeitsbedingungen, die Einkommenssicherheit und die soziale Absicherung eines Arbeitsplatzes.

Die individuelle Nutzenfunktion würde dann modifiziert zu

$U = U(T_F, q, Y)$, wobei

$U_{TF} > 0; U_{TFTF} < 0,$
$U_q > 0; U_{qq} < 0$ und
$U_Y > 0; U_{YY} < 0$ wäre.

Sättigungseffekte treten also wiederum nicht auf und der Grenznutzen von Freizeit, Arbeitsplatzqualität sowie des Einkommens ist jeweils abnehmend. Interessant ist jetzt die Betrachtung der Kreuzableitungen. Beispielsweise erhöht eine Zunahme des Einkommens den Grenznutzen der Freizeit. Eine verbesserte Arbeitsplatzqualität wiederum erhöht den Grenznutzen des Einkommens und steigert die allgemeine Zufriedenheit eines Arbeitnehmers. Dieses führt als Konsequenz zu einer positiven Gestaltung der Freizeit, was einer Steigerung des Grenznutzens derselben entspricht. Nimmt die Arbeitsqualität dagegen ab, steigen also die physischen oder psychischen Belastungen am Arbeitsplatz, nimmt der Grenznutzen der Freizeit ebenfalls zu. Jede Veränderung der Arbeitsplatzqualität kann also zu einer Steigerung des Grenznutzen von Freizeit führen.

Die bisherigen Ausführungen sollten aufgezeigt haben, daß eine Analyse von Arbeitsplatzunterschieden je nach der Unternehmensgröße, welche nur auf die Einkommenseite von bezahlter Arbeit abzielt, zu kurz greifen würde.

Neuere Untersuchungen des Arbeitsangebotes erweitern die Determinanten des Arbeitsangebotes zwar um Variablen für vorhandenes Vermögen (in Verbindung mit der Lebenseinkommenshypothese). Die bisherigen Untersuchungen des Arbeitsangebotes haben aber eines gemeinsam. Alle dezimieren die möglichen Determinanten des Arbeitsangebots im Zuge einer besseren mathematischen und graphischen Handbarkeit auf wenige Variablen. Will man jedoch Unterschiede im Arbeitsangebot hinsichtlich unterschiedlicher Unternehmensgrößen herausarbeiten, so ist es erforderlich, alle wichtigen Einflüsse auf das Angebotsverhalten zu betrachten. Nur so ist eine einigermaßen sinnvolle Analyse gewährleistet. Dieser Ansatz muß natürlich zu Lasten einer guten Formalisierbarkeit gehen. Im folgenden werden einzeln verschiedene, aus den obigen Ausführungen abgeleitete, Determinanten des Arbeitsangebotes aufgezeigt und auf ihre Wichtigkeit hin geprüft. Zudem wird in jedem Abschnitt untersucht, welche Auswirkungen sich aus der einzelnen Arbeitsangebotsdeterminante für die Akquisitionsmöglichkeiten von Unternehmen unterschiedlicher Größe ergeben (könnten). Im einzelnen werden folgende mögliche Einflußgrößen auf das Arbeitsangebot untersucht:

Übersicht 10: Determinanten des Arbeitsangebotes

a) Pekuniäre Determinanten

- Direkte Lohnbestandteile
    - Höhe des Lohnsatzes (Grundlohn)
    - Urlaubsgeld
    - Weihnachtsgeld
- Indirekte Lohnbestandteile
    - Gewinnbeteiligungen
    - Erfolgsbeteiligungen
    - Naturalvergütung (Brauereien, Agrarbetriebe)
    - Sonstige (Dienstwagen, Karte für öffentlichen Nahverkehr, Dienstkleidung, etc.)

b) Betriebssoziale Determinanten

- Spezielle betriebliche Sozialleistungen
    - Weiterbildungsmaßnahmen
    - Urlaubszeit (Länge, zeitliche Lage, Einzel- oder Betriebsurlaub)
    - Gewährung von Sonderurlaub
    - Sonstige (Kantine, Sport-und Freizeitaktivitäten, Betriebsfahrten, Urlaub auf Firmenkosten wie in der Werbebranche teilweise üblich)
- Betriebliche Altersversorgung
    - Rentenversicherung (Betriebsrente,- pensionen)
- Betriebliche Gesundheitsvorsorge
    - Betriebs- und Berufsunfallversicherung
    - Betriebliche Krankenversicherung
    - Fürsorgeregelungen und Gesundheitspflege (Betriebsarzt)
- Betriebliche Mitbestimmungsrechte
    - Betriebsrat
    - Kündigungsschutz
- Betriebsklima (vermutetes oder tatsächliches)
    - Arbeitsorganisation (Teamarbeit, Gruppenarbeit, Betriebshierarchie)
    - Geschlechtsspezifische Struktur innerhalb der Unternehmen
- Aufstiegsmöglichkeiten
    - Vermutete Karrierechancen (Betriebshierarchie, Stellung im Betrieb)
- Arbeitsplatzsicherheit
    - Einbeziehung der Erwartungen auf die zukünftige geschäftsmäßige Entwicklung der Unternehmen
    - Arbeitsschutz

c) Tätigkeitsbedingte Determinanten

- Arbeitsbedingungen
  - physische Belastung (Schwere der Tätigkeit, Arbeitsintensität)
  - psychische Belastung (Monotonie, Stress durch Akkord, etc.)
  - Umgebungsbelastungen (Lärm, Staub, Klima)
- Arbeitszeit
  - Schichtarbeit
  - Wochenendarbeit
  - Spätdienst
  - Länge des Arbeitstages
  - Flexible Arbeitszeitformen (Gleitzeit, Job-Sharing)
  - Überstunden

d) Persönlichkeitsbezogene Determinanten

- Vermögenseinkommen
- Möglichkeiten zu Nebenbeschäftigungen und damit zu externen Einkünften
- Alter des Arbeitsanbieters
- Geschlecht des Arbeitsanbieters
- Nationalität des Arbeitsanbieters
- Mobilitätsgesichtspunkte (Standortfrage)
  - Fahrt zum Arbeitsplatz (Art, Dauer)
  - Fixe Kosten der Arbeit (Fahrtkosten)
- Transaktionskosten
  - zu erwartende Suchkosten für Arbeitnehmer bei eventuellem freiwilligen oder unfreiwilligen Stellenwechsel (Einschätzen der aktuellen Konjunkturlage)
  - Verlust von betriebsspezifischem Humankapital bei Stellenwechsel (sunk costs)
  - Verlust von nichtmonetärem Nutzenpotential bei Stellenwechsel (Langjährige Kollegen, Verlust an Sicherheitsgefühl, etc.)

(Quelle: Eigene Überlegungen, vgl. dazu Kaschube, Wittmann, 1993, S.98)

Diese Determinanten des Arbeitsangebotes werden im folgenden der Reihe nach hinsichtlich ihrer Realisierbarkeit seitens der verschiedenen Unternehmensgrößen, sowie insbesondere auf ihre Auswirkungen auf das Arbeitsangebot hin, untersucht. Teilweise werden im Rahmen dieses Kapitels Tatbestände behandelt, die eigentlich im Aktionsfeld der Arbeitsnachfrager angesiedelt sind, wie beispielsweise die unternehmerischen Aktivitäten zur betrieblichen Altersversorgung. Damit einerseits keine weitgehenden Überschneidungen entstehen und andererseits diese Aktivitäten in der Regel keinen direkten Bezug zum Produktionsprozeß aufweisen, sondern eher direkt auf das Arbeitsangebot abzielen, ist die Darstellung dieser Regelungen weitgehend in dieses Kapitel einbezogen worden.

3.2.2 Pekuniäre Determinanten

Direkte Lohnbestandteile

In einer Zeit steigender Lebenshaltungskosten, hervorgerufen insbesondere durch einen starken Anstieg der Mietzahlungen und einer auch umweltpolitisch gewollten Verteuerung der Energie, kommt den monetären Determinanten des Arbeitsangebotes eine im Vergleich zur eher freizeitbezogenen Gesellschaft Ende der achtziger Jahre wieder eine gestiegene Bedeutung zu (vgl. Habich, Noll, 1992, S.584). Hauptbestandteil des Einkommens der Arbeitsanbieter ist nach wie vor der Lohnsatz oder andere direkte Lohnbestandteile.

Wie im Kapitel 3.1.3 ausführlich dargestellt wurde, besteht bei den Löhnen als wichtigster direkter Lohnbestandteil ein starkes Gefälle zwischen den verschiedenen Unternehmensgrößen. Aufgrund arbeitsmarktsegmentatorischer Aktivitäten zumindest der größeren Firmen wird sich daran auch in Zukunft wenig ändern. Das heißt dort, wo große und kleine Unternehmen in direkter Konkurrenz auf dem Arbeitsmarkt zueinander stehen, werden die Großbetriebe durch die bestehenden Lohndifferentiale gewichtige Akquisitionsvorteile besitzen. Die für dieses Kapitel entscheidende Frage ist nun, welche Bedeutung Arbeitnehmern einem existierenden Firmengrößenlohndifferential beimessen. Die folgende Tabelle 13 soll Aufschluß darüber geben.

Tabelle 13: Wichtigkeit[87] von Arbeitsplatz- und Tätigkeitsmerkmalen

	Verdienstmögl. west/ost	Arbeitsplatzsicherheit west/ost	Arbeitszeitregelung west/ost	Aufstiegschancen west/ost	Kollegen west/ost	Prestige west/ost	Abwechslung west/ost	Selbständigkeit west/ost
Gesamt	36/ 56[88]	56/ 78	27/ 33	25/ 13	54/ 61	13/ 28	43/ 38	42/ 42
Männer	38/ 59	57/ 78	22/ 27	27/ 14	53/ 59	13/ 23	43/ 38	45/ 40
Frauen	31/ 51	53/ 78	37/ 40	22/ 12	57/ 65	15/ 34	45/ 37	37/ 44
18-24 J.	33/ 68	55/ 74	33/ 37	42/ 26	60/ 78	18/ 28	48/ 41	33/ 37
25-34 J.	34/ 66	46/ 80	26/ 40	26/ 18	51/ 69	9/ 36	45/ 43	50/ 41
35-49 J.	37/ 46	59/ 77	26/ 25	21/ 6	56/ 52	15/ 23	52/ 33	47/ 47
50-65 J.	38/ 48	62/ 81	23/ 35	17 / 11	47/ 56	23/ 27	39/ 36	34/ 39
ohne Schulab.	46/ --	61/ --	11/ --	30/ --	41/ --	18/ --	22/ --	32/ --
Haupts.	43/ 68	67/ 80	30/ 48	24/ 14	58/ 56	15/ 30	37/ 30	38/ 45
Realsch.	31/ 58	49/ 82	27/ 33	32/ 16	54/ 66	15/ 30	50/ 30	44/ 41
Abitur	24/ 37	40/ 72	21/ 12	17/ 5	48/ 53	8/ 22	53/ 22	51/ 43

(Quelle: Habich, Noll, 1992, S.586, Benennungen leicht modifiziert)

Aus Tabelle 13 ist zu entnehmen, daß für Ostdeutsche die Verdienstmöglichkeiten das zweitwichtigste Arbeitsplatz- und Tätigkeitsmerkmal darstellt, für Westdeutsche dagegen nur das fünfthäufigste Kriterium. Dieses ist zunächst einmal ein weiteres Indiz dafür, daß, wenn ein bestimmtes Einkommensniveau einmal realisert werden konnte - die Westlöhne sind höher als die Ostlöhne -, andere Merkmale oder auch der Freizeitaspekt stärker durchschlagen. Daraus wiederum ist zu folgern, daß kleine Unternehmen[89] vielleicht eher ihr Augenmerk auf die Verbesserung anderer, das Arbeitsangebot determinierende Merkmale, richten sollten, als zu versuchen, unbedingt das Firmengrößenlohndifferential zu schließen.[90] Allerdings muß auch konstatiert werden, daß der Lohnhöhe nach wie vor eine wichtige Rolle zukommt. Interessant ist bezüglich des Lohnmerkmales noch der gegenläufige Effekt in den Altersgruppen. Nimmt im

---

87 Die 'Wichtigkeit' war bei den Befragungsergebnissen dann gegeben, wenn auf dem Fragebogen die entsprechenden Merkmale als 'sehr wichtig' angekreuzt wurden (vgl. Habich, Noll, 1992, S.586).

88 Angaben jeweils in % und für West/Ost Erwerbstätige. Datenbasis ist der Wohlfahrtssurvey 1988, 1990-Ost.

89 Zumindest die in den alten Bundesländern angesiedelten Unternehmen.

90 Wie das zumindest die in den Fallstudien dieser Arbeit untersuchten Unternehmen praktizieren.

Osten der Anreiz der Verdienstmöglichkeiten mit zunehmendem Alter stark ab, steigt er im Westen, wenn auch nur leicht, bei älteren Erwerbstätigen an. Gleichgerichtet sind die Ost-, Westverläufe hingegen bei den Geschlechts- und Schulabschlußgruppen. Frauen haben sowohl in Ost- als auch Westdeutschland geringere Einkommenspräferenzen als die Männer. Mit steigendem Schulabschluß sinkt in beiden Landesteilen der Anreiz, allein aufgrund von besseren Verdienstmöglichkeiten eine Tätigkeit auszuüben, stark ab. Erwerbstätige mit Abitur haben offensichtlich ein entsprechendes Einkommen erreicht und bewerten jetzt das Verhältnis zu Kollegen oder die Sicherheit des Arbeitsplatzes wesentlich höher.

Direkte Lohnbestandteile sind neben den Löhnen Urlaubs- und Weihnachtsgratifikationen, die das Firmenlohngrößendifferential noch weiter verstärken. In den großen Dienstleistungsunternehmen wie beispielsweise den Banken, werden bereits seit Jahren zwei zusätzliche Monatsgehälter als Urlaubs- und Weihnachtsgratifikation gezahlt. Vergleichbare, in diesem Fall übertarifliche Leistungen, bieten viele große Unternehmen des verarbeitenden Gewerbes an. Kleine Unternehmen der Industrie hingegen orientieren sich nach wie vor eher an den tariflichen Vereinbarungen, die sich für den Bereich der Industrie auf durchschnittlich 60 bis 65% eines Monatsgehaltes als Weihnachtsgratifikation und auf durchschnittlich 35% Urlaubsgeld pro Jahr belaufen. Beispielsweise betrugen die gesamten jährlichen Sonderzahlungen für einen männlichen Arbeitnehmer der großbetrieblich organisierten Chemiebranche 10413 DM, hingegen in dem kleinbetrieblichen Holzbearbeitungssektor für die identische Arbeitnehmergruppe nur 4311 DM (vgl. Statistisches Bundesamt, 1990, S.32). Es ist kaum anzunehmen, daß Arbeitnehmer diese beträchtlichen Unterschiede einzelner Lohnbestandteile nicht antizipieren und ihre Schlüsse daraus ziehen. Vierzehn (höhere) Monatsgehälter bei einer Bank gegenüber zwölfeinhalb (niedrigeren) Monatsgehältern in einem Hotel stellen trotz gesunkener Einkommenspräferenz eine wichtige Arbeitsangebotsdeterminante dar.

Daraus folgt, daß die Arbeitsangebotsdefizite kleiner Firmen aufgrund des unterschiedlichen Lohnniveaus in großen und kleinen Unternehmen durch die Einbeziehung von Urlaubs- und Weihnachtsgeldzahlungen noch größer werden. Im folgenden wird betrachtet, welches Bild sich bei den Lohnnebeneinkünften[91] oder mit anderen Worten bei den indirekten Lohnbestandteilen ergibt.

---

[91] Wobei hiermit nicht die sogenannten fringe benefits (betriebliche Sozialleistungen), sondern andere Formen der (Lohn-)Vergütung gemeint sind. Diese indirekten Lohnbestandteile plus den in dieser Arbeit unter die direkten Lohnbestandteile eingruppierten Urlaubs- und Weihnachtsgratifikationen machen in der Systematik des Statistischen Bundesamtes die gesamten Personalnebenkosten aus. Deren Anteil betrug 1988 bei den

Indirekte Lohnbestandteile

Als erster indirekter Lohnbestandteil sollen die Gewinn- beziehungsweise Erfolgsbeteiligungen betrachtet werden.[92] Obwohl die theoretischen und empirischen Grundlagen der Gewinnbeteiligungsforschung nach wie vor in den Kinderschuhen stecken, ist eine Tendenz zu stärkerer Dezentralisierung von Entlohnungssystemen auch in der Bundesrepublik festzustellen. Erste empirische Untersuchungen durch Befragungen des Institutes für quantitative Wirtschaftsforschung in Hannover belegen jedoch, daß Unternehmen mit Gewinnbeteiligungsregelungen im Durchschnitt wesentlich größer sind als Betriebe ohne dergleichen Maßnahmen. Die vermutlichen Gründe für diesen Tatbestand wurden ausführlich in Kapitel 3.1.2 behandelt, hier sollen nun die Auswirkungen von Vorhandensein- bzw. Nichtvorhandensein von Gewinn- oder Erfolgsbeteiligungen auf das Arbeitsangebot betrachtet werden. Die Abbildung 20 auf Seite 170 zeigt die grundlegenden Ergebnisse der oben erwähnten Betriebsumfrage auf.

Einige der in Abbildung 20 aufgezeigten Indikatoren verweisen recht deutlich auf die bereits angesprochene Groß-Klein-Verteilung von Gewinnbeteiligungsmaßnahmen. Der hohe Angestelltenanteil sowie die Anzahl der Arbeitnehmer mit Hochschulabschluß sind ein Indikator dafür, daß überwiegend größere Unternehmen Gewinnbeteiligungen anbieten, da der entsprechende Beschäftigungsanteil der erwähnten Arbeitnehmergruppen in kleinen Unternehmen eher unterrepräsentiert ist. Weiterhin spricht für diese These der höhere Exportanteil der Gewinnbeteiligungsunternehmen, da kleine Unternehmen, bis heute jedenfalls, größtenteils binnenmarktorientiert sind.[93] Auch der höhere Jahresbruttolohn der Beschäftigten untermauert die These, daß Gewinnbeteiligungsbetriebe größere Unternehmen darstellen (siehe dazu den vorigen Abschnitt).

Banken 49,7 %, beim eher kleinbetrieblich strukturierten Einzelhandel dagegen nur 40,4 % (vgl. Statistisches Bundesamt, 1992, S.372).

92 Als die wichtigsten Arbeitnehmerbeteiligungen, wenn man möglichst viele Beschäftigte am Unternehmenserfolg teilhaben lassen will. Einen Überblick über Arbeitnehmerbeteiligungen in kleinen und mittelständischen Unternehmen gibt Langhein (1987).

93 Diese Argumentation liegt deshalb nahe, weil kleine Dienstleistungsunternehmen und das Handwerk lokale, bestenfalls regionale Kundenkontakte pflegen. Lediglich in Grenzregionen erscheint eine Abweichung von dieser These plausibel zu sein.

Abbildung 20: Auswirkungen der Gewinnbeteiligung in Unternehmen

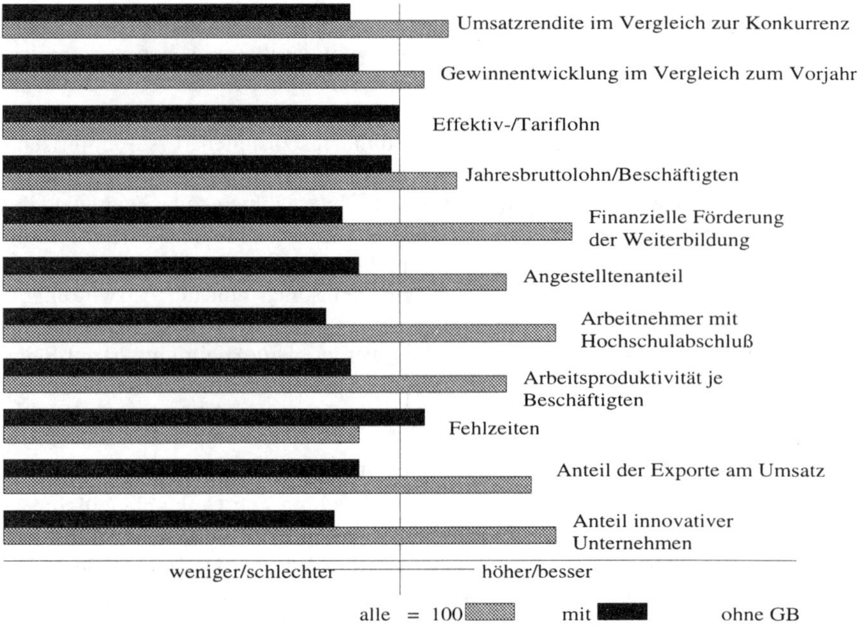

(Quelle: Gerlach, 1993, S.19)

Was jetzt den Einfluß von Gewinn- oder Erfolgsbeteiligung auf das Arbeitsangebot anbelangt, so fällt insbesondere die Zunahme der Arbeitsproduktivität je Beschäftigten auf. Dieser Effekt wird statistisch aber nur dann deutlich, "[...] wenn den Wirkungen in Abhängigkeit von der Höhe des ausgeschütteten Gewinns insgesamt und pro Kopf nachgegangen wird" (Gerlach, 1993, S.19). Dieser eigentlich logische, positive Zusammenhang zwischen Arbeitsproduktivität und Erfolgsbeteiligung einerseits und dem Arbeitsangebot andererseits, den auch die gängige Literatur unterstellt (vgl. u.a. Weitzman, 1984 sowie FitzRoy, 1988) könnte allerdings dadurch in der Wirkung geschmälert werden, daß Arbeitsnehmer einen durch die Erfolgsbeteiligung hervorgerufenen stärkeren Leistungsdruck verspüren[94] und deshalb zu Unternehmen ohne Gewinnbeteili-

94 FitzRoy argumentiert, daß monetäre Mitarbeiterbeteiligung eine flexible moderne Arbeitsorgansisation und somit eine Abkehr vom tayloristischen Arbeitsprinzip voraussetzt. Die dadurch etablierte Gruppenarbeit übt aber auf jedes Mitglied einer Gruppe Leistungsdruck

gung tendieren. Der sich selbst gestellte Leistungsdruck (aus Sicht der Beschäftigten) könnte auch ein weiteres Ergebnis der genannten Untersuchung erklären, denn bei Unternehmen mit Gewinnbeteiligungen gehen die Fehlzeiten, wenn auch nur leicht, zurück. Weitere positive Aspekte für Gewinnbeteiligungsunternehmen bezüglich des für sie relevanten Arbeitsangebotes dürften zum einen die wesentlich erhöhte Bereitschaft dieser Unternehmensgruppe darstellen, Weiterbildungsmaßnahmen zu fördern. Zum anderen erhöhen Synergieeffekte von Erfolgsbeteiligungen und Partizipationsmöglichkeiten, insbesondere die Mitwirkungsmöglichkeiten im Bereich der Arbeitsplatzgestaltung, die Attraktivität für die Arbeitnehmer.

Insgesamt läßt sich konstatieren, daß entgegen der Annahme von Gewerkschaften, daß sich ihre Mitglieder auch aufgrund der von Gewinnbeteiligungsmaßnahmen hervorgerufenen Mobilitätshindernisse[95] eher von Erfolgsbeteiligungen abgeschreckt fühlen würden, monetäre Mitarbeiterbeteiligungen ein auf das Arbeitsangebot eher positiven Einfluß besitzen und zwar sowohl qualitativ als auch quantitativ (vgl. Gerlach, 1993, S.19).[96]

Im folgenden werden die sonstigen Lohnnebeneinkünfte und ihre Auswirkungen auf das Arbeitsangebot betrachtet. Eine im kleinen Unternehmenssektor nach wie vor verbreitete Sonderform der Entlohnung ist die Naturalvergütung. Insbesondere bei kleinen Unternehmen des primären Sektors dürfte diese Form der Entlohnung noch präsent sein, beispielsweise in kleinen Agrar- und Fischereibetrieben, aber auch in kleineren Brauereiunternehmen. Gerade in den eher ländlich geprägten Ansiedlungsgebieten dieser Unternehmen sind die Alternativkosten für einen entsprechenden Einkauf der erhaltenen Naturalvergütung hoch, vom psychologischen Aspekt, Ware vom direkten Produzenten und somit "frisch auf den Tisch zu erhalten", ganz zu schweigen. Daraus folgt, daß in bestimmten Sonderfällen, von der Naturalvergütung hervorgerufene, zumindest psychologische, positive Aspekte auf das jeweilige Arbeitsangebot einwirken können. Klar ist aber auch, daß es sich bei dieser Vergütungsform um eine

---

aus, weil jetzt shirking eines Mitarbeiters das Gruppenergebnis schmälert und somit von den anderen Gruppenmitgliedern sanktioniert wird (vgl. FitzRoy, 1988, S.2f).

95 Nach Argumentation von Gewerkschaften droht bei einem Betriebswechsel generell der Verlust von erworbenen Unternehmenstantiemen.

96 Ein Ergebnis der Untersuchung von Gerlach soll hier nicht unerwähnt bleiben, knüpft es doch an die Flexibilitätsdiskussion des Kapitels 2.2 an. Der Anteil innovativer, und deshalb vermutlich auch erfolgreicheren, Unternehmen mit Gewinnbeteiligung ist wesentlich höher als derjenige ohne Erfolgsbeteiligung. Eine inhaltliche Begründung dafür findet sich in FitzRoy, 1988, S.2ff. Da es sich bei den Gewinnbeteiligungsunternehmen aber wie oben gezeigt wurde, hauptsächlich um große Unternehmen handelt, ist das Hannoveraner Ergebnis ein weiteres Indiz für die These des Kapitels 2.2, daß große Unternehmen sehr wohl innovativ und erfolgreich sein können.

Randerscheinung handeln dürfte. Nicht zu klären, sondern nur zu vermuten ist, daß auch in kleinen Handwerksbetrieben gegebenenfalls bestimmte Rohmaterialien wie Baustoffe oder ähnliches als kleiner Anreiz für die Arbeitnehmer kostengünstig den Besitzer wechseln. Aber die allgemeine, gesamtwirtschaftliche Auswirkung dieser 'Gefälligkeiten' dürften bis auf einen gewissen Steuerausfall zu vernachlässigen sein.

Wesentlich mehr Einfluß als die Naturalvergütung besitzen die noch zu betrachtenden, sonstigen indirekten Lohnbestandteile. Der bekannteste indirekte Lonbestandteil ist sicherlich der Dienstwagen. Gerade in einer Zeit stark gestiegener Kosten für den Betrieb, die Wartung sowie die Instandsetzung eines PKW´s ist dieses sicherlich ein beträchtlicher Anreiz für viele Arbeitnehmer, einen Arbeitsplatz zu besetzen, für den ein Dienstwagen offeriert wird. Auch bei diesem Lohninstrument ist jedoch sofort evident, daß in der Regel wiederum nur große, bestenfalls noch mittelständische Unternehmen, eine so komplexe Personalstruktur besitzen, um einem Angestellten einen Dienstwagen zur Verfügung stellen zu können.

Wesentlich weitergehende Ansatzpunkte, wenn auch mit weniger finanziellen Anreizen verbunden als ein Dienstwagen, bietet da schon die im Zuge einer breiten Diskussion über Verkehrsinfarkt und ökologische Probleme des Individualverkehrs immer mehr ins öffentliche Interesse getretene Fahrkarte (Monats-, Jahreskarten) für den öffentlichen Nahverkehr. Gerade in den besonders mit Verkehrsproblemen behafteten Ballungszentren ist es durchaus ein Anreiz für Arbeitnehmer, kostenlos eine 'Umweltfahrkarte' zur Verfügung gestellt zu bekommen. Vor allem weil in vielen Ballungszentren verstärkt das sogenannte 'Stockholmer Modell'[97] diskutiert wird. Sicherlich gibt es heute noch verstärkt Widerstände gegen diese von vielen so empfundene ökologische 'Zwangsmaßnahme', aber diese Widerstände dürften sich in naher Zukunft abschwächen.

3.2.3 Betriebssoziale Determinanten

Als wichtige, vielleicht entscheidende, betriebssoziale Determinante des Arbeitsangebotes gelten die weitverbreiteten und in ihrer Ausgestaltung sehr vielschichtigen freiwilligen betrieblichen Sozialleistungen (fringe benefits). Die

[97] Das Stockholmer Modell beinhaltet, daß im zentralen Stadtgebiet nur noch Anlieger das Auto benutzen dürfen und zudem jeder interne Stadtbewohner im Besitz einer 'Umweltfahrkarte' für den öffentlichen Nahverkehr sein muß.

Probleme bei der Einführung beziehungsweise Umsetzung betrieblicher Sozialleistungen für Unternehmen unterschiedlicher Größe wurden ausführlich im Kapitel 3.1.2. behandelt. Im folgenden sollen deshalb weitgehend wiederum nur die Auswirkungen dieser betrieblichen Sozialmaßnahmen auf das Arbeitsangebot abgeschätzt werden. Als erstes werden die angebotenen Weiterbildungsmaßnahmen von Unternehmen angesprochen.

Einfluß von Weiterbildungsaktivitäten auf das Arbeitsangebot

Wie im Kapitel 3.1.2 gezeigt wurde, bieten große Unternehmen im Durchschnitt wesentlich mehr Weiterbildung an als ihre kleinen Pendants und wie auch gezeigt werden konnte, aufgrund von positiven Korrelationen von Weiterbildung mit dem Produktionsprozeß, aus ihrem ureigensten Interesse heraus.[98]

Wichtigstes Bewertungs- oder Unterscheidungskriterium von Weiterbildungsmaßnahmen für Arbeitnehmer dürfte jedoch sein, ob Weiterbildung auf freiwilliger oder unfreiwilliger Basis stattfindet. Es erscheint nämlich durchaus plausibel zu sein, daß viele Arbeitnehmer mit ihrem erreichten Arbeitsstatus zufrieden sind und etwaige Weiterbildungsmaßnahmen eher als Belastung empfinden. Dieser Tatbestand und eventuelle Unterschiede je nach Alter der Beschäftigten machen es jedoch schwierig, den Einfluß eines unterschiedlichen Angebotes von Weiterbildungsmaßnahmen durch die Betriebe auf das Arbeitsangebot richtig einzuschätzen.

Andererseits ist in den letzten Jahrzehnten das durchschnittliche Bildungsniveau der Bevölkerung aufgrund der breit angelegten Bildungsreformen der siebziger und achtziger Jahre stark angestiegen. Mit dieser Bildungsniveausteigerung dürfte jedoch ein zusätzlicher Anreiz zur Weiterbildung einhergehen.[99] Diese Aussage wird im Prinzip durch die Informationen aus der obigen Tabelle 13 bestätigt. Wenn man davon ausgeht, daß die Bereitschaft von Arbeitnehmern an Weiterbildungsmaßnahmen teilzunehmen mit dem Wunsch nach Aufstiegsmöglichkeiten und nach einer abwechslungsreichen Tätigkeit positiv korreliert,

---

98 Sadowski spricht in diesem Zusammenhang auch von "[...] augenscheinlichen Mängeln in der Führung kleiner und mittlerer Unternehmen, [...] welche auf unzureichend analysierten und geplanten Entscheidungen beruhen" (Sadowski, 1983, S.53). Dem sei nur abzuhelfen, wenn die Inhaber kleiner Unternehmen bereit wären, zu einer 'Akademisierung' ihrer Belegschaften einen Teil beizutragen (vgl. Sadowski, 1983, S.53ff). Mit anderen Worten, wenn Besitzer kleiner Unternehmen nicht bereit sind, mehr Akademiker einzustellen, dann müßten sie zumindest mehr Engagement bei Weiterbildungsaktivitäten für ihre Mitarbeiter zeigen.

99 Wobei die Weiterbildung nicht unbedingt berufsspezifischer oder berufsnaher Art, sondern auch eher allgemeinbildender Art sein kann.

dann scheinen die entsprechenden Werte aus Tabelle 13 durchaus ein Indiz für ein vorhandenes, beträchtliches Bereitschaftsniveau bei den Erwerbstätigen zu sein, an Weiterbildungsaktivitäten teilzunehmen bzw. diese sogar zu fordern. Daraus folgt aber, daß kleine Unternehmen im Bereich von qualifizierten Arbeitstätigkeiten zunehmend Akquisitionsprobleme bei der Personalbeschaffung bekommen dürften, wenn sie weiterhin Weiterbildungsmaßnahmen weitgehend als überflüssige, und nur kostenintensive soziale Maßnahme begreifen und diese deshalb nicht nur nicht selbst anbieten oder initiieren, sondern ihren Beschäftigten die Teilnahme an externen Weiterbildungsveranstaltungen durch Verweigerung von Sonderurlaub unmöglich machen.[100] So bildeten nach einer Erhebung des Instituts der deutschen Wirtschaft im Jahre 1987 alle Großunternehmen, aber nur zwei Drittel der Kleinbetriebe mit weniger als zehn Mitarbeitern ihre Beschäftigten weiter (vgl. Bundesministerium der Wirtschaft, 1990, S.231ff), wobei die Zahl für Kleinunternehmen noch überraschend hoch ist.

Der Einfluß des Urlaubs auf das Arbeitsangebot

In den letzten fünfzehn Jahren hat sich in unserer Gesellschaft der Stellenwert von Freizeit und Einkommen aufgrund des allgemein gestiegenen Lebensstandards eindeutig zugunsten der Freizeit verschoben (vgl. Habich, Noll, 1992, S.581ff). Nachdem für weite Teile des Arbeitsangebotes das Einkommen ein ausreichendes und damit für viele zufriedenstellendes Niveau erreicht hatte, haben sich die Präferenzen eines großen Teiles der Beschäftigten hin zu mehr Freizeit und weniger oder gleichem Einkommen verschoben. Nicht nur die Tendenz zu verstärkter Nachfrage nach Teilzeitarbeit oder anderen modernen variablen Arbeitszeitformen[101] ist ein Indiz für diese geänderte Präferenzstruktur, sondern auch der vielfach von Arbeitnehmern geäußerte Wunsch nach unbezahltem Urlaub beziehungsweise nach Freizeitausgleich statt Lohnzahlung für zusätzlich geleistete Arbeitsstunden spricht für diese These.[102] Wie im Kapitel 3.1.2 jedoch dargestellt wurde, ist es für viele kleine Unternehmen nicht leicht oder gar teilweise unmöglich, sich organisatorisch auf diese Präferenzen ihrer Beschäftigten einzustellen. Natürlich gibt es auch für Großunternehmen gewisse Grenzen und Restriktionen, auf flexiblere Urlaubswünsche von Beschäftigten reagieren zu können, aber der geringe Personalstamm kleiner Unternehmen erlaubt in der Regel keinerlei Sonderstellungen von einzelnen Arbeit-

---

[100] Siehe dazu die Praktiken bezüglich Weiterbildung der in den Fallstudien dieser Arbeit untersuchten Firmen.

[101] Siehe dazu auch das Kapitel über die tätigkeitsbezogenen Determinanten weiter unten.

[102] Der Wunsch nach Teilzeitarbeit könnte aber auch durch ökonomische Sachzwänge wie beispielsweise extrem angestiegenen Mietpreisen bedingt sein, weil eine Familie dadurch möglicherweise nicht mehr mit einem Alleinverdiener existieren kann.

nehmern.[103] Allerdings besitzen auch einige sehr große Unternehmen, die weitgehend automatisiert Großserien produzieren, erhebliche Restriktionen, was die freie Wahl des Urlaubes anbelangt. Der Produktionsprozeß macht es hier erforderlich, daß nur die gesamte Belegschaft gleichzeitig in Urlaub gehen kann. Zumindest weisen diese Unternehmen aber in der Regel längere Urlaubszeiten auf als kleine Firmen.

Ein weiterer, letzter Aspekt soll die fehlende Freizügigkeit bei der Urlaubswahl in kleinen Unternehmen verdeutlichen. Da in der Regel in kleinen Firmen lediglich der Inhaber weitgehende Kontrollfunktionen übernimmt, determiniert diese im Prinzip auch die Urlaubslage. Das heißt wenn er in Urlaub geht, wird die Unternehmung für diese Zeit vermutlich lediglich einen 'Notdienst' anbieten.

Setzt man also gestiegene Teilzeitarbeitswünsche von Arbeitnehmern als Indiz für eine gestiegene Freizeitpräferenz der Erwerbstätigen voraus und vergleicht sie mit den gängigen Urlaubsregelungen der Unternehmen, so dürfte die evidente Diskrepanz zwischen den Angeboten von kleinen Unternehmen und den Wünschen ihrer Arbeitnehmer als ein weiteres Indiz für Akquisitionsprobleme kleiner Unternehmen dienen.

Das Urlaubsthema abschließend, noch einige Bemerkungen zum Sonderurlaub von Arbeitnehmern. Der Verdacht liegt nahe, daß Unternehmen, die eine restriktive Handhabung bei der Gewährung des tariflichen Urlaubes ausüben, auch bei der Bewilligung von Sonderurlaub eher zurückhaltend sind. Da aber zunehmend ein Bildungsbedarf in bestimmten, gut ausgebildeten, Bevölkerungsschichten zu beobachten ist, stellt diese Tatsache wiederum einen negativen Arbeitsangebotsanreiz dar. Vor allem kleine Unternehmen werden sich schwer tun, zusätzlich zum tariflichen Urlaub, freie Tage für Sonderurlaub zu gewähren, weil insbesondere in diesen Firmengrößen die daraus resultierenden Unteilbarkeitsprobleme gravierend sein dürften.

Sonstige freiwillige betriebliche Sozialleistungen

Besonderes Augenmerk verdienen noch die diesen Abschnitt abschließenden sonstigen betrieblichen Sozialleistungen wie Kantinen, Betriebsfahrten, angebotene Sport- und Freizeitaktivitäten wie Betriebschor, Betriebsfußballmannschaft, Betriebsorchester, Betriebstheater, etc., Dienstkleidung und vieles mehr.

---

103 Einen Überblick über Tatsachen und Probleme des Betriebsurlaubes, wenn auch etwas antiquiert, gibt immer noch Hasenack (1963).

Sicherlich erscheinen diese Angebote auf den ersten Blick unscheinbar und als nicht sonderlich beachtenswert. Bei näherer Betrachtung wird aber rasch die grundlegende Bedeutung dieser betrieblichen Sozialmaßnahmen deutlich, und zwar aufgrund von zumindest zwei Faktoren.

Für die Unternehmen selbst stellen diese Aktivitäten, wie bereits im Kapitel 3.1.2 erwähnt wurde, einen durchaus erheblichen Kostenfaktor dar. Andererseits bietet sie den Firmen die Möglichkeit, Personal langfristig an sich zu binden. Im letzteren wird der bedeutende Aspekt dieser Form von betrieblichen Sozialleistungen für das Arbeitsangebot deutlich - die soziale Komponente oder Dimension dieser Maßnahmen.[104] Die Bedeutung von derartigen betriebssozialen Maßnahmen hat besonders durch evidente Tatbestände nach der Vereinigung Deutschlands in den neuen Bundesländern neue Aufmerksamkeit erfahren. Viele Arbeitnehmer in den neuen Bundesländern bekundeten vermutlich auch deshalb zunächst eine negative Grundstimmung, wenn sie nach ihrer subjektiven Situation befragt wurden, weil sie sehr schnell dem in der ehemaligen DDR üblichen Betriebsumfeld entrissen wurden. Die reprivatisierten Betriebe stellten weitgehend, aufgrund eines sicherlich vorherrschenden Kostendrucks, die vorher gängigen betrieblichen Sozialmaßnahmen ein. Natürlich sollte den eher mit der Intention, das politisch-sozialistische Bewußtsein zu prägen, ausgestatteten betrieblichen Veranstaltungen und Aktivitäten wenig Abschiedstrauer nachgesandt werden. Aber eines dürfte auch für marktwirtschaftliche Arbeitsverhältnisse gelten. Arbeitnehmer verbringen nun einmal einen großen Teil ihrer Lebenszeit im Betrieb. Es ist deshalb sehr wohl ein entscheidender Faktor, beispielsweise bei einem anstehenden Unternehmenswechsel, inwieweit das betriebliche Sozialklima im existierenden Arbeitsverhältnis intakt ist. Betriebliches Zugehörigkeitsgefühl, und wenn es sich nur auf die Zugehörigkeit zur Betriebsfußballmannschaft bezieht, kann durchaus erhebliche Lohndifferenzen zwischen zwei Unternehmen kompensieren, zumindest solange ein einigermaßen adäquat empfundenes Lohneinkommen in beiden Unternehmen sichergestellt ist. Diesen Ausführungen entsprechen auch die Werte aus Tabelle 13 zur Wichtigkeit des Arbeits- und Tätigkeitsmerkmales Kollegen. Es war für die Altersgruppe der 18-24 jährigen Erwerbstätigen das entscheidende Merkmal der Arbeitsplatzbeurteilung. Auch bei den anderen Altersjahrgängen sowie über alle Geschlechts- und Schulabschlußgruppen verteilt, rangierte dieses Arbeitsmerkmal auf einer gehobenen Wichtigkeitsstufe.

---

104 Sicherlich muß die zunehmende Tendenz zur Individualisierung innerhalb der Gesellschaft mit in die Analyse einbezogen werden. Das heißt heute eher antiquiert wirkende Betriebschöre oder ähnliches verlieren wahrscheinlich zunehmend an Bedeutung. Aber dieser Individualisierungstendenz tragen viele große Unternehmen Rechnung, in dem sie ihr Sozialangebot zunehmend modifizieren. Betriebseigene Tennisanlagen, die Möglichkeit des Zugangs zum regionalen Golfplatz oder ähnliches sind ein Indiz dafür.

Die Probleme für kleine Unternehmen, bei diesen das 'soziale Klima' prägenden Sozialleistungen angemessen mithalten zu können, sind auf den ersten Blick ersichtlich. Eine Betriebssportgemeinschaft braucht nun einmal eine Mindestanzahl von Mitgliedern. Neben diesen rein quantitativen Restriktionen gibt es aufgrund der beschriebenen Unteilbarkeitsphänomene Hindernisse finanzieller Art für kleine Unternehmen, auf die im Kapitel 3.1.2 bereits ausführlich eingegangen wurde. Auch psychologische Einflüsse können das betriebliche Zugehörigkeitsgefühl positiv für große Unternehmen beeinflussen. Wenn beispielsweise ein großer Konzern aufgrund seiner vorbildlichen Wahrnehmung sozialer Funktionen häufig in den Medien als nationales Aushängeschild für die Leistungsfähigkeit der Gesellschaft dargestellt wird, führt das auch zu einem gesteigerten Selbstbewußtsein bei der jeweiligen Belegschaft, weil die einzelnen Arbeitnehmer sich somit auch als staatstragendes Rädchen in der Gesellschaft begreifen können. Von der Tätigkeit eines kleinen Unternehmens hingegen, wird bestenfalls zu Jubiläen in der Lokalzeitung berichtet. Insbesondere für ostdeutsche Erwerbstätige scheint dieser Prestigeeffekt ein wichtiges Arbeitsplatzkriterium zu sein (siehe Tabelle 13).

Allerdings gibt es auch für kleine Unternehmen durchaus Möglichkeiten, das betriebliche Zugehörigkeitsgefühl zu sichern bzw. zu fördern, die hier nicht verschwiegen werden sollen. Im Dienstleistungsbereich, allerdings dort insbesondere in Wachstumsbranchen wie dem Unternehmensberatungs- und Werbesektor und mit entsprechender hoher Qualifikationsstruktur der Belegschaften, gibt es einige kleine Unternehmen, die ihren Beschäftigten beispielsweise ermöglichen, in firmeneigenen Domizilen Urlaub auf Firmenkosten zu machen. Nichtsdestotrotz sind die bis jetzt betrachteten betrieblichen Sozialleistungen für kleine Unternehmen, insbesondere für das Handwerk und für das Hotel- und Gaststättengewerbe, nur schwer durchführbar. Auch deshalb kommt es also zu Abwanderungstendenzen aus kleinen Firmen hin zu den größeren Industrieunternehmen.

Betriebliche Gesundheits- und Altersversorgung

Als nächstes soll eine unternehmerische Vorsorgeeinrichtung betrachtet werden, die prinzipiell auch eine betriebliche Sozialleistung darstellt, aber aufgrund ihrer Wichtigkeit als gesonderter Punkt betrachtet wird. Es handelt sich dabei um die betriebliche Gesundheits- und Altersversorgung. Im einzelnen werden im folgenden die betrieblichen Krankenversicherungen, die Betriebsrentenversicherungen (Pensionskassen), die Abdeckung durch Berufsunfallversicherungen je nach der Unternehmensgröße sowie sonstige Absicherungsmaßnahmen von

Unternehmen und die jeweiligen möglichen Auswirkungen dieser Maßnahmen auf das Arbeitsangebot untersucht.

Betrachten wir zunächst die Angebote an unternehmerischen Gesundheitssystemen. Da die für die meisten Beschäftigten zuständigen gesetzlichen Krankenversicherungen zunehmend Finanzierungsprobleme aufweisen und deshalb ihr Leistungsangebot zum Teil bereits erheblich eingeschränkt haben, kommt betrieblichen Krankenversicherungen eine zunehmende Bedeutung zu. Selbstverständlich führen auch dort die explosionsartig gestiegenen Kosten des Gesundheitssystems zu finanziellen Problemen. Diese Schwierigkeiten sind aber deshalb überschaubar und beherrschbar, weil die Zusammensetzung des versicherten Personals eine weniger kostenintensive ist als beispielsweise bei den allgemeinen Ortskrankenkassen, wo auch viele nicht berufstätige und damit einkommenschwache Personen versichert werden (müssen).

Allein der Begriff unternehmerische Gesundheitssysteme verdeutlicht, daß Betriebskrankenkassen nur für sehr große Unternehmen eine mögliche Variante einer Sozialleistung ist.[105] Die insbesondere im Handwerk als Alternative für kleine Unternehmen existierenden Innungskrankenkassen sind in den letzten Jahren ebenfalls unter großen Kostendruck geraten und unterscheiden sich in ihrer Beitragstarifgestaltung kaum noch von den großen Ersatzkassen (vgl. dazu Meierjürgen, 1989).

Für Arbeitnehmer ist es aber durchaus eine Entscheidungsvariable mit Gewicht, ob eine Versicherung in einer Betriebskrankenkasse möglich ist oder nicht. Die monatliche Einkommensdifferenz schwankt je nach Bruttoeinkommen zwischen 100 und 250 DM netto und summiert sich damit für viele Arbeitnehmer jährlich fast zu einem zusätzlichen Nettomonatsgehalt. Hinzu kommt noch, daß die angebotenen Leistungen der Betriebskrankenkassen in der Regel umfangreicher sind und die bürokratischen Hemmnisse, beispielsweise bei der Beantragung einer Kur oder etwaiger Therapien, vergleichsweise geringer sein dürften.

Als nächste betriebssoziale Determinante des Arbeitsangebotes werden die Betriebsrenten angesprochen. Eine erste Übersicht über die generelle Möglichkeit der Installation betrieblicher Altersversorgungssysteme je nach der Unternehmensgröße sowie Informationen über die Verbreitung der betrieblichen Altersversorgung in Unternehmen des Handels und der Industrie wurde bereits in den Ausführungen bzw. den Tabellen 8 und 9 im Kapitel 3.1.2.4 gegeben. Im folgenden wird nun genauer auf die Ausprägungsarten betrieblicher Altersversor-

105 Für große Unternehmen ist eine Einrichtung einer Betriebskrankenkasse natürlich weniger eine soziale Geste an die Belegschaft, sondern ein rationales Kalkül, über die geringeren Krankenversicherungsbeiträge erhebliche Kostenvorteile realisieren zu können.

gung eingegangen, weil von diesen möglicherweise unterschiedliche Arbeitsangebotsanreize ausgehen.

Die Gestaltungsformen der betrieblichen Altersversorgung sind in den verschiedenen Größenklassen von Unternehmen in unterschiedlichem Umfang vertreten. Acht verschiedene Gestaltungsformen einer betrieblichen Altersversorgung lassen sich unterscheiden, von denen fünf eine grundlegende Bedeutung zukommt. Die Wichtigkeit der einzelnen Ausprägungsarten und ihre unterschiedliche Verbreitung je nach der Unternehmensgröße sind den, unterschiedliche Zeiträume abdeckenden, Tabellen 14 und 15 auf Seite 180 zu entnehmen.

Es ist festzustellen, daß unabhängig von der jeweiligen Gestaltungsform der betrieblichen Altersversorgung offensichtlich eine gegenläufige Tendenz je nach der Unternehmensgröße besteht. Während die größeren Unternehmen verstärkt auf das Instrumentarium der Direktzusage zurückgreifen, ziehen kleine Unternehmen zunehmend die Direktversicherung vor.

Falls also eine betriebliche Altersversorgung in kleinen Unternehmen überhaupt angeboten wird, dominiert in den kleinen Unternehmensgrößenklassen die Direktversicherung oder Pensionsrückstellung als Direktzusage ohne Rückversicherung. Bei der Unternehmensgrößenklasse mit 100-199 Beschäftigten ist die häufigste praktizierte Form der betrieblichen Altersversorgung die Pensionsrückstellung als Direktzusage mit Rückversicherung. Unternehmen mit mehr als 500 Beschäftigten wählen hauptsächlich eine Pensionsrückstellung als Direktzusage ohne Rückversicherung. 'Reine' Pensionskassen mit rechtlichem Anspruch gibt es ab einer Unternehmensgröße von mehr als 200 Arbeitnehmern so gut wie gar nicht mehr und wird auch in den kleineren Unternehmen nur von einem Bruchteil der Firmen angeboten. Nahezu in allen Unternehmensgrößenklassen werden die angebotenen Alterssicherungsmaßnahmen teilweise kombiniert mit einer Unterstützungskasse.

Tabelle 14: Gestaltungsformen der betrieblichen Altersversorgung nach nach Unternehmensgrößen

Unternehm.-größe nach Arbeitnehm.	Direktzusagen		Unterstützungskasse		Pensionskasse		Direktversicherung		Höherversicherung[106]
	in v.H. der Unternehmen mit betrieblicher Altersversorgung insgesamt[107]								
	1973	1976	1973	1976	1973	1976	1973	1976	1976
10-49	34,7	31,2	6,5	4,8	9,4	8,7	62,1	68,5	0,4
50-99	58,9	56,4	17,0	16,4	6,6	6,2	43,4	52,3	1,5
100-199	67,2	67,3	28,0	25,5	6,8	6,7	34,7	42,8	0,4
200-499	75,6	80,1	39,4	34,3	10,5	6,0	25,8	34,0	0,5
500-999	84,2	92,8	51,2	42,5	8,0	7,8	21,3	32,7	1,8
1000 u. mehr	91,0	96,8	49,8	48,7	14,5	11,9	12,0	11,4	0,7
insgesamt	51,6	47,7	18,2	14,2	8,9	7,9	47,9	57,0	0,6

(Quelle: Giebel, 1985, S.497)

Tabelle 15: Verbreitung von Gestaltungsformen der betrieblichen Altersversorgung nach Unternehmensgrößenklassen

Gestaltungsform	Verbreitung in v.H. der Unternehmen mit betr. Alterversorg. Zahl der Beschäftigten				
	20-49	50-99	100-199	200-499	>=500
Direktversicherung	57,9	36,6	28,6	13,9	16,6
Direktzus. ohne Rückvers.	31,6	23,3	22,9	52,8	77,8
Direktzusage mit Rückvers.	10,5	30,0	40,0	22,2	33,3
Pensionskasse	5,1	3,3	2,9	0,0	0,0
Unterstützungskasse	10,5	20,0	25,7	38,9	22,2

(Quelle: Schmidt, 1985)

Die Verwaltungskosten eines Direktversicherers liegen durch einen sehr hohen Aufwand für Werbung und Außendienst wesentlich höher als die Aufwendungen eines Unternehmens, welches eine Direktzusage praktiziert. Da der Direktversicherer aber seine Verwaltungskosten an seine Kunden überwälzt und Direktversicherte in der Regel in kleinen Unternehmen zu finden sind, haben klei-

106 in der gesetzlichen Krankenversicherung

107 Unternehmen mit mehreren Gestaltungsformen wurden mit jeder Gestaltungsform gezählt.

ne Unternehmen prinzipiell einen finanziellen Nachteil. Die Aufwendungen eines großen Unternehmens sind auch deshalb wesentlich geringer, weil es aufgrund von Tätigkeitsüberschneidungen bei der Personalverwaltung und der betrieblichen Altersversorgung Synergieeffekte gibt. Da aber auch die anfallenden Verwaltungs- und Finanzierungskosten durch höhere Prämien auf die Versicherten überwälzt werden, ist die von den großen Unternehmen bevorzugte Direktzusage für die Arbeitnehmer kostengünstiger und somit wohl auch attraktiver. Die letzte leichte Einschränkung mußte deshalb gemacht werden, weil bei der Direktzusage ohne Rückversicherung im Insolvenzfall der Arbeitnehmer nicht nur seinen Arbeitsplatz, sondern zudem auch noch seine bis dahin erworbenen Pensionsansprüche verliert. Das heißt bei Nichtexistenz einer Rückversicherung nimmt die Attraktivität der Direktzusage gegenüber den externen Versorgungsformen aufgrund des Risikos beträchtlich ab (vgl. dazu Schanz, 1992, S.59ff).

Bei den betrieblichen Altersversorgungsleistungen stellt sich jedoch letztlich das gleiche Problem wie bei vielen anderen betrieblichen Sozialleistungen. Der organisatorische Aufwand für die angesprochenen Altersversorgungsmaßnahmen ist derart hoch, daß sich die Unterhaltung einer Pensionskasse in der Regel nur für Großunternehmen anbietet.

Auch was die Ausgestaltung der Versorgungsleistungen anbelangt, bieten die größeren Unternehmen ihren Beschäftigten wesentlich bessere Konditionen als die kleinen, wie die folgende Tabelle 16 zur Dynamisierung von Versorgungsleistungen nach Unternehmensgrößenklassen aufzeigt:

Tabelle 16: Dynamisierung von Versorgungsleistungen nach Unternehmensgrößenklassen:

Unternehmens-größe/Arbeitn.	Anteil der Unternehmen mit Dynamisierung der laufenden Versorgungsleistungen in v.H.			Ant.d. Untern. o. Dynamis. in v.H.
	jährliche Dynam.	Dyn. alle 2 Jahre	Dyn.in and.Abst.	
10-49	3,3	1,0	12,9	82,8
50-99	4,9	1,2	17,1	76,6
100-199	6,3	1,6	24,4	67,7
200-499	6,9	2,3	24,1	66,7
500-999	4,3	1,3	32,6	61,8
1000 und mehr	11,1	3,7	41,1	44,0
insgesamt	4,8	1,4	18,5	75,3

(Quelle: Giebel, 1985, S.490)

Tabelle 16 zeigt sehr deutlich, daß die Tendenz, eine betriebliche Altersversorgung mit dem positiven Element einer Dynamisierung der Leistungen anzubieten, um so höher wird, je größer das betrachtete Unternehmen ist.

Da selbst, bei den von den Gewerkschaften aus diversen Gründen eher skeptisch beurteilten Arbeitnehmerbeteiligungen, befragte Beschäftigte eine relativ hohe Zustimmung zu Gewinn- und Erfolgsbeteiligungen offenbarten, überrascht es nicht sonderlich, daß ein Angebot von betrieblicher Altersversorgung auf weitgehende und somit mehrheitliche Zustimmung bei den Arbeitnehmern stößt. Außerdem führt die gegenwärtig wieder einmal ausgeprägtere Diskussion über die Sicherheit des öffentlichen Rentensystems wahrscheinlich zu einem weiteren Anstieg der Beliebtheit betrieblicher Altersversorgungsmaßnahmen bei den Erwerbstätigen.

Damit folgt aus der Tatsache, daß für Kleinstunternehmen die Durchführbarkeit von betrieblichen Altersversorgungsmaßnahmen kaum gegeben sein dürfte, letztlich ein weiterer struktureller Nachteil für diese Unternehmensgrößenklasse bezüglich des Arbeitsangebotes.

Im folgenden wird abschließend das Angebot von Unternehmen verschiedener Größe bezüglich Unfallversicherungen oder sonstiger Absicherungsmaßnahmen für ihre jeweiligen Beschäftigten betrachtet.

Unfallversicherungsbeiträge stellen für kleine Unternehmen eine um 60% höhere Personalkostenbelastung dar als für große Firmen (vgl. Giebel, 1985, S.57). Diese Mehrbelastung könnte dazuführen,[108] daß in kleinen Unternehmen Arbeitnehmer dazu genötigt werden, kleinere bzw. unbedeutende Arbeitsunfälle als private Unglücke zu melden, um die Unfallversicherungsbeiträge für die Unternehmen moderat zu halten. Allerdings gibt es in allen Unternehmen einen Unfallversicherungszwang und für Arbeitnehmer dürfte ohnehin von mehr Interesse sein, wie hoch die Unfallhäufigkeit ist bzw. wie die Arbeitssicherungsmaßnahmen ausgestaltet sind.[109] Der verschiedenartigen Ausgestaltung von Unfallversicherungen kommt daher bei einer arbeitsangebotsseitigen Betrachtung nur eine untergeordnete Rolle zu.

Sonstige Absicherungsmaßnahmen von Unternehmen beeinhalten Betriebsfürsorgeregelungen und die Gesundheitspflege. Zu den Betriebsfürsorgemaßnahmen zählen die Beratung in sozialen Angelegenheiten und Problemfällen, sprich

---

[108] Auch in Verbindung mit einem durch die Nähe von Vorgesetzten und Untergebenen in kleinen Betrieben hervorgerufenen 'sozialen Drucks'.

[109] Siehe dazu die Ausführungen im Kapitel 3.2.1.4 über die tätigkeitsbedingten Determinanten des Arbeitsangebotes.

betriebliche Sozialarbeit, einmalige Krankheits- und Notstandsbeihilfen sowie sonstige einmalige Unterstützungen. Unter betrieblicher Gesundheitspflege sind Maßnahmen bzw. Ausstattung mit einem Betriebsarzt und sonstigem medizinischen Personal, (spezielle) Krankenräume, (Finanzierung von) Heilbehandlungen wie Bestrahlungen, Massagen oder Heilbäder sowie Röntgenreihenuntersuchungen zu verstehen (vgl. Giebel, 1985, S.507).

Zumindest bei der Gesundheitspflege treten die üblichen, bereits bekannten Unteilbarkeitsphänomene auf. Ein Betriebsarzt oder medizinisches Personal ist erst ab einer gewissen Unternehmensgröße rentabel und auch sinnvoll und wird deshalb selbst in mittelständischen Unternehmen mit bis zu 500 Beschäftigten eher eine Ausnahme bleiben. Hier bietet sich auch keine Lösungsmöglichkeit wie bei anderen Unteilbarkeitsproblemen durch zwischenbetriebliche Kooperationen an. Beispielsweise hätte ein 'Innungsarzt' nicht den Vorteil eines Betriebsarztes, den gleichen 'Stallgeruch' wie die jeweiligen Beschäftigten zu haben und somit Vertrauensvorschüsse zu besitzen. Allerdings kann ein Betriebsarzt auch ein gewisses Drohpotential für Beschäftigte darstellen, ähnlich dem eines Amtsarztes. Auf Krankenräume trifft die gleiche Argumentation zu wie bei den Kantinen (siehe oben im Kapitel 3.1.2). Bleibt noch die Betrachtung der Finanzierung von Heilbehandlungen oder von ähnlichen gesundheitsfördernden Maßnahmen. Hier dürfte es prinzipiell keine Unterschiede zwischen den einzelnen Unternehmensgrößen geben. Allerdings liegt die Vermutung nahe, daß bei größeren Unternehmen eher eine Bereitschaft besteht, hier Zahlungen vorzunehmen, weil diese Unternehmen mit größerer Wahrscheinlichkeit die Vorteile von Segmentationsstrategien beherzigen als kleine Firmen.

Immaterielle Mitarbeiterbeteiligung

Betrieblichen Mitbestimmungsrechten wird in der Literatur beträchtliche Aufmerksamkeiten geschenkt, wobei meines Erachtens Mitbestimmungs- oder Partizipationsmöglichkeiten für Arbeitnehmer von denselben gar nicht als ein so entscheidendes Kriterium für ein bestimmtes Arbeitsangebot angesehen werden, wofür auch die sinkenden Mitgliedszahlen der Gewerkschaften ein Indiz sein könnten. Zweifelsfrei dürften jedoch die positiven Auswirkungen bzw. Einflüsse auf die Arbeitsproduktivität und die Verringerung der Fluktuation bei Vorhandensein von Partizipation sein[110] (vgl. Gerlach, 1993, S.19). Allerdings müssen manche der in diese argumentative Richtung zielenden empirischen Er-

110 Die immaterielle Mitarbeiterbeteiligung ist in der Allgemeinen Organisationstheorie keine eigenständige Instrumentvariable, sondern sie umfaßt lediglich die gesonderte Einzelinstrumente Dezentralisation, Delegation sowie Partizipation (vgl. Sundermeier, 1992, S.113ff).

gebnisse (vgl. dazu Sundermeier, 1992, S.112ff), mit Vorsicht betrachtet werden, da teilweise nicht eindeutig selektiert wurde, ob beispielweise große Unternehmen nicht aufgrund einer effizienten Produktionstechnik (-struktur) ohnehin eine hohe Arbeitsproduktivität aufzuweisen hatten und durch die Sozialgesetzgebung automatisch verpflichtet sind, bestimmte Mitbestimmungsrechte, beispielsweise bei Kündigungen die Einbeziehung des Betriebsrates, einzuführen. Ein weiteres Indiz für die nicht immer geltenden positiven Einflüsse von Mitbestimmung können auch die Erfahrung von Unternehmen in Selbstverwaltung herangezogen werden. Obwohl in diesen sogenannten Alternativbetrieben die arbeitnehmerseitige Mitbestimmung maximiert ist, klagen Unternehmen diesen Typs oftmals über eine hohe Fluktuation sowie eine durch langwierige Entscheidungsfindung hervorgerufene Ineffizienz mit den damit mit einhergehenden Produktivitätsverlusten (vgl. dazu Berger, u.a., 1986).

Unabhängig von den angesprochenen Zweifeln an der Wirksamkeit von betrieblichen Partizipationsmöglichkeiten ist es eindeutig, daß die betriebliche Mitbestimmung in größeren Betrieben ausgeprägter ist. Bei einer ohnehin schon in der Bildungsoffensive befindlichen Gesellschaft mit steigender Tendenz in diese Richtung, dürfte das auch mit Partizipation verbundene Abgeben bzw. Delegieren von Verantwortung und Entscheidungsbewußtsein einschließlich sozialer Verbundenheit mit dem jeweiligen Unternehmen zunehmend an Attraktivität für Arbeitnehmer hinzugewinnen. Für kleine Unternehmen ergibt sich daraus die Notwendigkeit, stärker auf einen eher 'patriarchalischen' Unternehmensstil zu verzichten und erfahrene oder langjährige Mitarbeiter an mehr Entscheidungsprozessen teilnehmen zu lassen.

Zum Abschluß der Betrachtung der betriebssozialen Determinanten des Arbeitsangebotes werden im folgenden drei wichtige Einzelaspekte betrachtet:

- das von Arbeitnehmern empfundene Betriebsklima je nach der Unternehmensgröße
- die Aufstiegsmöglichkeiten in Unternehmen unterschiedlicher Größe
- die Arbeitsplatzsicherheit in Abhängigkeit von der Unternehmensgröße

Der Einfluß des Betriebsklimas

Einen nicht zu unterschätzenden Einfluß auf das Arbeitsangebot übt das jeweilige erwartete oder tatsächliche Betriebsklima aus. Wobei es wie bei allen eher psychisch wahrnehmbaren Situationen sich eher um subjektive als um objektiv überprüfbare Elemente handelt (vgl. Rosenstiel, 1993, S.66ff). Vorab ist zu mutmaßen, daß das jeweilige Betriebsklima unabhängig von der Unternehmensgröße ist und vielmehr durch die jeweilig praktizierte Arbeitsorganisation (Teamarbeit, etc.), durch den auf die Arbeitnehmer ausgeübten Leistungsdruck sowie durch die jeweiligen Betriebshierarchien (vgl. Zündorf, Grunt, 1980) determiniert wird. Es lassen sich jedoch gewisse Vermutungen über die Beziehung von Unternehmensgröße und Betriebsklima anstellen. So dürften in kleinen Unternehmen aufgrund des geringeren Mitarbeiterstammes soziale Kontakte auch zwischen unterschiedlichen Hierarchieebenen eher vorhanden sein als in Großunternehmen. Daraus ergeben sich sowohl Vor- als auch Nachteile für das jeweilige Betriebsklima. Die Nähe zum 'Chef' kann sowohl produktivitätsfördernd als auch arbeitshemmend wirken. Es hängt also von den Führungsqualitäten des betreffenden Vorgesetzten ab, ob eine in kleinen Unternehmen prinzipiell eher mögliche direkte soziale Kontrolle von den Beschäftigten als Motivation oder als die Arbeitsatmosphäre störende 'Gängelei' empfunden wird. Schafft es der Vorgesetzte, Leistungsdruck in ein Gefühl ähnlich dem 'wir sitzen alle in einem Boot' zu kanalisieren, dürfte eine engere soziale Beziehung durchaus produktiv sein. Viele Arbeitnehmer verzichten in einem solchen Fall auf potentiell höhere Entlohnung in einem Großunternehmen, weil ihnen im kleineren Betrieb das Gefühl vermittelt wird, maßgeblich am Unternehmenserfolg beteiligt zu sein. Auch die Arbeitsorganisation bzw. die im nächsten Kapitel 3.2.4 ausführlicher behandelte Vielseitigkeit von Tätigkeiten in kleineren Unternehmen heben aufgrund der größeren Arbeitszufriedenheit der Mitarbeiter vermutlich das Betriebsklima an. Ein Indiz für die Wichtigkeit des tatsächlichen oder erwarteten Betriebsklimas für das Arbeitsangebot sind die entsprechenden Wertschätzungen der Arbeits- und Tätigkeitsmerkmale Kollegen und Selbständigkeit in der obigen Tabelle 13.

Der Einfluß der Aufstiegsmöglichkeiten

Ein weiterer Aspekt für die Arbeitnehmer, eventuell einen Arbeitsplatzwechsel nicht vorzunehmen, obwohl die Möglichkeit dazu bestehen würde, sind die vermuteten Karrierechancen, sprich die vorhandenen Aufstiegsmöglichkeiten in den betreffenden Unternehmen. Dabei ergibt sich, je nach der Unternehmensgröße, folgendes Bild. In kleinen Unternehmen gibt es prinzipiell weniger 'Sprossen' auf der 'Karriereleiter'. Nach oben kommt man hier also schneller, andererseits endet die 'Karriereleiter' in kleineren Betrieben je nach Branche oftmals auch bereits beim Vorarbeiterstatus bzw. beim Abteilungsleiter, denn die nächst höhere Hierarchieebene füllt bereits der jeweilige Firmeninhaber aus. Das heißt wenn Aufstiegsmöglichkeiten nicht nur mit Lohnzuwachs, sondern auch mit Machtzuwachs gleichgesetzt werden, haben Arbeitnehmer in größeren Betrieben eher die Möglichkeit, verantwortungsvolle und Kreativität beanspruchende Positionen übernehmen zu können.

In vielen Branchen hat sich zudem das ursprüngliche Karrieremuster, sich im Laufe der Jahre hochzudienen, überlebt. Stattdessen lassen sich Karrieresprünge (einschließlich der damit in der Regel einhergehenden Gehaltssprünge) eher oder zumindest schneller durch 'Job-Hopping' bewerkstelligen. Diese neuere Version des 'Karrieremachens' bevorzugt jedoch die größeren Unternehmen, da diese zweifelsfrei ein breiteres Angebot an interessanten Positionen, die diese Arbeitnehmerstrategie erst möglich machen, bereitstellen (können).

Insbesondere von jungen Arbeitnehmern wird den Aufstiegsmöglichkeiten eine relativ hohe Bedeutung bei der Arbeitsplatzwahl zugebilligt. In der Altersgruppe 18-24 Jahre war es für 42% der West-Erwerbstätigen ein sehr wichtiges Arbeits- und Tätigkeitsmerkmal (vgl. Habich, Noll, 1992, S.586 oder Tabelle 13).

Der Einfluß der Arbeitsplatzsicherheit

Als letzter Einzelaspekt soll im folgenden noch die von Arbeitsanbietern antizipierte Arbeitsplatzsicherheit je nach der Unternehmensgröße betrachtet werden.[111]

Zweifelsfrei steht fest, daß die kleineren, weil in der Regel jüngeren, Unternehmen einer wesentlich höheren Zahl an Konkursen unterliegen als die großen Firmen (vgl. Angele, 1993a). Wenn jedoch ein kleines Unternehmen aus dem Markt ausscheidet, nimmt bestenfalls die lokale Presse davon Notiz. Sozialplanpflichten gibt es für kleine Unternehmen in der Regel auch nicht, das heißt zumindest subjektiv erscheint für viele Arbeitnehmer bei kleinen Unternehmen das Arbeitsplatzrisiko größer und die Situation in einem etwaigen Insolvenzfall schlechter zu sein. Allerdings wird dabei zweierlei von Arbeitsanbietern außer acht gelassen. Einmal wird übersehen, daß die öffentliche Aufmerksamkeit für die Schwierigkeiten und Probleme eines bestimmten Unternehmens meistens erst ab einer beträchtlichen Unternehmensgröße einsetzt. Politische Unterstützungsmaßnahmen werden gar erst bei Verletzung nationaler Interessen anberaumt. Daraus folgt, daß zumindest bei mittelständischen Unternehmen das individuelle Arbeitsplatzrisiko kaum geringer ist als bei sehr kleinen Unternehmen.[112] Zum anderen wird von Arbeitsanbietern teilweise übersehen, daß kleine Unternehmen aufgrund ihres geringeren Durchschnittsalters in der Regel noch wesentlich mehr Wachstumspotentiale besitzen als große Unternehmen,

---

111 Mit Arbeitsplatzsicherheit ist hier die konjunkturelle Arbeitsplatzsicherheit und nicht etwa die nach dem mit Unfallrisiko behafteteten Arbeitsschutz gemeint.

112 Viel entscheidender für die jeweilige Arbeitsplatzsicherheit dürfte ohnehin die Branche der betreffenden Unternehmen sein.

die sich zum Teil sogar 'gesundschrumpfen' müssen. Das heißt, daß zumindest bei mittelfristiger Betrachtungsweise, Arbeitsplätze in kleineren Unternehmen sicherer sein können als in großen Firmen. Die in kleinen Unternehmen vorhandenen hohen Fluktuationsraten schließlich, sind kein Indiz für mangelnde Arbeitsplatzsicherheit, sondern sind nur Ausdruck für bestehende Lohndifferenzen oder ähnlicher Leistungsunterschiede zwischen Unternehmen unterschiedlicher Größe.

Der Arbeitsplatzsicherheit messen aber sowohl West- als auch Osterwerbstätige insgesamt die höchste Bedeutung von allen Arbeits- und Tätigkeitsmerkmalen zu (vgl. Habich, Noll, 1986 oder Tabelle 13). Um so entscheidender ist es für kleine Unternehmen durch mehr externes Personalmarketing in Form von das Personalimage verbessernden Aktivitäten (vgl. Vollmer, 1993, S.179ff) oder durch eine grundlegende Neukonzeption des Personalmarketing (vgl. Reich, 1993, S.164ff) dem Arbeitsangebot zu signalisieren, daß gerade auch in den kleinen Firmen die Zukunftsperspektiven durchaus vorteilhaft sein können.

3.2.4 Tätigkeitsbedingte Determinanten

Im folgenden werden die tätigkeitsbezogenen Determinanten des Arbeitsangebotes betrachtet. Arbeitsbedingungen, Arbeitszeit und Arbeitsintensität spielen eine erhebliche Rolle für die Arbeitszufriedenheit von Beschäftigten und somit auch auf das Arbeitsangebot insgesamt. Zunächst werden die je nach Unternehmensgröße anzutreffenden Arbeitsbedingungen betrachtet, wobei als erstes die physischen Belastungen von Arbeit in die Untersuchung einbezogen werden.

Der Einfluß von unterschiedlichen Arbeitsbedingungen auf das Arbeitsangebot

Die physischen Belastungen von Arbeit haben in den letzten Jahren, insbesondere aufgrund gesetzlicher Vorschriften zur Verbesserung der Arbeitsbedingungen, unabhängig von der jeweiligen Unternehmensgrößenklasse, tendenziell abgenommen. Allerdings gibt es nicht nur zwischen einzelnen Branchen, sondern beispielsweise auch zwischen Industrie- und Handwerksbetrieben erhebliche Unterschiede, wie in einer relativ neuen Untersuchung über Arbeitskräfteprobleme in Kleinbetrieben auch empirisch nachgewiesen wurde (vgl. Mendius, Sengenberger, Weimer, 1987, S.100ff). Beispielsweise verfügen größere Unternehmen in der Regel über moderne Transportsysteme wie Deckenlaufschienen oder andere Hebevorrichtungen, der Transport von Teil- und Fertigprodukten erfolgt mit moderner Rollen- und Wagentechnik, die Maschinen sind weitgehend mechanisiert (vgl. Mendius, u.a., 1987, S.101). Durch die fehlenden Rationalisierungsmöglichkeiten aufgrund geringerer Kapazitäten in Kleinstunternehmen (siehe auch Kapitel 3.1.3.5) ist die körperliche Belastung in kleinen Industrie- und Handwerksbetrieben jedoch nach wie vor sehr hoch.

Auch Firmen mit außerbetrieblichem Leistungserstellungsprozeß haben überproportional hohe physische Arbeitsbelastungen aufzuweisen, weil die im innerbetrieblichen Leistungsprozeß zu verwendenden technischen Hilfsmittel außerhalb des Betriebes nicht einsetzbar sind. Außerbetriebliche Leistungserstellung ist aber gerade bei kleinen Unternehmen, insbesondere im Handwerk, die vorherrschende Produktionsform. Gerade in Zeiten von Vollbeschäftigung für qualifizierte Fachkräfte, die zumindest in den alten Bundesländern immer noch weitgehend existent ist, weigern sich immer mehr Arbeitsanbieter, sich den die körperliche Leistungsfähigkeit bedrohenden Arbeitsbedingungen, bei womöglich noch schlechterer Entlohnung, auszusetzen (vgl. Mendius, u.a., 1987, S.103f).[113]

Die psychischen Belastungen von Arbeit beruhen hauptsächlich auf Monotonie sowie auf durch erhöhten Zeit- und Leistungsdruck hervorgerufenen Stress.[114] Monotonie tritt in kleinen Unternehmen wohl weniger häufig auf, da die in diesen Unternehmen angebotenen Arbeitsplätze durch einen geringen Grad an Arbeitsteilung und -zerlegung gekennzeichnet sind (vgl. Mendius, u.a., 1987, S.104ff). Diese qualitativ hochwertigen Arbeitsplätze des Handwerks mit ihren ganzheitlichen, relativ abwechslungsreichen Tätigkeiten bieten eine gewisse Attraktivität für Arbeitsanbieter, sich trotz bestehender, oben beschriebener sonstiger Nachteile einen Arbeitsplatz im Handwerk zu besorgen. Die Zunahme von kleinen Zuliefererbetrieben bewirkt jedoch einen wachsenden Abbau an diesen 'umfassenden' Jobs, weil sich viele kleine Unternehmen aufgrund des erhöhten Wettbewerbes im Zuliefererbereich stärker als bisher spezialisieren müssen.

Der Konkurrenzdruck spielt auch eine Rolle bei der bereits angesprochenen Zunahme der Arbeitsintensität. Nur noch durch eine Intensivierung der Arbeit gelingt es vielen Unternehmen, Kostensteigerungen gerade auch des Produktionsfaktors Arbeit zu nivellieren. Die Alternative - Preiserhöhungen - sind nämlich

---

[113] Auf die sogenannten Umgebungsbelastungen wie Lärm, Staubbelastung, etc. wird weiter unten eingegangen.

[114] Beispielsweise wird die Arbeitsintensiät durch eine Verdichtung der Arbeitszeit aufgrund einer Einführung von Leistungsentlohnung (Akkord) erhöht (vgl. Mendius, u.a., 1987, S.106f).

in vielen Branchen aufgrund der Konkurrenzsituation nicht mehr am Markt durchzusetzen (siehe dazu auch das folgende Kapitel 3.3).

Stress wird jedoch nicht nur durch die Intensivierung der Arbeit ausgelöst, sondern auch die erhöhten Konzentrationsanforderungen an viele heutige Arbeitsplätze stellen durchaus eine starke psychische Belastung dar. Gerade die neuen Produktionstechnologien mit komplex zu steuernden und sehr empfindlichen Maschinenteilen führen bei Unachtsamkeit zu sehr hohen Reparaturkosten. Außerdem sind durch diese sehr effizienten und leistungsstarken Maschinen die Produktionsausfallmengen pro Stunde bei Stillstehen der jeweiligen Maschine stark angestiegen. Dieses Wissen um die eigene Verantwortung stellt für viele Arbeitnehmer eine neue, spürbare psychische Zusatzbelastung dar (vgl. Mendius, u.a., 1987, S.104ff).

Anzumerken bleibt noch, daß auch im Handwerk zunehmender Termindruck für eine Intensivierung der Arbeit sorgt und ebenso die im Handwerk eingesetzten Maschinen tendenziell komplizierter und damit auch teurer werden. Trotzdem läßt sich konstatieren, daß zumindest im kleinbetrieblich organisierten Handwerk Monotonie und Stress noch weit geringer sind als in den sehr stark durchrationalisierten Großunternehmen. Die geringere psychische Belastung stellt demnach einen Pluspunkt für die Personalakquisitionsmöglichkeiten von kleinen Unternehmen dar.

Zum Abschluß der Betrachtung über Arbeitsbedingungen wird im folgenden noch kurz auf die sogenannten Umgebungsbelastungen wie Lärm, klimatische Belastungen sowie Belastungen durch schädliche Arbeitsstoffe, Dämpfe, Gase und Stäube eingegangen (vgl. Mendius, u.a., 1987, S.108ff). Tendenziell läßt sich zu den Umgebungsbelastungen feststellen, daß diese in den großen Unternehmen aufgrund strenger Auflagen ohne Ausnahmemöglichkeit und der Stärke des jeweiligen Betriebsrates mit einhergehender Transparenz der Arbeitsbedingungen für die Gewerkschaften geringer sein dürften als in kleinen Unternehmen. Beschweren sich hingegen Arbeitnehmer in einem Kleinstbetrieb über Lärm oder Staubbelastung an ihrem Arbeitsplatz bei ihrem Arbeitgeber, der womöglich noch selbst direkt am Produktionsprozeß beteiligt ist und somit den gleichen Umgebungsbelastungen ausgesetzt ist, werden die Beschäftigten wohl kaum auf sehr viel Verständnis für ihre Belange hoffen können. Sie werden die negativen Arbeitsbelastungen vielleicht auch schon nur deshalb zu akzeptieren haben, weil es in ihrer Region keine oder kaum Arbeitsalternativen gibt (beispielsweise einziger Bäckereibetrieb im Ort).[115] Auch sind Schutzvorkeh-

115 Allerdings muß eingeräumt werden, daß dieses Argument in Regionen mit sehr einseitig ausgerichteten Industriestrukturen auch für große Unternehmen gilt.

rungen gegen Staub oder Lärm im außerbetrieblichen Leistungerstellungsprozeß wiederum organisatorisch kaum sinnvoll durchzuführen oder gar unmöglich. Die Umgebungsbelastungen sprechen demnach eher für eine Arbeitsaufnahme in Großunternehmen, sofern Arbeitnehmern den Arbeitsbedingungen eine entprechende Bedeutung beimessen.

Zieht man als Kriterien zur Beurteilung der Wichtigkeit der Arbeitsbedingungen für das Arbeitsangebot die Arbeits- und Tätigkeitsmerkmale Abwechslung und Selbständigkeit heran, ist festzustellen, daß ein erheblicher Einfluß von der täglichen Ausgestaltung der Arbeit auf die Arbeitsplatzwahl ausgeht. Beide genannten Arbeits- und Tätigkeitsmerkmale werden mit etwa 40 % Nennungshäufigkeit als sehr wichtige Elemente für die Arbeitszufriedenheit angesehen (vgl. Habich, Noll, 1992, S.586 oder siehe obige Tabelle 13).

Ein weiteres, eigentlich auch zu den Arbeitsbedingungen zählendes Element von Arbeitsbeziehungen ist die Arbeitszeit, die aber aufgrund ihrer Wichtigkeit gesondert betrachtet wird.

Der Einfluß der Arbeitszeit auf das Arbeitsangebot

Im folgenden werden die Arbeitszeit je nach Unternehmensgröße und die daraus resultierenden Auswirkungen auf das Arbeitsangebot betrachtet, wenn beispielsweise Unternehmen unterschiedlicher Größe jeweils andere Arbeitszeitformen anbieten. Zum Begriff Arbeitszeit werden hier einmal die Länge des Arbeitstages, Überstunden, Schichtarbeit, Spätdienst und Wochenendarbeit sowie zum anderen die angebotenen modernen, flexiblen Arbeitszeitstrukturen gezählt.

Betrachten wir zunächst die Lage und Dauer der Arbeitszeit. Im kleinbetrieblichen Unternehmenssektor ist Schichtarbeit bis heute eher die Ausnahme. Die gewöhnlichen Arbeitszeiten liegen zwischen sechs und acht Uhr (Arbeitsbeginn) und zwischen fünfzehn und siebzehn Uhr (Arbeitsende) (vgl. Mendius, u.a., 1987, S.112). Die Gründe für diese eher als restriktiv zu bezeichnende Arbeitszeitwahl wurden ausführlich in Kapitel 3.1.2 dargestellt. Bis vor einigen Jahren konnte dieser Verzicht auf ein Mehrschichtsystem bei kleinen Unternehmen durchaus als Plus bzw. Anreiz für das Arbeitsangebot betrachtet werden. Zweierlei Aspekte lassen jedoch in letzter Zeit Schichtarbeit auch für kleinere Arbeitgeber interessant werden. Zum einen hat die zunehmende Freizeitorientierung weiter Teile der Bevölkerung dazu geführt, daß Arbeitnehmer zumindest im Sommer einen relativ frühen Arbeitsbeginn bzw. einen eher späten (nachmittags) präferieren, um ihre Freizeitaktivitäten voll ausleben zu können. Zum anderen unterstützt die zunehmende Tendenz zum Einpersonenhaushalt diesen Drang nach zeitlicher Flexibilität, weil die ohne Familienangehörige lebenden Beschäftigten unabhängiger ihre Freizeit gestalten können und wollen. Außerdem sind heute aufgrund der gestiegenen Lebenshaltungskosten (Mieten, etc.) in vielen Familien Doppelverdiener anzutreffen. Ein Schichtsystem ermöglicht dann bei guter Koordinierung gleichzeitig die Kinderbetreuung. Allerdings warnen nicht nur die Gewerkschaften vor der zunehmenden Entfremdung innerhalb der Familien, die diese gestaffelten Arbeitszeiten mit sich bringen. Letztlich darf auch nicht der finanzielle Aspekt von Nachtarbeit oder Spätschichten außer acht gelassen werden, da nicht unerhebliche Lohnzuschläge für diese späten Arbeitszeiten gezahlt werden. Zumindest kann als Fazit konstatiert werden, daß die vorhandenen Schichtsysteme in Großbetrieben diesen, was das Arbeitsangebot anbelangt, nicht zum Nachteil gereichen, auch wenn natürlich die psychischen und physischen Belastungen bei länger andauernden Perioden von Nachtarbeit nicht (generell) zu vernachlässigen sind.

Ein ähnliches Bild wie bei den Schichtarbeitssystemen ergibt sich bei der Wochenendarbeit. Es ist für viele Arbeitnehmer, die ohne Familie leben, heute keineswegs mehr so, daß Wochenendarbeit prinzipiell auf Widerstand stößt. Im Gegenteil, viele Berufstätige empfinden es als eindeutigen Wohlfahrtsgewinn, beispielsweise aufgrund der geleisteten Wochenendarbeit am dafür freien Montag und Dienstag in aller Ruhe Einkäufe und sonstige Besorgungen erledigen zu können. In diesem Punkt scheint die starre Haltung der Gewerkschaften ein wenig antiquiert zu sein. Für kleine Unternehmen stellt sich jedoch wiederum das Problem, daß der in der Regel allein für die Kontrolle zuständige Firmeninhaber auch nicht rund um die Uhr, sprich die ganze Woche, seine Aufgaben wahrnehmen kann und will. Bei außerbetrieblicher Leistungserstellung könnte es auch Probleme geben, da sicherlich ein Gutteil der Bevölkerung beispielsweise Handwerker nicht am Wochenende in ihrer Wohnung 'begrüßen' möchte (siehe zu dieser Problematik auch Kapitel 3.1.2). Jedenfalls laufen die kleinen Unternehmen Gefahr, aufgrund nicht gewollter bzw. nicht möglicher Flexibilität der Lage der wöchentlichen Arbeitszeit für manche Arbeitsanbieter an Attraktivität zu verlieren.[116] Dafür spricht auch wiederum der nicht unerhebliche finanzielle Anreiz von Samstags- bzw. Sonntagsarbeit, da an Wochenenden bis zu 50% an Stundenzuschlägen gezahlt werden. Mit der zunehmenden Flexibilisierung der Wirtschaft wird jedoch tendenziell verstärkt Wochenendarbeit einhergehen, da in sehr vielen Dienstleistungsbranchen ohnehin an Wochenenden gearbeitet werden muß, beispielsweise im Hotel- und Gaststättengewerbe. Allerdings hat gerade dieser Unternehmensbereich verstärkt Proble-

[116] Allerdings gibt es sicher auch eine Vielzahl von Arbeitnehmern, die genau aus diesem Grund lieber in einem kleinen Unternehmen beschäftigt sind.

me, Arbeitskräfte zu finden. Das dürfte aber weniger an den Arbeitszeiten liegen, sondern vielmehr an der geringen Vergütung in diesem Unternehmenssektor.

Bei der Betrachtung des Anreizes von Überstunden auf das Arbeitsangebot stehen sich zwei grundlegende Aspekte gegenüber. Zum einen ist für viele Arbeitskräfte jede Überstunde ein zusätzliches, willkommenes Zubrot, um die gestiegenen Lebenshaltungskosten ohne Lebensstandardseinbußen kompensieren zu können. Zum anderen bewirkt das gestiegene Freizeitinteresse und die heute auch wesentlich besseren und vielfältigeren Freizeitangebote bzw. -möglichkeiten, daß viele Beschäftigte lieber weniger als mehr arbeiten würden. Das führt zu der paradoxen Situation, daß hoch qualifizierte Arbeitskräfte, die entsprechend gut verdienen, einerseits mehr auf Freizeit pochen, andererseits von dieser Personengruppe aber gerade verstärkt Überstunden gefordert und erwartet werden. Bei den weniger Qualifizierten mit geringerem Lohn, ist genau der entgegengesetzte Fall zu beoabachten. Diese Beschäftigtengruppe würde aufgrund von eventuell auftretenden Liquiditätsengpässen gerne das Angebot, Überstunden zu leisten, wahrnehmen. Die zunehmende Rationalisierung hat jedoch gerade die Einsatzmöglichkeiten dieses Personenkreises stark eingeschränkt.

Generell machen kleine Unternehmen vom Anpassungsmechanismus Überstunden prinzipiell häufiger Gebrauch als Großunternehmen, weil sie unter anderem Personalakquisitionsprobleme aus den bereits genannten Gründen besitzen (siehe dazu Kapitel 3.1). Teilweise wird die Notwendigkeit, Überstunden leisten zu lassen, aber auch durch die kleinen Firmen selbst hervorgerufen. So werden in manchen Branchen trotz tendenzieller Unterauslastung regelmäßig zusätzliche Arbeitsleistungen, sprich Überstunden, erbracht. Der Grund dafür sind strukturelle Defizite dieser Unternehmen, welche die Arbeitsorganisation und Kapazitätsplanung betreffen (Mendius, u.a., 1987, S.115).

Insgesamt führt die verstärkte Inanspruchnahme des Anpassungsinstruments Überstunden durch kleine Unternehmen zu einem gewissen Ausgleich der vorhandenen Lohnunterschiede zwischen großen und kleinen Unternehmen. Allerdings nennt man das Problem bei derartiger Betrachtungsweise nur mit anderem Namen. Der Nachteil einer geringeren Vergütung im kleinbetrieblichen Sektor wird zwar geringer, aber dafür müssen Beschäftigte dort länger arbeiten, um die gleiche Lohnhöhe zu erzielen.

Bei der Untersuchung von Habich, Noll (1992) wurde aber ermittelt, daß dem Arbeits- und Tätigkeitsmerkmal Arbeitszeitregelung insgesamt eine eher mäßige Bedeutung von den Erwerbstätigen beigemessen wird. Allerdings gibt es einen erheblichen Unterschied zwischen Männern und Frauen. Während nur für 22-27% der Männer die Arbeitszeit von Belang war, waren zwischen 37-40% der Frauen der Meinung, daß die Arbeitszeitregelungen ein wichtiger Bestandteil der Attraktivität eines Arbeitsplatzes seien (vgl. Habich, Noll, 1992, S.586 oder siehe obige Tabelle 13). Hier scheint das durch die in unserer Gesellschaft immer noch vorherrschende traditionelle Rollenverteilung eingeschränkte Zeitbudget von Frauen die Hauptrolle zu spielen.

Da auf die flexiblen Arbeitszeitformen bereits in Kapitel 3.1.2 ausführlich eingegangen wurde, sollen diese hier nur noch kurz angesprochen werden. Prinzipiell läßt sich, das Arbeitsangebot betreffend, für variable Arbeitszeitformen, Teilzeitarbeit oder Gleitzeit eine ähnliche Argumentation anführen wie bei der Dauer und Lage der 'regulären' Arbeitszeit. Gerade Teilzeitarbeit ist für viele Arbeitnehmer eine willkommene Möglichkeit, Familie und Beruf miteinander zu verbinden. Da aber die Möglichkeiten, Teilzeitarbeit einzuführen, für kleine Unternehmen eher begrenzt sind (siehe Kapitel 3.1.2), haben große Firmen in diesem Punkt bei weitem mehr Möglichkeiten auf die Arbeitszeitpräferenzen von Arbeitsanbietern einzugehen und sind deshalb für viele Beschäftigte attraktiver.

Abschließend werden im folgenden die persönlichkeitsbezogenen Determinanten des Arbeitsangebotes betrachtet.

3.2.5 Persönlichkeitsbezogene Determinanten

Zu den persönlichkeitsbezogenen Determinanten des Arbeitsangebotes zählen die jeweilige Einkommenssituation der Beschäftigten,[117] eventuell mögliche Nebeneinkünfte,[118] das Alter, Geschlecht und die Nationalität des Arbeitsanbieters. Außerdem müssen Mobilitätsgesichtspunkte wie die Bereitschaft zu längeren Anfahrten zum Arbeitsplatz[119] oder die damit in Verbindung stehenden Fahrtkosten in die Analyse einbezogen werden. Schließlich müssen die für den Arbeitnehmer entstehenden Transaktionskosten, beispielsweise die zu erwartenden Suchkosten für Arbeitskräfte bei freiwilligem oder unfreiwilligem

[117] Vorhandenes Geldvermögen vermindert in der Regel die Bereitschaft, lohnabhängige Arbeit anzubieten.

[118] Beispielsweise aus Mieteinnahmen, legalen Nebentätigkeiten oder aus illegaler Schwarzarbeit.

[119] Auch die möglichen Arten der Anfahrt spielen dabei eine Rolle, beispielsweise welche öffentlichen Verkehrsmittel stehen zur Verfügung.

Arbeitsplatzwechsel[120] und der Verlust von nicht monetärem Nutzenpotential bei einem Arbeitsplatzwechsel[121] unbedingt berücksichtigt werden.

Die Vermögenssituation von Arbeitnehmern scheint, wenn sie überhaupt eine Rolle spielt, keinerlei Bezug auf unterschiedliche Unternehmensgrößen zu haben. In Phasen mit relativ starken Wohlfahrtsgewinnen geht tendenziell die Bereitschaft einiger Personengruppen (insbesondere bei 'Zweitverdienern') Arbeit anzubieten zurück. In rezessiven Arbeitsmarktphasen jedoch gibt es in der Regel ein Überangebot an wenig oder gar nicht qualifizierten Arbeitsanbietern. In dieser ökonomischen Situation befindet sich derzeit die deutsche Wirtschaft. Das bedeutet, daß größere Unternehmen ihren Bedarf an Nichtqualifizierten bzw. wenig qualifizierten Arbeitsanbietern decken können, während in den durchschnittlich höher qualifizierte Arbeitnehmer einstellenden kleinbetrieblich strukturierten Firmen, nach wie vor, zumindest in vielen Branchen, Facharbeitskräftemangel herrscht (vgl. Jagoda, 1993 oder Cramer, 1990). Setzt man nun eine positive Korrelation zwischen besser qualifziert und höherem Vermögen voraus und zieht gleichzeitig in Betracht, daß vorhandenes Vermögen immer eine negative Tendenz auf den Umfang des Arbeitsangebotes ausübt, dann ist evident, daß kleine Unternehmen in diesem Punkt durchaus ein wenig schlechter gestellt sein dürften als große Firmen. Ein Indiz für die Richtigkeit der These könnte die weiter oben ausgeführte Abnahme der Wichtigkeit von Verdienstmerkmalen für Erwerbstätige mit zunehmend höheren Bildungsabschlüssen sein (vgl. Habich, Noll, 1992 oder siehe obige Tabelle 13). In ländlichen Regionen könnten zudem die geringere Mietbelastung sowie die generell niedrigeren Lebenshaltungskosten einen das Arbeitsangebot vermindernden Effekt auslösen.

Ein weiterer wichtiger Aspekt betrifft die Möglichkeit für Arbeitsanbieter, sich außerhalb einer vorhandenen oder nicht vorhandenen Arbeitstätigkeit Nebeneinkünfte durch illegale Tätigkeiten wie Schwarzarbeit zu verschaffen (vgl. dazu Schwarze, 1988). Gerade aber der sich aus überwiegend kleinen Unternehmen zusammensetzende Handwerksbereich bietet offensichtlich die 'besten' Möglichkeiten, 'nebenberuflich' in der Schattenwirtschaft tätig zu sein. Es gibt beispielsweise in der Maler-, Kraftfahrzeugreparatur- oder Elektroinstallationsbranche immer häufiger bekannt gewordene Fälle, in denen Arbeitnehmer freiwillig kündigten, um nach Ablauf der Sperrfrist Arbeitslosengeld zu beziehen und parallel dazu 'freiberuflich' ihrem alten Handwerk nachzugehen. Ein

[120] Durch Einschätzung der aktuellen Konjunkturlage oder dem erwarteten Verlust von betriebsspezifischem Humankapital bei einem Stellenwechsel, was arbeitnehmerseitige sunk costs darstellen.

[121] Die Beziehung zu langjährigen Kollegen kann verloren gehen oder es kommt zu einem Verlust an Sicherheitsgefühl, weil die vertraute Arbeitsumgebung fehlt.

Indiz dafür, daß diese Fälle keine Einzelvorkommnisse sind, ist die zunehmende Arbeitskräfteknappheit (ausgebildete Fachkräfte betreffend) gerade in den angesprochenen Handwerkszweigen. Eine ausreichende Vermögenssituation hingegen dürfte zumindest vermindernd auf die Zahl von schattenwirtschaftlich tätigen Erwerbstätigen bzw. Arbeitslosen wirken, wodurch insbesondere das Handwerk entlastet werden dürfte.

Die konjunkturelle Situation spielt auch bei drei weiteren persönlichkeitsbezogenen Determinanten des Arbeitsangebotes, nämlich Alter, Geschlecht und Nationalität der Arbeitsanbieter, eine gewichtige Rolle. Wobei hier beachtet werden muß, daß das Arbeitsangebot bei diesen Kriterien durch die jeweilige wirtschaftliche Situation sehr stark exogen determiniert werden kann.

Betrachten wir zunächst das Alter der Beschäftigten bzw. das der potentiellen Arbeitnehmer. Unabhängig von der jeweiligen konjunkturellen Situation haben sich zwei Merkmale fest etabliert. Zum einen ist das Berufseintrittsalter seit der Gründung der Bundesrepublik Deutschland kontinuierlich angestiegen. Zum anderen ist das Berufsaustrittsalter aufgrund der schlechteren Arbeitsmarktsituation des letzten Jahrzehnts stetig gesunken, unabhängig von Vorruhestandsregelungen.

Ersteres hat für bestimmte kleinbetrieblich organisierte Branchen wie insbesondere der des 'klassischen' Handwerks die negative Auswirkung, daß es zunehmend schwieriger für die betreffenden Unternehmen geworden ist, Ausbildungsplätze zufriedenstellend zu besetzen. Für jüngere Menschen scheint eine traditionelle Ausbildung nach der mittleren Reife ein wenig attraktives Berufsziel zu sein, was sicherlich auch mit dem dann zu erwartenden niedrigeren Lebenseinkommen in diesen Branchen zusammenhängt. Zusätzliche Hemmnisse für die potentiellen Auszubildenden, tatsächlich einen Handwerksberuf zu erlernen, sind die vermeintlich geringere gesellschaftliche Akzeptanz dieser Berufe sowie die trotz einiger Verbesserungen immer noch stark unterproportionale Höhe der Ausbildungsvergütungen. In einigen Branchen wie Bäckereien oder dem Hotel- und Gaststättengewerbe werden die negativen Tendenzen noch durch als unattraktiv empfundene Arbeitszeiten verstärkt.

Ein weiterer Aspekt bezüglich des Alters der Arbeitsanbieter beschreibt schließlich das Phänomen, daß in der Altersgruppe von 20-30 Jahren eine starke Tendenz zur Abwanderung von kleinen hin zu größeren Unternehmen zu beobachten ist, weil die in den größeren Firmen gebotenen Leistungsanreize (höherer Lohn, bessere Aufstiegsmöglichkeiten, etc.) eventuelle bei kleinen Unternehmen gelagerten Vorteile wie besseres Betriebsklima oder die soziale Nähe zu Vorgesetzten überkompensieren.

Als nächste persönlichkeitsbezogene Determinante soll das jeweilige Geschlecht des Arbeitsanbieters und die sich daraus möglicherweise ergebenden Auswirkungen betrachtet werden. Der gravierendste Unterschied in diesem Zusammenhang zwischen großen und kleinen Unternehmen dürfte im arbeitstechnischen Bereich vorzufinden sein. Unternehmen des Handwerks tun sich nach wie vor schwer, in 'klassischen' Männerberufen wie KFZ-Mechaniker, Maurer, Elektriker oder Heizungsinstallateur weibliche Fachkräfte auszubilden bzw. einzustellen. Eine Dachdeckerin beispielsweise ist immer noch die absolute Ausnahme. Andererseits ist in der Hotel- und Gaststättenbranche eine männliche Buffethilfe oder in einer Arztpraxis eine männliche Sprechstundenhilfe eine Rarität. Offenbar ist also gerade in eher kleinbetrieblich organisierten Branchen eine klassische Rollenverteilung auszumachen, die teilweise noch in der jeweiligen Berufsbezeichnung festgeschrieben ist, wie es zum Beispiel bei Zimmermädchen (heute in der Regel als Zimmerfrauen bezeichnet) oder dem Zimmermann der Fall ist. Es hat zumindest den Anschein, als sei eine so das Arbeitsangebot selektierende Rollenverteilung in größeren Unternehmen weniger ausgeprägt, so daß durch diesen Nichttatbestand durchaus Flexibilitätsvorteile mit steigender Unternehmensgröße angenommen werden können. Ob Frauen Großfirmen auch deshalb vorziehen könnten, weil sich dort zunehmend die Funktion einer Frauenbeauftragten institutionalisieren wird, ist noch nicht abschließend zu beurteilen, da diese Entwicklungen gerade erst in Gang gekommen sind.

Bezüglich der persönlichkeitsbezogenen Determinante des Arbeitsangebotes - Nationalität der Arbeitsanbieter - läßt sich generell kein Unterschied nach der Unternehmensgröße ausmachen. Lediglich unter Einbeziehung regionaler Gesichtspunkte ist ein Einfluß auf das Arbeitsangebot je nach der Unternehmensgröße auszumachen. Da der Ausländeranteil in der Bevölkerung in den Ballungszentren tendenziell höher ist, und die großen Firmen überwiegend ebenfalls dort angesiedelt sind, könnte ein auf das quantitative Arbeitsangebot für große Unternehmen positiver Effekt abgeleitet werden. Mit anderen Worten ausgedrückt, ein in strukturstarken aber ländlich geprägten Regionen wie Nordbayern oder Südwürttemberg eventuell vorhandener Fachkräftemangel kann nicht oder kaum durch den Zuzug ausländischer Arbeitskräfte gemildert werden. Dagegen spricht allerdings, daß gerade ausländische Arbeitsanbieter aufgrund oftmals fehlender familiärer oder heimatlicher Bindungen an bestimmte Regionen im Gastland flexibler auf entsprechende Arbeitsangebote einzugehen bereit sind, als bodenständige und somit eher immobile deutsche Arbeitskräfte.[122]

---

122 Allerdings sinkt möglicherweise das Lebensniveau ausländischer Arbeitnehmer bei Annahme eines Arbeitsangebotes in der 'Provinz' dadurch, weil sie sich allein an einem kleinen

Die soeben angesprochenen räumlichen Mobilitätsgesichtspunkte stellen aber auch unabhängig von der jeweiligen Nationalität ein das Arbeitsangebot einer Region determinierendes Faktum dar. Kleine Arbeitsnachfrager könnten dann durchaus genügend Anreize für Arbeitskräfte bieten, auch wenn größere Firmen beispielsweise höhere Löhne zahlen, wenn eben diese größeren Unternehmen für potentielle Arbeitnehmer nur unter schwierigen Mobiltitätsgesichtspunkten zu erreichen sind. Was nutzt es einem Angestellten, wenn er einige hundert Mark brutto monatlich mehr in einem großen Industriekonzern verdienen könnte, dieses zusätzliche Entgelt aber letztlich für gestiegene Fahrtkosten zum großen Arbeitgeber aufwenden muß? Ganz abgesehen von dem erheblichen Zeitaufwand, den er vermutlich durch die Pendelzeiten auf sich nehmen muß.

Die Ausgaben für die Anschaffung eines PKW, um zur Arbeit zu gelangen, stellen im Prinzip bereits arbeitnehmerbezogene Transaktionskosten eines Arbeitsplatzwechsels dar, welche im folgenden als letzte persönlichkeitsbezogene Determinante des Arbeitsangebotes betrachtet werden soll.

In diesem Zusammenhang üben zunächst einmal die erwarteten Suchkosten bei einem dann in der Regel unfreiwilligen Arbeitsplatzwechsel einen nicht unerheblichen Einfluß auf die Arbeitsplatzwahl aus. Arbeitnehmer dürften eher bei einem renommierten, in der Öffentlichkeit als grundsolide bekanntem, größeren Unternehmen eine Tätigkeit aufnehmen wollen als bei einer kleinen unbekannten Firma. Andererseits bauen in konjunkturell schwierigen Situationen gerade Großunternehmen zumindest ihre 'Randbelegschaften' in einem beachtlichen Tempo ab, wie gerade auch in der letzten Zeit zu beobachten war.

Weiterhin gehören zu den arbeitnehmerbezogenen Transaktionskosten die bei einem Jobwechsel der Arbeitskraft entstandenen sunk costs. Dabei handelt es sich entweder um betriebsspezifische Humankapitalverluste der Arbeitnehmer oder um die Aufgabe von nicht monetärem Nutzenpotential wie beispielsweise das Vertrautsein mit langjährigen Kollegen oder ein Verlust an Sicherheitsgefühl, weil die gewohnte Arbeitsumgebung fehlt. Gerade die letztgenannten Aspekte sollten nicht unterschätzt werden. Vor allem die Überschaubarkeit der sozialen Gegebenheiten in kleineren Unternehmen läßt es vermutlich für viele Arbeitnehmer plausibel erscheinen, trotz einer möglichen Verbesserung vor allem der ökonomischen Bedingungen bei Wechsel in eine größere Unternehmung, ihrem kleinen Stammunternehmen treu zu bleiben. Insbesondere in kleinen Firmen dürften Arbeitnehmer auch unterer Lohngruppen oftmals noch das Gefühl vermittelt bekommen, ein wichtiges und somit täglich benötigtes Räd-

---

Ort in unserer Gesellschaft erst recht als Außenseiter fühlen. In einer Großstadt dagegen sind vermutlich immer Menschen der gleichen Nationalität anzutreffen.

chen im Produktionsprozeß der Unternehmung zu sein. Es erscheint also durchaus eine konsistente Handlungsweise zu sein, immaterielle Aspekte wie die Arbeitszufriedenheit höher zu bewerten als starke finanzielle Anreize.

Eine Zusammenfassung der ermittelten arbeitsangebotsbezogenen Erklärungsansätze für Beschäftigungsprobleme je nach der Unternehmensgröße befindet sich im Kapitel 5.

3.3 Marktstrukturbezogene Erklärungsansätze

3.3.1 Einführung

Dieses Kapitel bezieht seine Notwendigkeit aus der Tatsache, daß kleine Unternehmen in ihrem Verhalten als Akteure auf dem Arbeitsmarkt durch die jeweils vorherrschende Marktstruktur im für die Unternehmen relevanten Markt beeinflußt werden. Beispielsweise ergibt sich ein unterschiedliches Verhalten der kleinen Unternehmen dann, wenn die Marktkonzentration in den einzelnen betroffenen Branchen unterschiedlich hoch ist.[123] Mank (1991) sieht insbesondere vier unternehmensexterne Determinanten des Unternehmensverhaltens kleiner Unternehmen:

- den erheblichen Konkurrenzdruck auf den Absatzmärkten
- die häufige, starke Abhängigkeit von Großkunden
- die ausgeprägte Abhängigkeit bei der Beschaffung von Material, Waren und Dienstleistungen
- das ausgeprägte Anpassungsverhalten gegenüber externen Einflüssen (Arbeitsmarkt, Tarifpolitik, Staat)

(vgl. Mank, 1991, S.58f)

Die jeweilige Marktstruktur spielt also eine erhebliche Rolle bei der Beurteilung der Chancen und damit auch der Beschäftigungsprobleme kleiner Unternehmen. Deshalb steht im folgenden die Analyse unterschiedlicher Marktstrukturen und ihre Auswirkungen unter anderem auf das Beschäftigungsverhalten

---

123 Deshalb abstrahiert beispielsweise Mason von der Unternehmensgröße als Determinante des Unternehmensverhaltens. Er klassifiziert hingegen Unternehmensgruppen nach den jeweiligen firmenbezogenen Marktstrukturen (vgl. Mason, 1957).

von Unternehmen unterschiedlicher Größe im Vordergrund. Wodurch ist nun eine Marktstruktur zu klassifizieren?

Als wesentliche Elemente der Marktstruktur nennt Kaufer:

-"Anzahl der Größenverteilung der Firmen auf der Angebots- und Nachfrageseite des Marktes
- Grad der Produktdifferenzierung
- Höhe der Marktschranken gegenüber dem Zutritt neuer Konkurrenten
- Wachstumsrate der Marktnachfrage
- Elastizität der Marktnachfrage" (Kaufer, 1980, S.24)

Diese Elemente prägen entscheidend das Verhalten der Unternehmen auf dem jeweiligen Markt und werden dementsprechend der Reihe nach als Grundlage der marktstrukturbezogenen Erklärungsansätze von Beschäftigungsproblemen kleiner Unternehmen herangezogen.

Ein gravierender Unterschied hinsichtlich der Beeinflussung verschiedener Unternehmensgrößen durch die jeweilige Marktstruktur soll bereits hier erwähnt werden, weil er die vorzunehmende Analyse nicht gerade vereinfacht. Große Firmen operieren in vielen Märkten (vgl. Kaufer, 1980, S.372) und besitzen dementsprechend auch mehrere Strategien, je nachdem auf welchem Markt sie gerade agieren. Eine weitere Problematik der Analyse des Einflusses der Marktstruktur auf das Verhalten von Unternehmen betrifft die Nichteindeutigkeit von vermeintlichen Kausalzusammenhängen in diesem Untersuchungsfeld (vgl. dazu u.a. Eickhof, 1992, S.181ff). Die Entwicklung der Marktstruktur und das Verhalten der Unternehmen stellt ein System wechselseitiger Bedingtheit dar. Zwar wird das Verhalten von Firmen unterschiedlicher Größe durch die jeweilige anzutreffende Marktstruktur beeinflußt, andererseits prägt das Verhalten der einzelnen Unternehmen wiederum die jeweilige Marktstruktur (vgl. Kaufer, 1980, S.595). Die folgende Analyse muß sich aus diesem Grund auf einzelne beschäftigungsbezogene Aspekte, die signifikant für die einzelnen Unternehmensgrößenklassen sind, beschränken. Die Konzeption und Darstellung einer umfassenden Theorie über Marktstruktur und das jeweilige Unternehmensverhalten erscheint, unabhängig von ihrer teilweise angezweifelten generellen Existenzmöglichkeit, allein schon aufgrund der für eine zufriedenstellende empirische Überprüfung derzeit nicht ausreichenden Datengrundlage, wenig sinnvoll zu sein.[124]

---

124 Einen Überblick über die Theorie des Marktprozesses und der Marktstruktur bei Vorliegen von unvollständiger Information gibt beispielsweise Schulenburg (1993, S.509ff).

3.3.2 Der grundsätzliche Einfluß des Konzentrationsniveaus des relevanten Marktes

Die Größenverteilung der auf einem gemeinsamen Markt operierenden Firmen, sprich das Konzentrationsniveau dieses Marktes, determiniert das Verhalten von Unternehmen vor allem hinsichtlich dreier Merkmale.

Erstens ist Kollusion zu nennen, also das mehr oder weniger geheime Zusammenspiel bei der Koordination der Preispolitik Bestandteil unternehmerischen Verhaltens, wenn auf dem relevanten Markt dementsprechend wenige Anbieter operieren (vgl. Kaufer, 1980, S.24ff).[125] Dieses dürfte für kleine Unternehmen aber nur noch in sehr abgelegenen, strukturschwachen Regionen der Fall sein, wenn beispielsweise bei einem öffentlichen Bauvorhaben preiserhöhende Absprachen bei den Ausschreibungen vorgenommen werden. Ansonsten dürften kleine Unternehmen fast immer reine Mengenanpasser sein.

Zweitens sind vor allem kleine Unternehmen der Zuliefererbranchen einer zunehmenden 'countervailing power' (vgl. Galbraith, 1967) ausgesetzt. Beispielsweise ist die Nachfragerkonzentration im Automobilsektor enorm hoch, was zur Folge hat, daß diese Gegenmacht bis in die kleinen Zuliefererfirmen hineinreicht und diesen Vorgaben für die Preis- und Produktpolitik unterbreitet werden.

Drittens steigt mit zunehmender Konzentration sowohl der Angebots- als auch der Nachfrageseite die Möglichkeit von "reziproken Geschäftsbeziehungen" (Kaufer, 1980, S.25), die zur Zunahme von Kompensationsgeschäften führen. Zum Beispiel kauft ein Automobilhersteller seine KFZ-Batterien nur noch bei einem Unternehmen, wenn dieses quasi als Gegenleistung ihren Firmenfahrzeugpark nur noch mit den Autos eben dieses Herstellers ausstattet. Daß bei solchen Geschäftsbeziehungen für außenstehende kleine Unternehmen in der Regel unüberwindbare Marktschranken (siehe unten) errichtet worden sind, dürfte evident sein.

Die grundlegende These für diesen Abschnitt ist deshalb folgende. In eher kleinbetrieblich organisierten Sektoren wie dem produzierenden Handwerk oder dem Hotel- und Gaststättengewerbe sind die jeweiligen Konkurrenzsituationen aufgrund der 'atomistischen' Marktstruktur stärker ausgeprägt und somit der

---

[125] Hammes (1993) interpretiert Kollusion weniger negativ als Kaufer, er spricht bei Koordinierung unternehmerischer Aktivitäten eher von strategischen Allianzen, welche sowohl von der Kartellbehörde als auch von der Monopolkommission durchaus positiv eingeschätzt würden (vgl. Hammes, 1993, S.496ff).

Spielraum für die Unternehmen, ihren Arbeitnehmern höhere Löhne zu zahlen oder freiwillige Sozialleistungen anzubieten, tendenziell geringer. Dadurch sinkt aber auch die Wahrscheinlichkeit für diese Unternehmen, auf ein adäquates Arbeitsangebot zurückgreifen zu können.

Diese Annahme läßt sich neben den obigen Ausführungen zusätzlich damit begründen, daß auf einem Markt mit vielen kleinen Anbietern die jeweilige Ausgangssituation der Betriebe hinsichtlich Kapitalausstattung, Kundenstruktur und Belegschaft nahezu identisch sein dürfte. Deshalb gibt es für ein einzelnes Unternehmen kaum einen Grund bzw. wegen eventueller Kostenrestriktionen gar keine Möglichkeit, höhere Löhne als die Konkurrenz zu zahlen oder mehr freiwillige Sozialleistungen anzubieten als ihre Marktkonkurrenten.[126] Im Gegenteil, es wäre sogar irrational für einen Unternehmer mehr oder bessere Konditionen zu offerieren als die anderen Marktteilnehmer, wie das folgende spieltheoretische Modell zeigt.

Es handelt sich bei dem folgenden Ansatz um eine typische Gefangenendilemma-Situation. Es existieren nur zwei Unternehmen auf dem betrachteten Markt, wobei diese eine identische Größe aufweisen. Jedes der beiden Unternehmen hat zwei mögliche Handlungsoptionen. Einmal kann es höhere Löhne zahlen und freiwillige Sozialleistungen anbieten (defekte Strategie = D). Die andere für die Unternehmen mögliche Handlungsalternative wäre, ihren Arbeitnehmern keine höheren Vergütungen zu zahlen und keine freiwilligen Sozialleistungen anzubieten (kooperative Strategie = C). Es ergibt sich aufgrund dieser Ausgangssituation folgende Auszahlungsmatrix:

Abbildung 21: Prisoner's Dilemma-Situation bei homogener Unternehmensgröße

		Unternehmen B (klein)	
		Alternative I	Alternative II
Unternehmen A (klein)	Alternative I	**C / C** (100 / 100)	**C / D** (80 / 120)
	Alternative II	**D / C** (120 / 80)	**D / D** (80 / 80)

(Quelle: Eigener Entwurf)

126 Von möglichen positiven Einflüssen auf die Arbeitsproduktivität durch höhere Löhne oder freiwillige Sozialleistungen wird hier aus Vereinfachungsgründen abstrahiert. Grundsätzlich würde sich die dargestellte Situation dadurch aber nicht verändern, da die diese positiven Effekte wiederum für alle Unternehmen gelten würden.

Bieten beide Unternehmen keine freiwilligen Sozialleistungen an und zahlen sie den gleichen geringeren Lohn, beträgt ihr jeweiliger Gewinn 100 Geldeinheiten. Der gesamte Unternehmensgewinn wäre in diesem Fall 200 Geldeinheiten und damit maximiert, deshalb kann die in diesem Fall von den Unternehmen angewandte Strategie aus Sicht dieser auch als kooperativ bezeichnet werden. Zahlt jedoch eines der beiden Unternehmen mehr und bietet freiwillige Sozialleistungen an (spielt also eines der beiden Unternehmen defekt[127]) und das andere Unternehmen bleibt beim ursprünglichen Angebot für seine Beschäftigten, dann wird das jeweils defekt spielende Unternehmen das weitaus bessere Personal akquirieren können. Dadurch steigt der Gewinn dieses Unternehmens auf 120 Geldeinheiten und der Gewinn des anderen Unternehmens sinkt auf 80 Geldeinheiten. Das resultiert einerseits aus dem unterschiedlichen Qualifikationsniveau der Beschäftigten und andererseits weil das eine Unternehmen Arbeitzufriedenheitseinbußen und das andere entsprechende Arbeitsproduktivitätssteigerungen zu verzeichnen hat. Sprechen sich beide Unternehmen nicht über ihre Handlungsstrategie ab - und in einem atomistischen Markt ist Kollusion wie oben gezeigt wurde eher unwahrscheinlich - erhält jedes Unternehmen nur noch einen Gewinn von jeweils 80 Geldeinheiten und die Gesamtgewinnsumme in der Gesellschaft sinkt auf 160 Geldeinheiten. Wohlfahrtsökonomisch wäre dieses allerdings wenig problematisch, da es schlechtestenfalls nur zu einer Umverteilung von Produzenten- zu Konsumentenrente gekommen wäre und ein solcher Vorgang ist bekanntlich wohlfahrtsneutral.

Da auf Märkten mit vielen gleich kleinen Unternehmen Transparenz über die jeweils eingeschränkten Möglichkeiten höhere Löhne zu zahlen bzw. freiwillige Sozialleistungen anzubieten (also Arbeitsmarktsegmentation zu betreiben) existieren sollte und damit auch das Risiko solcher Maßnahmen bekannt sein dürfte, wird unter anderem mit Hilfe von Industrie- und Handwerkskammern bewerkstelligt, daß alle Unternehmen der Branche oder Region in der Regel kooperativ sind. Deshalb sind in der Realität auch kaum signifikante Lohnunterschiede bzw. Differenzen hinsichtlich des Angebotes freiwilliger Sozialleistungen innerhalb kleinbetrieblich strukturierter Branchen festzustellen. Insgesamt gesehen ist das Lohnniveau und das Angebot an Sozialleistungen in diesen Marktsegmenten aber unterproportional hoch.

Liegt jedoch ein stärker konzentrierter Markt vor, auf dem große und kleine Unternehmen gemeinsam operieren, was in vielen Bereichen der Industrie der Fall sein dürfte, ändert sich die Situation. Das folgende Modell zeigt die veränderten Zusammenhänge wiederum für zwei Unternehmen, diesmal aber Firmen unter-

---

[127] Unter der Voraussetzung der Nichtkooperation ist das eine rationale Strategie, weil Unternehmen in der Regel Gewinnmaximierer sind.

schiedlicher Größe, auf. Das große Unternehmen hat bei Vorliegen von economies of scale (und davon muß man ausgehen, wenn es große Unternehmen auf dem relevanten Markt gibt) Kostenvorteile, die es bei der Lohn- und Sozialleistungsausgestaltung nutzen kann. Die folgende Auszahlungsmatrix stellt die Situation für zwei der auf dem Markt befindlichen Unternehmen dar, wobei Unternehmen A die große und Unternehmen B die kleine Firma darstellt.

Abbildung 22: Prisoner´s Dilemma-Situation bei heterogener Unternehmensgröße

		Unternehmen B (klein)	
		Alternative I	Alternative II
Unternehmen A (groß)	Alternative I	**C / C** (1000 / 100)	**C / D** (800 / 120)
	Alternative II	**D / C** (1200 / 80)	**D / D** (900 / 80)

(Quelle: Eigener Entwurf)

Aufgrund der Größenvorteile und der wesentlich kapitalintensiveren Produktion im großen Unternehmen[128] sinkt bei der letztlich resultierenden Lösung des Modelles (beide spielen wie oben D) der Gewinn des großen Unternehmens nicht um 20%, sondern nur um 10% durch das Anbieten von höheren Löhnen bzw. Bereitstellen von freiwilligen Sozialleistungen. Daraus folgt jedoch, bei entsprechender Zielsetzung der Erhöhung des Marktanteiles, daß D für das große Unternehmen A die beste Strategie ist, und zwar unabhängig von der Entscheidung des kleinen Unternehmens B, weil der Marktanteil am Gewinn von 90,9% auf 91,8% angestiegen ist.

Eine noch marktungleichgewichtigere Verteilung ergibt sich für den Fall, wenn das kleine Unternehmen B aufgrund des starken Konkurrenzdruckes des großen Unternehmens A gar nicht in der Lage ist, mit den höheren Löhnen von B bzw. mit dessen angebotenen freiwilligen Sozialleistungen mitzuhalten, was zudem Unternehmen A bekannt sein dürfte. Dann steigt der Marktanteil von Firma B auf 93,75% mit anhaltender Tendenz für weitere 'Lohnrunden'. Im Extremfall würde dieses bei entsprechender Zielsetzung von Unternehmen B zur völligen Verdrängung von Unternehmen A vom Markt führen. Dieser Tatbestand, möglicherweise ein Monopol erringen zu können, macht die oben getroffene An-

[128] Zudem gibt es mehr Rationalisierungsspielräume in Großunternehmen aufgrund der geringeren Unteilbarkeitsprobleme (siehe oben).

nahme bezüglich des Verhaltens von Unternehmen A, Marktanteilserhöhung vor kurzfristiger Gewinnmaximierung durchaus plausibel, denn nur bei dieser Handlungsstrategie maximiert Unternehmen A langfristig seinen Gewinn.

Das bedeutet also letztlich, daß kleine Unternehmen aufgrund ihrer determinierten Größe, strukturelle Anreizdefizite gegenüber dem Arbeitsangebot besitzen. Dieser Nachteil kann aber dazu führen, daß ihr Marktanteil noch weiter absinkt. Das geschieht immer dann, wenn es den größeren Unternehmen tatsächlich gelingt, ihre besseren Möglichkeiten, qualifiziertes Personal zu akquirieren, in eine entsprechende Qualität ihrer Produkte und Unternehmenspolitik umzusetzen. Daraus folgt als Quintessenz, daß allein schon eine durch realsierte economies of scale finanzierte Erhöhung der Gratifikationen von Arbeitnehmern zum Ausscheiden der kleinbetrieblichen Wettbewerber führen können.

Als nächster Punkt sollen die Möglichkeiten zur Produktdifferenzierung je nach der Unternehmensgröße und dadurch eventuell bewirkte Auswirkungen auf die Beschäftigtensituation von Unternehmen betrachtet werden.

3.3.3 Der Grad der Produktdifferenzierung[129]

Das zweite wichtige oben erwähnte Element der Marktstruktur umfaßt den jeweiligen Grad der Produktdifferenzierung, der auf dem relevanten Markt realisiert wird oder erreichbar wäre. Zwar ist die Herstellung standardisierter Produkte ein prägendes Zeichen unserer Zeit, dennoch führt der differenzierte Geschmack der Individuen zur Notwendigkeit für Unternehmen unterschiedliche Produkte mit einheitlichen Grundfunktionen herzustellen. Insbesondere die Aktionsparameter Preis, Werbung, Forschung und Entwicklung sowie die Gestaltung der Verkaufsbedingungen sind für die sinnvolle Durchführung von Produktdifferenzierung vonnöten (vgl. Kaufer, 1980, S.26). Bei allen erwähnten Aktionsparametern haben kleine Unternehmen aber strukturelle Nachteile gegenüber ihren größeren Konkurrenten. Die kleinen Firmen sind lediglich Mengenanpasser, sie haben finanzielle Restriktionen bei teuren Marketingstrategien, besitzen in der Regel keine eigenständigen Forschungs- und Entwicklungsabtei-

---

129 Produktdifferenzierung ist nicht zu verwechseln mit der Herstellung sehr spezialisierter Produkte (Kleinserienfertigung). Kleine Unternehmen produzieren häufig in Marktnischen, in dem sie auf besondere Kundenwünsche eingehen. Den weitaus größten Marktanteil machen aber größere, Produktdifferenzierung betreibende, Unternehmen unter sich aus. Das heißt diese Firmen stellen in ihren Grundfunktionen ähnliche Produkte mit lediglich unterschiedlichen Spezifikationen wie Farbe oder Form her (Großserienfertigung).

lungen und sind schließlich aufgrund ihrer geringeren Betriebsgröße auch nur selten in der Lage, neue Absatzmethoden zu realisieren.

Diese eingeschränkte Möglichkeit für kleine Unternehmen, Produktdifferenzierung zu betreiben, hat für die Beschäftigtensituation dieser Firmen eine Reihe von Konsequenzen.

Erstens erlaubt Produktdifferenzierung eine breitere Streuung des Risikos, weil prinzipiell verschiedene und vor allem mehr Käufergruppen erreicht und damit ein insgesamt höheres Marktsegment abgedeckt werden kann. Das führt dementsprechend zu einer höheren Arbeitsplatzsicherheit in großen, Produktdifferenzierung betreibenden Unternehmen mit entsprechenden positiven Einflüssen auf das Arbeitsangebot. Zudem sinkt durch Produktdifferenzierung die Gefahr betriebsinterner Monotonie der Arbeitsprozesse, was wiederum positive Effekte auf die Beschäftigtensituation ausübt. Weiterhin kann Produktdifferenzierung zu einer Abschwächung von Nachfrageschwankungen[130] beitragen, wenn es beispielsweise gelingt, die Produkte auf saisonale Besonderheiten hin zu differenzieren. Der Aktionsparameter Preis wiederum erlaubt es, bei konjunkturellen Zyklen, den hervorgerufenen, teilweise extremen, Auslastungsschwankungen ein wenig ihrer Stärke zu nehmen. Daß dadurch die Personalpolitik in den Produktdifferenzierung betreibenden größeren Firmen wesentlich erleichtert wird, dürfte unumstritten sein.

Insgesamt betrachtet ist Produktdifferenzierung demnach ein positives Instrument zur Verbesserung der Beschäftigtensituation von Unternehmen, auch wenn dadurch leicht erhöhte Kosten, infolge eines aufwendigeren Produktionsprozesses, in Kauf genommen werden müssen.

Produktdifferenzierung stellt aber zudem eine Marktschranke dar, deren Entstehung und Auswirkungen auf die Personalsituation je nach der Unternehmensgröße im Anschluß aufgezeigt werden.

---

130 Siehe zu Nachfrageschwankungen aufgrund der jeweiligen Marktstruktur auch den gesonderten Abschnitt 3.3.5.

3.3.4 Entstehung und Auswirkungen von Marktschranken

Selbst ein in einem Marktsegment alleinanbietendes Unternehmen ist noch kein Monopolist, sofern potentielle Konkurrenz vorhanden ist, die bei entsprechenden Gewinnanreizen auf den Markt eintreten würde und dieses theoretisch auch könnte. Das heißt es ist entscheidend, ob Marktschranken existieren und wie hoch diese sind. Bekannt sind diese Zusammenhänge unter dem wirtschaftstheoretischen Begriff der 'constestable markets' geworden (vgl. dazu Baumol, u.a., 1982; Braulke, 1983; Fehl, 1985 sowie Mantzavinos, 1992). Zusätzlich ist beim Konzept bestreitbarer Märkte "[...] zu berücksichtigen, daß die Schwierigkeit, den Markt zu verlassen, die Bereitschaft mindert, ihn zu betreten" (Kaufer, 1980, S.26). Mit anderen Worten, der Höhe der sogenannten 'sunk costs', - den irreversiblen Investitionskosten infolge eines Markteintrittes - kommt eine entscheidende Bedeutung zu (vgl. dazu Kruse, 1988, S.508ff).

Die Existenz von Marktschranken läßt sich nun dadurch erklären, daß auf dem relevanten Markt von bestimmten Unternehmen Größenersparnisse bei der Produktion realisiert werden können, daß bestimmte auf dem Markt operierende Firmen absolute Kostennachteile aufweisen oder schließlich die Inanspruchnahme der bereits behandelten Produktdifferenzierung zu Eintrittshemmnissen führt.

Sind nun große Unternehmen eher als ihre kleineren Konkurrenten in der Lage Marktschranken zu installieren und haben somit eine bessere Position auch in Bezug auf die Beschäftigtensituation?

Das vorige Kapitel zur Produktdifferenzierung beantwortet diese Frage positiv. Im folgenden müssen demnach die Größenersparnisse bei der Produktion sowie die Möglichkeit der Existenz von absoluten Kostennachteilen bestimmter Unternehmen betrachtet werden.

Es steht also im weiteren die Frage im Mittelpunkt, ob es Nachteile bezüglich der Beschäftigung aufgrund der spezifischen Produktionsstruktur der kleinen Unternehmen für diese gibt. Oder präziser formuliert; ergeben sich aufgrund spezieller, bis zu diesem Punkt noch nicht analysierter, Betriebsgrößennachteile auch Beschäftigungsprobleme für kleine Unternehmen?

Betriebsgrößennachteile kleiner Unternehmen könnten sich aus den in der nachstehenden Übersicht 11 angeführten Sachverhalten ergeben.

Übersicht 11: Ursachen für eventuelle Betriebsgrößennachteile

1) Kosten einzelner Anlageeinheiten
a) Unteilbarkeiten (bei Anlagen, aber dadurch auch den Einsatz von menschlicher Arbeit beeinflussend)
b) geometrische Eigenschaften bei Anlagen

2) Kosten ganzer Anlagen
3) Betriebskosten
a) Arbeitskosten
   - Ersparnisse durch Spezialisierung
   - Unteilbarkeiten, z.B. bei der Überwachung von Anlagen oder bei Reparaturkolonnen (im Gegensatz zu Unteilbarkeiten bei Arbeitszeitverkürzungen)
b) Ersatzteilhaltung
c) besserer Wirkungsgrad bei großen Anlagen
d) geringere Lagerhaltungskosten
   - relativ kleinere Produktionslager
   - geringere Transaktionskosten

4) Losgrößen

5) Lerneffekte

6) Mehrbetrieblichkeit
a) Transportkosten bei Beschaffung und Absatz
b) Anpassung an wachsende Nachfrage (bei mehreren Betrieben)
c) Spezialisierung der Einzelbetriebe
d) mehr Flexibilität, geringere Verwundbarkeit

7) Horizontale und vertikale Integration (vgl. Coase, 1937)
a) Vorteile im Produktionsprozeß (economies of scope)
b) Versorgungssicherheit (rückwärts)
   -Qualität
   -Vermeidung von Monopolpreisen durch Lieferanten
   -Vermeidung einer Zange (Abhängigkeit von Konkurrenten bei Rohstoffen)
c) Transaktionskosten auf Gütermärkten

8) Management-Kosten
   Unterschiedliche Managementkosten bei verschiedenen Unternehmensgrößen (vgl. Alchian, Allen, 1974).

9) x-Ineffizienz (vgl. Leibenstein, 1978)
a) interne Motivation
- Arbeitsverträge lassen Spielraum, Ausnutzen zu Ungunsten des Unternehmens
- Widerstand gegen Änderungen (Rationalisierung, Machtproblem)
b) externe Motivation

(Quelle: Eigene Überlegungen, vgl. dazu Coase, 1937; Alchian, Allen, 1974; Leibenstein, 1978; Kaufer 1980; Scherer, 1990 sowie Williamson, 1990).

Ein Teil dieser Betriebsgrößennachteile induzierenden Sachverhalte wurde bereits in den Kapiteln zu Unteilbarkeitsphänomenen (Kapitel 3.1.2), zu kontraktbedingten Inflexibilitäten (Kapitel 3.1.3) sowie zum technischen Wandel (Kapitel 3.1.3.5) angesprochen, weil bei ihnen direkt Beschäftigungsauswirkungen zu beobachten sind. Dieses war insbesondere bei den Punkten 1), 2), 3)a), 5), 8) und 9) der obigen Übersicht der Fall. Die noch nicht näher angesprochenen Sachverhalte werden im folgenden kurz erläutert.

Die ersten beiden Aspekte, die behandelt werden sollen, sind eher technischer Natur. Der bessere Wirkungsgrad bei großen Anlagen (3)c)) besagt, daß es aufgrund physikalischer Gesetzmäßigkeiten zu einer besseren Energieausnutzung kommt, wenn in Unternehmen ein größere Maschinen erfordernder Produktionsprozeß installiert ist. Das kann einmal bei 'umfangreichen' Produkten wie Brückenkonstruktionen oder Kernkraftwerken der Fall sein, oder zum anderen, wenn die Losgrößen (4)) einen entsprechenden Umfang aufweisen. Es kommt dann jeweils, neben anderen Kostensenkungseffekten, auf alle Fälle zu einer geringeren Belastung durch Energieausgaben.

Aufgrund von technischen Unteilbarkeitsphänomenen sowie der besseren Rationalisierungsmöglichkeiten in Großunternehmen,[131] entstehen diesen Vorteile bei der Ersatzteilhaltung (3)b)), sowie durch relativ gesehen kleinere Produktionslager insgesamt geringere Lagerhaltungskosten (3)d)). Ein nur wenig Produkte herstellendes Kleinunternehmen muß prinzipiell ebenso für alle Fälle gerüstet sein, wie ein Großserien fertigender Konzern. Dadurch sinken die durchschnittlichen Lagerkosten mit zunehmender Unternehmensgröße. Außerdem führt die, absolut betrachtet, häufigere Inanspruchnahme großer Firmen durch

[131] Die besseren technischen Rationalisierungsmöglichkeiten großer Unternehmen (siehe dazu auch Kapitel 3.1.3.5) führen zum Auslagern bestimmter Produktionsprozesse an kleine Zuliefererfirmen. Durch diese lean-production-Strategie sinkt dann aber die durchschnittliche Lagerbestandshaltung (vgl. zur lean-producion-Konzeption Hentze, Kammel, 1992, S.319ff oder Krafcik, 1988, S.41ff).

Reklamationen zur Möglichkeit, eigenständige Kundenserviceabteilungen einzurichten, was die entsprechenden Transaktionskosten senkt (3)d)).

Bei Mehrbetrieblichkeit (6)) von Unternehmen kommt es zu geringeren Transportkosten bei Beschaffung und Absatz, weil die einzelnen Produktionsstätten besser an die jeweiligen Standorte der Lieferanten bzw. Kunden angepaßt werden können. Zudem ermöglicht die Mehrbetrieblichkeit, besser auf Nachfrageschwankungen einzelner Produkte reagieren zu können, weil es in der Regel möglich sein wird, Personal- und Maschinenparkauslagerungen von Betrieb A zum Betrieb B oder C vorzunehmen. Andererseits kann durch mehrbetriebliche Produktion die jeweilige Spezifikation erhöht werden, was wiederum zu absoluten Kostenvorteilen führt. Insgesamt ist also bei Mehrbetriebsunternehmen eine deutlich höhere Anpassungsflexibilität und eine damit geringere Verwundbarkeit durch exogene Störungen zu beobachten. In der Regel weisen aber nur große Unternehmen die entprechende Firmengröße auf, um sinnvollerweise mehrbetrieblich produzieren zu können.

Mehrbetrieblichkeit ist im Prinzip auch der Hintergrund für den nächsten anzusprechenden, wichtigen Aspekt. Horizontale bzw. vertikale Integration (7)) ist eine äußerst effiziente Strategie, um Unsicherheit bzw. Abhängigkeiten zu mindern und damit Kosten einzusparen. Ein Vorteil ergibt sich beispielsweise durch Ausnutzung von economies of scope im Produktionsprozeß, weil beispielsweise die entstehende Hitze bei der Stahlproduktion auch für andere Produktionszwecke genutzt werden kann. Oder bei der Kohleveredelung fallen automatisch Gipsrückstände an, die zu entsprechenden Baustoffen verarbeitet werden können. In diesen Spezialfällen existiert also eine bestimmte optimale Mindestbetriebsgröße (vgl. Kaufer, 1980, S.27). Kleine Unternehmen werden sich aufgrund ihrer vorwiegenden Einbetrieblichkeit kaum auf den entsprechenden Märkten etablieren, geschweige denn, halten können.

Ähnliches gilt für die, durch vertikale Integration für Unternehmen erreichbare, relative Versorgungssicherheit. Das Übernehmen von vorgelagerten Produktionsstufen durch Aufkäufe von potentiellen Lieferanten sichert einen bestimmten Qualitätsanspruch und führt zu einer Vermeidung von Monopolpreisen im Einkauf. Zudem wird die Gefahr einer Abhängigkeit von Konkurrenten bei Rohstoffen gemildert und schließlich verursacht die Integration von Unternehmen eine Abnahme der externen Transaktionskosten.[132] Natürlich enstehen

132 Kontrakte auf Märkten - also auch auf dem Gütermarkt - verursachen, wie wir gesehen haben, Informations- und Abschlußkosten. Einen Teil davon kann man durch Integration sparen. Die Funktionen werden von der Firmenorganisation übernommen. Wie bereits oben erwähnt, ist das für Coase (1937) die Begründung für das Entstehen von Firmen überhaupt - alternativ zu dauernd neuen Kontrakten zwischen den Beteiligten. Transaktionen auf

durch Übernahmen auch Risiken, aber insgesamt dürften die positiven Aspekte überwiegen, wie auch die zunehmende Fusionstätigkeit von Unternehmen im europäischen Binnenmarkt beweist. Kleine Firmen sind aber tendenziell nur selten mit dem nötigen Finanzvolumen ausgestattet, um vertikale Integration durchzuführen. Im Gegenteil, häufig laufen sie Gefahr, als erstes von großen Unternehmen 'geschluckt' zu werden (vgl. Williamson, 1990, S.97ff).

Alle aufgezeigten Aspekte führen also zu Kostenvorteilen von Unternehmen, die aber offensichtlich nur dann realisiert werden können, wenn eine entsprechende mindestoptimale Betriebsgröße realisiert werden kann (vgl. Kaufer, 1980, S.27).

Für kleine Unternehmen ergeben sich demnach aufgrund von Betriebsgrößennachteilen Marktschranken, die ein Betreten oder Verbleiben auf einem Markt unwahrscheinlich werden lassen. Diese Situation hat nun vielfältige Beschäftigungswirkungen.

Zum einen bewirken die absoluten Kostennachteile kleiner Unternehmen, daß Arbeitnehmern keine entsprechenden Lohn- oder sonstige Anreize offeriert werden können. Das wiederum hat zur Folge, daß das Qualifikationsniveau der Beschäftigten tendenziell der Gefahr ausgesetzt ist, im Vergleich zu größeren Konkurrenten abzusinken. Weiterhin bewirken die Marktschranken, daß die kleinen Unternehmen irgendwann starken Wachstumsrestriktionen ausgesetzt sind, was wiederum die Aufstiegsmöglichkeiten der Beschäftigten determiniert. Außerdem nimmt die Gefahr eines Unternehmenskonkurses zu, weil Nichtwachstum in einer ansonsten stetig wachsenden Volkswirtschaft ein Rückschritt ist. Das aber beeinträchtigt zunehmend die Arbeitsplatzsicherheit der betroffenen Unternehmen, was sicherlich von den Arbeitsanbietern antizipiert wird. Höhere Fluktuationsraten mit entsprechenden weiteren Belastungen durch Such- und Informationskosten sind die Folge.

Als Fazit läßt sich konstatieren, daß kleine Unternehmen in der Regel nur auf jungen Märkten die entsprechenden Wachstumsräume vorfinden. Haben sich dann erstmal Betriebsgrößenunterschiede etabliert, wird die Zahl der auf dem Markt operierenden Unternehmen kontinuierlich sinken. Diese Konzentrationstendenzen mit den entsprechenden Beschäftigungsauswirkungen sind auf sehr vielen Märkten fast aller Branchen und Sektoren zu beobachten.

Gütermärkten beeinhalten zudem auch gewisse Risiken, die durch Integration vermindert werden können. Zumindest beeinflussen die Gütermarkttransaktionskosten auch die Beschäftigungssituation der Unternehmen.

Zwei verursachende Aspekte des soeben Dargestellten sollen, aufgrund der speziellen Beschäftigungswirkungen sowie besonderer exogener Einflußgrößen in diesem Zusammenhang, noch kurz betrachtet werden und die marktstrukturbezogenen Erklärungsansätze von Beschäftigungspoblemen kleiner Unternehmen abschließen.

3.3.5 Einfluß von Wachstumsrate und Elastizität der Marktnachfrage

Die Problematik dieses Punktes wurde bereits oben kurz angesprochen. Die Wachtumsrate sowie die Elastizität der Marktnachfrage üben einen gewichtigen Einfluß auf die Marktchancen der Unternehmen und damit auf das Marktverhalten derselben, mit einhergehenden Beschäftigungswirkungen, aus, weil die Wachstums- und Elastizitätsentwicklung sehr stark die Preis- und Investitionspolitik der Unternehmen beinflussen. Das ist deshalb der Fall, weil sich "die Marktschranken, die aus Betriebsgrößenersparnissen resultieren, [...] mit abnehmender Elastizität [erhöhen]" (Kaufer, 1980, S.30). Nun ist aber aus dem Marktphasenschema bekannt, daß auf jungen Märkten die Preiselastizität der Nachfrage gering ist, in der Expansionsphase ansteigt und in der Ausreifungs- und Stagnationsphase schließlich zunehmend unelastisch wird. Daraus folgt, daß kleine Unternehmen vor allem in der Expansionsphase eines Marktes in diesem operieren. Das wiederum hat zur Konsequenz, daß diese Unternehmensgröße sich überproportional häufig mit sich ändernden Nachfragehöhen auseinanderzusetzen hat. Andererseits sind aber "insbesondere in Kleinbetrieben [die] Nachfrageschwankungen häufig so gering, daß eine personelle Veränderung nicht sinnvoll erscheint, da dies bei Neueinstellungen zur Unterauslastung von Arbeitskräften führt" (Gerlach, Hübler, 1987, S.306).

Die institutionell bedingten Unterschiede in der jeweiligen Anpassungsart (siehe auch Kapitel 3.1.1) lassen sich jedoch trotz allem auf Nachfrageschwankungen zurückführen. "Kleinbetriebe sind stärker von Schwankungen betroffen, insbesondere wenn sie als Submissionsunternehmen für Großbetriebe tätig sind und letztere häufig die Strategie verfolgen, die eigene Lagerhaltung abzubauen und die Schwankungen auf die kleinbetrieblichen Lieferungen abzuwälzen. Zum anderen versuchen Kleinbetriebe auch gerade, durch Flexibilität konkurrenzfähig zu bleiben und kurzfristig auf Sonderwünsche von Kunden einzugehen. Daraus resultiert ein erhöhter Bedarf an Mehrarbeit" (Gerlach, Hübler, 1987, S.312).[133]

---

133 Büchtemann (1989) ermittelt in seiner umfangreichen Unternehmensanalyse, daß Firmen mit 21-49 Mitarbeitern zu 64,5 % von regelmäßigen Auslastungsschwankungen betroffen

Kurzfristige Güternachfrageschwankungen werden nicht selten durch Mehrarbeit von unqualifiziertem Personal aufgefangen. Gerade Handwerksbetriebe sind jedoch an sich dadurch gekennzeichnet, daß sie für ihre Aufträge qualifiziertes Personal benötigen. Dieser Punkt ist jedoch umstritten und empirisch nicht gesichert. Zumindest werden, wie gerade dargestellt, in Großunternehmen vermutlich tendenziell weniger Überstunden geleistet als in kleinen Firmen. Widersprüchlich ist jedoch, daß in den Sektoren Handwerk und Handel (als eher kleinbetrieblich ausgerichtete Sektoren) weniger Mehrarbeit geleistet wird als in anderen Branchen (vgl. Gerlach, Hübler, 1987, S.313ff). Aus theoretischer Sicht, darin sind sich jedoch weitgehend alle Untersuchungen einig, müßte eine zunehmende Betriebsgröße einen relativen Rückgang der Mehrarbeit mit sich bringen (vgl. u.a. Gerlach, Hübler, 1987, S.322).[134]

Es ist demnach festzuhalten, daß kleine Firmen aufgrund der Entwicklung von Elastizitäten und Wachstum zwar häufiger als große Unternehmen von Nachfrageschwankungen betroffen sind, diese aber absolut gesehen nicht die Höhe und vor allem Dauer besitzen, um sinnvollerweise zusätzliche Beschäftigte einstellen zu können. Deshalb wählen kleine Unternehmen in der Regel das Anpassungsinstrument Überstunden.[135] Das führt aber in der Regel, durch Produktivitätseinbußen aufgrund einer Arbeitsüberlastung der Mitarbeiter sowie durch die zu zahlenden Überstundenzuschläge, zu einer erneuten Kostenbelastung dieser kleinen Firmen.

Daran ist auch der Staat nicht ganz unschuldig. Zum einen gibt es diverse ordnungspolitisch verursachte Marktzutrittsbeschränkungen. Beispielsweise erhöhen Konzessionen oder Umweltauflagen durch die deshalb erforderlichen, teilweise sehr hohen, Investitionskosten, automatisch die mindestoptimalen Betriebsgrößen. Zudem werden durch die staatliche Ordnungspolitik in der Regel höhere Preise induziert, was für die eher in den preiselastischen Marktphasen tätigen kleinen Unternehmen zu erheblichen, in diesem Fall negativen Nachfrageauswirkungen und damit vermutlich zu starken Gewinneinbußen führt. Das heißt staatliche Wirtschaftspolitik kann bei undifferenzierter Anwendungsweise zu einer verschlechterten Marktposition kleiner Firmen führen.

---

waren, hingegen Unternehmen mit 500 oder mehr Beschäftigten nur zu 56,2 %. Andererseits setzten die größeren Firmen um ca. 40% häufiger Aushilfen zur Bewältigung von positiven Nachfrageschwankungen ein. Daraus folgt aber, daß in kleinen Unternehmen wesentlich häufiger Mehrarbeit geleistet wurde (vgl. Büchtemann, 1989, S.109).

134 Weidinger, Hoff (1984) kommen aber zu dem Schluß, daß die Betriebsgröße keinen Einfluß auf den Umfang der Mehrarbeit hat.

135 Vgl. zu diesem Punkt auch Mills (1984), Buckle, Meads (1990) sowie Zimmermann (1991).

Wie wirkt sich nun die jeweilige Gewinnsituation auf das Marktverhalten von Unternehmen aus? Gibt es, was die Kreditvergabe durch Banken anbelangt, zudem Unterschiede hinsichtlich der Unternehmensgrößen? Diese Fragen werden, dieses Kapitel abschließend, im folgenden behandelt.

3.3.6 Einfluß der Gewinnsituation und des Risikos auf das Marktverhalten

Weil, wie gesagt, auf fast allen Märkten mindestoptimale Betriebsgrößen existieren (vgl. auch Scherer, 1990) sind dementsprechend die Investitionssummen für einen Markteintritt relativ hoch. Entscheidend für das Engagement eines Unternehmens auf einem Markt ist demzufolge, inwieweit für die Firma genügend Fremdfinanzierungsmöglichkeiten zur Verfügung stehen oder auf welche Eigenkapitalreserven es zurückgreifen kann.

Aus der Theorie der vollständigen Konkurrenz sowie der Oligopol- und Monpoltheorie ist jedoch bekannt, daß mit zunehmender Marktkonzentration aufgrund höherer realisierbarer Marktpreise die Gewinnaussichten der Marktteilnehmer ansteigen (vgl. Schumann, 1987 oder Varian, 1989). Das impliziert aber, daß auf atomistischen Märkten mit entsprechend geringen Unternehmensgrößen die Gewinnmargen relativ gering sind. Betrachtet man die hohen Mortalitätsraten gerade kleiner Unternehmen und berücksichtigt man beispielsweise, daß trotz expansiver Steigerungsraten der Unternehmengründungen im Zeitraum von 1980 bis 1991 die Anzahl der Handwerksbetriebe um mehr als 7.000 zurückgegangen sind (vgl. Bundesministerium der Wirtschaft, 1992, S.68), scheint die obige Aussage treffend zu sein. Auch Marcus (1969) kommt in einer umfangreichen Firmenstudie zu dem Ergebnis, daß die Unternehmensgröße positiv mit der Profitabilität der Firmen verknüpft ist (vgl. Marcus, 1969, S.104ff).

Wenn kleine Unternehmen aber kleinere Gewinne erzielen, dürfte dementsprechend ihre Eigenkapitalausstattung geringer sein (vgl. Deutsche Ausgleichsbank, 1995). Ihre Chancen, diese Defizite mit Hilfe von Fremdkapital auszugleichen, sind aber ebenfalls nicht sonderlich gut. "Eine etablierte große Firma stellt für den Kreditgeber ein geringeres Risiko dar, als ein kleiner Neukonkurrent. Entsprechend günstiger sind die Kreditkonditionen für etablierte Firmen" (Kaufer, 1980, S.28f). Ebenso sieht Bornmann bei kleineren Unternehmen größere Finanzierungsschwierigkeiten bei kleinen Firmen als bei alt eingessenen Großunternehmen (vgl. Bornmann, 1981, S.219ff). Diese Aussagen bestätigten bei den durchgeführten Fallstudien im Rahmen dieser Arbeit auch einige der befragten Firmeninhaber (siehe dazu Kapitel 4, Anhang).

Aus der insgesamt restriktiven Ausstattung kleiner Unternehmen mit Kapital ergeben sich mehrere beschäftigungswirksame Konsequenzen. Zum einen ist die Möglichkeit besondere Lohnanreize oder außergewöhnliche Zusatzgratifikationen anzubieten, für die in ihren finanziellen Rahmenbedingungen eingezwängten kleinen Unternehmen, erheblich eingeschränkt. Das hat aber, wie bereits angedeutet wurde, negative Auswirkungen auf das Qualifikationsniveau der Belegschaften. Dadurch wiederum erhöht sich die Gefahr, daß die Gewinnsituation für die betreffenden Unternehmen noch kritischer wird.

Zum anderen verursacht die geringere Profitabilität kleiner Unternehmen Behinderungen bei Investitionsvorhaben, was häufig zu einer verspäteten Einführung neuer Techniken in den Firmen führt. Negative Absatz- und Kosteneffekte sind die Folge, wodurch die Arbeitsplatzsicherheit in den Unternehmen sinkt und deshalb die Fluktuationsraten durch freiwillige Kündigungen von, die angespannte Situation antizipierenden, Mitarbeitern steigt.

Letztlich führt ein zu schmales Finanzbudget auch zu geringeren Ausgaben für Personalauswahlverfahren und Forschungsvorhaben. Beides kann wiederum negative Auswirkungen auf die Unternehmensqualität mit sich bringen, was schließlich zum Wachstumsstillstand und schlimmstenfalls gar zum Konkurs führen kann.

Damit ist die Analyse der Erklärungsansätze für Beschäftigungsprobleme kleiner Unternehmen abgeschlossen. Die Erkenntnisse daraus bilden das Grundgerüst des Interviewleitfadens, welcher den Rahmen der im folgenden Kapitel dargestellten Fallstudien bildete, die die Ergebnisse der Analyse einer ersten Überprüfung unterziehen sollten. Im Anschluß an die Fallstudien befindet sich dann im Kapitel 5 eine Gesamtdarstellung der Aussagen zu den Beschäftigungsproblemen kleiner Unternehmen.

4. Fallstudien zur Überprüfung der abgeleiteten Thesen

4.1 Einführung

Im folgenden werden die zu Beginn des Jahres 1994 durchgeführten Fallstudien zusammenfassend dargestellt und die gefundenen Ergebnisse erläutert. Die ausführlicheren Einzelergebnisse der Unternehmensbefragungen befinden sich im Anhang dieser Arbeit.

Neben der Überprüfung der Richtigkeit der im Kapitel 3 über kleine Unternehmen dargestellten Überlegungen hatte die Durchführung der Fallstudien eine weitere Intention. Die Fallstudien können vielleicht auch einen Beitrag dafür liefern, einen tieferen Einblick in den Arbeitsprozeß, in die Sorgen und Nöte, sprich in die soziale Welt eines kleinen Unternehmens zu geben. Manchmal bringt allein eine solche Momentaufnahme ein besseres Verständnis für die Probleme von kleinen Unternehmen als viele theoretische, deswegen aber vielleicht bereits zu abstrakte, Abhandlungen über den gleichen Untersuchungsgegenstand. Da die vorliegenden Betriebsbefragungen nicht kompatibel mit den in dieser Arbeit untersuchten Fragestellungen waren und bei der Durchführung einer eigenen, umfassenden Erhebung zwangsläufig Informationsverluste durch notwendige Aggregation entstanden wären, die wiederum kein vollständiges Bild der einzelnen Unternehmungen zugelassen hätten, hat sich der Verfasser dafür entschieden, lediglich sechs Unternehmen zu untersuchen.[1] Dies ermöglichte eine umfassende Darstellung und Analyse der in den betreffenden Firmen vorgefundenen Personalschwierigkeiten. Zudem gewinnt der Leser durch diese Art der Herangehensweise einen wesentlich tieferen Einblick in die oftmals verschlungenen und irrational erscheinenden Entscheidungsprozesse der 'blackbox' Unternehmung. Diese Mikro-Sichtweise vermittelt dann nochmals einen Eindruck der Vielschichtigkeit und Problemhaftigkeit einer Analyse des Forschungsfeldes kleine Unternehmen. Die prinzipielle Vorgehensweise bei den durchgeführten Fallstudien wird im folgenden dargestellt und kurz erläutert.

---

[1] Damit können zum einen qualitativ hochwertige Daten gewonnen werden, die ansonsten, aufgrund ihrer inhärent nicht-stetigen Eigenschaften, nur schwerlich statistisch zu verarbeiten sind (vgl. dazu Zimmermann, 1994, S.40ff). Außerdem sind die untersuchten Firmen zum Teil (insbesondere das Hotel und der KFZ-Betrieb) in Branchen angesiedelt, wo vermutlich fast alle Unternehmen der betrachteteten Untersuchungsgröße ähnlich organisiert sind und somit vergleichbare Probleme aufweisen. Ähnlich sehen das beispielsweise Behr, u.a., die zwölf Unternehmen untersuchten (vgl. Behr, u.a., 1990, S.142ff).

4.2 Prinzipielle Vorgehensweise bei den durchgeführten Fallstudien

Die Auswahl der betrachteten Unternehmenssektoren und der jeweiligen Branche ergab sich aus den definierten Unternehmensarten des zweiten Kapitels dieser Arbeit. So sollten möglichst alle relevanten und in Kapitel 2.1 festgelegten Unternehmenstypen abgedeckt werden.[2] Zudem wurde sichergestellt, daß zumindest jeweils ein Dienstleistungsunternehmen, Industrieunternehmen sowie ein typisches Handwerksunternehmen in der Begutachtung vorkamen.

Welche Unternehmen der festgelegten Sektoren und Branchen konkret untersucht wurden, ist hingegen eine rein zufällige Auswahl, es wurde lediglich noch auf eine ausgewogene regionale Verteilung der Firmen geachtet.[3] Die ersten Kontakte zu den Unternehmen kamen mit Hilfe der Industrie- und Handelskammer zu Berlin und Bielefeld, durch Gespräche auf Verbandstagungen sowie durch persönliche Gesprächsaufnahmen durch den Verfasser zustande.

Die Kontaktaufnahme zu den zu untersuchenden Unternehmen erfolgte in einem persönlichen Gespräch mit den jeweiligen Führungskräften der ausgewählten Firmen. Dabei wurde die grundsätzliche Bereitschaft der Unternehmen, für eine Untersuchung zur Verfügung zu stehen, sichergestellt. Im selben Gespräch wurde den Führungskräften die geplante, grundlegende Vorgehensweise bei der Untersuchung erläutert und etwaige Fragen vorab geklärt. Aus Sicht des Verfassers mußte vor allem sichergestellt werden, daß er für die Untersuchung eventuell notwendige Auskünfte von am Produktionsprozeß Beteiligten jederzeit erfragen durfte - und er sich auch anderweitig 'frei' im Unternehmen bewegen konnte. Diese Zusicherung war entgegen vorheriger Befürchtungen des Verfassers wenig problematisch, da sich die jeweiligen Manager bzw. Firmeninhaber der eventuell auftretenden positiven Aspekte, die sich aus den Erkenntnissen der Untersuchung auch für das jeweilige Unternehmen selbst ergeben konnten, bewußt waren.

Am vereinbarten Termin des Unternehmensbesuches wurde zunächst eine umfassende Betriebsbesichtigung vorgenommen, bei der auch jeweils die leitenden Angestellten vorgestellt wurden, damit für eventuell mögliche, spätere Nachfragen dem Verfasser bereits die richigen Ansprechpartner bekannt waren. Im Anschluß daran wurde unter Maßgabe des aus der vorgenommenen theoretischen Analyse entwickelten allgemeinen Interviewleitfadens zunächst jeweils die Unternehmensleitung befragt. Die Dauer dieser Gespräche betrug zwischen drei

---

[2] Es wurden schließlich drei Unternehmen des Typs A, zwei des Typs B und eines des Typs C in die Untersuchung einbezogen.

[3] Das heißt es wurden jeweils zwei Unternehmen aus einem Oberzentrum, einem Mittelzentrum und aus einer ländlichen Region ausgewählt.

und fünf Stunden. Am zweiten Tag der Unternehmensuntersuchungen wurden zu speziellen Fragen die leitenden Angestellten der Firmen aufgesucht und kurze Gespräche mit den sonstigen Mitarbeitern geführt, um einen Eindruck über die jeweils vorherrschenden Umgangsformen und um eine Einschätzung des Betriebsklimas vornehmen zu können. Abgeschlossen wurde die jeweilige Untersuchung dann mit einem Besuch der erreichbaren außerbetrieblichen Arbeitsstätten (falls welche vorhanden waren), um ein abschließendes Bild vom jeweiligen Produktionsprozeß zu erhalten.[4]

4.3 Zusammenfassende Darstellung der Ergebnisse der Fallstudien

Im folgenden werden die Ergebnisse der durchgeführten Fallstudien zusammenfassend dargestellt und kommentiert. Die Deskription der einzelnen Unternehmensbefragungen befindet sich im Anhang, da ein Einfügen an dieser Stelle die Argumentationslinie der Arbeit zu sehr in Mitleidenschaft gezogen hätte. Zunächst werden die befragten Unternehmen anhand ihrer Rahmendaten vorgestellt.

Die Rahmendaten der befragten Unternehmen

Insgesamt wurden sechs Unternehmen im Rahmen von Fallstudien ausführlich untersucht. Die folgenden Tabellen 17, 18, 19, 20 und 21 geben zunächst einen Überblick über das Unternehmensdesign der einzelnen untersuchten Firmen.

Tabelle 17: Die Rahmendaten der untersuchten Unternehmen (I)

Unternehmen	Sektor	Branche	Anz. Betriebe	Anz.Arbeitsst.	Leistungserst.
I	Dienstleistun	Werbeagentur	1	7	innerbetriebl.
II	Dienstleistung	Consulting	2	3	inner-/außerb.
III	Industrie	Maschinenb.	1	1	inner-/außerb.
IV	Dienstleistung	Hotel garni	1	1	innerbetriebl.
V	Handwerk	KFZ-Handel	1	1	innerbetriebl.
VI[5]	Industrie	Straßenbau	1	4	außerbetriebl.

4 Der erwähnte allgemeine Interviewleitfaden befindet sich im Anhang. Anzumerken bleibt, daß im Einzelfall auch von der starren Frageform abgewichen werden konnte, wenn dieses im Rahmen einer optimierten Informationsgewinnung sinnvoll erschien.

5 Unternehmen VI war bis 1963 kein reines Straßenbauunternehmen, sondern zu den Geschäftstätigkeiten gehörte früher auch eine Baustoffspedition.

Wie bereits weiter oben ausgeführt wurde, ist bei der Auswahl der Firmen sichergestellt worden, daß sich Dienstleistungs- und gewerblicher Sektor die Waage hält. Als der typische Handwerksbetrieb wurde ein KFZ-Unternehmen ausgewählt, ebenso ist ein Hotel als klassisches Dienstleistungsunternehmen vertreten. Im Industriebereich konnten zwei typische kleinbetriebliche Vertreter dieses Sektors gewonnen werden, ein Maschinen- sowie ein Straßenbauunternehmen. Wie bereits oben angedeutet wurde, können die gefundenen Ergebnisse dieser Unternehmen durchaus als repräsentativ für den jeweiligen Branchenzweig gelten und decken somit eine erhebliche Zahl an Unternehmen ab. Die beiden erstgenannten Firmen sind moderne, relativ junge Dienstleistungsunternehmen, die in Branchen tätig sind, die vor einigen Jahren noch gar nicht existierten. Man wird sehen, daß sich diese Modernität auch auf das betriebsinterne Unternehmensverhalten auswirkt.

Bis auf Unternehmen (II) sind alle befragten Firmen Einbetriebsunternehmen, womit die Verteilung der 'Stichprobe' den realen Verhältnissen nahekommen dürfte. Die Hälfte der Unternehmen besitzt nur eine Arbeitsstätte, so daß ein Vergleich organisatorischer Art zwischen zentral und dezentral ausgerichteten Unternehmen erfolgen kann. Ausgewogen ist das Verhältnis zwischen inner- und außerbetrieblicher Leistungserstellung, woraus sich ebenfalls Schlüsse für organisatorische Beschäftigungsprobleme ziehen lassen.

Trotz der Festlegung der Region, Branchen und Sektoren weisen die ansonsten zufällig ausgewählten Unternehmen, eine breite Streuung von häufig bei kleinen Unternehmen anzutreffenden Merkmalen auf.

Tabelle 18: Die Rahmendaten der untersuchten Unternehmen (II)

Unternehmen	Rechtsform	Gründungsj.	Bundesland	Region	zust. Gewerk.
I	GmbH	1988	NRW	urban	DAG
II	GmbH	1974	Berlin	großstädtisch	Eisenbahnerg.
III[6]	GmbH.CoKG	1972	Niedersachs.	ländlich	IG Metall
IV[7]	GmbH	1981	Berlin	großstädtisch	NGG
V	OHG	1928	NRW	urban	IG Metall
VI	GmbH.CoKG	1928	Niedersachs.	ländlich	Bau, St., Erd.

6 Unternehmen III firmierte bis 1985 in der Rechtsform einer OHG.
7 Unternehmen IV war bis 1992 eine Einzelunternehmung.

Da wie gesagt, die Regionen vorher festgelegt wurden, sind jeweils zwei Unternehmen in Ballungszentren, urbanen und ländlichen Regionen angesiedelt und ermöglichen deshalb eine Überprüfung marktstruktureller Unterschiede.

Die überwiegende Rechtsform der Unternehmungen ist die GmbH bzw. GmbH & Co.KG. Zum Teil sind die Firmen aber erst seit kurzer Zeit in diese Rechtsform umgewandelt worden. Lediglich eine Unternehmung firmiert nach wie vor als OHG.

Das Unternehmensalter bietet hingegen eine breite Streuung. Zwei Unternehmen sind fast 70 Jahre alt, zwei Firmen sind 20 Jahre alt und die anderen beiden entstanden erst Anfang und Ende der achtziger Jahre. Bei der Betrachtung der in den Firmen vorherrschenden Arbeit- und Organisationsphilosophie spielt die Kenntnis über das jeweilige Unternehmensalter eine interessante Rolle, weil sich gewisse Traditionsmuster beim Verhalten der Firmen feststellen lassen.

Interessanterweise konnten mit sechs befragten Unternehmen fünf verschiedene, zuständige Gewerkschaften abgedeckt werden. Lediglich dem Tarifbereich der IG-Metall sind zwei Firmen zugehörig. Ein deutliches Indiz für einen in der Unternehmensstruktur kleiner Firmen vorherrschendes Merkmal stellt die Tatsache dar, daß in keinem der Unternehmen ein Betriebsrat existiert. Das allein bestätigt schon die vorher gemachten Aussagen zum geringen Organisationsgrad der Gewerkschaften im Kleinunternehmensbereich.

Tabelle 19: Die Rahmendaten der untersuchten Unternehmen (III)

Unternehmen	Beschäftigte	Weibliche Arbeitnehmer	Auszubildendende	Befrist.Besch. od. Aushilfen	Ausländeranteil
I[8]	14	6	0	0	0 = 0,0 %
II[9]	55	16	0	3	0 = 0,0 %
III	42	2	5	0	2 = 4,8 %
IV	28	21	0	3	16 = 57,1 %
V	9	1	1	0	1 = 11,1 %
VI	12	2	0	0	2 = 16,7 %

8 Unternehmen (I) 'beschäftigt' zudem vier freie Mitarbeiter.

9 Unternehmen (II) beschäftigte zum 1.1.94 zwar 55 Mitarbeiter und liegt damit eigentlich knapp außerhalb des gesetzten Rahmens für Kleinunternehmen von weniger als 50 Beschäftigte. Da es sich aber um ein Mehrbetriebsunternehmen handelt, wurde dem keine weitere entscheidende Bedeutung beigemessen.

Zunächst fällt auf, daß alle Dienstleistungsunternehmen nicht ausbilden. Hintergrund dafür ist das generelle Problem, daß bei vielen modernen Dienstleistungsfirmen das Berufsspartenrecht nicht nachgekommen ist. Angesichts der permanenten Diskussion über Lehrstellenmangel gibt es offensichtlich in diesem Zusammenhang einen in die Zukunft weisenden ordnungspolitischen Handlungsbedarf.

Weibliche Beschäftigte sind in der Industrie unterproportional vertreten, in Hotels (schlechtere Bezahlung) dagegen überproportional häufig beschäftigt. Damit entspricht die Verteilung in der 'Stichprobe' in etwa den realen Gegebenheiten. Ähnlich verhält es sich mit dem Ausländerarbeitnehmeranteil. Dort wo verhätnismäßig geringere Löhne gezahlt und die Arbeitsbedingungen schlechter sind und wo andererseits die Qualifikationsanforderungen an die Beschäftigten niedriger sind, ist der Anteil ausländischer Arbeitnehmer dementsprechend hoch. Die entsprechende Verteilung in den befragten Firmen bestätigt diese Aussage.

Das Instrument befristete Beschäftigung wird von den Unternehmen weitgehend, zumindest in der grundsätzlichen Intention des Beschäftigtenförderungsgesetzes, vernachlässigt. Das entspricht den Ergebnissen der bereits erwähnten umfassenden Unternehmensanalyse von Büchtemann (1989). Die Gründe dafür sind in der Regel im kleinbetrieblichen Produktionsprozeß zu sehen, wie die Fallstudien dieser Arbeit gezeigt haben (siehe genauer dazu den Anhang). Zum Teil hatten die Firmenleitungen aber auch nur Hemmungen, Personal nur befristet einzustellen. Diese 'soziale Nähe' von Inhabern und Arbeitnehmern in Kleinunternehmen ist Hintergrund vieler Unternehmensentscheidungen und kann sowohl positiv als auch negativ auf die Beschäftigungsverhältnisse wirken.

Ebenfalls breit gestreut ist die Beschäftigtenzahl der Unternehmen. Sie reicht von 9 bzw. 12 festen Mitarbeitern über 28 bis zu 55 Arbeitnehmern. Insofern wird der in dieser Arbeit festgelegte Rahmen für Kleinunternehmen von 1-50 Beschäftigten relativ gut ausgefüllt. Zufälligerweise sind die beiden mit Abstand ältesten Unternehmen gemessen an der Beschäftigtenzahl die kleinsten untersuchten Firmen.

Die folgende Tabelle 20 gibt einen einen ersten Überblick über die Konkurrenzsituation der befragten Unternehmen.

Tabelle 20: Die Konkurrenzsituation der untersuchten Unternehmen

Unternehmen	Wettbewerbs-einschätzung	Mitanbieter-größe	Marktent-wicklung	Gesamte Wettbewerbs-situation	Auslastungs-schwan-kungen[10]
I	schwach[11]	wenige kleine	mom.rezessiv	durchwachs.	50% stark
II	stark[12]	w.große/w.kl.	eher positiv	mittelprächtig	60 % stark
III	stark[13]	viele kleine	eher rezessiv	angespannt	80 % mäßig
IV	sehr stark	viele, alle Gr.	Überangebot	angespannt	85 % gering
V	sehr stark	viele, alle Gr.	stagnierend	zufriedenstell.	60 % stark
VI	schwach	wenige kleine	zufriedenstell.	gut	70 % mäßig

Bis auf zwei Unternehmen sind alle untersuchten Firmen starkem bzw. sehr starkem Wettbewerb ausgesetzt, wobei die meisten der Konkurrenzunternehmen ebenfalls klein sind. Da zudem teilweise die Abnehmer Großkunden sind, sind die Firmen insgesamt erheblichem Marktdruck ausgesetzt, der nur wenig Spielräume für die Ausgestaltung von Preisen läßt. Dadurch sind die Unternehmen aber auch finanziell sehr eingeschränkt, was das Offerieren adäquater Arbeitsangebotsanreize erschwert. Zudem waren die Unternehmen zum Zeitpunkt der Befragung bis auf Unternehmen (II) von einer schwierigen Marktentwicklung betroffen. Deshalb schätzten bis auf Unternehmen (VI) alle Firmen die gesamte Wettbewerbssituation eher mäßig ein. Bestätigt wurde die in der Analyse getroffene Annahme über das Ausmaß der Auslastungsschwankungen, denen sich die Unternehmen ausgesetzt sehen. Bis auf Unternehmen (V) mit lediglich 15% Maximalschwankung unter einer Normalauslastung von 100% waren alle Unternehmen mäßigen bis starken Nachfrageänderungen ausgesetzt, wobei es sich dabei sowohl um saisonale als auch konjunkturelle Schwankungen handelt. Welche Konsequenzen sich daraus im einzelnen für die Personalpolitik der Unternehmen ergeben, wird weiter unten in den entsprechenden Abschnitten behandelt.

---

10 Die angegebenen Werte beziehen sich jeweils auf die vorhandene niedrigste Auslastung bei einer Basis von 100 % als Normalauslastung.

11 Aber Unternehmen (I) ist mit dem Problem konfrontiert, daß die Hauptabnehmer allesamt Großkunden sind.

12 Wobei es sich bei Unternehmen (II) um ein Mehrbetriebsunternehmen handelt. In dem vom kleineren Betrieb betreuten Marktsegment ist die Wettbewerbsausprägung eher als schwach zu bezeichnen.

13 Auch in Unternehmen (III) sind viele Kunden große Unternehmen, die einen erheblichen Preisdruck ausüben.

Tabelle 21: Die Standort- und Forschungssituation der untersuchten Unternehmen

Unternehmen	Einfluß d.EG-Binnenmarkt.	Standortzufr./ Verk.anbind.	Personalange-bot d. Region	Forschungs-entw.abteil.	Patent-anmeldungen
I	posit. Kosten	belanglos	sehr gut	nein	nein
II	unerheblich	befriedig.	gut/befriedig.	im Prinzip, ja	nein
III	unerheblich	schlecht	ausreichend	nein,nur Chef	versucht
IV	unerheblich	keine Angabe	keine Angabe	nein	nein
V	unerheblich	gut	gut	nein	nein
VI	positiv Auftr.	gut	gut	nein	nein

Interessanterweise gehen vom EG-Binnenmarkt keinerlei negative Auswirkungen auf die Unternehmen aus, trotz ihrer geringen Firmengröße. Zwei Unternehmen bewerten die EG-Harmonisierung sogar als positiv, weil diese einmal kostenentlastend wirkt (für Unternehmen (I)) sowie zu mehr Aufträgen bei Unternehmen (VI) führt. Die Standortzufriedenheit der Unternehmen ausschließlich des Personalangebotes wurde nur vom in einer ländlichen Region angesiedelten Unternehmen (III) kritisch gesehen, da insbesondere die Verkehrsanbindung zu Wünschen übrig lasse. Alle anderen Unternehmen waren zufrieden oder maßen der Standortfrage keinerlei Bedeutung zu. Ebenfalls Unternehmen (III) war das einzige, was mit dem Personalangebot des jeweiligen Unternehmensstandortes nicht zufrieden war. Wiederum dürften die Gründe dafür in der Ansiedlung dieser Firma in einer ländlichen Gegend liegen. Allerdings soll bereits hier erwähnt werden, daß der Verfasser die günstige Standorteinschätzung der Unternehmen nicht ganz teilen kann, weil fast alle Unternehmen später Stellenbesetzungsprobleme offenbarten.

Zur Forschungs- und Entwicklungsabteilung der Unternehmen ist zu sagen, daß diese nur in zwei Firmen theoretisch denkbar war. In Unternehmen (III) besteht die Forschungsabteilung aus dem Firmeninhaber, eine offensichtlich typische 'Konstruktion' in kleinen Unternehmen. Ob aufgrund dessen eine versuchte Patentanmeldung dieser Firma scheiterte, sei dahingestellt. In Unternehmen (II) ist im Prinzip durch den Unternehmenszweck begründet, daß viele der Arbeitsplätze sich auch mit Forschungsfragen beschäftigen. Von einer Forschungs- und Entwicklungsabteilung im klassischen Sinn kann man aber auch hier nicht sprechen.

Damit ist die Darstellung der Rahmendaten abgeschlossen. Bevor auf die konkrete Personalpolitik der Unternehmen eingegangen werden kann, sollen zunächst noch die gegenwärtige Beschäftigungssituation sowie die geschäftsmäßige Entwicklung der Unternehmen betrachtet werden.

Die gegenwärtige Beschäftigungssituation der Unternehmen

Von den sechs befragten Firmen waren zum Zeitpunkt der Befragung lediglich zwei Unternehmen (III, V) beschäftigungsmäßig unterhalb ihrer bisherigen maximalen Beschäftigtenanzahl angesiedelt. Die anderen Unternehmen hatten demnach zum Zeitpunkt der Befragung ihren firmenhistorischen Personalhöchststand erreicht, was mit dem gegenwärtigen volkswirtschaftlichen Trend der Zahl der Erwerbstätigen (trotz der hohen Arbeitslosigkeit) konform geht. Vor allem interessant ist, daß in den beiden nach der Beschäftigungszahl gesehen größten Unternehmen (II und III), welche beider an der 50 Mitarbeiter-Schwelle operieren, zunehmend von der Firmenleitung darüber geklagt wurde, daß die internen Unternehmensprozesse zusehends unüberschaubar würden. Diese Aussagen bestätigen die Ergebnisse der vorgenommenen Analyse vollständig. Unternehmen (III) hat unter anderem deshalb die Zahl der Mitarbeiter wieder auf knapp über 40 Beschäftigte reduziert.

Insgesamt setzte sich die Belegschaft in den Unternehmen wie folgt zusammen:

Tabelle 22: Die Zusammensetzung der Belegschaften der untersuchten Unternehmen (I)

Unternehmen	Beschäftigtenzahl	Weibliche Arbeitn.	1.Hierarchie(Inh.)	2.Hierarchiestufe	3.Hierarchiestufe	4.Hierarchiestufe	Hierarch. gewicht.
I	14	6	2 + (1)	12	0	0	flach
II	55	16	2 + (0)	53	0	0	sehr flach
III	42	2	0 + (2)	6	26	10	steil
IV	28	21	0 + (1)	2	4	22	pyramid.
V	9	1	0 + (2)	1	7	1	sehr steil
VI	12	2	2 + (1)	2	5	2	sehr steil
Gesamt	160 [14]	48	6 + (7)	76	42	35	-
Durchs.	26,7 [15]	8	1+(1,15)	12,7	7	5,8	steil

---

14 Die Firmeninhaber sind jeweils nicht zu den Beschäftigten hinzugerechnet worden.

15 Eine Anmerkung zu dem Anteil der Schwerbehinderten an der Beschäftigung soll hier gemacht werden. Lediglich in Unternehmen (III) und (IV) arbeiten zwei Schwerbehinderte. Da insgesamt 6% aller im Unternehmen vorhandenen Arbeitsplätze von Schwerbehinderten besetzt sein müssen, erfüllen diese beiden Firmen die gesetzlichen Bestimmungen (vgl. zu diesem Themenkomplex Knappe, Frick, 1988 oder Sadowski, Frick, 1992). Alle anderen Unter-

Die Hierarchien in den Unternehmen sind bis auf die ersten beiden Firmen sehr ausgeprägt, es handelt sich bei den letztgenannten konsequenterweise um moderne Dienstleistungsfirmen. Die steile Hierarchie in den anderen Unternehmen ist insofern überraschend, da die gegenwärtige allgemeine Tendenz eher im Hierarchieabbau zu sehen ist.

Tabelle 23: Die Zusammensetzung der Belegschaft der untersuchten Unternehmen (II)

Unternehmen	Durchschnittsalter	Betriebszugehörigkeit	Durchschn.Betriebszu.	Mitarb. m.Hoch/ FH-Ab.	Mitarb. m. Fachausbild.	Ungelernte Mitarb.	Qualifik. niveau Mitarb.	Betriebsrat
I	? [16]	?	?	6	8	0	sehr gut	nein
II	40-45	2-20	10-12	46	9	0	sehr gut	nein
III	30-40	3-16	9	1	33	3	gut	nein
IV	? [17]	?	gering	0	11	17	schlecht	nein
V	35-40	?	12-15	1	7	1	gut	nein
VI	40	?	> 15	0	10 [18]	2	zufr.stel.	nein

Die durchschnittliche Betriebszugehörigkeitsdauer in den befragten Firmen ist für deren Größe überraschend hoch. Das Durchschnittsalter der Belegschaften ist recht ausgewogen bzw. gleichverteilt.

Bis auf Unternehmen (IV und VI), - nicht überraschenderweise aus dem Hotel- und Straßenbaubereich - ist das Qualifikationspotential der Beschäftigten in den untersuchten Firmen gut bis sehr gut, was auch den in der Analyse gemachten Annahmen entspricht, wobei allerdings Hoch- oder Fachhochschulabschlüsse mit Ausnahme der modernen Dienstleistungsunternehmen (I und II) in den Firmen so gut wie nicht vorkommen. Auch dieses entspricht den in der Realität zu beobachtenden Gegebenheiten (vgl. Sadowski, 1983, S.53ff).

---

nehmen müssen monatlich 200 DM für jeden nicht besetzten Schwerbehindertenarbeitsplatz für karitative Zwecke an den Staat abführen.

16 Im recht jungen Unternehmen (I) wurde nicht über diesen Themenkomplex gesprochen.

17 In Unternehmen (IV) ist die Flukuationsrate so hoch, daß zu diesem Problemfeld keine genauen Angaben gemacht werden konnten.

18 Zwar haben die Beschäftigten dieses Unternehmens eine Fachausbildung, allerdings wurde diese weitgehend in fachfremden Branchen absolviert.

Die geschäftsmäßige Entwicklung der Unternehmen

Zu diesem Punkt muß zunächst einmal festgestellt werden, daß fast alle Firmeninhaber bei der konkreten Angabe von Umsatz- und Gewinnentwicklungen ihrer Unternehmungen Vorbehalte vorbrachten.

Die Angaben zur geschäftsmäßigen Entwicklung waren in den meisten Fällen daher auch eher unpräzise, wie die folgende Tabelle 24 zeigt:

Tabelle 24: Umsatz- und Gewinnentwicklung der untersuchten Unternehmen

Unternehmen	Gewinnentwickl.	Umsatzentwickl.	Umsatz 1993	Umsatz 1994	Entwickl.d. Besch.zahl	Gesamte Entwickl.
I	zufr.st.[19]	gut[20]	4,3 Mill.	keine Ang.	konst. steig.	blendend
II	zufriedenst.	gut[21]	keine Ang.	keine Ang.	stark steig.	expandier.
III	stagnierend	rückgängig	gut	mäßig	abnehmend	stagnierend
IV	Verluste	rückgängig	schlechter	schlechter	konstant	rückläufig
V	zufriedenst.	gleichbl.[22]	extr.fallend	konsolidiert	abnehmend	zufriedenst.
VI	positiv	gut	stet.wachs.	stet.wachs.	konstant	gut

Wie aus Tabelle 24 zu entnehmen ist, reicht die Selbstbeurteilung der Firmeninhaber bezüglich der weiteren Entwicklung ihrer Unternehmen von blendend bis stagnierend bzw. sogar rückläufig. Interessant ist vor allem die unterschiedliche Einschätzung der Firmeninhaber bezüglich der jeweiligen Umsatz- und Gewinnnentwicklung. Obwohl mindestens die Hälfte der Unternehmen die Umsatzentwicklung eindeutig mit gut klassifizierten, war nur ein Unternehmen (VI) auch mit der Gewinnentwicklung zufrieden. Interessanterweise ist gerade dieses Unternehmen das einzige, wo die Konkurrenzsituation als schwach eingestuft wurde. Insofern wird deutlich, daß die Marktstruktur tatsächlich einen erheblichen Einfluß auf den Unternehmenserfolg ausübt und somit auch marktstrukturbezogene Erklärungsansätze für Beschäftigungsprobleme von Unternehmen verantwortlich zu machen sind. Auch die klassische Markttheorie wird insofern bestätigt, daß eine erhöhte Konkurrenz zwar nicht unbedingt umsatzsenkend wirkt ('Konkurrenz belebt das Geschäft'), aber starker

[19] Nach der Unternehmensgründung vor sieben Jahren war die Gewinnentwicklung aufgrund hoher Investitionskosten zunächst negativ, hat sich inzwischen aber stabilisiert.

[20] Vervierfachung seit 1988.

[21] Verdoppelung in den letzten fünf Jahren.

[22] Kontinuierlicher Anstieg von 1989 bis 1992 um 15 %, dann gleichbleibend.

Wettbewerb zur Folge hat, daß die Unternehmensgewinne vor ihrer Realisation herauskonkurriert werden.

Nachdem nun die eher unternehmensübergreifend zu analysierenden Fakten komprimiert dargestellt wurden, wenden wir uns nun dem konkreten Verhalten der einzelnen Firmen gegenüber Personalfragen zu und betrachten dabei zunächst des Einstellungsverhalten der Unternehmen.

Das Einstellungsverhalten der Unternehmen

Die folgende Tabelle 25 gibt zunächst einmal einen Überblick über die Fluktuationsraten der untersuchten Firmen sowie eine Übersicht der Akquisitionsstrategien der Unternehmen.

Tabelle 25: Das Einstellungsverhalten der untersuchten Unternehmen

Unternehmen	Einst. letzte drei Jahre	Einst. Initiativbewerb.	Einst. durch priv. AV	Einst. durch Inserate	Einst. durch Arb. amt	Einst. durch Firm. kont.	Einst. durch Beleg kont.	Einst. durch Aushänge	Ges. Such-Info-kost.	Off. Stellen gem.?	Note des Arb. amtes
I	9	0	nA.[23]	nA.	0	7	2	nA.	gering	nein	6
II	25	1	nA.	1	0	13	9	1	mäßig	nein	keine
III	6	1	nA.	1	1	2	0	1	hoch	ja	4
IV	15	0	Aush.	0	12	nA.	3	nA.	hoch	ja	5
V	3	0	nA.	0[24]	3	0	0	nA.	mäßig	ja	3
VI	6	2	nA.	1	0	nA.	3	nA.	mäßig	nein	5
Sum.	64	4	0	3	16	22	17	2	mäßig	indiff.	4,7

Faßt man die Ergebnisse der Tabelle 25 zusammen, dann fällt zunächst einmal die relativ hohe Zahl der in den letzten drei Jahren eingestellten Mitarbeiter auf. Da andererseits die Unternehmen eine überwiegend lange durchschnittliche Betriebszugehörigkeitsdauer der Mitarbeiter vorweisen konnten, scheint die Fluktuationsrate bei den neu eingestellten Arbeitnehmern sehr hoch zu sein. Dieses wurde von den Unternehmen (III-VI) auch weitgehend bestätigt. Entgegen den

---

23 nA. bedeutet nicht in Anspruch genommen, wobei Unternehmen (I) sich dieses zumindest für die Zukunft vorstellen konnte.

24 Dieses Rekrutierungsinstument wurde in den letzten Jahren für Fachkraftarbeitsplätze nicht mehr eingesetzt, war früher aber immer erfolgreich. Interessanterweise konnten die inserierten Ausbildungsplätze jeweils nicht mit auf diesem Rektrutierungweg besetzt werden.

Annahmen der Segmentationstheorie (vgl. Sengenberger, 1978 oder Allewell, 1993), vor allem größere Betriebe hätten die Tendenz zur Bildung von Stamm- und Randbelegschaften, ist dieser Vorgang, wenn auch in der Regel unfreiwilligerweise, in kleinen Unternehmen zu beobachten.

Die Personalrekrutierungswege der Unternehmen zeigen sehr überraschende Tatsachen auf. Die erfolgreichste Akquisitionsstrategie war demnach die Einbeziehung von Firmenkontakten, wodurch insgesamt 22 der vorgenommenen Einstellungen realisiert werden konnten, was in etwa 35% aller Einstellungen ausmacht. Es herrscht also offensichtlich auch gerade unter kleinen Firmen ein extremer Personalabwerbungswettbewerb. Der zweiterfolgreichste Rekrutierungsweg war die 'Ausnutzung' von Belegschaftskontakten mit insgesamt 17 Einstellungen. Das heißt mehr als 60% aller Neueinstellungen wurden über individuelle Kontakte realisiert. Die 'klassischen' Rekrutierungswege über das Arbeitsamt oder mit Hilfe von Stellenanzeigen in den Printmedien blieben mit Ausnahme der Hotelunternehmung abgeschlagen auf den Plätzen. Lediglich 16 (nur vier ohne das Hotel) Einstellungen wurden über das Arbeitsamt abgewickelt und bei den Stelleninseraten waren es gar insgesamt nur drei Einstellungen. Vor allem als überraschend ist das negative Ergebnis bei den Stellenanzeigen zu beurteilen, weil bis auf Unternehmen (I) alle befragten Firmen versucht haben, auf diesem Weg neues Personal zu finden.

Die Zusammenarbeit mit dem Arbeitsamt wird inzwischen von der Hälfte der Unternehmen komplett abgelehnt. Aber selbst das Hotelunternehmen, welches 80% seiner Einstellungen mit Hilfe des Arbeitsamtes realisiert hat, bewertet die Zusammenarbeit mit selbigem nur mit mangelhaft. Insbesondere wird der hohe bürokratische Aufwand bei Inanspruchnahme des Arbeitsamtes kritisiert. "Stundenlange" Telefonate und aufwendiger Schriftverkehr führten zu erheblichem Suchkostenaufwand. Desweiteren wurde von allen Unternehmen, erstaunlicherweise selbst von denen die nicht mit dem Arbeitsamt zusammenarbeiten, der "qualitativ katastrophale Beschäftigungspool" , welcher den Arbeitsämtern zur Verfügung steht, kritisiert. Die potentiell Einzustellenden seien hochgradig unmotiviert und ungepflegt, bzw. erschienen erst gar nicht zu angesetzten Bewerbungsgesprächen. Wobei diese fundamentale Kritik eigentlich den Arbeitsämtern nicht angelastet werden dürfte, dieses von den Unternehmen aber zumindest unbewußt getan wird.

Fast alle Unternehmen erhalten ständig eine Vielzahl von Initiativbewerbungen, welche aber nur selten zum Erfolg geführt haben. Lediglich vier der vorgenommenen Einstellungen wurden auf diese Art und Weise erreicht. Für arbeitswillige, derzeit aber unbeschäftigte Arbeitnehmer ein wenig motivierender Tatbestand.

Nicht weiter überraschend, weil auch in der Analyse davon ausgegangen wurde, ist die Tatsache, daß Betriebsaushänge nur von zwei Unternehmen als Akquisitionsstrategie genutzt wurde. Erstaunlicherweise war die Maßnahme aber jeweils zumindest einmal erfolgreich.

Professionelle private Vermittler wurden bis zum Befragungszeitpunkt von keinem Unternehmen eingeschaltet. Lediglich vom Hotelunternehmen wurden von einem Studentenvermittlungsbüro drei Aushilfen akquiriert. Überhaupt denkt nur der Firmeninhaber von Unternehmen (I) (vom Eindruck her auch das dynamischste während der Befragung) an die Möglichkeit, zukünftig die durch die Gesetzesinitiative der Bundesregierung gestiegenen privaten Vermittlungsangebote, in Anspruch zu nehmen. Das könnte ein Indiz für eine generell geringe Akzeptanz privater Personalvermittlungsagenturen bei kleinen Unternehmen sein, was die Skeptiker privater Arbeitsvermittlung als Kritikpunkt bereits vor Einführung derselben häufig anführten.

Personalengpässe aufgrund von Schwierigkeiten bei der Neueinstellung von Mitarbeitern sowie Hindernisse aufgrund der Einarbeitungszeit neuer Beschäftigter stellen offensichtlich keine sonderlich gravierenden Probleme für die Unternehmen dar. Sollte die Arbeitsproduktivität neuer Beschäftigter zu Produktionsdefiziten führen, so wird in der Regel mit Überstunden bewährter Mitarbeiter darauf reagiert. Zwei Unternehmen bedienen sich zudem als Anpassungsinstrument ehemaliger Mitarbeiter bzw. Aushilfen.

Bilanziert man die in den untersuchten Unternehmen angefallenen Such- und Informationskosten, dann schlagen vor allem die fehlgeschlagenen Versuche, über Inserate Personal zu finden, zu Buche. Auch die Zusammenarbeit mit dem Arbeitsamt scheint recht aufwendig zu sein. Vielleicht ist aus diesem Kostenbewußtsein heraus, der Erfolg der eher informellen Rekrutierungswege über soziale Kontakte erklärbar. Insgesamt kann man jedoch von einer mäßigen Kostenbelastung der Firmen durch Informations- und Suchkosten sprechen. Wenden wir uns nun dem Vertragsverhalten der befragten Unternehmen zu.

Das Vertragsverhalten der Unternehmen

Die folgende Tabelle 26 gibt zunächst einmal einen Überblick über die kontraktbedingten Beschäftigungsmaßnahmen der Unternehmen.

Tabelle 26: Das Vertragsverhalten und die Einstellungsverfahren der untersuchten Unternehmen[25]

Unternehmen	Chef führt Einst. gespr.	Dauer in Minuten	Zahl d. EG pro Stelle	Einführungskost.	Externe Weiterbil.	Kost. für Weiterbil.	Traineestellen	Probezeit[26]	Entl. in Probezeit	Einarbeitungszeit[27]	Prod. einbußen
I	100%	180	2	gering	nein	-	nein	0	0	3	leicht
II	0%	60	6-8	gering	nein	-	nein[28]	6	1	1	nein
III	80%	5-60	4	mäßig	ja	gering	nein	3	2	6	ja
IV	100%	60	3	mäßig	nein	-	nein	1 [29]	2	1	teilw.
V	100%	30-60	4	mäßig	ja	hoch	nein	3-6	2	12-24	ja
VI	100%	30	5-6	gering	nein	-	nein	3	1	1	leicht

Die Tabelle 26 zeigt, daß bei fast allen Unternehmen die Firmenleitung die Einstellungsgespräche führt, was zu durchaus beachtenswerten Anbahnungskosten führt. Die Dauer der Bewerbungsgespräche liegt durchschnittlich zwischen 30 und 60 Minuten und damit in einem als normal zu bezeichnenden Bereich. Vielleicht ist es nur Zufall, aber die mit Abstand längsten Vorstellungen neuer potentieller Arbeitnehmer finden in Unternehmen (I) statt und gerade dieses Unternehmen hat noch nie einen neuen Mitarbeiter entlassen müssen.[30] Möglicherweise zahlt sich also eine äußerst gewissenhafte Prüfung von Bewerbungskandidaten bereits recht kurzfristig aus.

Die Anzahl der von den Firmen eingeladenen Bewerbern variiert recht stark und reicht von zwei (Unternehmen I) bis maximal acht (Unternehmen II) Personen. Interessanterweise scheint auch die Vorauswahl der Bewerber bei Unternehmen (I) am gründlichsten durchgeführt worden zu sein.

Die Einführungskosten der neuen Mitarbeiter sind in allen Unternehmen nur als gering bis mäßig einzustufen. Traineestellen gibt es in allen Firmen nicht, was bei der behandelten Unternehmensgröße, wie bereits in der Analyse festgestellt wurde, nicht weiter überrascht.

---

25 Angaben zur befristeten Beschäftigung siehe oben in Tabelle 19.

26 in Monaten

27 in Monaten

28 aber Einrichtung in Zukunft vorstellbar

29 Bei ausländischen Mitarbeitern beträgt die Probezeit aufgrund negativer Erfahrungen sechs Monate

30 Siehe dazu auch den entsprechenden Abschnitt zum Entlassungsverhalten der befragten Unternehmen weiter unten.

Immerhin in zwei Unternehmen werden externe Weiterbildungsmaßnahmen angeboten, wobei diese nur in Unternehmen (V) zu hohen Weiterbildungskosten geführt haben. Offensichtlich sind diese Weiterbildungsaktivitäten der Unternehmen (III) und (V) aber aus betrieblichen Gründen unumgänglich, weil gerade diese beiden Firmen mit sechs bzw. 12-24 Monaten die längsten durchschnittlichen Einarbeitungszeiten bei neuen Mitarbeitern festgestellt haben. Die Einarbeitungszeit bei den anderen Unternehmen beträgt dagegen nur zwischen einem und drei Monaten. Die beiden Weiterbildung betreibenden Firmen waren zudem auch die einzigen, und das trotz der Weiterbildungsmaßnahmen, die auf erhebliche Arbeitsproduktivitätseinbußen aufgrund von Neueinstellungen verwiesen.

Die geforderte Probezeit in den Unternehmen ist allgemein recht kurz und liegt in der Regel zwischen drei und sechs Monaten. Bei Unternehmen (I) führt die gewissenhafte Auswahl des Personals dazu, daß gar keine Probezeit für notwendig erachtet wird. Bei den anderen Firmen sind überall ein bis zwei Mitarbeiter während oder nach Beendigung der Probezeit entlassen worden, was jeweils durchaus bemerkenswerte sunk costs mit sich gebracht haben dürfte.

Insgesamt betrachtet, dürften die gesamten in den Unternehmen angefallenen Anbahnungs- und Kontraktkosten eine nicht zu unterschätzende Höhe ausmachen.

Im folgenden Abschnitt werden nun die Anpassungskosten der Unternehmen aufgrund vorgenommener Entlassungen eingehend betrachtet.

Das Entlassungsverhalten der Unternehmen

Die folgenden Tabellen 27 und 28 geben zunächst einen Überblick über das Entlassungs- und Anpassungsverhalten der befragten Firmen.

Tabelle 27: Das Entlassungs- und Anpassungsverhalten der untersuchten Unternehmen (I)

Unternehmen	Entlassungen der letzten 3 Jahre	Einstellungen d. letzten 3 Jahre	Nettoveränderung Beschäft.	Anteil freiwillig. Kündigungen
I	0	9	+ 9	-
II	7	25	+ 18	4
III	8	6	- 2	0
IV	15	15	0	8 [31]
V	3	3	0	3
VI [32]	3	6	3	0
Gesamt	36	64	28	15

Tabelle 28: Das Entlassungs- und Anpassungsverhalten der untersuchten Unternehmen (II)

Unternehmen	Gründe der nicht freiw. Entlassung.			Resultieren. Abfindung.		Rechtsanwalt benöt.
	konjunktur.	Krankheit	Fehlverh.[33]	Anzahl (%)	Summ. DM	
I	-	-	-	-	-	-
II	1	1	1	0 = 0 %	-	-
III	2	2	4	8 = 100 %	100.000	ja [34]
IV	0	3	4	2 = 28,6 %	5.000	Innungsber.
V	-	-	-	-	-	Innungsber.
VI	0	0	3	0 = 0 %	- [35]	-

---

[31] Die freiwilligen Kündigungen kamen vor allem wegen des offensichtlich negativen Betriebsklimas und aufgrund zu geringer Aufstiegsmöglichkeiten, weil Unternehmen (IV) zu klein ist, zustande.

[32] Unternehmen (VI) umgeht saisonale Schwankungen dadurch, daß Mitarbeiter zum Winter hin entlassen und im Frühjahr wieder eingestellt werden. Zudem ist während der Betriebsferien im Januar einer Bürokraft gekündigt. Während dieser Zeit fungiert sie offiziell als Rentnerin. Die Ausnutzung der Möglichkeiten einer befristeten Einstellung nach dem Beschäftigungsförderungsgesetz von 1985 in diesem Sinn dürfte aber kaum der Intention des Gesetzgebers entsprechen.

[33] oder Ungeeignetheit der entlassenen Mitarbeiter

[34] Aufgrund des bisherigen mäßigen Erfolges des Rechtsbeistandes läßt sich Unternehmen (III) ab sofort von Vertretern der Kreishandwerkerschaft bei Arbeitsgerichtsprozessen betreuen.

[35] Es ist vermutlich nur deshalb nicht zu Abfindungszahlungen gekommen, weil die Entlassenen auf eine Klage beim zuständigen Arbeitsgericht verzichtet haben.

In den letzten drei Jahren haben die befragten Unternehmen insgesamt 28 neue Arbeitsplätze geschaffen, was hauptsächlich auf die beiden stark expandierenden Unternehmen (I) und (II) zurückzuführen ist.

Wie bereits angedeutet wurde, ist die Fluktuationsrate der Beschäftigten in den befragten Firmen erheblich. Besonders die Hotelunternehmung tut sich dabei hervor und hat in drei Jahren 3/5 seiner Belegschaft ausgewechselt. Da mehr als die Hälfte der dortigen Kündigungen freiwilliger Art waren und gleichzeitig bei der Unternehmensbefragung eine geringe Entlohnung, schlechte Arbeitsbedingungen sowie ein offensichtlich negatives Betriebsklima festgestellt wurden, ist der Zusammenhang, hohe Fluktuation gleich geringe Arbeitsangebotsanreize, in diesem Fall eindrucksvoll belegt worden. Aber nicht nur Unternehmen (IV) entstanden so sehr hohe Entlassungskosten. Beispielsweise hat Unternehmen (III) in den letzten drei Jahren mehr als 100.000 DM an Abfindungen und Prozeßkosten aufbringen müssen. Für eine Firma dieser Größe sicherlich ein hoher Kostenfaktor.

Die häufigsten Ursachen unternehmensseitig ausgeprochener Kündigungen stellten Fehlverhalten oder Ungeeignetheit der Mitarbeiter dar. Das betraf mit zwölf von insgesamt 21 mehr als die Hälfte aller Entlassungen. Aber auch aus Krankheitsgründen wurden immerhin sechs Kündigungen ausgesprochen, wobei die meisten der von einer krankheitsbedingten Entlassung betroffenen Arbeitnehmer in den Vorruhestand gegangen sind. Aus konjunkturellen Gründen wurde lediglich drei Mitarbeitern gekündigt. Das Ausmaß konjunktureller Schwankungen auf die Belegschaft ist also, trotz der durchaus aufgetretenen wirtschaftlichen 'Schieflage' in einigen Unternehmen, nicht so hoch wie erwartet. Vielleicht spielt hierbei die bereits mehrfach angesprochene 'soziale Nähe' zwischen Vorgesetzten und Mitarbeitern in kleinen Unternehmen eine abschwächende Rolle.

Insgesamt läßt sich konstatieren, daß sobald Kündigungen notwendig werden, die direkten und indirekten Kosten dieser Anpassungen auch für die untersuchten kleinen Unternehmen erheblich waren. Vielleicht hat die jeweilige Firmenleitung auch deshalb davor gescheut, in konjunkturell schwierigen Lagen massive Entlassungen vorzunehmen. Zumindest dürfte die Untersuchung des Entlassungsverhaltens der Firmen aufgezeigt haben, daß sich kleine Unternehmen durchaus schwer tun, ihrem angehefteten Flexibilitätsstatus auch in diesem Punkt zu entsprechen.

Als nächster Untersuchungsgegenstand soll das Angebot der befragten Unternehmen an Löhnen und freiwilligen betrieblichen Sozialleistungen dargestellt werden.

Das Angebot an Löhnen und freiwilligen betrieblichen Sozialleistungen in den Unternehmen

Die folgenden Tabellen 29, 30 und 31 geben wiederum zunächst einen ersten Überblick über die angesprochene Thematik.

Tabelle 29: Lohnhöhe und freiwillige betriebliche Sozialleistungen der Unternehmen (I)

Unternehmen	Betriebliche Altersversorg.	Betr. Gesund-heitsvorsorge	Generelle Er-folgsbeteilig.	Sonderurlaub	Betriebliche Weiterbild.
I	(ja) Geschäfts-führung.	nein	Zahlung von 30% f. beson-dere Leistung.	ja (1-2 Wochen)	nein
II	nein	nein	(nein), nur gelegentliche Sonderpräm.	ja (bis zu einem halben Jahr)	nein
III	nein	ja, Betriebsarzt	(nein), nur gelegentliche Sonderzahl.	nein	ja, extern
IV	nein	nein	(nein), Präm. für bestimmte Mitarbeiter	nein	nein
V	nein	nein	nein	nein	ja, extern
VI	(ja) [36]	nein	nein	nein	nein

Tabelle 30: Lohnhöhe und freiwillige betriebliche Sozialleistungen der Unternehmen (II)

Unternehmen	Dienstwagen	Fahrtkostenz.	Sonstige freiwillige betriebl. Sozialleistungen
I	5	nein	Frühstück, Freiflüge, Werbegeschenke, Firmenwagen für den Urlaub
II	2	nein	Betriebsfeiern, 2 Freiflüge f. Auslandstätige
III	2	ja	Arbeitskleidung, Sicherheitsschuhzuschuß, Feier für 300 unfallfreie Betriebstage
IV	0	ja	keine
V	0	nein	Rabatte für Neuwagen (13%) u. Ersatzteile (20%), Firmenwerkstatt für Eigenbedarf
VI	1	nein	Betriebsausflug, Weihnachtsfeier

36 Zum System der betrieblichen Altersversorgung in Unternehmen (VI) siehe das Kapitel 7.2.6.

Tabelle 31: Lohnhöhe und freiwillige betriebliche Sozialleistungen der Unternehmen (III)

Unternehmen	Übertarifliche Entlohnung	Übertarifliche Urlaubsgelder	Übertarifliche Weihnachtsg.	Vermögens-wirks.Leist.	Betriebs-kantine
I	ja, generell bis zu 50 %	nein	nein	nein	nein
II	wahrscheinl. keine Angab.	nein	nein	nein	nein
III	ja, generell (2 DM/Std.)	nein	nein	nein	nein
IV	ja, Seniorität Treueprämie	nein	ja, bis zu ein Monatsgehalt	nein	nein
V	ja, generell 20-30 %	biz zu 50 % f. langj. Besch.	bis zu 50 % f. langj. Besch.	72DM/Monat (VWL,Präm.)	nein
VI	nein, nur ein Vorarbeiter	nein	nein	nein	nein

Was die obigen Angaben zum Entlohnungssystem der befragten Unternehmen angeht, so hat der Verfasser während der Befragungen mit Verwunderung zur Kenntnis genommen, daß es sich dabei offensichtlich jeweils um ein 'Staatsgeheimnis' handelt. Kaum einer der Firmeninhaber war bereit, konkrete Zahlen zur Vergütungshöhe zu nennen. Zumindest konnte festgestellt werden, daß bis auf Unternehmen (VI), wo nur eine Führungskraft übertariflich entlohnt wurde, in allen Firmen zum Teil erheblich über dem Ecklohnniveau der Tarife vergütet wurde. Die Gehälter lagen von 10 bis zu 50% über den gewerkschaftlich ausgehandelten Tariflöhnen. Auf die Frage, warum bei der augenblicklichen Arbeitsmarktsituation eine solche Vergütungsstrategie gefahren würde, ist stets entgegnet worden, daß nur so die qualitativ hochgradig ausgebildeten und gut eingearbeiteten Fachkräfte im Unternehmen zu halten seien. Es herrscht also offensichtlich auf den entsprechenden Arbeitsmarktsegmenten nach wie vor ein erheblicher Fachkräftemangel. Interessanterweise scheinen die Unternehmen der Grundentlohnung aber die entscheidende Anreizwirkung für das Arbeitsangebot zuzurechnen. Denn bei übertariflichen Zulagen für Urlaubs- bzw. Weihnachtsgeld sowie bei Zahlung von vermögenswirksamen Leistungen halten sich die meisten Unternehmen eher bedeckt. Lediglich die Unternehmen (IV) und (V) bieten in diesem Bereich Sonderzahlungen an.

Entsprechendes gilt auch für das Angebot an freiwilligen betrieblichen Sozialleistungen. Zwar bietet jedes Unternehmen in irgendeiner Form freiwillige Zusatzleistungen an, insgesamt betrachtet und verglichen mit Großunternehmen ist das Offerierte aber weitgehend nur von geringer finanzieller Bedeutung. Insofern bestätigen sich auch in diesem Punkt die in der Analyse abgeleiteten Erkenntnisse.

Lediglich Unternehmen (VI) bietet eine Art betrieblicher Altersversorgung für alle Mitarbeiter an. Gesundheitliche Vorsorge wird generell nicht betrieben, nur im Unternehmen (III) besucht ein 'Betriebsarzt' der Innung regelmäßig den Betrieb. Eine umfassende Erfolgs- oder Gewinnbeteiligung ist ebenfalls in keinem der befragten Unternehmen installiert worden. Allerdings gibt es in zwei Drittel der Firmen unter bestimmten Voraussetzungen Sonderzahlungen bzw. Jahresleistungsprämien, welche aber nur in Unternehmen (I) mit bis zu 30 % eines Jahresgehaltes einen wirklich nennenswerten Umfang annehmen.

Sonderurlaub wird nur in den beiden 'progressiven' Dienstleistungsfirmen (I) und (II) gewährt. Die anderen, älteren Unternehmen tun sich damit recht schwer. Betriebliche Weiterbildung gibt es dagegen nur in Unternehmen (III) und (V), wobei nur im letzteren auch eher 'fachfremde' Weiterbildungsaktivitäten der Mitarbeiter toleriert werden.

Großzügig sind die Firmen dagegen mit Dienstwagen ausgestattet. Die Begründung dafür ist jedoch recht einfach - der jeweilige Fuhrpark dürfte aus steuerlichen Gesichtspunkten heraus angeschafft worden sein. Zudem stehen die Dienstwagen in der Regel nur den absoluten Führungskräften zur Verfügung, so daß eine positive Anreizwirkung auf das Arbeitsangebot eher als gering einzuschätzen ist. Einen Fahrkostenzuschuß, bzw Fahrkarten für den öffentlichen Nahverkehr gibt es nur in zwei Unternehmen. Die sonstigen betrieblichen Sozialleistungen beschränken sich weitgehend auf Weihnachts- und Betriebsfeiern. Besonders erwähnenswert sind ansonsten lediglich die angebotenen Freiflüge in den Unternehmen (I) und (II) sowie die Einkaufsrabatte in Unternehmen (V), weil diese durchaus finanzielle Anreize für Arbeitnehmer darstellen können.

Vergleicht man das Gesamtangebot der Sozialleistungen und die Entlohnungshöhe der befragten Unternehmen mit den bekannten Anreizsystemen großer Firmen (beispielsweise mit dem Angebot von Betriebskindergärten in vielen Konzernen), dann wird klar, daß für diesen Bereich unternehmerischer Anreizmechanismen, Großfirmen erhebliche strukturelle Vorteile besitzen. Auch wenn die Lohnhöhe in einigen der untersuchten Unternehmen wider Erwarten durchaus ansprechend ist.

Wenden wir uns nun den gegenwärtig häufig diskutierten Themenbereichen Arbeitszeit und Arbeitszeitformen zu. Welche Herangehensweise an diese Probleme konnten in den befragten Unternehmen beobachtet werden?

Arbeitszeit und Organisationsformen der Arbeit in den Unternehmen

Die folgenden Tabellen 32, 33, 34 und 35 geben zunächst einen Überblick über die in den befragten Unternehmen getroffenen Arbeitszeitregelungen und über die Einführung von modernen Arbeitsorganisationsformen.

Tabelle 32: Arbeitszeitregelungen und Organisationsformen der Arbeit in den Unternehmen (I)

Unternehmen	Reguläre Wochen-arbeitszeit	Arbeitszeit-verkürzungen seit 1989	Deshalb länger Urlaub	Deshalb Neuein-stellungen	Deshalb Ver-dichtung der Arbeitszeit
I	38,5 - 55	keine	nein	nein	nein
II	40	0,5	ja (3 Tage)	nein	nein
III	37	3	nein	nein	nein
IV	38,5	1,5	ja (10 Tage)	nein	nein
V	37	3	nein	nein	ja
VI	39	1	nein	nein	nein

Tabelle 33: Arbeitszeit und Organisationsformen der Arbeit in den Unternehmen (II)

Unter-nehmen	Überstunden wg. Arbeits-zeitverkürz.	Überstunden-zuschläge	Überstunden-kompen-sierung	Produktivitäts-einbußen durch Überstunden	Wochenend-arbeit
I	nein	0 %	nein, lediglich drei Mitarbeiter erhielt. Freitage	nein	ja, freiwillig
II	nein	35 %	Übermäßige Mehrarbeit wird entlohnt	teilweise ein-zelne Mitar-beiter überl.	gelegentlich
III	nein	25-50 %	bis 1990 ent-lohnt, seitdem 'abgefeiert'	nein	gelegentlich
IV	nein	33,3 - 50 %	je nach Lage, 'abgefeiert' oder entlohnt	nein	ja, immer (Hotel!)
V	nein	0 %	je nach Lage, 'abgefeiert' oder entlohnt	nein	äußerst selten
VI	nein	0 % [37]	entlohnt	nein	nein

[37] Es entstehen Unternehmen (VI) aber bei einer Schlechtwetterperiode zusätzliche Kosten durch Überstunden. Sieh dazu die Ausführungen in Kapitel 7.2.6.

Tabelle 34: Arbeitszeit und Organisationsformen der Arbeit in den Untern. (III)

Unternehmen	Betriebsferien	Urlaubslage	Urlaubsdauer	Fehltagequote	Karenztage
I	nein	frei wählbar	30 Tage	3-3,5 %	Ablehnung
II	24.12. - 1.1.	weitgehend frei wählbar	27-30 Tage	im Untern. nicht bekannt	indifferent
III	nein	frei wählbar	30 Tage	3,4 %	Zustimmung
IV	24.12. - 1.1.	restriktiv [38]	25 Tage	1,5 %	unsinnig
V	nein	frei wählbar	30 Tage	2-3 %	überflüssig
VI	4 Woch. Juli 2 Woch. Jan.	festgelegt	30-35 Tage	6 % [39]	Ablehnung

Tabelle 35: Arbeitszeit und Organisationsformen der Arbeit in den Untern. (III)

Unternehmen	Gleizeit	Arb.beginn, Arbeitsende (Kernzeit)	Teilzeit	Job-Sharing	Kapovaz	Personalleasing
I	ja[40]	9-17 Uhr[41]	nein	nein[42]	unbekannt	im Notfall
II	nein[43]	8-17 Uhr	ja(2 Besch.)	nein	unbekannt	nein
III	nein	6-7.30 bis 15-16Uhr[44]	nein	nein	unbekannt	im Notfall
IV	nein	24-Stunden We.schicht	ja (7 Besch.)	nein	nein	Student. Aushilfen
V	nein[45]	8-17 Uhr	ja(1 Besch.)	nein	nein	nein
VI	nein	7-16 Uhr	ja(1 Besch.)	nein	nein	nein

38 Teilweise wird der Urlaub auch ausbezahlt, weil keine Zeit für die Mitarbeiter zur Verfügung stand, ihn zu nehmen.

39 Dadurch entsteht dem Unternehmen aber zumindest kein direktes Kostenproblem, weil in dieser Branche die Innungskrankenkasse bereits ab dem ersten Fehltag 70 % der Lohnkosten übernimmt.

40 projektgebundene Arbeitszeit, Teil der Arbeitszeit relativ frei einteilbar

41 Das trotz der langen Kernzeit im Unternehmen (I) von Gleitzeit die Rede ist, liegt an der extrem hohen Zahl an wöchentlichen Arbeitsstunden (bis zu 55!).

42 Die Installation eines Job-Sharing-Systems wurde versucht, es fand sich aber kein geeignetes Personal, welches weniger arbeiten wollte und trotzdem die notwendigen Qualifikationen mitbrachte.

43 Die Einhaltung der Arbeitszeiten werden in Unternehmen (II) nicht oder nur kaum überprüft. Man kann hier also von einer Art informeller Gleitzeit sprechen. Eine 'richtige' Gleitzeit hat der zum damaligen Zeitpunkt noch im Unternehmen existierende Betriebsrat abgelehnt, vermutlich um eine Verbesserung der Kontrollmöglichkeiten der Geschäftsführung zu verhindern. Zu den genaueren Arbeitszeitregelungen im Unternehmen (II) siehe Kapitel 7.2.2.

44 je nach Berufsgruppe

45 Es gab schon einmal ein Gleitzeitsystem in Unternehmen (V), wurde aber aufgrund organisatorischer Schwierigkeiten wieder abgeschafft. Außerdem wird Gleitzeit von der Mehrzahl der Beschäftigten abgelehnt.

Die Analyse der Arbeitszeitformen der befragten Unternehmen hat trotz der geringen Zahl der untersuchten Firmen bereits eine Fülle von Erkenntnissen über offensichtlich generelle Arbeitszeitregelungen in kleinen Unternehmen ans Licht gebracht. Diese Tatsache ist ein Indiz dafür, daß die von Gewerkschaften und Arbeitgebern in diesem Themenbereich ausgehandelten Kompromisse vermutlich weitgehend an den Besonderheiten und Wünschen zumindest der Unternehmensinhaber vorbeigehen.

Zunächst einmal ist festzustellen, daß die realisierten Arbeitszeitverkürzungen in den Unternehmen in keinem Fall zu einer Entlastung des Arbeitsmarktes durch Neueinstellungen geführt haben. Im Gegenteil, es wurde dem Verfasser in zwei Unternehmen signalisiert, sollten Mitarbeiter auf die Umsetzung tariflich vereinbarter Arbeitszeitverkürzungen bestehen, drohe die Kündigung oder es wurde offen von 'Verdichtung der Arbeitszeit' als Reaktion der Unternehmensleitung gesprochen. In der Regel wurden die durch die verkürzte Arbeitszeit entstandenen Ausfallzeiten durch Inanspruchnahme des Anpassungsinstrumentes Überstunden kompensiert. Da die Hälfte der Unternehmen teilweise erhebliche Überstundenzuschläge bezahlt, hat die Arbeitszeitverkürzung also den von den Arbeitgeberverbänden befürchteten Effekt einer Kostensteigerung mit sich gebracht. In zwei Unternehmen wurde die Arbeitszeit aufgrund der durch die Arbeitszeitverkürzungsmaßnahmen hervorgerufenen 'Abfeiertage' bzw. Überstunden bei gleichzeitigem Festhalten an der 'regulären' 40 Stunden-Woche zumindest flexibilisiert.[46] Insgesamt sind demnach die in der Analyse vermuteten Auswirkungen von Arbeitszeitverkürzungsmaßnahmen tatsächlich in den untersuchten Firmen zu beobachten gewesen.

Als Beitrag zur gegenwärtigen Diskussion der Wochenendarbeitszeit konnte festgestellt werden, daß außer in einem Unternehmen (VI) Wochenendarbeit bereits heute, wenn auch teilweise selten oder nur gelegentlich, in den Firmen praktiziert wird. Insofern ist die momentane Auseinandersetzung zu diesem Thema offensichtlich nur ein Versuch, bestehende Ausnahmeregelungen fest zu installieren.

Lange Betriebsferien gibt es nur in einem Unternehmen (VI). Die anderen Firmen beschränken sich, wenn überhaupt, auf die Woche zwischen den Feiertagen am Jahresende. In den Unternehmen ist der Urlaub bis auf eine Ausnahme von den Mitarbeitern auch weitgehend frei wählbar. Lediglich in Unternehmen (VI) besteht gar keine freie Zeiteinteilung bezüglich des Urlaubes. Die durchschnittliche Jahresurlaubsdauer beträgt ca. 30 Tage. Lediglich in der Hotelun-

---

46 Siehe dazu auch den nächsten Abschnitt über die Flexibilitätseinschätzung der befragten Unternehmen.

ternehmung (Unternehmen IV) ist die Länge des Gesamturlaubes auf 25 Tage begrenzt.

Erstaunlich war das Ergebnis bei der Nachfrage nach den in den Unternehmen anfallenden Fehltagen der Beschäftigten. Außer in Unternehmen (II), wo Fehltage statistisch nicht erfaßt werden, ist die Fehltagequote in allen untersuchten Firmen unter dem vom iwd für Deutschland ermittelten durchschnittlichen Wert von 8,78% (siehe oben). Offensichtlich erzeugt die vorherrschende 'soziale Nähe' in den kleinen Unternehmen in diesem Fall einen 'Anwesenheitsdruck' innerhalb der Belegschaften. Die durchschnittliche Fehltagequote lag bei den Unternehmen jedenfalls bei nur 3%. Allerdings bleibt der Verdacht bestehen, daß außer bei Unternehmen (III), wo Fehltage 'akribisch' erfaßt und statistisch ausgewertet werden, die Angaben zu den Fehlzeiten der Mitarbeiter unbewußt 'geschönt' wurden. Vielleicht auch aus diesem Grund wird außer in Unternehmen (III), die Einführung von Karenztagen zum Teil vehement von den Firmeninhabern abgelehnt.

Wie auch in der Analyse erwartet wurde, sind die Unternehmensinhaber bezüglich der Einführung moderner Arbeitszeitformen äußerst restriktiv eingestellt. Gleitzeit im herkömmlichen Sinn gibt es in keinem der befragten Unternehmen, sondern es wird überall Wert auf eine recht ausgeprägte Kernarbeitszeitstruktur gelegt. Job-Sharing oder kapazitätsorientierte variable Arbeitszeit ist in den Firmen ebenfalls nicht vorzufinden. Lediglich beim Instrument Teilzeitarbeit haben 2/3 der Unternehmensinhaber Interesse gezeigt. Praktiziert wird Teilzeitarbeit aber jeweils nur von ganz wenigen Beschäftigten und das fast ausschließlich im kaufmännischen Bereich der Unternehmungen. Einen mit fast 25% merklichen Anteil an teilzeitarbeitenden Mitarbeitern findet man nur im Hotelunternehmen (IV).

Trotz zum Teil starker Inanspruchnahme durch Nachfrageschwankungen haben die Firmen mit professionellen Personalleasingunternehmen keinerlei regelmäßige Kontakte, weil sie befürchten, daß die eingesetzten Zeitarbeitnehmer den qualitativen Ansprüchen nicht genügen könnten. Lediglich in "absoluten Notfällen" wird in den Unternehmen (I) und (II) auf Personalleasing zurückgegriffen, dann aber auch nur in sehr begrenztem Umfang.

Insgesamt hat die Befragung der Unternehmen zu ihren praktizierten Arbeitszeitformen aufgezeigt, daß die in der Wirtschaftspolititk bzw. -theorie geführten Diskussionen zum Teil an den Präferenzen der Unternehmensleitungen vorbeigehen. Diese Präferenzen sind offensichtlich zu einem erheblichen Maß von traditionellen Mustern der Unternehmensführung geprägt. Beispielsweise sagten mehrere Firmeninhaber, daß ihrer Meinung nach das sinnvollste nach wie vor eine reguläre 40 Stunden-Arbeitswoche mit relativ starren Arbeitszeiten wäre. Offensichtlich stellt das Kontrollproblem bei einer weitgehenden Flexibilisierung der Arbeitszeiten ein nicht zu lösendes organisatorisches Problem dar. Zudem sorgt die allgegenwärtige Präsenz der Vorgesetzten in diesen Unternehmen dafür, daß die Arbeitszeiten und Organisationsformen der Arbeit fast ausschließlich nach den Bedingungen und Gegebenheiten des einmal gewählten Produktionsprozesses auszurichten sind. Ob diese Risikoaversion der Inhaber bezüglich moderner Regelungen letztlich begründet ist, ist ein so nicht zu überprüfender Tatbestand.

Angesichts des gerade Ausgeführten stellt sich nun die Frage, inwiefern die untersuchten Firmen den ihnen aufgrund ihrer Größe oder besser 'Kleinheit' allgemein unterstellten Flexibilitätserfordernissen genügen.

Flexibilitätseinschätzung der befragten Unternehmen

Im folgenden wird der Versuch unternommen, der Flexibilität der untersuchten Unternehmen eine Bewertung zu unterziehen. Der gegenwärtige politische Wunsch nach längeren Maschinenlaufzeiten oder nach Ausdehnung der Ladenöffnungszeiten ist für die betrachteten Unternehmen nur zum Teil von Bedeutung. In Unternehmen (III) wird trotz der dortigen Relevanz der Diskussion der Maschinenlaufzeiten eine Flexibilisierung in diesem Zusammenhang vollständig abgelehnt. Dasselbe gilt für Unternehmen (VI). Es wurden vor allem die Kontrollprobleme als hinderlich angesehen. Interessanterweise wurde aber auch die Vermutung geäußert, daß eine solche Regelung vor allem den kapitalintensiven, in der Regel größeren Unternehmen, nutzen würde. Das entspricht genau den in der Analyse vorgenommenen theoretischen Überlegungen. Längere Ladenöffnungszeiten sind nur für Unternehmen (V) von Bedeutung. Eine bereits realisierte Verlängerung der Geschäftszeiten in diesem Unternehmen wurde aber nach kurzer Zeit nach Kosten-Erlös-Analysen wieder zurückgenommen. Es scheint demnach kein Zufall zu sein, daß kleinere Einzelhandelsunternehmen gemeinsam mit den zuständigen Gewerkschaften vehement gegen eine Aufhebung der Ladenschlußgesetzgebung eintreten.

Was die Arbeitszeitflexibilität der betrachteten Unternehmen anbelangt, so dürfte aus dem obigen Abschnitt zu diesem Themenkomplex deutlich geworden sein, daß eine vielleicht arbeitnehmerfreundliche Gestaltung der Arbeitszeiten, die durchaus mehr Flexibilität beinhaltet, in der Regel den Produktionsmöglichkeiten und -erfordernissen der Unternehmen untergeordnet wird.

Überhaupt läßt die Analyse das Resümee zu, daß die Unternehmen flexibel auf Kundenwünsche und auf bestimmte Umgebungsänderungen reagieren (können), vor allem damit zusammenhängt, daß die kurzen Entscheidungswege sowie die 'soziale Nähe' zu den Vorgesetzten in den befragten Firmen dazu führen, daß die Arbeitnehmer sich offensichtlich vorbehaltlos den Unternehmenszielen unterzuordnen haben. "Wer nicht spurt, der fliegt". Diese, in fast allen untersuchten Firmen vorzufindene Handlungsmaxime kann theoretisch auch in kleinen Unternehmen dadurch abgemildert werden, in dem von gewerkschaftlicher Seite mit Hilfe von Betriebsräten eine Gegenmachtposition entgegengesetzt wird. Das war in den untersuchten Unternehmen aber in keinem einzigen der Fall - es gab keinen Betriebsrat. Daraus folgt jedoch, daß die in den befragten Firmen, aus objektiven Gegebenheiten heraus, eher zu konstatierende Inflexibilität, durch informelle Praktiken der Inhaber unter teilweiser Ausnutzung der Arbeitnehmer vollständig kompensiert werden konnte.

Abschließend sollen nun die Außenbeziehungen der Unternehmen systematisiert werden. Auch aus diesen externen Einflüssen lassen sich Erkenntnisse über eventuelle Beschäftigungsprobleme kleiner Unternehmen ableiten. Die Schwierigkeiten, die manche der befragten Firmen mit Kreditinstituten oder öffentlichen Institutionen hatten, schließen den Gesamteindruck über die untersuchten Firmen ab.

Die Außenbeziehungen der Unternehmen

Die Tabellen 36 und 37 auf Seite 242 geben zunächst einen Überblick über die von den befragten Unternehmen in Anspruch genommenen staatlichen Hilfs- und Förderprogramme und zeigen zudem das Verhältnis zu Banken und externen Serviceunternehmen auf.

Die Außenbeziehungen der Unternehmen sind durch drei Schwerpunkte gekennzeichnet. Zum einen ist die Inanspruchnahme staatlicher Förderungsmöglichkeiten von keinem der befragten Unternehmen in maßgeblichem Umfang wahrgenommen worden. Lediglich Unternehmen (III) hat einmal einen Versuch unternommen, bei einer Produktinnovation staatliche Fördermittel zu bekommen, was aber nach langwierigen Versuchen letztlich zum Scheitern verurteilt war. Ansonsten hat nur Unternehmen (II) einmal einen Innovationsassistenten im Zusammenhang mit einem Innovationsmanagementprogrammes der TU Berlin (vgl. Trommsdorf, 1990) beschäftigt und dafür Lohnkostenzuschüsse vom Staat erhalten. Darüberhinaus wurden von von Firmen keinerlei Fördermittel beantragt, auch weil die Antragsmöglichkeiten den Unternehmensleitungen weitgehend nicht bekannt waren bzw. noch sind. Auch eine Zusammenarbeit mit den jeweiligen Kommunen oder anderen regionalen Gebietskörperschaften existiert derzeit in keinem der befragten Unternehmen und hat es auch zuvor noch nie gegeben. Lediglich zwei Firmen (V und VI) können auf gelegentliche Kontakte zu den zuständigen Industrie- und Handwerkskammern verweisen, wobei nur Unternehmen (V) im Rahmen der Ausbildungsförderung bislang auch davon profitieren konnte.

Tabelle 36: Die Außenbeziehungen der Unternehmen (I)

Unternehmen	Generel. Einschätzung der KMU-Förder.	In Anspruch genommene Förderprogr.	Zusammenarbeit m. öfftl. Institutionen	Verhältnis zu Großunternehmen
I	Ablehnung (Bürokratie!)	keine	nicht vorhanden	Marktschranken weil 'großer Filz', Großkunden sehr genau
II	überflüssig (kein Bedarf)	Innovationsassistent	nicht vorhanden	nur Lohnniveauprobleme
III	unzureichend	Produktförderung	nicht vorhanden	Großkunden sind sehr schwierig und dominant
IV	Ablehnung	keine	nicht vorhanden	Reptutations-, Lohnniveaunachteile, Angebotsdefizite
V	Ablehnung (Bürokratie!)	keine	s. gute Kontakte z. IHK	Informations-,Lieferzeitnachteile, Umweltauflagenprobl.
VI	überflüssig (unbekannt)	keine	kaum, 1 Kontakt zur IHK	nein, allerdings bei Ansiedlung in Großstadt Probleme

Tabelle 37: Die Außenbeziehungen der Unternehmen (II)

Unternehmen	Verhältnis zu Kreditinstituten	Inanspruchnahme von unternehmensexternem Service	Einsch. der Zukunftsaus.
I	schwierig, Banken sind zu risikoscheu	Factoring-Bank, Auskunftei, Rechtsanwalt, Steuerbüro, 1x Unternehmensberatung	schwieriger
II	problemlos	Schreibbüro, Fremdingenieurbüro, Lohnbuchhalt. in Mutterunternehmen, 1x Werbeagentur	indifferent
III	schlecht, man komme sich vor wie ein 'Bittgänger'	Lohnbuchhaltung ausgelagert	optimistisch
IV	problemlos, aber auch kein Bedarf an Fremdkapital	Lohnbuchhaltung, Bilanzerstellung ausgelagert	optimistisch
V	schwierig, sehr restrikitve Kreditgewährung der Banken	Steuerberater: Jahresabschluß und Bilanzen	gut, hektisch
VI	problemlos, da Ländereien als Besitz vorhanden	Steuerbüro für Buchführung, Subuntern. für Pflasterarbeiten	gut

Dementsprechend hielten alle Unternehmen, bei einer gewünschten, generellen Einschätzung der öffentlichen Hilfen und Unterstützungsmaßnahmen, diese entweder für überflüssig oder für unzureichend. In diesem Politikfeld bleibt also offensichtlich noch viel Arbeit für die jeweiligen Wirtschaftsförderungsämter oder überregionalen Wirtschaftsressorts der Länder und des Bundes.

Auch die für Unternehmen wichtigen Außenbeziehungen zu den Kreditinstituten sind bei der Hälfte der befragten Firmen recht problembehaftet. Bei drei Unternehmen (I, III und V) wird inbesondere die restriktive Kreditvergabe der Banken und die teilweise stattfindende Behinderung selbst bei Bankroutinegeschäften als außerordentlich ärgerlich, weil kontraproduktiv, angesehen. Der Inhaber von Unternehmen (I) faßte seine Kritik mit den Worten zusammen, "wären die heutigen Bänker mit ihrer absoluten Risikoscheu bereits nach Kriegsende im Geschäft gewesen, hätte das Wirtschaftswunder nie stattfinden können." Zudem wird von den Unternehmensleitungen moniert, daß man den Eindruck gewinnen könne, große Unternehmen hätten bei der Kreditvergabe wesentlich weniger 'Vorleistungen' zu erbringen als kleine Firmen. Allerdings muß auch gesagt werden, daß drei der befragten Unternehmen keinerlei Probleme mit den Banken hatten. Zum einen das größte untersuchte Unternehmen (II) sowie die Unternehmen (IV) und (V), welche aber jeweils entweder kein Fremdkapital benötigten oder aber enorm hohe Sicherheiten vorzuweisen hatten. In diesen Fällen war also die Grundlage für eventuelle Meinungsverschiedenheiten mit den Kreditinstituten auch kaum gegeben.

Was das Verhältnis der befragten Unternehmen zu großen Konkurrenten bzw. zu Großabnehmern angeht, so hat bis auf Unternehmen (VI) jede untersuchte Firma Schwierigkeiten irgendeiner Art eingeräumt. Aber auch die Firmenleitung von Unternehmen (VI) erklärte, daß ihre Betriebsgröße bei Ansiedlung in einem Ballungszentrum mit dann entsprechend großen Konkurrenzunternehmen heutzutage nicht mehr lebensfähig sei. Hauptkritikpunkt der anderen Firmen in diesem Zusammenhang war zum einen die Lohnhöhe, die große Konkurrenten anbieten (können). Die Unternehmen sind deshalb zum Teil genötigt, selbst auch übertarifliche Entgelte zu zahlen. Desweiteren wurden Benachteiligungen im Informationsfluß, Marktzutrittsbeschränkungen, Reputationsnachteile sowie Lieferfristenbenachteiligungen gegenüber großen Konkurrenten bemängelt. Auch die Banken bei der Kreditvergabe sowie der Staat bei der unreflektierten Umsetzung von Umweltauflagen benachteiligten eindeutig kleine Unternehmen.

Interessanterweise haben die Unternehmen, welche es mit Großkunden zu tun hatten, ebenfalls eine enorme Abhängigkeit festgestellt. So seien die großen Abnehmer äußerst restriktiv, was Lieferzeiten oder die Qualität der Produkte angehe. Wer sich mehr als einen Fehler erlaube, sei für die nächste Zeit aus dem Markt. Diese Aussagen bestätigen eindeutig die in der Analyse im Marktstrukturkapitel getroffenen Annahmen. Kleine Zuliefererbetriebe sind in ihrem Aktionsradius erheblich eingeschränkt.

Bei der Inanspruchnahme unternehmensexterner Serviceleistungen dominiert eindeutig die kaufmännische Seite des Produktionsprozesses der befragten Unternehmen. So haben alle Firmen einen Steuerberater bzw. ein Steuerbüro für Jahresabschluß- und Bilanztätigkeiten herangezogen. Auch die Lohnbuchhaltung ist in fünf von sechs Fällen ausgelagert worden. Alle anderen unternehmensexternen Servicedienste wurden von den Unternehmen bisher aber nur in sehr begrenztem Umfang genutzt. Kontakte zu einer Unternehmensberatung hatte nur ein Unternehmen, ebenso einmalig die Inanspruchnahme einer Werbeagentur sowie eines Schreibbüros. Am weitestgehenden waren die Beziehungen zu externen Dienstleistungsfirmen noch in Unternehmen (I), welches auch Kontakte zu Wirtschaftsauskunfteien pflegt und die Dienste einer großen Factoring-Bank in Anspruch nimmt. Der gewerbliche Teil des Produktionsprozesses der Firmen wurde bislang nur durch ein Fremdingenieurbüro sowie durch einen Subunternehmer für Pflastertätigkeiten unterstützt. Insgesamt gesehen sind demnach die Außenbeziehungen der Unternehmen recht konservativ ausgestaltet. Selbst im Mehrbetriebsunternehmen (II) findet ein reger Personalaustausch nicht statt.

Was die Zukunftsaussichten der befragten Firmen anbelangt, äußerten sich bis auf den von Unternehmen (I) alle Firmeninhaber recht optimistisch. Zur genaueren Einschätzung der Leistungsfähigkeit der einzelnen Unternehmen wird auf die Darstellungen der Einzelergebnisse der Befragung im Anhang verwiesen.

Es sollte durch die ausführliche Darstellung der Ergebnisse der vorgenommenen Fallstudien deutlich geworden sein, daß die in der Analyse abgeleiteten Thesen zu den vielschichtigen Beschäftigungsproblemen kleiner Unternehmen, in der Tat nicht zu unterschätzende Phänomene darstellen und das dieses auch branchenübergreifend der Fall ist.

Im folgenden Kapitel 5 werden zunächst die ermittelten, weitgehend über alle Branchen und Sektoren reichenden, typischen Beschäftigungshemmnisse in kleinen Unternehmen zusammenfassend dargestellt. Daran anschließend sollen mögliche Lösungsansätze für einen Teil der ermittelten Beschäftigungsprobleme kleiner Firmen aufgezeigt werden.

5. Zusammenfassung der wichtigsten Ergebnisse und daraus abgeleitete Lösungsmöglichkeiten und Empfehlungen

5.1 Wichtigste Ergebnisse der Untersuchung[1]

Im folgenden werden zunächst die wichtigsten gefundenen, über alle Branchen und Sektoren greifenden, typischen Beschäftigungshemmnisse kleiner Unternehmen stichwortartig zusammengefaßt. Daran anschließend werden für ausgewählte Beschäftigungsprobleme kleiner Unternehmen in einer jeweils kurzen Darstellung einige Lösungsansätze aufgezeigt.

Übersicht 12:

Die ermittelten Beschäftigungsprobleme kleiner Unternehmen im Überblick

A. Arbeitsnachfragebezogene Erklärungsansätze

1. Transaktionskosten

1.1 Such- und Informationskosten

1.1.1 Kleine Unternehmen suchen im Verhältnis zur Gesamtbeschäftigtenzahl gesehen häufiger und länger neue Arbeitskräfte.
1.1.2 Der Beschäftigtenpool der Arbeitsämter entspricht nicht den qualitativen Ansprüchen der Unternehmen. Vor allem die Firmeninhaber sind im Stellenfindungsprozeß involviert. Dieses erhöht die Kosten im Vergleich zu anderen Unternehmensgrößenklassen.
1.1.3 Maßnahmen zur Beschleunigung des Einstellungen oder zur Erleichterung der Integration von Langzeitarbeitslosen (z.B. Lohnkostenzuschüsse) sind teilweise nicht bekannt.
1.1.4 Die Kosten für Stelleninserate sind teilweise zu hoch.
1.1.5 Die kleinen Unternehmen haben nur begrenzten Umfang zu Kontaktnetzen, weil sie auf weniger Firmenkontakte oder weniger Mitarbeiter zurückgreifen können.
1.1.6 Professionelle werbewirksame Selbstdarstellungen sind kleinen Unternehmen kaum möglich.

[1] Eventuelle Beschäftigungsvorteile kleiner Unternehmen bei einzelnen Aspekten werden hier nicht mit angeführt, weil für sie anschließend keine Lösungsansätze formuliert werden müssen.

1.1.7 Auch aufgrund dieses Mangels an Firmenreputation erhalten kleine Unternehmen weniger Initiativbewerbungen potentieller Arbeitnehmer

1.2 Anbahnungskosten

1.2.1 Bei Personalrekrutierungen fehlt aufgrund der geringen Häufigkeit von Einstellungsgesprächen oftmals die notwendige Professionalität. Falsche Personalauswahl kann die Folge sein.
1.2.2 Die geringer ausgeprägten Kontaktnetze der kleinen Firmen führen auch zu weniger (informellen) Informationen über Bewerber.
1.2.3 Economies of scale bei Auswahlverfahren wie Assessment-Center sind nicht nutzbar.

1.3 Kontraktkosten

1.3.1 Economies bei Vertragsabschlüssen sind von kleinen Unternehmen nicht ausnutzbar.
1.3.2 Zudem sind in den kleinen Firmen keine Rechtsabteilungen verfügbar. Dadurch können auch economies of scope nicht genutzt werden.

1.4 Anpassungskosten

1.4.1 Einarbeitungskosten
1.4.1.1 Keine Inanspruchnahme von economies of scale bei Einweisungen neuer Mitarbeiter sowie bei externen Weiterbildungsmaßnahmen möglich.
1.4.1.2 Es entstehen höhere (kalkulatorische) Lohnkosten bei den Einführungen am Arbeitsplatz, da in der Regel die Firmeninhaber selbst die Einweisungen neuer Mitarbeiter vornehmen.
1.4.1.3 Die Unternehmensgröße ist grundsätzlich zu klein, um sinnvoll Traineearbeitsplätze einrichten zu können.
1.4.1.4 Es entsteht eine höhere Belastung durch die Einarbeitungszeiten neuer Mitarbeiter durch Produktionsausfallzeiten oder Produktivitätseinbußen, weil der Anteil der neuen Mitarbeiter an der Gebelegschaft bei kleinen Unternehmen größer ist.
1.4.2 Entlassungskosten
1.4.2.1 Es existiert in den kleinen Firmen bei Entlassungen kein adäquater Rechtsbeistand
1.4.2.2 Die sozialen Hemmschwellen bei Entlassungen sind aufgrund der 'sozialen Nähe' von Chef und Untergebenen häufig sehr hoch.
1.4.3 Technisch bedingte Anpassungskosten

1.4.3.1 Die geringere Teilbarkeit des Produktionsfaktors Arbeit in kleinen Unternehmen führt bei Einführung neuer Technologien zu höheren arbeitsinduzierten Anpassungskosten.

1.4.3.2 Da kleine Unternehmen oftmals in Marktnischen operieren und deshalb eine sehr spezielle Produktionsweise besitzen, kommt es zu besonderen Benachteiligungen dieser Firmen bei Verlusten an Humankapital.

1.4.3.3 In den kleinen Unternehmensgrößenklassen kommt besonders die geringere Teilbarkeit des Produktionsfaktors Kapital zum Tragen.

2. Unteilbarkeiten

2.1 Unteilbarkeitsphänomene bei Arbeitsvariationen

2.1.1 Geringere Umsetzbarkeit von tariflich vereinbarten Arbeitszeitverkürzungen aufgrund des geringen Mitarbeiterstammes in kleinen Unternehmen. Daraus resultiert eine Kostenerhöhung durch Zahlung von Überstundenzuschlägen sowie eine eventuelle Abnahme der Arbeitsproduktivität.

2.1.2 Die schlechtere verwaltungsmäßige Organisationstruktur kleiner Firmen steht dem überproportionalem Verwaltungsaufwand bei verstärktem Einsatz des Instruments Teilzeitarbeit entgegen.

2.1.3 Zudem führt Teilzeitarbeit zu einer Aufblähung des Mitarbeiterstammes, wodurch kleine Unternehmen schnell eine Größe erreichen, die Restriktionen wie die Notwendigkeit von Betriebsratswahlen oder die Einrichtung von Sozialräumen mit sich bringen können (Unteilbarkeitsschwellenüberschreitung).

2.1.4 Die Einführung von Gleitzeit wird durch den beim Handwerk häufig vorkommenden außerbetrieblichen Leistungserstellungprozeß behindert. Außerdem ist die zur Produktion erforderliche Teamgröße bei Gleitzeit in kleinen Unternehmen oftmals nicht mehr erreichbar.

2.1.5 Kapazitätsorientierte variable Arbeitszeit ist in kleinen Firmen nur schwer umzusetzen, weil durch die bereits erwähnte enge soziale Interdependenz von Vorgesetzten und Untergebenen die Akzeptanz von erheblichen Einkommensschwankungen geringer sein dürfte. Ähnliches gilt bei der Einführung von Kurzarbeit. Zudem behindert der überproportionale Beschäftigunganteil von 'Haushaltshauptverdienern' in kleinen Firmen die Zustimmung zu einkommenssenkenden Maßnahmen.

2.2 Unteilbarkeitsphänomene bei Führungstätigkeiten

2.2.1 Die Existenz der sogenannten 'Managementlücke' in kleinen Unternehmen führt zum Fehlen eines entsprechenden Organisations- und Führungskonzeptes
2.2.2 Hervorgerufen wird die 'Managementlücke' häufig durch sehr schnelles Wachstum der kleinen Firmen. Bei Krankheit der oftmals einzigen Führungskraft, in der Regel der Firmeninhaber, kommt es dann zu gravierenden Entscheidungs- und Kontrollproblemen.
2.2.3 Kleine Unternehmen haben generell mit dem Problem zu kämpfen, daß geeignete Nachwuchsführungskräfte kaum längerfristig an das Unternehmen gebunden werden können, weil die Verdienstmöglichkeiten sowie die Aufstiegschancen eine zu geringe Attraktivität aufweisen.

2.3 Unteilbarkeitsphänomene bei Fort- und Weiterbildungsmaßnahmen

2.3.1 Economies of scale bei Fort- und Weiterbildungsmaßnahmen können in kleinen Unternehmen nicht genutzt werden. Generell ist die Akzeptanz von Fort- und Weiterbildungsaktivitäten bei den Belegschaften kleiner Unternehmen geringer.
2.3.2 Wenn Mitarbeiter kleiner Unternehmen an längeren externen Weiterbildungsmaßnahmen teilnehmen, kommt es aufgrund der geringen Arbeitnehmerzahl zu erheblichen organisatorischen Umstellungen in den betroffenen Unternehmungen.
2.3.3 Führungskräfte kleiner Firmen haben zudem eine weitaus geringere Transparenz auf dem Weiterbildungsmarkt

2.4 Unteilbarkeitsphänomene bei der Ausbildung von Mitarbeitern

2.4.1 Econmies of scale bei der betrieblichen Ausbildung können nicht genutzt werden.
2.4.2 Durch die an sich für die Ausbildung durchaus ansprechende engere Einbeziehung von Auszubildenden in den kleinbetrieblichen Produktionsprozeß entstehen gravierende Probleme beispielsweise dann, wenn Auszubildende für längere Zeit zum Blockunterricht an Berufsschulen abgestellt werden müssen.
2.4.3 Relativ gesehen höhere Kosten bei der Umsetzung von gesetzlich geforderten Arbeitsschutzmaßnahmen in Kleinunternehmen, weil nur wenige Auszubildende beschäftigt werden.

2.5 Unteilbarkeitsphänomene bei betrieblichen Sozialleistungen

2.5.1 Gesetzliche Sozialleistungen

2.5.1.1 Insbesondere organisatorische Probleme sind die Folge der geringeren Mitarbeiterzahl, wenn gesetztliche Schutzbestimmungen wie Mutterschutz oder Erziehungsurlaub umzusetzen sind.

2.5.1.2 Es entsteht eine überproportional hohe Lohnkostenbelastung für kleine Unternehmen bei längerer Krankheit eines Mitarbeiters. Zudem entsteht wiederum das Problem, den notwendigerweise ersetzten Mitarbeiter bei dessen Rückkehr arbeitstechnisch wieder im Unternehmen integrieren zu können.

2.5.1.3 Economies of scale bei Arbeitsschutzmaßnahmen können von kleinen Unternehmen nicht realisiert werden.

2.5.2 Freiwillige Sozialleistungen

2.5.2.1 Unteilbarkeitsprobleme für kleine Firmen bei sozialen Geld- und Sachleistungen. Beispiele für die sozialen Sachleistungen sind Schwierigkeiten bei Kantinen, Betriebskindergärten oder beim Betriebssport. Bei sozialen Geldleistungen treten Restriktionen vor allem bei betrieblicher Alters- und Gesundheitsvorsorge (z.B. Betriebsarzt) auf.

2.5.2.2 Zudem haben kleine Unternehmen weitgehend nicht die erforderlichen Erlösrelationen, um diese Maßnahmen finanzieren zu können.

2.6 Unteilbarkeitsphänomene im Produktionsprozeß

2.6.1 Kapitalbedingte Unteilbarkeitsprobleme treten besonders bei kleinen Unternehmen in Erscheinung, weil es hier oftmals zur Unterauslastung neuer, produktiverer Maschinen durch Absatzrestriktionen kommt.

2.6.2 Längere Maschinenlaufzeiten sind in kleinen Unternehmen allein schon durch die daraus resultierende Überlastung der Firmeninhaber durch Kontrolltätigkeiten nicht einführbar.

2.6.3 Einbetriebsunternehmen, und das sind in der Regel kleinere Firmen, sind generell weniger gut in der Lage die durch technischen Fortschritt mögliche Überwindbarkeit von Unteilbarkeiten und die damit einhergehenden sinkenden Durchschnittskosten zu realisieren.

3. Besondere Inflexibilitäten

3.1 Kontraktbedingte Inflexibilitäten

3.1.1 Arbeitsverträge

3.1.1.1 In kleinen Unternehmen existiert in der Regel weniger Professionalität bei der Ausgestaltung von Arbeitsverträgen.

3.1.1.2 Es gibt nur geringere konkrete Stellenbeschreibungsmöglichkeiten aufgrund der niedrigeren Spezifikation der Tätigkeiten in kleinen Unternehmen.

3.1.1.3 Kündigungen werden wegen der 'sozialen Nähe' in kleinen Unternehmen zu spät oder nur sehr begrenzt ausgesprochen. Auch mögliche, spätere Stellenwiederbesetzungsschwierigkeiten spielen dabei eine Rolle.

3.1.1.4 In kleinen Unternehmen existieren generell geringere Möglichkeiten zur Arbeitsmarktsegmentation, wodurch sich Probleme bei der langfristigen Bindung von firmenspezifischem Humankapital an das Unternehmen ergeben können.

3.1.1.5 Vorteile langfristiger Kontrakte können aufgrund der relativ höheren Fluktuationsraten in kleinen Unternehmen nicht von diesen genutzt werden.

3.1.2 Lohnhöhenunterschiede

3.1.2.1 Kleine Unternehmen zahlen aufgrund vielfältiger Besonderheiten generell niedrigere Löhne. Dadurch entstehen logischerweise strukturelle Anreiznachteile beim Arbeitsangebot.

3.1.2.2 Die Vorteile impliziter Verträge sind in kleinen Unternehmen nicht zu realisieren, weil die erforderliche Arbeitsplatzsicherheit für die Akzeptanz solcher Verträge durch die Belegschaften zu gering ausgeprägt ist.

3.1.3 Negativer gewerkschaftlicher Einfluß

Bei Tarifverhandlungen werden vor allem die Interessen der in den jeweiligen Spitzenverbänden von Arbeitgebern und Arbeitnehmern eher vertretenen Großunternehmen gewahrt.

3.1.4 Negative Auswirkungen des Betriebsverfassungsgesetzes

3.1.4.1 Theoretisch läßt sich letztlich eine Mehrbelastung von kleinen Unternehmen hinsichtlich der von §9 BetrVG geforderten Zahl der Betriebsratsmitglieder feststellen.

3.1.4.2 Da Betriebsräte in kleinen Unternehmen vielleicht auch deshalb häufig nicht installiert werden, sind negative Auswirkungen auf die Arbeitsbedingungen die Folge. Die Konsequenzen daraus sind möglicherweise höhere Fluktuationsraten oder verstärkt auftretende Fehlzeiten aufgrund von Krankheitsfällen in der Belegschaft.

3.1.5 Fehlzeiten

3.1.5.1 Bei kleinen Unternehmen ist aufgrund der geringeren Stammbelegschaft das Risiko, daß Beschäftigte krank werden, nicht breit gestreut. Deshalb sind die durch Krankheit hervorgerufenen Lohnnebenkosten in kleinen Firmen in der Regel überproportional hoch.

3.1.5.2 Zudem sind die durch krankheitsbedingte Ausfälle hervorgerufenen Produktionsausfälle sehr hoch, weil eine entsprechende Arbeitskräftereserve, um diese Leerkosten zu verhindern, in kleinen Unternehmen kaum zu finanzieren ist.

3.1.5.3 Weiterhin können in großen Unternehmen vermutlich eher Anreize zur Fehlzeitenvermeidung gesetzt werden. Dies kann beispielsweise durch die Lohnhöhe oder eine Verbesserung der Arbeitsbedingungen bewerkstelligt werden.

3.2 Mobilitäts- und Koordinationkosten

3.2.1 Große Unternehmen besitzen tendenziell stärker ausgeprägte Stammbelegschaften und haben somit geringere Mobilitäts- und Fluktuationsprobleme.

3.2.2 Für die berufsfachlichen Teilarbeitsmärkte, auf denen hauptsächlich hand werklich geprägte und damit kleine Unternehmen operieren, liegt zwar nur eine mäßige Mobilitäts-, aber eine hohe Fluktuationsrate vor.

3.2.3 Je größer die Unternehmung, um so eher ist die Dauer der Beschäftigungsverhältnisse eine unternehmensseitig zu beeinflussende Instrumentvariable.

3.3 Sektorale, qualifikatorische Inflexibilitäten

3.3.1 Die eher allgemeiner ausgebildeten Fachkräfte der handwerklichen Firmen können durch Lohnanreize relativ leicht von Großunternehmen abgeworben werden. Hingegen stellen die eher spezialisierten Fachkräfte der großen Firmen kein adäquates Arbeitsangebot für die kleinen Unternehmen dar.

3.3.2 Zudem kann aufgrund qualifikatorischer Inflexibilitäten fachspezifisches Personal von kleinen Unternehmen nur in deren eigenem Branchenbereich gefunden werden.
3.3.3 Faktorimmobilität führt deshalb zur Gefahr ruinöser Konkurrenz gerade in einer kleingewerblichen Produktionsstruktur.

3.4 Räumliche Immobilitäten

3.4.1 Das Anwerben potentieller Arbeitskräfte aus strukturschwachen Räumen erfordert hohe Lohnanreize, weil die immateriellen Kosten der Arbeit, die beispielsweise durch das bei einem Umzug aufzugebende sozialen Umfeld entstehen, einen erheblichen Umfang ausmachen können. Das ist für kleine Unternehmen aber tendenziell weniger gut leistbar.

3.4.2 Ähnliches gilt für eher in Randgebieten angesiedelte kleine Unternehmen. Arbeitnehmer aus Ballungszentren zu gewinnen bedarf besonderer Anreize, die oftmals für kleine Unternehmen nicht zu finanzieren sind.
3.4.3 Die zunehmende Divergenz zwischen Agglomerationen und Peripherien führt ebenfalls zu einer Verknappung des Arbeitsangebotes für die in ländlichen Wohngebieten verbliebenen kleinen Unternehmen.

3.5 Inflexibilitäten bei technischem Wandel

3.5.1 Die generellen Rationalisierungsmöglichkeiten sind für kleine Unternehmen eher begrenzt, weil zum einen die dort anzutreffenden Produktionsprozesse weniger produktivitätssteigernde Reorganisationen zu lassen und zum anderen die kleineren Belegschaften generell eher restriktiv auf Rationalisierungsaktivitäten reagieren.
3.5.2 Die Umsetzung von Produktideen bis hin zur Marktreife ist aus organisatorischen und vor allem finanziellen Gründen für kleine Unternehmen schwierig, wodurch positive Beschäftigungseffekte neuer Produkte entfallen.
3.5.3 Weil das Risiko bei einer Fehlinvestition für kleine Unternehmen wesentlich höher einzustufen ist, kommt es teilweise zu einer verspäteten Realisation von technischem Wandel, was zu weiteren Kostennachteilen führt.

B. Arbeitsangebotsbezogene Erklärungsansätze

1. Pekuniäre Determinanten

1.1 Kleine Unternehmen besitzen durchschnittlich geringere Lohnanreize für das Arbeitsangebot.
1.2 Kleine Unternehmen bieten weniger oft übertarifliche Vergütungen wie erhöhte Urlaubs- oder Weihnachtsgratifikationen an.
1.3 Kleine Unternehmen haben weniger Erfolgs- oder Gewinnbeteiligungssysteme installiert, die aber beim Arbeitsangebot zunehmend beliebter werden.
1.4 Auch bei anderen indirekten Lohnbestandteilen wie Dienstwagen oder Fahrtkosten- oder Essenszuschüssen sind kleine Unternehmen aufgrund ihrer Organisationsstruktur und wegen ihrer finanziellen Rahmenbedingungen eher benachteiligt.

2. Betriebssoziale Determinanten

2.1 Kleine Unternehmen bieten weniger interne oder externe Weiterbildungsaktivitäten an, was dem durchschnittlich gestiegenen Bildungsniveau der Bevölkerung nicht Rechnung trägt und deshalb anreizmindernd für das Arbeitsangebot wirken kann.
2.2 Kleine Unternehmen können aufgrund ihres kleineren Mitarbeiterstammes weniger auf die Urlaubspräferenzen ihres Personales eingehen.
2.3 Aus demselben Grund ist es für kleine Unternehmen schwer, Teilzeitwünschen von Arbeitnehmern zu entsprechen.
2.4 Beim Angebot an freiwilligen betrieblichen Sozialleistungen wie Kantinen, Betriebssport oder Ähnlichem haben kleine Unternehmen aufgrund von Unteilbarkeitsphänomenen sowie wegen finanzieller Restriktionen Arbeitsangebotsanreizdefizite.
2.5 Betriebliche Alters- bzw. Gesundheitsvorsorge ist kaum praktikabel für kleine Unternehmen.
2.6 Die Unfallversicherungsabdeckung kann aufgrund des 'sozialen Druckes' in kleinen Firmen unterrepräsentiert sein.
2.7 Betriebliche Mitbestimmungsrechte sind für die Mitarbeiter kleiner Unternehmen kaum durchsetzbar, weil die Installation eines Betriebsrates in den entprechenden Unternehmensgrößenklassen eher die Ausnahme darstellt. Dadurch ist aber die Gefahr von Machtmißbrauch durch Vorgesetzte besonders in kleinen Firmen gegeben.
2.8 Deshalb übt eventuell auch die Nähe zum Firmeninhaber in kleinen Unternehmen einen negativen Einfluß auf das Arbeitsklima mit entsprechenden Personalfluktuationen aus.

2.9 Aufgrund der weniger stark ausgeprägten Hierarchien in kleinen Unternehmen existieren weniger Aufstiegsmöglichkeiten für die Mitarbeiter. Es gibt prinzipiell weniger Sprossen auf der Karriereleiter, was vor allem das Arbeitsangebot junger, qualifizierter Arbeitskräfte einschränken kann.

2.10 Auch die neuere Form des 'Karrieremachens' (Job-Hopping) bevorzugt große Unternehmen, weil nur diese die entsprechenden Positionen anbieten können.

2.11 Da große Unternehmen in Krisenfällen häufiger und vor allem umfassender staatlich unterstützt werden, ist die vermutete Arbeitsplatzsicherheit für viele Arbeitsanbieter in den größeren Firmen höher.

3. Tätigkeitsbedingte Determinanten

3.1 Arbeitsbedingungen

3.1.1 Die bereits erwähnte eingeschränkte Möglichkeit für kleine Unternehmen, Rationalisierungen vornehmen zu können, führt zu einer geringeren und langsameren Humanisierung der Arbeitsprozesse. Daraus resultiert, daß die körperliche Belastung der Arbeit in kleinen Firmen teilweise nach wie vor als sehr hoch einzustufen ist.

3.1.2 Insbesondere die vorwiegend im Handwerk anzutreffende außerbetriebliche Leistungserstellung führt zu überproportional hohen physischen Arbeitsplatzanforderungen in den betroffenen Unternehmen, weil viele moderne technische Hilfsmittel nur bei innerbetrieblicher Produktion einsetzbar sind.

3.1.3 Durch Zunahme des Liefer- und Kostendrucks auf kleine Zuliefererfirmen werden diese gezwungen, ihre Produktion extrem zu spezialisieren. Das führt zu steigender Monotonie und damit zu einer höheren psychischen Belastung der Arbeitnehmer dieser Unternehmen.

3.1.4 Aufgrund des Nichtvorhandenseins von Betriebsräten dürfte den Umgebungsbelastungen wie Lärm, Klimaaussetzung, Dämpfe, Gase und Stäube in kleinen Unternehmen eine höhere Bedeutung zukommen.

3.2 Arbeitszeit

3.2.1 Ein Schichtsystem mit zwei bis drei achtstündigen Arbeitsphasen am Tag ist mit Ausnahme spezieller Dienstleistungsunternehmen im kleinbetrieblichen Sektor bis heute die Ausnahme geblieben. Dadurch können zum Teil Zeitpräferenzen von Mitarbeitern nicht erfüllt werden, beispielsweise die eines Doppelverdienerhaushalts mit Kindern. Das gleiche gilt im Prinzip auch für die Wochenendarbeit.

3.2.2 Andererseits gibt es für viele Hotelunternehmen Probleme bei Stellenbesetzungen, weil die ungünstigen Arbeitszeiten nicht mit enstprechenden Lohnzulagen ausgeglichen werden.

3.2.3 Häufiger zu leistende Überstunden in kleinen Unternehmen können bei freizeitorientierten Mitarbeitern arbeitsangebotssenkend wirken.

3.2.4 Es gibt in vielen kleinen Unternehmen erhebliche Restriktionen flexiblere Arbeitszeiten einzuführen, was die Attraktivität dieser Firmen für potentielle Arbeitnehmer senken kann.

4. Persönlichkeitsbezogene Determinanten

4.1 Eventuell erklärt die Vermögenssituation von Arbeitnehmern die Stellenbesetzungsschwierigkeiten kleiner Unternehmen in ländlichen Regionen. Wenn potentielle Beschäftigte eigenen Grund und Boden besitzen, sinkt tendenziell die Bereitschaft Arbeit anzubieten.

4.2 Die weitgehenden Möglichkeiten gerade im kleingewerblich organisierten Handwerk, legalen aber auch illegalen Nebentätigkeiten nachzugehen, hat tendenziell negative Auswirkungen auf das Arbeitsangebot in diesem Sektor zur Folge.

4.3 Die Tendenz hin zum späteren Berufseintrittsalter vermindert das Arbeitsangebot für viele Handwerksunternehmen, weil diese Firmen kaum geeignete, junge Auszubildende finden.

4.4 Zudem weist der handwerkliche Sektor nach wie vor Reputationsdefizite auf, was den gesellschaftlichen Status der dort Beschäftigten anbelangt. Diese Tatsache wirkt wiederum arbeitskräfteverknappend.

4.5 In vielen Bereichen des Handwerks wird nach wie vor lediglich im männlichen Segment des Arbeitsangebotes nach potentiellen Arbeitskräften gesucht, was ebenfalls den Umfang des Arbeitsangebotes erheblich einschränkt. Durch diese strikte Rollenfestlegung haben kleine Unternehmen zusätzliche Flexibilitätsnachteile bezüglich der Personalführung.

4.6 Eventuell haben die vor allem in ländlichen Gebieten angesiedelten kleinen Unternehmen den Nachteil, daß das Arbeitsangebot nicht durch den Zuzug von Ausländern erhöht werden kann, weil der Ausländeranteil in den Ballungszentren wesentlich höher ist.

4.7 Reputationsdefizite kleiner Unternehmen verhindern oftmals die Abwanderung von bei Großunternehmen beschäftigter Arbeitnehmer zu den betreffenden kleinen Firmen.

C. Marktstrukturbezogene Erklärungsansätze

1. Der grundsätzliche Einfluß des Konzentrationsniveaus des relevanten Marktes

1.1 Kollusion, das mehr oder weniger geheime Zusammenspiel bei der Koordination von Preisen, ist für kleine Unternehmen kaum möglich. Sie sind in der Regel reine Mengenanpasser.

1.2 Kleine Unternehmen der Zuliefererbranchen sind einer zunehmenden 'counter-vailing power' ausgesetzt. Dadurch werden diese Firmen stark in ihrem Handlungsspielraum eingeschränkt.

1.3 Reziproke Geschäftsbeziehungen bei zunehmender Konzentration der Angebots- und Nachfrageseite von Märkten stellen für kleine Unternehmen in der Regel unüberwindbare Marktschranken dar.

1.4 Kleine Unternehmen operieren häufig auf 'atomistischen' Märkten und sind deshalb einem starken Wettbewerb ausgesetzt. Dadurch sinken die Gewinnspannen und es können dementsprechend weniger Arbeitsangebotsanreize offeriert werden.

1.5 Große Unternehmen weisen in der Regel Kostenvorteile gegenüber ihrer Konkurrenz auf, die sie bei der Lohn- und Sozialleistungsausgestaltung nutzen können. Marktanteilsverluste kleinerer Konkurrenten sind die Folge.

2. Der Grad der Produktdifferenzierung

2.1 Für eine sinnvolle Durchführung von Produktdifferenzierung sind die Aktionsparameter Preis, Werbung, Forschung und Entwicklung sowie die Gestaltung der Verkaufsbedingungen notwendig. Bei allen diesen Parametern haben kleine Unternehmen aber strukturelle Nachteile gegenüber ihren großen Konkurrenten.

2.2 Dadurch wird eine breitere Streuung des Risikos verhindert, was zu einer geringeren Arbeitsplatzsicherheit in kleinen Unternehmen führt.

2.3 Der die Monotoniegefahr von Arbeitsplätzen senkende Effekt von Produktdifferenzierung tritt in kleinen Unternehmen kaum auf, was wiederum negativ auf die Arbeitszufriedenheit der Mitarbeiter kleiner Firmen wirken kann.

2.4 Durch mangelnde Produktdifferenzierung in kleinen Unternehmen ist es diesen nicht möglich, die Produkte auf saisonale Besonderheiten hin zu differenzieren und somit auftretende Nachfrageschwankungen abzumildern.

2.5 Kleine Unternehmen haben auch kaum die Möglichkeit, durch Preisvariationen auf konjunkturelle Schwankungen zu reagieren.

3. Enstehung und Auswirkungen von Marktschranken

3.1 Da Unternehmen in der Regel umfangreichere Losgrößen produzieren und dementsprechend auch in der Lage sind, leistungsfähigere Maschinen mit einem besseren Wirkungsgrad zu nutzen, haben sie absolute Kostenvorteile gegenüber kleineren Konkurrenten, weil beispielsweise eine geringere Belastung durch Energieausgaben entsteht.

3.2 Aufgrund von technischen Unteilbarkeitsphänomenen sowie der besseren Rationalisierungsmöglichkeiten in Großunternehmen, entstehen diesen Kostenvorteile bei der Ersatzteilhaltung und bei den Produktionslagern. Die durchschnittlichen Lagerkosten sinken mit steigender Unternehmensgröße.

3.3 Die, absolut betrachtet, häufigere Inanspruchnahme großer Firmen durch Reklamationen erlaubt die Einrichtung eigenständiger Kundenserviceabteilungen, was die entsprechenden Transaktionskosten senkt.

3.4 Bei Mehrbetrieblichkeit von Unternehmen kommt es zu geringeren Transportkosten bei der Beschaffung und beim Absatz, es kann besser auf Nachfrageschwankungen einzelner Produkte reagiert werden und schließlich kann der kostenentlastende Effekt zusätzlicher Spezialisierungen genutzt werden. In der Regel weisen aber nur größere Unternehmen die für eine sinnvolle Mehrbetrieblichkeit notwendige Firmengröße auf.

3.5 Durch fehlende Möglichkeiten zur horizontalen Integration können kleine Unternehmen möglicherweise anfallende economies of scope nicht nutzen.

3.6 Ebenfalls können kleine Unternehmen Vorteile einer vertikalen Integration, wie beispielsweise die Erhöhung der Versorgungssicherheit oder Vermeidung von Monopolpreisen der Lieferanten nicht realisieren.

3.7 Die aufgezeigten Betriebsgrößennachteile führen zu Marktschranken, durch welche die kleinen Unternehmen Wachstums- und Gewinndefizite zu verbuchen haben. Daraus resultieren letztlich strukturelle Arbeitsangebotsdefizite, wie ein sinkendes Qualifikationsniveau der Belegschaften kleiner Firmen, aufgrund zu geringer Lohnanreize bzw. zu geringer Aufstiegsmöglichkeiten.

3.8 Zudem wächst aufgrund der durch Marktschranken induzierten geringen Wachstumsraten vieler kleiner Unternehmen deren Konkursrisiko, weil Nichtwachstum in einer ansonsten stetig wachsenden Volkswirtschaft ein Rückschritt ist. Dadurch antizpieren Arbeitnehmer aber eine geringere Arbeitsplatzsicherheit in diesen Unternehmen, was zu einer Zunahme der Fluktuationsraten führen kann.

4. Einfluß von Wachstumsrate und Elastizität der Marktnachfrage

4.1 Kleine Unternehmen müssen sich überproportional häufig mit sich ändernden Nachfragehöhen auseinandersetzen, weil sie hauptsächlich in Marktphasen eines Produktes operieren, wo die Preiselastizität der Nachfrage hoch ist.

4.2 Zudem lagern Großunternehmen insbesondere solche Teile ihres Produktionsprozesses aus, die zu einer Entlastung der eigenen Lagerhaltung führen. Damit dienen die kleinen Zulieferunternehmen aber als 'Puffer', was entsprechende Anpassungsschwierigkeiten mit sich bringt.

4.3 Der Wettbewerbsdruck auf kleine Unternehmen führt häufig dazu, daß diese Betriebe kurzfristig auf Sonderwünsche von Kunden eingehen, was wiederum einer kontinuierlichen und damit kosteneffizienten Produktionsplanung entgegensteht.

4.4 Die häufiger auftretende Notwendigkeit für kleine Unternehmen, Mehrarbeit in Anspruch zu nehmen, führt in der Regel zu einer erneuten Kostenbelastung, weil Überstundenzuschläge zu zahlen sind und zudem Produktivitätseinbußen durch Arbeitsüberlastung entstehen können.

4.5 Zusätzlich zu den marktinduzierten Marktschranken verursacht der Staat durch eine unausgewogene Ordnungspolitik Marktzutrittsbeschränkungen insbesondere für kleine Unternehmen.

4.6 Außerdem geht von den staatlichen Regulierungsmaßnahmen häufig ein positiver Produktpreiseffekt aus, der die vor allem in den preiselastischen Marktphasen eines Produktes operierenden kleinen Unternehmen besonders negativ berührt.

4.7 Staatliche Wirtschaftspolitik kann also bei undifferenzierter Anwendungsweise zu einer verschlechterten Marktposition von kleinen Firmen führen.

5. Einfluß der Gewinnsituation und des Risikos auf das Marktverhalten

5.1 Auf atomistischen Märkten mit entsprechend geringen Unternehmensgrößen sind die Gewinnmargen relativ gering.

5.2 Die Unternehmensgröße ist im Normalfall positiv mit der Unternehmensprofitabilität verknüpft.

5.3 Aus beidem folgt, daß kleine Unternehmen häufig ein Eigenkapitaldefizit aufweisen und dementsprechend auf Fremdkapital angewiesen sind.

5.4 Etablierte und damit in der Regel größere Unternehmen können aber günstigere Kreditkonditionen in Amspruch nehmen, weil das Risiko für die Banken bei kleinen und vermutlich jüngeren Firmen entsprechend höher ist.

5.5 Aus den aufgezeigten Kapitalrestriktionen kleiner Unternehmen, ergeben sich aber wiederum strukturelle Arbeitsangebotsanreizdefizite.
5.6 Zudem verursacht die geringere Profitabilität kleiner Unternehmen Behinderungen bei Investitionsvorhaben, bei Personalauswahlverfahren sowie bei Forschungsvorhaben. Dadurch kommt es möglicherweise zu verspäteter Technikeinführung, zu sinkender Unternehmensqualität sowie zu Stellenbesetzungsproblemen.

5.2 Ausgewählte Lösungsansätze für Beschäftigungsprobleme kleiner Unternehmen

Die Fülle der ermittelteten Beschäftigungsprobleme kleiner Unternehmen macht den Bedarf für eine Ausrichtung staatlicher Wirtschaftspolitik und -förderung, für eine Umgestaltung kleinbetrieblicher Organisationsstrukturen und Produktionsprozesse sowie für ein stärkeres Angebot unternehmensexterner Serviceleistungen[2] mehr als deutlich.

Natürlich gibt es für viele der genannten Beschäftigungsprobleme kleiner Unternehmen keine adäquaten Lösungsmöglichkeiten, weil in einer marktwirtschaftlichen Wirtschaftsordnung generell strukturelle Unterschiede zwischen Firmen bestehen werden, womit einerseits Unternehmenswachstum und andererseits leider auch Firmenkonkurse als ein unverzichtbarer Bestandteil für die Sicherstellung einer dynamischen Zukunftsentwicklung verbunden sind. Dennoch gibt die große Anzahl von unternehmensgrößenbedingten Restriktionen zu denken und fordert ein Gegenlenken heraus. Deshalb wird im folgenden der Versuch unternommen, mit Hilfe einer Darstellung von Lösungsansätzen für einige der aufgezeigten Beschäftigungsprobleme kleiner Unternehmen, erste Schritte zur Verbesserung der Marktchancen der angesprochenen Unternehmensgrößen aufzuzeigen.

5.2.1 Unternehmensexterne Serviceleistungen

Die Inanspruchnahme unternehmensexterner Serviceleistungen durch kleine Firmen hat vor allem die Zielrichtung, überproportional hohe (interne) Transaktionskosten zu senken sowie anfallende Unteilbarkeitsphänomene in den

[2] Was aber auch eine stärkere Inanspruchnahme der externen Diensteanbieter durch Unternehmensleitungen kleiner Firmen voraussetzt.

kleinen Unternehmen abzumildern. Unter firmenexternen Serviceleistungen sind vor allem die Dienste sogenannter Serviceunternehmen zu verstehen, die sich auf bestimmte Unternehmensaufgaben spezialisiert haben. Die heute bekanntesten und am häufigsten genutzten Serviceleistungen dürften die Übernahme der Lohnbuchhaltung, einschließlich der Bilanz- bzw. Jahresabschlußerstellung sowie steuerliche Beratung durch Wirtschaftsprüfungsgesellschaften sein. Weitere Schwerpunkte der externen Servicleistungen bilden die Rechtsberatung, Solvenzprüfungen durch Wirtschaftsauskunfteien, private oder staatlich organisierte Arbeitsvermittlungen und zunehmend das Inkassogeschäft. Bis heute auf wenig Gegenliebe stoßen bei kleinen Unternehmen weitgehend die Dienste von Unternehmensberatungen, Werbeagenturen sowie die Angebote von industriellen Serviceanbietern. Diese unternehmensexternen Serviceleistungen werden im folgenden der Reihe nach hinsichtlich ihrer Einsatzmöglichkeiten für kleine Firmen betrachtet.[3]

Steuerberater und Wirtschaftsprüfer

Das Angebot von Steuerbüros bzw. Wirtschaftsprüfungsgesellschaften dürfte wie erwähnt die am häufigsten von kleinen Unternehmen genutzte firmenexterne Serviceleistung darstellen. Vor allem werden dadurch die Firmeninhaber von zusätzlichen, zum Teil sehr speziellen Aufgaben entlastet. Zum anderen können Unteilbarkeitsphänomene, die beispielsweise bei der Finanzbuchhaltung in einem Unternehmen mit nur fünf Mitarbeitern automatisch auftreten würden, vermieden werden. Allerdings muß im Gegenzug eine Erhöhung der (externen) Transaktionskosten durch die Inanspruchnahme dieser Dienstleistung in Kauf genommen werden. In der Summe spricht aber vieles für diese Finanzdienstleistung. Die einzige Gefahr besteht meines Erachtens darin, daß Unternehmensleitungen bei einer externen finanziellen Betreuung ein Gutteil ihrer unternehmerischen Verantwortung an Dritte abgegeben haben, ohne im einzelnen über Seriosität und Qualität der angebotenen Leistungen informiert zu sein. Vielleicht aus diesem Grund gibt es nach wie vor viele kleine Unternehmen, die zumindest die Routinefinanzgeschäfte nicht ausgegliedert haben. Durch diese Nichtinanspruchnahme von Finanzexperten lassen sich aber sicherlich etliche der Konkurse, gerade neu gegründeter, kleiner Unternehmen erklären, weil beispielsweise finanzielle Risiken von Investitionen nicht gesehen oder nicht alle steuerlichen Abschreibungsmöglichkeiten genutzt wurden. Insbesondere bei

[3] Auf eine Anordnung der einzelnen Punkte nach ihrer Wichtigkeit für die Vermeidung von Beschäftigungsproblemen soll verzichtet werden, da diese ohnehin je nach Branche oder Sektor unterschiedlich gelagert sein dürfte. Stattdessen sind die Punkte eher nach inhaltlichen Gesichtspunkten oder nach der vermuteten Häufigkeit der Inanspruchnahme durch kleine Unternehmen systematisiert worden.

sehr schnell wachsenden kleinen Unternehmen besteht diese Gefahr, weil dort häufig Wachstumsschwellen, mit den daraus resultierenden Problemen, nicht gesehen werden. Insgesamt betrachtet stellen Finanzberatungen also durchaus einen positiven Lösungsansatz für kleine Unternehmen dar, insbesondere weil dadurch Unteilbarkeitsphänomene vermieden werden können.

Inkassogeschäfte

Unter den hier als Inkassogeschäften bezeichneten Dienstleistungen sind die Dienste insbesondere von Factoring-Banken (Inkassofirmen) zu verstehen. Letztere übernehmen die Zahlungsverpflichtungen von Kunden der (kleinen) Unternehmen und begleichen sofort die offenstehenden Rechnungen. Im Gegenzug zahlt das die Forderung abgetretene Unternehmen einen angemessenen Zinssatz für die Dauer bis zum ursprünglichen Zahlungsziel der Rechnung. Da in der Regel der mit der Inkassofirma ausgehandelte Zinssatz unter dem vergleichbaren eines Dipositionskredites liegt, entsteht allein schon dadurch eine Kostenentlastung für das diesen Dienst inanspruchnehmende Unternehmen. Zudem wird gerade in der heutigen Zeit einer recht labilen Zahlungsmoral der aufwendige Mahn- und Verwaltungsaufwand vermieden. Lediglich das Verhältnis zu Kunden dürfte sich nicht unbedingt verbessern, da die Inkassofirmen doch erheblichen Druck bei der Einforderung ihrer Gelder ausüben. Es sollte deshalb vielleicht nicht bei allen Kunden dieses Verfahren von den Firmen angewandt werden. Aber zumindest könnten die Inkassogeschäfte einen Teil der Außenstände abdecken, was gerade die häufig von Forderungsausfällen stark betroffenen kleinen Unternehmen entlasten und ihnen dadurch mehr Handlungsspielraum lassen würde.

Rechtsberatung

Die Notwendigkeit der Inanspruchnahme von Rechtsanwälten wird für das eigentliche 'Kundengeschäft' durch die gerade angesprochenen Inkassogeschäfte gesenkt. Im folgenden geht es aber eher um die Rechtsberatung bei Arbeitsgerichtsprozessen, weil sich diese direkt beschäftigungswirksam auswirkt. Eine stärkere Inanspruchnahme von Rechtsanwaltsbüros vor allem vor der Kündigung von Mitarbeitern dürfte erhebliche Kosteneinsparungen für kleine Unternehmen mit sich bringen. Denn oftmals werden mit einhergehender rechtlicher Unkenntnis, fristlose Kündigungen aufgrund einer emotionalen Ausnahmesituation der weitgehend alleinentscheidenden Kleinunternehmer vorgenommen. Die anschließenden Arbeitsgerichtsprozesse einschließlich hoher Abfindungszahlungen könnten aber vermieden werden, wenn vorher mit einem Rechtsanwalt gesprochen würde. Jedenfalls werden sich derartige negative Erfahrungen auf die zukünftige Einstellungspraxis in den betroffenen Unternehmen auswirken. Es werden aus Vorsichtsgründen tendenziell weniger neue Mitarbeiter eingestellt, was möglicherweise zu Überlastungen durch Mehrarbeit der bereits beschäftigten und damit zu weiteren Kostennachteilen führt. Zudem wird jeder Arbeitsgerichtsprozeß das Betriebsklima negativ beeinflussen und damit vermutlich zu höheren Fluktuationsraten führen, wodurch nur zu erheblichen Kosten ersetzbares firmenspezifisches Humankapital verloren geht. Teilweise bieten aus diesem Grund auch die Innungen oder Kreishanderwerkerschaften eine kostenlose Rechtsberatung an (vgl. Mendius, u.a., 1992, S.118ff).

Wirtschaftsauskunfteien und Datenbanken

Diese auch als Informationsmedien zu bezeichnenden externen Dienste werden tendenziell von kleinen Unternehmen vernachlässigt. Das dürfte seine Ursache vermutlich im Vorhandensein von Informationsmängeln über die entsprechenden Angebote haben. Weiterhin bestehen wahrscheinlich Hemmungen, die nicht unerheblichen Kosten, die beispielsweise durch die Einbeziehung von Auskunfteien entstehen, aufbringen zu müssen. Außerdem könnte das typische Verhaltensmuster eines trationell geprägten Kleinunternehmers dazu führen, daß zum einen eine 'innere' Abwehr besteht, über andere etwas durch Dritte in Erfahrung zu bringen. Weiterhin existiert in kleinen Unternehmen offensichtlich nach wie vor eine latente Wissenschaftsfeindlichkeit, die den Kontakt mit Datenbankträgern verhindert. Schließlich besteht auch noch die Möglichkeit, daß der Alleinentscheidungen gewohnte Inhaber einer kleinen Firma, tendenziell seine Möglichkeiten und Erfahrungen überschätzt, neue Kunden oder auch Lieferanten richtig einschätzen zu können.[4]

In der Regel bieten Informationsmedien aber den Vorteil, sich vor exogenen Störungen, vor allem des Absatzes, abzusichern. Dadurch sinkt insgesamt das Firmenrisiko, was zum Anstieg der Arbeitsplatzsicherheit mit einhergehender Reduktion der Fluktuationsraten führt. Dementsprechend niedrigere Transaktionskosten, geringere besondere Inflexibilitäten sowie bessere Arbeitsangebotsanreize sind die Folge.

---

[4] Allerdings muß angesichts der jüngsten Zusammenbrüche einiger Großinvestoren, von denen vor allem viele kleine Bau- und Handwerksunternehmen betroffen waren, daran gezweifelt werden, ob überhaupt noch irgendeine Wirtschaftsinstitution die steuerlichen und bilanziellen Verschleierungstaktiken von unseriösen Investmentgesellschaften durchschaut. Merkwürdigerweise bleiben aber in der Regel vor allem kleine Unternehmen deshalb 'auf der Strecke'.

Unternehmensberatungen, Werbeagenturen und spezielle Beratungsdienste

Die Inanspruchnahme von Unternehmensberatungen betrifft hauptsächlich den strategischen Planungsbereich von Firmen. Unternehmensberatungen liefern zum einen durch Markt- und Absatzanalysen Hilfestellungen für das externe Planungssegment und zum anderen mit Untersuchungen der betrieblichen Produktions- und Organisationsstruktur für das interne Planungssegment. Bis heute erachten Inhaber kleiner Unternehmen diese Dienste aber für ihr Unternehmen als überflüssig bzw. überproportioniert an. Zudem könnte die bereits erwähnte Wissenschaftsfeindlichkeit und eine mögliche Selbstüberschätzung einiger Inhaber kleiner Firmen zu einer Ablehnung von Unternehmungsberatungsfirmen führen, abgesehen natürlich vom Kostenaspekt einer solchen Inanspruchnahme. Sicherlich gibt es einige schwarze Schafe auch im Unternehmensberaterbereich, aber für viele kleine Unternehmen werden Analysen von professionellen Unternehmensberatern Informationen liefern, die ansonsten nicht vorhanden wären. Falsche, grundlegende Entscheidungen von Unternehmensführungen könnten vermutlich deshalb weitgehend vermieden werden, was zu einem Abbau der extrem hohen Unternehmenssterblichkeit gerade junger Firmen führt. Zwar beurteilen auch die Kreditinstitute Planungskonzeptionen junger Unternehmen. Dieses geschieht aber in der Regel aus einer zu sehr finanztheoretischen Sichtweise heraus. Ob die eingebrachten Marktkonzepte tatsächlich greifen, dürfte auch manchem Kreditsachbearbeiter verborgen bleiben. Beschäftigungsmäßig hätten Unternehmensberatungen den Vorteil, daß die Planungssicherheit, auch was die optimale Beschäftigtenanzahl anbelangt, zunehmen würde. Dadurch könnten teure Anpassungen der jeweiligen Belegschaftshöhe vermieden werden.

Werbeagenturen als spezialisierte Unternehmensberatungen werden im folgenden deshalb gesondert betrachtet, weil sie besonders auch zu den 'richtigen' Personalakquisitionsstrategien beitragen können. Daß der traditionelle Schwerpunkt der Tätigkeiten von Werbeagenturen vor allem absatzfördernd wirken soll, ist natürlich bekannt. Es mag durchaus auch für viele kleine Unternehmen lohnend sein, ihr Absatzkonzept einmal unternehmensextern überprüfen und gegebenenfalls verbessern zu lassen. Aber die Möglichkeiten, zumindest für den regionalen Arbeitsmarkt die Firmenreputation entscheidend durch neue Personalmarketingkonzepte einer Werbeagentur verbessern zu lassen, könnte auch vielen kleinen Unternehmen Stellenbesetzungsprobleme nehmen. Eine bescheidene, aber gut gemachte, Werbebroschüre, ausgelegt an den entsprechenden Rekrutierungsplätzen wie örtliche Hochschulen, etc., könnte beispielsweise den Direktkontakt auch zu hochqualifizierten Ingenieuren herstellen. Diese Kontaktaufnahme wäre ansonsten vielleicht schon daran gescheitert, weil ein dafür entsprechend notwendiges Stelleninserat in einer überregionalen Tageszeitung - da gute Bewerber sich vielleicht nur dort orientieren - mit Kosten von mehreren tausend Mark zu teuer gewesen wäre. Werbeagenturen können also durchaus zum einen Stellenbesetzungsschwierigkeiten kleiner Unternehmen abbauen und tragen zum anderen natürlich auch zur Senkung von Unteilbarkeiten in den entsprechenden Unternehmen bei, weil die Firmenleitung von aufwendigen Werbungsaktivitäten entlastet wird. Also auch in diesem Fall dürften die durch eine Inanspruchnahme einer Werbeagentur ansteigenden (externen) Transaktionskosten durch die daraus entstehenden Kostenentlastungen überkompensiert werden.

Abschließend sollen kurz noch die (privaten) Beratungsdienste betrachtet werden. Als ein Beispiel für modernes Beratungsmangagement als ein Speziallfall von Unternehmensberatung sei das im Herbst 1992 in Berlin in Betrieb genommene Informationszentrum für Existenzgründer genannt, in der vor allem EDV-Beratung für Kleinbetriebe durchgeführt wird. Unter Federführung der Akademie des Deutschen Beamtenbundes und zur Hälfte finanziert durch Mittel der europäischen Gemeinschaft wendet sich das Projekt insbesondere an handwerkliche Betriebe in Berlin und Brandenburg. Mehrere Spezialisten beraten die Kleinunternehmer über die Sinnhaftigkeit und Funktionsweise von Datenverarbeitungssystemen sowie über Rechts- und Steuerfragen bezüglich des europäischen Binnenmarktes. Einwöchige Einführungskurse und Schulungen werden zu einem Preis von 250 DM pro Teilnehmer angeboten - ein auch für kleine Unternehmen außerordentlich attraktiver Preis. Ein solche Form von Beratungsdiensten stellt sicherlich einen sehr guten Ansatz für eine Absicherung der zukünftigen Entwicklung und damit auch der Beschäftigung von kleinen Unternehmen dar. Nachteil ist allerdings, daß kaum ein Inhaber eines kleinen Unternehmens willens bzw. vermutlich auch gar nicht in der Lage ist, eine Woche an einer Weiterbildung teilzunehmen. Hier steht das Unteilbarkeitsproblem der Teilnahme an einer solch langen Beratung entgegen. Vermutlich sind auch die Probleme der Firmenleitungen in der Regel noch spezieller, so daß ein Beratungsdienst beim Wirtschaftsförderungsamt oder bei den Industrie- und Handelskammern bzw. Handwerkskammern angebrachter erscheint.

Industrielle Dienste

Die bisher betrachteten unternehmensexternen Serviceleistungen bezogen sich vorwiegend auf den kaufmännischen Bereich der Unternehmen. Deshalb werden im folgenden die speziellen industriellen Dienste betrachtet. Viele große Unternehmen sind bereits dazu übergegangen, früher selbsterstellte Dienstleistungen aus dem eigenen Firmenbereich auszulagern, um vorhandene Rationalisierungspotentiale besser ausnutzen zu können. So ist beispielsweise der Geschäftsumfang der Leasing-Töchter deutscher Automobilkonzerne höher als der Umsatz unabhängiger Leasing-Gesellschaften (vgl. iwd, 1990/47, S.6ff). Trotzdem ist in Deutschland im Vergleich zu anderen Industrienationen nach wie vor zu beobachten, daß die 'Do-it-yourself-Mentalität' sehr ausgeprägt ist. Gerade für die sehr spezialisierten und kapitalschwachen kleinen Unternehmen existieren allerdings auch bestimmte Gründe für diesen Hang zur Eigenproduktion. Erstens sind die in anderen Ländern existierenden Lohnunterschiede zwischen Dienstleistungssektor und der Industrie in Deutschland nicht sehr ausgeprägt, wodurch arbeitskostenbedingte Auslagerungen verhindert werden. Zweitens ist das Marktangebot an industriellen Diensten in Deutschland nach wie vor nicht sehr umfangreich. Daraus folgt, daß gerade die häufig in Marktnischen produzierenden kleinen Unternehmen kaum Diensteanbieter finden, die ihnen ermöglichen, kostenintensive Teile der Produktion auszulagern (vgl. iwd, 1990/47, S.6ff). Staatliche Förderungsprogramme für Anbieter industrieller Dienstleistungen könnten in diesem Zusammenhang vielleicht zu einem verbesserten Marktstruktur führen. Kleine Unternehmen könnten dann zum einen verstärkt selbst als Diensteanbieter operieren und zum anderen würde eine Verschlankung auch der kleinbetrieblichen Produktionsstruktur möglich werden (vgl. dazu u.a. Gruhler, 1990).

5.2.2 Moderne Arbeitsvermittlung

Im folgenden werden die modernen Arbeitsvermittlungen betrachtet, auch unter dem Aspekt, warum beispielsweise gerade viele Inhaber kleiner Firmen gewisse Ressentiments besitzen, mit privaten Arbeitsvermittlern in Kontakt zu treten.

Unter modernen Arbeitsvermittlungen sind die privaten Arbeitsvermittler oder Personalagenturen sowie neuere Instrumente der staatlichen Arbeitsvermittlung wie beispielsweise das SIS-System zu verstehen.

Grundsätzlich stellt eine Arbeitsvermittlung eine Dienstleistung dar, deren Funktion es ist, eine Maklertätigkeit zwischen Arbeitsnachfragern und Arbeitsanbietern zu erfüllen. Im wesentlichen unterscheiden sich die einzelnen Arbeitsvermittlungsarten durch die Kosten der Vermittlung sowie durch die Dauer der durch die Vermittlungen entstandenen Arbeitsverträge. Identisch ist aber bis heute allen Vermittlungsaktivitäten, daß beim Zustandekommen eines neuen Arbeitsverhältnisses der kontraktierte Arbeitnehmer keine Provisionen zu entrichten hat.

Die vorherige Analyse sollte deutlich gemacht haben, daß eine moderne Arbeitsvermittlung mehr auf die Probleme und Bedürfnisse der (kleinen) Unternehmen zugeschnitten sein muß. Aus diesem Grund gab es schon seit vielen Jahren die Forderung nach Aufhebung des Arbeitsvermittlungsmonopols (vgl. beispielsweise ASU, 1985, S.8f). Um diesen Forderungen zu entsprechen sowie aufgrund der prekären Lage auf dem Arbeitsmarkt, hat der Gesetzgeber seit dem 1.1.1995 damit begonnen, eine schrittweise Aufhebung des Arbeitsvermittlungsmonpoles der Arbeitsämter zu erreichen. Die in der nächsten Zeit zu klärende Hauptfrage ist dabei, inwieweit eine Aufhebung des Arbeitsvermittlungsmonopols positive Arbeitsmarkteffekte bewirken kann (vgl. dazu Keuchel, 1989). Zumindest die Argumentation, daß das Vermittlungsmonopol der BA eine Schutzfunktion für den Arbeitnehmer erfüllt, ist obsolet, denn bei der gegenwärtigen Arbeitsmarktlage sollte jede Vermittlungschance ausgenutzt werden können. Die Ausschaltung bzw. das Verhindern von Wettbewerb führt bei jedem staatlichen oder privaten Monopol zu Verzerrungen und damit zu Fehlallokationen mit einhergehenden Ineffizienzen und Wohlfahrtsverlusten. Erfahrungen in anderen Ländern zeigen, daß die private Arbeitsvermittlung sehr viel betriebsnäher und individueller zu arbeiten versteht und dieses schon seit Jahren (vgl. ASU, 1984, S.23ff und ASU, 1985, S.25ff).

Insbesondere bei den Arbeitsämtern besteht nach wie vor ein Defizit, aktiv auf die Beschäftigungsprobleme kleiner Unternehmen zu reagieren. Der von den untersuchten Unternehmen der Fallstudien häufig erwähnte bürokratische Aufwand bei der Zusammenarbeit mit den Arbeitsämtern müßte zunächst einmal durch Reorganisation innerhalb der staatlichen Vermittlungsbehörde vermindert werden. Vielleicht haben kleine Firmen bei den Mitarbeitern des Arbeitsamtes unbewußt auch Reputationsnachteile, so daß den Wünschen größerer Firmen eher entsprochen wird. Grundsätzlich ist aber das Problem, daß der den Arbeitsämtern zur Vermittlung zur Verfügung stehende Personenkreis häufig Qualifikationsdefizite aufweist, die direkt durch öffentliche Weiterbildungsmaßnahmen oder indirekt durch staatliche Subventionen unternehmensseitiger Weiterbildungsaktivitäten abgebaut werden sollten.[5] Schließlich müßte das Informationsverarbeitungssystem der einzelnen Arbeitsämter untereinander verbessert werden, um auch überregionale Vermittlungen häufiger durchführen zu können.

Was die Erfolgsaussichten privater Arbeitsvermittler anbelangt, Beschäftigungsprobleme kleiner Unternehmen abzubauen, muß zunächst einmal gesagt

---

5 Was natürlich seit einiger Zeit schon durch den erheblichen Ausbau der Arbeitsbeschaffungsmaßnahmen versucht wird (vgl. Spitznagel, 1989, Huebner, u.a., 1990) und teilweise durchaus erfolgreich ist. Allerdings gehen die Weiterbildungsaktivitäten häufig am speziellen Arbeitskräftebedarf der kleinen Unternehmen vorbei.

werden, daß die Möglichkeiten dieser nach wie vor vom Gesetzgeber eingeschränkt sind. Auf dem Führungskräftearbeitsmarkt liegt jedenfalls immer noch der Schwerpunkt der Tätigkeiten von Personalberatern (vgl. dazu Gaugler, Weber, 1987, S.43ff). Dieses ist auch nicht weiter überraschend, weil die Personalvermittler entsprechend des zu erwartenden Jahreseinkommens einer vermittelten Arbeitskraft entlohnt werden. Diese Vergütungsregelung determiniert bereits das Interesse der privaten Arbeitsvermittlung in Richtung Führungskräfte. Kleine Unternehmen besitzen aber aufgrund ihrer schmalen Führungsebene gerade in diesem Arbeitsmarktsegment den geringsten Bedarf an Personal. Es müßte also eventuell eine gesetzliche Regelung getroffen werden, welche die Abschlußprämien für alle Arbeitskräfte durch interne Subventionierung nivelliert. Erst dann ist davon auszugehen, daß Personalagenturen auch Facharbeiter oder gar benötigte Hilfskräfte vermitteln. Erst in diesem Fall wäre auch ein Vergleich von staatlicher und privater Vermittlungstätigkeit zulässig.

Für kleine Unternehmen besitzen private Arbeitsvermittler aber zumindest den Vorteil, daß Such- und Anbahnungskosten weitgehend vermieden werden, allerdings zum entsprechenden Preis der Vermittlung. Aber eine Entlastung der Führungskräfte ist auf alle Fälle erreicht worden. Außerdem können in der Regel vertragliche Vereinbarungen zwischen Unternehmen und Vermittler getroffen werden, die durch anfallende Konventionalstrafen sicherstellen, daß nur einigermaßen adäquates Personal vermittelt wird. Jedenfalls sollten sich kleine Unternehmen mit ständigen Stellenbesetzungsproblemen vielleicht häufiger entschließen, auf private Arbeitsvermittlung zurückzugreifen.

5.2.3 Personalleasing und zwischenbetriebliche Koordination

Im folgenden sollen die Möglichkeiten für kleine Unternehmen betrachtet werden, insbesondere bei Nachfrageschwankungen oder endogenen Störungen wie übermäßig vielen Krankheitsfällen, Produktionsprobleme abzubauen. Außerdem spielen die möglichen Ausbildungs- und Technikkonzeptionen bei zwischenbetrieblicher Koordination eine herausragende Rolle.

Zeitarbeit

Unter Zeit- oder Leiharbeit ist das Zustandekommen eines Arbeitnehmerüberlassungsvertrages gemäß §12 AÜG zwischen Verleihern, in der Regel spezielle Zeitarbeitsunternehmen, und entleihenden Unternehmen zu verstehen (vgl. Britsch, 1993, S.260ff oder Becker, 1985). Durch Zeitarbeit besteht grundsätzlich die Möglichkeit, akute Produktionsprobleme in den entleihenden Firmen zu beheben. Allerdings ist diese Möglichkeit durch eine Reihe von auftretenden Problemen für kleine Unternehmen nur eingeschränkt nutzbar. Daß nach §99 BetrVG der Betriebsrat der entleihenden Firma dem Einsatz von Zeitarbeit zustimmen muß, ist noch die geringste Schwierigkeit, weil in kleinen Unternehmen häufig gar kein Betriebsrat existiert. Ein größeres Problem sind schon die entstehenden Kosten durch Leiharbeit. Einerseits entstehen Transaktionskosten durch die abzuschließenden Zeitarbeitsverträge und andererseits fallen neben den Lohnkosten für den Leiharbeiter Provisionen für die Zeitarbeitsfirma an. Allein schon aus diesem Grund schrecken viele kleine Unternehmen vor dem Instrument des Personalleasing zurück. Zweitens besitzen die Zeitarbeitnehmer häufig nicht die für die spezialisierte Produktion der kleinen Firmen notwendigen Qualifikationen, was zu empfindlichen Störungen des Produktionsprozesses führen kann. Wird beispielsweise ein kranker Facharbeiter durch einen Leiharbeiter vorübergehend ersetzt, dann bedeutet dieses für ein Kleinstunternehmen mit nur fünf Mitarbeitern eine 'Fremdarbeitsquote' von 20%. Daß dieses Organisations- und Produktionsprobleme sowie zusätzlich auch einen negativen Effekt auf das Betriebsklima mit sich bringen kann, dürfte evident sein. Deshalb verzichten viele Firmenleitungen kleiner Unternehmen auf das Instrument Personalleasing. Vielleicht stellt aber die weiter unten betrachtete zwischenbetriebliche Koordination eine Lösung dar. Zunächst sollen noch kurz die Möglichkeiten eines Fremdleistungsbezuges angesprochen werden.

Fremdleistungsbezug (Spitzenausgleich) und Subunternehmer

Insbesondere für positive Nachfrageschwankungen bietet sich für kleine Unternehmen prinzipiell auch die Möglichkeit eines Fremdbezuges von Produktionstätigkeiten an. Hierbei ist jetzt nicht die gerade erwähnte Arbeitnehmerüberlassung angesprochen, sondern die kurzfristige oder auch längerfristige (Subunternehmer) Auslagerung von Produktionsprozeßsegmenten gemeint. Zumindest der kurzfristige Fremdleistungsbezug erscheint nur dann sinnvoll für kleine Unternehmen zu sein, wenn ansonsten hohe Konventionalstrafen für Nichtlieferung enstehen würden. Denn die kostenmäßigen Nachteile von Zeitarbeit lassen sich ebenso auf den Fremdleistungsbezug übertragen. Zudem entsteht aufgrund der externen Produktion ein Mangel an frühzeitigen Kontrollmöglichkeiten, der Qualitätsverluste der Produkte mit sich bringen kann. Bei der Einbeziehung von Subunternehmern kann dieses Risiko mit der Zeit durch Bewährungseffekte sicherlich verringert werden. Allerdings bringen Subunternehmer teilweise volkswirtschaftliche Nachteile, wie die Probleme, welche durch Scheinselbständigkeit entstehen, mit sich. Außerdem ist der einigen Subunternehmern vorauseilende Ruf, teilweise mit nicht zur Arbeit berechtigten Mitarbeitern zu produzieren, sicherlich kein Gütesiegel für die Inanspruchnahme dieses Instrumentes gerade durch die sehr häufig wertkonservativen Kleinunternehmer. Welche Lösung bietet sich nun für kleine Firmen an, ihre aus Absatzschwankungen oder Krankheiten resultierenden Beschäftigungsprobleme lösen zu können?

Zwischenbetriebliche Koordination- Netzwerke

Die gerade aufgeworfene Frage läßt sich zumindest theoretisch relativ leicht beantworten - durch zwischenbetriebliche Koordination. In der Regel gibt es in jeder Region und Branche in der Nähe angesiedelte kleine Konkurrenzfirmen, die prinzipiell den gleichen Schwierigkeiten ausgesetzt sind. Da aber zumindest bei Fehltagen und auch bei großen Einzelaufträgen einer Firma davon ausgegangen werden kann, daß diese Probleme nicht zeitgleich alle kleinen Unternehmen der Region treffen, bietet es sich geradezu an, daß die Firmen sich gegenseitig helfen. Bei Arbeitnehmerüberlassung zwischen zwei Betrieben fallen zum einen nicht die Provisionen für Zeitarbeitsunternehmen an. Zum anderen kann davon ausgegangen werden, daß die zeitweilig überlassenen Mitarbeiter den Qualifikationsansprüchen voll genügen werden, da sie ohnehin im selben Produktionsbereich arbeiten und deshalb mit den anfallenden Tätigkeiten vertraut sein müßten. Auch die anfallenden Transaktionskosten dürften geringer sein als bei der Zusammenarbeit mit einer professionellen Arbeitnehmerüberlassungsfirma, weil sich die betreffenden Kleinunternehmer in der Regel durch Zusammentreffen bei Industrie- und Handelskammern, etc., bereits kennen dürften. Durch das wechselseitige Ausleihen von Mitarbeitern kann es also den kleinen Unternehmen gelingen, auftretende Unteilbarkeitsphänomene mit einhergehenden Kapazitätsüber- oder unterauslastungen zu umgehen, um damit gegenüber großen Konkurrenten an Boden zu gewinnen. Ein weiterer Vorteil dieser zwischenbetrieblichen Kooperation wären noch eventuell auftretende Lerneffekte bei den ausgeliehenen Arbeitnehmern, die Vorzüge des Produktionsprozesses im ausleihenden Unternehmen in ihre ursprüngliche Firma mit zurücknehmen (vgl. Nooteboom, 1991).

Letzteres zeigt aber bereits das erste Hindernis für das Zustandekommen betrieblicher Kooperation auf. Viele Inhaber kleiner Firmen werden das, zumindest psychologische, Problem haben, daß eventuell vorhandene Betriebsgeheimnisse anschließend keine mehr sind und die Konkurrenzfirma adäquate Produktionslösungen übernimmt. Bei der ausleihenden Firma besteht die Gefahr, daß der überlassene Mitarbeiter nicht wieder in sein ursprüngliches Unternehmen zurück möchte. Soll das mit Sicherheit verhindert werden, dürfen keine guten Mitarbeiter ausgeliehen werden. Das aber wiederum stellt den ganzen Erfolg der zwischenbetrieblichen Kooperation in Frage.[6]

Eine Lösung dieser Probleme wäre beispielsweise durch eine bei den Handwerkskammern oder Wirtschaftsförderungsämtern zu installierende 'Börse', in der jedes Unternehmen sein Arbeitskräfteangebot- bzw. -nachfrage hinterlegen kann. Zudem kann durch die Innung ein Vertragswerk abgesichert werden, daß es untersagt, ausgeliehene Arbeitnehmer in den nächsten drei oder mehr Jahren zu übernehmen, wenn das betroffene Unternehmen dieses untersagt.[7]

Zwischenbetriebliche Koordination ist natürlich nicht nur bei der Arbeitnehmerüberlassung vorstellbar, sondern auch im technischen Bereich denkbar. Insbesondere könnten die Risiken bei Innovationsvorhaben durch Unternehmenskooperationen gesenkt werden (vgl. Kösel, 1992). Allerdings steht gerade in diesem Zusammenhang das Konkurrenzproblem im Weg.

Relativ weit fortgeschritten ist die Konzeption einer überbetrieblichen Berufsausbildung im Handwerk, mit der versucht werden soll, Unteilbarkeitsprobleme der Ausbildung zu vermeiden und damit das Lehrstellenangebot insgesamt zu erhöhen (vgl. IG Metall, 1991, S.67ff).

Insgesamt betrachtet dürfte ein stärkeres Kooperieren kleiner Unternehmen trotz aller Vorbehalte eine wirkungsvolle Möglichkeit sein, strukturelle Nachteile gegenüber größeren Konkurrenten einzudämmen. Allerdings bedarf es in diesem Zusammenhang auch einer Anpassung des Verhaltens des Gesetzgebers, weil jede Firma, die Arbeitnehmerüberlassungen vornehmen will, eine Erlaubnis der Arbeitsverwaltung benötigt. Nur 20 % von derzeit über 4000 Unternehmen besitzen eine unbefristete Erlaubnis. In einigen Bereichen ist Arbeitnehmerüberlassung gar nicht erlaubt (vgl. Britsch, 1993, S.263f). Ein Antrag auf Erlaubnis der Arbeitnehmerüberlassung verursacht jedoch wiederum Transaktionskosten und vor allem dürfte das Zeitproblem negativ zu Buche schlagen. Hier wäre eventuell eine Umgehung der Arbeitsverwaltung vorzuschlagen und stattdessen die Industrie- und Handelskammern mit der Oberaufsicht zu betrauen.

---

[6] Vgl. zur generellen Netzwerkdiskussion Fritsch, 1989, S.125ff oder Scheib, 1987).

[7] Die Händlervereinigungen im KFZ-Bereich stellen im Prinzip einen ersten Versuch der zwischenbetrieblichen Koordination in diesem Sektor dar (vgl. Mendius, u.a., 1992, S.125ff).

Fazit

Generell kommt heute also all jenen Institutionen eine steigende Bedeutung zu, die zur "[...] künstlichen Teilbarkeit" (Picot, u.a., 1989, S.41) von Produktionsfaktoren beitragen. Auch die stärkere Vergabe von Aufträgen an Externe in Form von Werkverträgen dürfte zu einer größeren Anpassungsflexiblität des Produktionsfaktors Arbeit beitragen. Allerdings werfen Werkverträge möglicherweise wieder produktionstechnische Anpassungsschwierigkeiten auf. Befristete Arbeitsverhältnisse oder geringfügig Beschäftigte machen den Faktor Arbeit zwar teilbarer, beide Instrumente sind aber mit rechtlichen und organisatorischen Umsetzungsproblemen verbunden.

Letztlich tragen sämtliche Institutionen und institutionelle Änderungen, die einen "feineren Portionstausch" (Picot, u.a., 1989, S.41) möglich machen, zur Verringerung des Unteilbarkeitsproblems bei. Zudem vermeiden diese Institutionen oftmals zusätzlich Transaktionskosten, wie Picot beispielsweise mit der Betrachtung der transaktionskostensenkenden Eigenschaften des Handels deutlich gemacht hat (vgl. Picot, 1986, S.7ff).

6. Konsequenzen für die Arbeitsmarktpolitik - Ausblick

Wir leben in einer Zeit, die weltweit von einer Arbeitslosigkeitshöhe geprägt ist, wie seit mehr als sechzig Jahren nicht mehr. Trotz einer angedeuteten allmählichen wirtschaftlichen Erholung sind die Prognosen für einen Rückgang der hohen Arbeitslosigkeit eher entmutigend. Die bisher praktizierten bzw. angedachten Problemlösungen scheinen keine wirksame und vor allem dauerhafte Erholung auf den Arbeitsmärkten der Welt möglich zu machen. Da aber in fast allen Ländern ein erheblicher Anteil der Beschäftigten in kleinen Unternehmen arbeiten bzw. tätig sein könnten, ist diese Arbeit speziell den Beschäftigungsproblemen kleiner Unternehmungen gewidmet.

Ausgehend von der Frage, ob kleine Unternehmen tatsächlich flexibler sind als große - was häufig behauptet wird - wurden systematisch mögliche Beschäftigungsprobleme kleiner Firmen untersucht. Wie sich herausstellte, haben kleine Unternehmen sowohl arbeitsnachfrageseitige, arbeitsangebotsseitige als auch marktstrukturbedingte strukturelle Nachteile gegenüber größeren Unternehmen. Teilweise vorhandene Flexibilitäts- oder Kostenvorteile (man denke an die Kündigungsschutzregelungen) wiegen diese Defizite in keinem Fall auf.

Daß trotzdem kleine Unternehmen als die Flexibilisierungskünstler schlechthin gelten, liegt meines Erachtens an zweierlei. Zum einen sind die in vielen Studien betrachteten kleinen Unternehmen die erfolgreichsten ihrer Zunft, weil die Vielzahl von bereits wieder verschwundenen Neugründungen kleiner Firmen, aufgrund ihrer Nichtexistenz zu Zeit der Erhebung der Studien, nicht mehr berücksichtigt werden. Meine These lautet daher, daß viele kleine Unternehmen nicht zuletzt wegen der Existenz von Unteilbarkeitsproblemen und den damit verbundenen Kostennachteilen wieder vom Markt verdrängt werden.

Zum anderen sind kleine Unternehmen in bestimmten Bereichen, wie das Aufspüren von Marktnischen, aufgrund der besonderen Fähigkeiten vieler Unternehmensgründer, oder aber auch aufgrund des 'sozialen Drucks' in kleinen Firmen, in der Tat sehr flexibel. Dadurch kompensieren viele Kleinbetriebe ansonsten vorherrschende Probleme bei Stellenbesetzungen oder bei der Bewältigung von Nachfrageschwankungen.

Aus den ermittelten strukurellen Defiziten bei der Handhabung der Personalpolitik in kleinen Unternehmen ergeben sich nun eine Reihe möglicher Konsequenzen für die staatliche Förderung von kleinen Unternehmen und damit letztlich auch für die Arbeitsmarktpolitik.

Insgesamt scheint die Förderungspraxis kleiner und mittlerer Unternehmen nicht 'feingliedrig' genug zu sein. Es wird nach wie vor von staatlicher Seite zu wenig auf firmenindividuelle Besonderheiten gerade der kleinen Unternehmen eingegangen. Fördermaßnahmen nach dem 'Gießkannenprinzip' mögen zwar politisch gesehen sehr öffentlichkeitswirksam sein, bringen den kleinen Unternehmen aber letztlich nicht viel ein. Vor allem der bürokratische Aufwand bei der staatlichen Entscheidung, Fördermaßnahmen zu erhalten, zwingt viele Inhaber kleiner Firmen aus Zeitgründen dazu, auf die Beantragung von Fördermitteln zu verzichten. Hier müßte meiner Meinung nach in Zusammenarbeit mit den regionalen Wirtschaftsförderungsämtern angesetzt werden und direkt auf die Probleme der einzelnen Unternehmung reagiert werden. Wenn irgendwann diese oder ähnliche Umstrukturierungen greifen und die Unternehmen wirtschaftlich insgesamt besser dastehen, ist als nächstes das Problem in Angriff zu nehmen, den trotz der hohen Arbeitslosigkeit bestehenden Fachkräftemangel, zu beheben. Hierzu ist eine Änderung der Arbeitsmarktpolitik vonnöten.[8]

Die traditionellen, bis heute praktizierten Arbeitsbeschaffungsmaßnahmen (ABM), sofern sie als Beschäftigungsgesellschaften oder in besonderen Projekten organisiert sind, stellen gerade für kleine Unternehmen oftmals starke Konkurrenten dar. Diese ABM-Projekte unterliegen aber eben nicht den gleichen Wettbewerbskriterien wie die kleinen Firmen, weil sie der staatlichen Unterstützung und Gewährleistung, unabhängig von ihrer eigentlichen ökonomischen Leistungsfähigkeit, sicher sein können. Dieses arbeitspolitische Dilemma führt dann dazu, daß gesunde und funktionierende kleine Unternehmen aufgrund des möglichen Preisdumpings der ABM-Projekte oder Beschäftigungsgesellschaften vom Markt ausscheiden. Eine Lösung könnte darin bestehen, ABM-Stellen nur direkt in den einzelnen Betrieben einzurichten. Die Frage, die sich dann jedoch stellt ist, ob die kleinen Unternehmer nicht mit der organisatorischen Integration und Anlernung der ABM-Kräfte überfordert sind. Hier wären dann weitgehende Unterstützungsmaßnahmen durch die Arbeitsämter erforderlich.

Staatliche Umschulungshilfen sind sicherlich eine Möglichkeit, sektorale oder qualifikatorische Inflexibilitäten zu vermeiden oder diese zumindest abzuschwächen. Allerdings dürften diese Maßnahmen wiederum am wirkungsvollsten sein, wenn sie bereits in den Unternehmen direkt vorgenommen werden. Zum einen weil das den Praxisbezug wesentlich erhöht und zum anderen können bereits erste Kontakte zu einem potentiellen späteren Arbeitgeber hergestellt werden. Meines Erachtens könnte eine solche direkte Unterstützung der Unternehmen bei der Ausbildung- oder Weiterbildung von ehemals Arbeitslo-

---

8 Auf die notwendige Veränderung der Arbeitsvermittlung durch die Arbeitsämter wurde bereits in Kapitel 5.2.2 eingegangen.

sen entscheidend zu einer Verringerung des Facharbeitermangels beitragen. Vor allem muß sichergestellt sein, daß der bürokratische Aufwand einer solchen Maßnahme nicht den Umfang bei der Beantragung von Lohnkostenzuschüssen annimmt. Vielleicht sollten die Arbeitsämter viel direkter die Firmen ansprechen, um lernfähige und vor allem lernwillige Arbeitslose in den Unternehmen unterzubringen.

Was die gesetzgeberischen und tariflichen Gegebenheiten anbelangt, so erscheint das Hauptproblem nicht die eigentliche Lohnhöhe zu sein, sondern die häufig sehr komplizierten gesetzlichen und tariflichen Ausgestaltungsvorschriften bei Arbeitsverträgen und Arbeitsplätzen führen zu starken institutionellen Restriktionen. Gerade Inhaber kleiner Unternehmen fühlen sich offensichtlich permanent überfordert, genau über ihre Rechte und Pflichten gegenüber ihren Beschäftigten informiert zu sein. Die Folge davon ist, daß weniger Arbeitskräfte eingestellt werden.

Schließlich hoffe ich mit der vorliegenden Arbeit deutlich gemacht zu haben, daß im Rahmen der Arbeitsmarkt- und Wettbewerbstheorie, Modelle, die von einer repräsentativen Unternehmensgröße ausgehen, die Wirklichkeit bestenfalls immer nur für einen kleinen Teil der Unternehmen abbilden. Es könnte ein Ziel zukünftiger Forschung sein, die gängigen Arbeits- und Gütermarktmodelle der Wirtschaftstheorie jeweils hinsichtlich verschiedener Unternehmensgrößen zu differenzieren. Dadurch könnten sich meines Erachtens durchaus neue Vorschläge für die zukünftige Arbeitmarkt- und Wirtschaftspolitik ergeben.

7. Anhang

7.1 Allgemeiner Interviewleitfaden

I) Fragen zu den Rahmendaten der Unternehmen

a) Fragen, die der Unternehmensbeschreibung dienen

- Datum der Befragung **(1)**[1]
- Stichtag der Unternehmenswerte **(2)**
- Feststellung des Unternehmenstyps **(3)**
- Feststellung der Unternehmensregion **(4)**
- Feststellung des Unternehmensortes **(5)**

b) Fragen zur Branche/Marktentwicklung/Wettbewerb

- In welcher/n Branche ist Ihr Unternehmen hauptsächlich tätig? **(6)**
- Wie war die bisherige Marktkonstellation, das heißt wie ist die Marktstruktur auch bezogen auf den regionalen oder lokalen Markt? **(7)**
- Wie viele große und kleine Unternehmen sind auf dem Markt aktiv? **(8)**
- Wie hoch ist der Marktanteil Ihres Unternehmens auf dem relevanten Markt? **(9)**
- Wie ist die gegenwärtige Marktentwicklung (Absatzchancen, etc.) einzuschätzen? **(10)**
- Wie beurteilen Sie die gegenwärtigen Wettbewerbsbedingungen auf den von Ihnen besetzten Marktfeldern (auch hinsichtlich des EG-Binnenmarktes)? **(11)**
- Ist Ihr Unternehmen von Nachfrageschwankungen betroffen? (saisonal, regelmäßig, selten, gar nicht)? **(12)**
- Wenn ja: Bewerten Sie bitte die prozentuale Höhe der Auslastungsschwankungen (Normalauslastung = 100%) **(13)**

c) Fragen zur Rechtsform und zum Alter des Unternehmens

- In welcher Rechtsform firmiert Ihre Unternehmung gegenwärtig? **(14)**
- Wurde die Rechtsform zwischenzeitlich einmal gewechselt? **(15)**
- Ist ihr Unternehmen eigenständig oder gibt es Mutter bzw. Tochterunternehmen **(16)**
- Wann wurde das Unternehmen gegründet? **(17)**

---

[1] Die Interviewleitfäden wurden auch dem jeweiligen Interviewpartner vorgelegt. Die an die jeweilige Fragestellung angehängten Ziffern sollten die Kommunikation und Orientierung während der Befragung erleichtern.

d) Fragen zum Standort des Unternehmens

- Wie sind Sie generell mit dem Standort Ihres Unternehmens zufrieden? **(18)**
- Wie sind Sie speziell mit der Verkehrsanbindung Ihres Unternehmen zufrieden? **(19)**
- Wie bewerten sie der Entfernung zu Ihren Kunden bzw. zu Ihren Lieferanten? **(20)**
- Wie beurteilen Sie das Beschäftigungsangebot der Region? **(21)**
- Wie ist die Zusammenarbeit mit der für Ihr Unternehmen zuständigen Industrie- oder Handwerkskammer bzw. Innung? **(22)**
- Wie ist die Zusammenarbeit mit den öffentlichen Institutionen Ihrer Region (Stadtverwaltung, Wirtschaftsförderungsamt, Arbeitsamt) **(23)**

e) Fragen zur Organisationsstruktur des Unternehmens (Anzahl der Betriebe und der gegenwärtigen Arbeitsstätten, innerbetrieblicher bzw. außerbetrieblicher Leistungserstellungsprozeß)

- Handelt es sich bei Ihrem Unternehmen um ein Einbetriebs- oder Mehrbetriebsunternehmen? **(24)**
- Wenn es sich um ein Mehrbetriebsunternehmen handelt,
  wieviele Betriebe umfaßt Ihr Unternehmen? **(25)**
  wo sind diese Betriebe angesiedelt? **(26)**
  wie weit sind die Betriebe voneinander entfernt? **(27)**
- Wieviele Arbeitsstätten besitzt Ihr Unternehmen (z.B. Filialen, Baustellen) für gewöhnlich? **(28)**
- Wenn Ihr Unternehmen tendenziell mehrere Arbeitsstätten umfaßt,
  wo befinden sich diese Arbeitsstätten? **(29)**
  wie weit sind die Arbeitsstätten voneinander entfernt? **(30)**
- Findet Ihre Leistungserstellung hauptsächlich innerbetrieblich statt oder ist sie außerbetrieblich organisiert? **(31)**
- Besitzt Ihr Unternehmen eine Forschungs- und Entwicklungsabteilung? **(32)**

f) Fragen zu Anzahl der Beschäftigten, Betriebsrat, Stammbelegschaft

- Wieviele Arbeitnehmer beschäftigt Ihr Unternehmen zur Zeit? **(33)**
- Wie groß ist die Stammbelegschaft? **(34)**
- Wie hoch ist hieran der Anteil der weiblichen Arbeitnehmer? **(35)**
- Wieviele befristet Beschäftigte hat das Unternehmen? **(36)**
- Wie hoch ist hieran der Anteil der weiblichen Arbeitnehmer? **(37)**
- Wie hoch das Durchschnittsalter der Beschäftigten? **(38)**
- Wie hoch ist die durchschnittliche Betriebszugehörigkeitsdauer? **(39)**

- Wieviele Hierarchiestufen gibt es innerhalb Ihres Unternehmens? **(40)**
- Würden Sie die Hierarchie Ihres Unternehmens eher als steil, flach oder als keines von beiden bezeichnen? **(41)**
- Wieviele Führungskräfte sind derzeit im Unternehmen tätig? **(42)**
- Wieviele Mitarbeiter besitzen Hochschul- bzw. Fachhochschulabschluß? **(43)**
- Wieviele Mitarbeiter sind Facharbeiter? **(44)**
- Wieviele Mitarbeiter sind Ungelernte bzw. angelernte Hilfskräfte? **(45)**
- Wieviele Auszubildende beschäftigen Sie zur Zeit? **(46)**
- Wenn sie nicht ausbilden, warum nicht? **(47)**
- Besitzt Ihr Unternehmen einen Betriebsrat? **(48)**
- Wenn ja, aus wieviel Mitarbeitern besteht der Betriebsrat? **(49)**
- Wenn nein, warum gibt es keinen Betriebsrat? **(50)**
- Wie bewerten Sie generell die Zusammenarbeit mit Ihrem Betriebsrat? (Gewichten Sie zudem auf einer Skala von 1-6) **(51)**

g) Fragen zur Unternehmensentwicklung
- Skizzieren Sie kurz die Beschäftigtenentwicklung Ihres Unternehmens **(52)**
- Beabsichtigen Sie, in naher Zukunft neue Mitarbeiter einzustellen? **(53)**
- Wenn ja, wieviele Mitarbeiter und in welchem Unternehmensbereich sollen diese eingesetzt werden? **(54)**
- Wie war die Umsatzentwicklung in den letzten fünf Jahren? **(55)**
- Wie schätzen Sie die Gewinnentwicklung der letzten Jahre ein - positiv, zufriedenstellend oder eher negativ? **(56)**
- Wie schätzen Sie die künftige Gesamtentwicklung Ihres Unternehmens ein - positiv, verhalten oder eher negativ? (Gewichten Sie zudem auf einer Skala von 1-6) **(57)**

II. Fragen zum Einstellungsverhalten (Such- und Informationskosten)

a) Wieviele Arbeitnehmer hat Ihr Unternehmen in den letzten drei Jahren eingestellt? **(58)**

b) Fragen zu Rekrutierungswegen bzw. Akquisitionsstrategien
- Wie hoch ist in etwa die Anzahl von Initiativbewerbungen im Jahr, die Ihrem Unternehmen zugehen? **(59)**
- Wie viele Personen (absolut und in Prozent) wurden aufgrund von Initiativbewerbungen eingestellt? **(60)**
- Wie groß war die Anzahl von Stellenanzeigen bzw. Inseraten? **(61)**

- Wie viele Beschäftigte wurden auf diesem Wege gefunden? **(62)**
- Wie häufig wurde das Arbeitsamt bei der Stellenbesetzungssuche einbezogen? **(63)**
- Wieviele Personen wurden letztlich mit Hilfe des Arbeitsamtes eingestellt? **(64)**
- Wurden neue Beschäftigte von Belegschaftsmitgliedern empfohlen? **(65)**
- Wie groß war der Anteil der Einstellungen aufgrund dieser Kontakte? **(66)**
- Wie häufig wurden Neubesetzungen von Stellen aufgrund sonstiger Hilfsmittel wie Betriebsaushängen, Ausnutzen von Firmenkontakten oder ähnlichen vorgenommen? **(67)**

c) Fragen zu offenen Stellen und zu eventuellen Besetzungsproblemen bei diesen

- Haben Sie derzeit offene Stellen? **(68)**
- Wenn ja, wieviele und wurden diese dem Arbeitsamt gemeldet? **(69)**
- Falls offene Stellen nicht dem Arbeitsamt gemeldet wurden, warum nicht? **(70)**
- Haben Sie grundsätzlich Besetzungsschwierigkeiten bei offenen Stellen? Wenn ja, welche? **(71)**
- Bewerten Sie die Verfügbarkeit von Arbeitskräften anhand einer Skala von 1-6 **(72)**
- Gab es aufgrund von Stellenbesetzungsproblemen Produktionsausfallzeiten oder andere organisatorische Nachteile? Wenn ja, welche? **(73)**
- Sollten Sie Besetzungsschwierigkeiten haben, gewichten Sie diese bitte nach jeweiligen Berufsgruppen: kaufm. Führungspersonal, technische Führungskräfte, Angestellte, Facharbeiter, Hilfsarbeiter (An- und Ungelernte), Auszubildende, Teilzeitkräfte. **(74)**

d) Schätzen Sie bitte die reinen Einstellungskosten (Inseratkosten, Bewerbungssichtung, Bewerbungsgespräche), die pro eingestelltem Arbeitnehmer im Durchschnitt in Ihrem Unternehmen angefallen sind? **(75)**

III. Fragen zu Anbahnungs-, Einarbeitungs- und Kontraktkosten

- Wer führt die Personalauswahlgespräche? **(76)**
- Wieviele Gespräche werden gewöhnlich pro zu besetzender Stelle geführt? **(77)**
- Wie lange dauern diese Gespräche in der Regel? **(78)**

- Gab es bei Einstellungen Probleme mit dem Betriebsrat? **(79)**
- Wer führt die neuen Arbeitnehmer an Ihrem Arbeitsplatz ein? **(80)**
- Bieten Sie für neue Mitarbeiter auch extern durchgeführte Weiterbildungsmaßnahmen an? **(81)**
- Bieten Sie interne Weiterbildungsmaßnahmen an? **(82)**
- Gibt es in Ihrem Unternehmen Trainee-Arbeitsplätze? **(83)**
- Werden neue Beschäftigte zunächst befristet eingestellt? **(84)**
- Wenn ja, warum und wie lange ist die Befristungszeit gewöhnlich? **(85)**
- Werden befristet Eingestellte in der Regel weiter beschäftigt? **(86)**
- Falls nein, wie lang sind die regulären Probezeiten in Ihrem Unternehmen? **(87)**
- Gab es Entlassungen innerhalb oder zum Ende der Probezeit? **(88)**
- Wie schnell können die neu eingestellten Arbeitskräfte als vollwertige Mitarbeiter angesehen werden? **(89)**
- Kam es bei Neueinstellungen zunächst zu Produktivitätseinbußen? **(90)**
- Gibt es Probleme bei der Integration neuer Beschäftigter? **(91)**
- Wenn ja, welcher Art sind diese Schwierigkeiten? **(92)**
- Erfordern bzw. erforderten neue Stelleninhaber gegebenfalls Änderungen im Ablauf des Produktionsprozesses? **(93)**

IV. Fragen zum Entlassungsverhalten

- Wieviele Arbeitnehmer wurden in den letzten drei Jahren in Ihrem Unternehmen entlassen? **(94)**
- Wie wurden die Kündigungen vorgenommen? (gesetzliche Kündigungsfristen, außerordentliche Kündigungen, Vorruhestand, etc.) **(95)**
- Was waren die auslösenden Gründe für die vorgenommenen Entlassungen? (Nachfrageschwankungen, Fehlverhalten oder Ungeeignetheit der betroffenen Arbeitnehmer, Rationalisierungen, Umstrukturierungen der Produktpalette oder des Fertigungsprozesses?) **(96)**
- Wurden bei Entlassungen Abfindungen bezahlt? **(97)**
- Wenn ja, wie hoch waren diese (absolut und in Prozent eines Jahresgehaltes)? **(98)**
- Wurden soviele Arbeitnehmer entlassen, daß ein Sozialplan installiert werden mußte? **(99)**
- Falls es einen aufgestellten Sozialplan gab, welche Kosten entstanden dadurch Ihrem Unternehmen? **(100)**
- Gab es aufgrund von Entlassungen in den letzten drei Jahren Arbeitsgerichtsprozesse? **(101)**
- Mit welchem Ergebnis endeten diese Prozesse? **(102)**

- Wie hoch waren jeweils in etwa die Kosten des Rechtsbeistandes? **(103)**
- Wie kooperativ verhielt bzw. verhält sich der Betriebsrat bei vorgenommenen oder geplanten Kündigungen? **(104)**

V. Fragen zu freiwilligen betrieblichen Sozialleistungen

- Bieten Sie generell neben gesetzlichen oder tariflichen Sozialleistungen auch freiwillige Zusatzleistungen an? **(105)**
- Wenn nein, warum nicht? **(106)**
- Falls Sie freiwillige Sozialleistungen anbieten, um welche der folgenden handelt es sich (Führen Sie jeweils aus, warum die in ihrem Unternehmen nicht gewährten Sozialleistungen nicht angeboten werden.):

Betriebliche Altersversorgung:	Ja/Nein **(107)**
Betriebliche Gesundheitspflege:	Ja/Nein **(108)**
Erfolgs- oder Gewinnbeteiligungen:	Ja/Nein **(109)**
Betriebliche Kankenversicherung:	Ja/Nein **(110)**
Weiterbildungsmaßnahmen extern/intern	Ja/Nein **(111)**
Gewährung von Sonderurlaub/sonstige Beurlaubungen	Ja/Nein **(112)**
Dienstwagen, Fahrkarte für den öffentlichen Nahverkehr	Ja/Nein **(113)**
Übertarifliche Urlaubs- bzw. Weihnachtsgratifikationen	Ja/Nein **(114)**
Übertarifliche Lohnvergütungen	Ja/Nein **(115)**
Sonstige freiwillige Sozialleistungen (z.B. Betriebsreisen, Einkaufsrabatte, Naturalvergütungen)	Ja/Nein **(116)**

VI. Fragen zur Arbeitszeit der Beschäftigten (Dauer, Lage und Flexibilität)

a) Fragen zur Arbeitszeitverkürzung

- Wie hoch ist die regelmäßige Wochenarbeitszeit der Vollbeschäftigten in Ihrem Unternehmen? **(117)**
- Um wieviel wurde in den letzten fünf Jahren die Wochenarbeitszeit in Ihrem Unternehmen verkürzt? **(118)**
- Wenn es Arbeitszeitverkürzungen gegeben hat, wie wurden diese Maßnahmen umgesetzt bzw. kompensiert?
  - mit Hilfe von Neueinstellungen **(119)**
  - durch eine höhere Produktivität der Beschäftigten ('Verdichtung' der Arbeitszeit) **(120)**

- durch Produktionsprozeßumstellungen ('Springer', etc.) **(121)**
- durch Rationalisierungsmaßnahmen (verstärkter Einsatz von Computern, andere neue Techniken, etc.) **(122)**
- durch verstärkte Inanspruchnahme des Anpassungsinstruments Überstunden **(123)**

- Hat es gravierende Probleme durch die Arbeitszeitverkürzungen gegeben? Wenn ja, welche (Kostendruck, Produktivitätseinbußen, etc.) **(124)**

b) Fragen zu Überstunden/Arbeitslage/Fehlzeiten

- Werden in Ihrem Unternehmen regelmäßig, gelegentlich oder so gut wie nie Überstunden geleistet? **(125)**
- Falls es Überstunden gibt, werden diese entlohnt, als zusätzliche Urlaubstage abgegolten oder freiwillig abgeleistet? **(126)**
- Falls die Überstunden entlohnt werden, wie hoch sind die Überstundenzuschläge (in Prozentpunkten)? **(127)**
- Wie häufig werden die einzelnen Berufsgruppen mit Überstunden konfrontiert? **(128)**
- Sind bei geleisteten Überstunden Produktivitätseinbußen oder sogar Produktivitätssteigerungen festgestellt worden? Wenn ja, welcher Art? **(129)**
- Gibt es in Ihrem Unternehmen ein Mehrschichtsystem? Wenn ja, welche Berufsgruppen sind davon betroffen? **(130)**
- Wird in Ihrem Unternehmen nachts gearbeitet? Wenn ja, welche Berufsgruppen sind davon betroffen? **(131)**
- Kommt es in Ihrem Unternehmen zu Wochenendarbeit? Wenn ja, welche Berufsgruppen sind davon betroffen? **(132)**
- Gibt es in ihrem Unternehmen Betriebsferien? **(133)**
- Wieviel Tage Urlaub hat ungefähr ein Mitarbeiter in Ihrem Unternehmen? Ist die Lage des Urlaubs vom Mitarbeiter frei wählbar? **(134)**
- Wieviele Fehltage hat ein Mitarbeiter in Ihrem Unternehmen durchschnittlich pro Jahr bzw. im Monat? **(135)**
- Was halten Sie von Karenztagen? Würde Ihrer Meinung nach durch sie eine spürbare betriebliche Personalkostenentlastung entstehen **(136)**

VII. Fragen zu Arbeits(-zeit)formen in Ihrem Betrieb

- Gibt es in Ihrem Unternehmen Teilzeitbeschäftigte? **(137)**
- Wenn ja, wieviele sind es und welchen Geschlechts sind diese Teilzeitbeschäftigten? **(138)**

- Welche Erfahrungen haben Sie generell mit Teilzeitkräften (Produktivität, Arbeitszufriedenheit, etc.) gemacht? **(139)**
- Ist es mit Problemen für Sie behaftet, Teilzeitarbeitskräfte zu finden? **(140)**
- Wenn ja, welcher Art sind diese Schwierigkeiten? **(141)**
- Wenn es in Ihrem Unternehmen keine Teilzeitarbeitsplätze gibt, was sind die Gründe für diesen Tatbestand? **(142)**
- Haben Arbeitnehmer in Ihrem Unternehmen die Möglichkeit, nach Gleitzeit zu arbeiten? **(143)**
- Wenn ja, von wann bis wann liegt die Kernarbeitszeit? **(144)**
- Wird in Ihrem Unternehmen Job-Sharing betrieben? Wenn nein, warum nicht? **(145)**
- Kennen Sie den Begriff 'Kapovaz'? Gibt es in Ihrem Unternehmen eine variable Jahresarbeitszeit? **(146)**
- Bedienen Sie sich des Anpassungsinstrumentes Personalleasing (Leih-, bzw. Zeitarbeit, Subunternehmer, Franchising)? **(147)**
- Wenn ja, in welchem Umfang? **(148)**
- Wenn sie nicht auf Personalleasing zurückgreifen, warum nicht? **(149)**

VIII. Fragen zum Produktionsprozeß in Ihrem Unternehmen

- Erwarten Sie bei einer Erlaubnis für längere Maschinenlaufzeiten (beispielsweise am Wochenende) für Ihr Unternehmen generelle Kostenvorteile? **(150)**
- Könnten Sie die bei einer durch längere Maschinenlaufzeiten entstehende Produktionsausweitung überhaupt durch einen höheren Absatz kompensieren? **(151)**
- Würden generell flexiblere Arbeitszeiten bzw. eine Änderung des Ladenschlußgesetzes ihr Unternehmen kostenmäßig entlasten bzw. Ihren Umsatz erhöhen? **(152)**
- Geben Sie bitte aus Ihrer Sicht eine generelle Einschätzung der gegenwärtigen Flexibilitätsdiskussion. **(153)**

IX. Sonstige wichtige Fragestellungen

- Wie bewerten Sie die staatlichen Förderungsmaßnahmen für kleine Unternehmen? (Gewichten sie bitte auf einer Skala von 1-6 [sehr gut, gut, zufriedenstellend, mangelhaft, unzureichend, völlig unzureichend]) **(154)**
- Welche Förderungsmaßnahmen sind Ihnen bekannt? **(155)**
- Haben Sie persönliche Erfahrungen mit diesen Förderungsmaßnahmen? **(156)**

- Wie beurteilen Sie in diesem Zusammenhang die Zusammenarbeit mit den kommunalen Institutionen (Stadtverwaltung, Wirtschaftsförderungsamt, Industrie- und Handelskammer, Handwerkskammer)? **(157)**
- Bewerten Sie aufgrund Ihrer persönlichen Erfahrung die Effizienz der Arbeitsvermittlung der Bundesanstalt für Arbeit und falls vorhanden, die von privaten Vermittlern jeweils auf einer Skala von 1-6). **(158)**
- Haben Sie Verbesserungsvorschläge bezüglich der Arbeitsvermittlung? **(159)**
- Wie ist das Verhältnis zu Banken, gibt es Kreditrestriktionen? **(160)**
- Fühlen Sie sich als kleines Unternehmen gegenüber großen Bankkunden benachteiligt? **(161)**
- Klassifizieren Sie bitte die verschiedenen Arbeitsaufgaben der Mitarbeiter in Ihrem Unternehmen **(162)**
- Wie beurteilen Sie die Einstellung Ihrer Mitarbeiter gegenüber flexiblen Arbeitszeitregelungen? **(163)**
- Wie beurteilen Sie selbst flexible Arbeitszeitregelungen? **(164)**
- Was hat sich nach Einführung von Arbeitszeitflexibilisierung geändert? (Fluktuation, Fehlzeiten, Produktivität, Organisationskosten, Personalkosten, Arbeitsplatzkosten)? **(165)**
- Wie hat sich die gegenwärtige wirtschaftspolitische Situation auf die Beschäftigungssituation ausgewirkt? **(166)**
- Fühlen Sie sich mit Ihrem Betrieb generell gegenüber großen Unternehmen benachteiligt? Wenn ja, inwiefern? **(167)**
- Nehmen Sie betriebsexterne Serviceleistungen in Anspruch? Wenn ja, welche? [Datenbanken, Beratungsdienste, Steuerbüros (für Lohnabrechnungen), Arbeitsämter, andere Arbeitsvermittlungen, Unternehmensberatungen, Werbeagenturen, Informationsmedien, Auskunftstellen der Kommunen (Wirtschaftsförderungsämter), Technologieberatungsstellen, Sonstige] **(168)**
- Wie beurteilen Sie das Betriebsklima innerhalb Ihres Unternehmens? **(169)**
- Ist das Betriebsklima in den letzten Jahren, beispielsweise aufgrund von durch geführten Produktionsprozeßänderungen oder wegen einer anderen Organisationsstruktur positiv bzw. negativ beeinflußt worden? **(170)**
- Haben Sie grundlegende, generelle Anmerkungen zu diesem Gespräch? **(171)**

7.2 Die Ergebnisse der Befragungen im einzelnen

7.2.1 Unternehmen (I): Dienstleistungsunternehmen Typ B

Das Unternehmensdesign von Unternehmen (I)

Beim Unternehmen (I) handelt es sich um eine kleine Werbeagentur, welche gleichzeitig als Verlagsunternehmen agiert. Angesiedelt ist das Unternehmen in einem regionalen Oberzentrum im Raum Ostwestfalen-Lippe. Das noch junge Unternehmen existiert seit sechs Jahren und firmiert in der Rechtsform einer GmbH. Es gibt derzeit zwei geschäftsführende Gesellschafter und zusätzlich einen externen Gesellschafter, wobei letzterer der Unternehmensgründer ist und bis vor kurzem selbst im Unternehmen tätig war. Im Unternehmen (I) liegt demnach momentan der seltene Fall vor, daß Eigentum und Management, zumindest zu einem erheblichen Teil, voneinander getrennt sind. Ob sich dadurch organisatorische Probleme oder Störungen im betrieblichen Umfeld ergeben, läßt sich aufgrund der gerade erst vorgenommenen Umstrukturierung noch nicht absehen.

Branchenmäßig ist das Unternehmen als Dienstleistungsbetrieb einzuordnen, welches für andere Unternehmen externe Serviceleistungen erbringt. Auch wenn der Name des Unternehmens eher auf einen Verlag schließen läßt, steht der Unternehmenszweck dem einer Werbeagentur doch näher. Das Unternehmen betreibt keinen Buchhandel, sondern bietet anderen, in der Regel großen, Unternehmen Hilfe bei der Vermarktung ihrer Produkte an. Das Spektrum reicht von Hochglanzwerbebroschüren, Katalogen, (Betriebs-)Magazinen oder Städteinfos für eine große Fluggesellschaft bis hin zu der Vermarktung von Sportveranstaltungen im Auftrag einer großen Brauerei. Das Unternehmen (I) befindet sich mit dem sehr auf die einzelnen Großkunden ausgerichteten Produktangebot in einer Marktnische, bzw. auf einem sehr jungen Markt, und hat deshalb zur Zeit für ein solch kleines Unternehmen eine relativ starke Marktposition. Diese Position wird noch dadurch untermauert, daß mit mehreren wichtigen Kunden nach einer kurzen Probevorlaufzeit Kontrakte (Zuliefererverträge) auf unbestimmte Zeit abgeschlossen werden konnten. Je länger diese Abnahmeverträge nicht gekündigt werden, um so höher wird eine eventuelle Abfindung sein. Unternehmen (I) konnte also, trotz der überwiegenden Lieferverflechtung mit Großkunden, das Risiko in einem vertretbaren Rahmen halten.

Zudem besitzt Unternehmen (I) den Vorteil, daß es sich bei der externen Vermarktung von Unternehmen, in Deutschland, nach wie vor um einen expandierenden Markt handelt. Saisonale Nachfrageschwankungen belasten das Unternehmen nicht, lediglich starke konjunkturelle Einbrüche wie die gegenwärtige Rezession,[2] die gerade in den Marketingbereichen von Unternehmen zu Einsparungen bzw. zu etwas vorsichtigerem Handeln führt, sorgen für 'unruhigeres Fahrwasser'. Konjunkturell bedingt kommt es daher im Unternehmen (I) regelmäßig zu erheblichen Ertragsschwankungen, deren Extremwerte 50%-150% des Normalertrages ausmachen. Die Bezeichnung als Ertragsschwankungen erfolgt deshalb, weil das Unternehmen Lieferverpflichtungen von Magazinen an Großkunden hat, andererseits aber das Anzeigenvolumen in diesen Magazinen - womit das Unternehmen letztlich sein Geld verdient - aber stark konjunkturabhängig sind. Die relativ starken Nachfrageschwankungen im Anzeigensektor, mit denen das Unternehmen konfrontiert wird, resultieren daraus, daß die Firma im sogenannten C-Medien-Markt tätig ist. Anzeigen im A-Medien-Markt ('Spiegel', 'Focus', etc.) und im B-Medien-Markt (Fachzeitschriften wie 'Der Brauer', etc.) sind in den Unternehmen Standardmarketingaktivitäten, die als unablässig angesehen werden. Die besonderen Aktivitäten auf dem C-Medien-Markt (Unternehmensmagazine, etc.) werden deshalb als erstes eingestellt. Da das Anzeigenvolumen für 1994 in Unternehmen (I) aber stark angestiegen ist, sieht man der weiteren Entwicklung gelassen entgegen. Die Geschäftsführung spricht sogar von einer absehbaren baldigen gesamtwirtschaftlichen Erholung,[3] da Anzeigenvolumina ein durchaus ernstzunehmender Frühindikator der wirtschaftlichen Entwicklung seien.

Arbeitsorganisatorisch ergibt sich aus den konjunkturellen Schwankungen für das Unternehmen aber kein Problem, höchstens das mehr gearbeitet werden muß. Viele zu leistende Arbeiten, wie die Anzeigenakquisition, etc., müssen unabhängig von der jeweiligen Ertragslage kontinuierlich weitergeführt werden. Problematischer sind die Ertragsschwankungen jedoch hinsichtlich des gewährten Kreditrahmens der Banken, weil diese dem Unternehmen in diesen Phasen Probleme bereiten, wenn die Umsatzzahlen von Monat zu Monat stark divergieren. "Nervöse Bankmitarbeiter torpedieren in dieser Zeit nahezu täglich unsere Geschäftsführung. Sie [die Bänker] verstehen offensichtlich einfach nicht, daß bei Fixauftragsgeschäften mit variablem, aber im Jahresdurchschnitt relativ konstantem, Anzeigenvolumen ein stetiger, konitinuierlicher Geldfluß nicht immer gewährleistet sein kann" (wörtliches Zitat des externen Gesellschafters).[4]

---

2 Die zum Zeitpunkt der Befragung Anfang 1994 zumindest in diesem Marktsegment noch vorhanden war.

3 womit er leider nicht ganz recht hatte.

4 Siehe Näheres zum Verhältnis von Unternehmen (I) und den Banken weiter unten im Abschnitt über die Außenbeziehungen von Unternehmen (I).

Der EG-Binnenmarkt hingegen läßt keinerlei Schwierigkeiten irgendeiner Art für das Unternehmen erwarten, im Gegenteil. Aufgrund der EG-Regelung, daß auf halbfertige Produkte keine Zölle mehr erhoben werden, wird im Unternehmen erwogen, sämtliche Druckaufträge beispielsweise nach Belgien zu vergeben, da dort die Druckkosten erheblich unter denen in Deutschland liegen. Das würde dann eine erhebliche Kostenentlastung darstellen. Gleichzeitig wird auch die Auslagerung von Druckaufträgen nach Polen erwogen. Anzumerken bleibt, daß bis jetzt die Druckaufträge zwar grundsätzlich innerhalb Deutschlands vergeben wurden, allerdings innerhalb des Unternehmens selbst nicht gedruckt wurde. Die endgültige Zusammenstellung und der Versand der Werbematerialien an die Kunden würde aber nach wie vor in Ostwestfalen-Lippe erfolgen.

Das Unternehmen (I) hat kein Tochterunternehmen und beschäftigte zum 1.1.94 vierzehn festangestellte Vollzeitmitarbeiter und vier weitere assoziierte Redakteure, die zwar freiberuflich, aber in unternehmenseigenen Büros, verteilt in Deutschland, arbeiten. In der 'Unternehmenszentrale' in Ostwestfalen-Lippe sind elf Mitarbeiter angestellt, drei festangestellte Redakteure haben ihr eigenes Büro in Hamburg, Leipzig und München. Neben der einen Hauptarbeitsstätte besitzt das Unternehmen also sieben weitere 'Außenstellen'.

Der Leistungserstellungsprozeß erfolgt ausschließlich innerbetrieblich. Was die Standortfrage anbelangt, so ist sie vom Verkehrsaspekt aus betrachtet, für die Unternehmensleitung überraschenderweise belanglos. Die Möglichkeiten, am Standort qualifiziertes Personal zu akquirieren, wurden als hervorragend angesehen. Hier dürfte die Nähe mehrerer Hochschulen und die Probleme anderer Industrien innerhalb der Region, wie Elektrotechnik und der Maschinenbau, ihren Beitrag leisten, um genügend kaufmännische und computer- bzw. graphikerfahrene Mitarbeiter finden zu können. Eine Forschungs- und Entwicklungsabteilung ist im Unternehmen logischerweise nicht vorhanden.

Die gegenwärtige Beschäftigungssituation von Unternehmen (I)

Die Stammbelegschaft setzt sich zusammen aus den zwei Geschäftsführern, einem technischen Leiter der Produktion, einem Vertriebsleiter, der die freiberuflichen Redakteure betreut und überwacht, drei festangestellten Redakteuren, vier Vertriebsmitarbeitern (Key-Account-Mitarbeiter, Mediaberater), zwei Grafikern und einer Sekretariatskraft. Zusätzlich sind mit dem Unternehmen der externe Gesellschafter und die vier assoziierten Redakteure involviert.

Von den vierzehn Mitarbeitern der Stammbelegschaft sind sechs, also fast die Hälfte, weibliche Arbeitnehmer. Befristet Beschäftigte gibt es im Unternehmen nicht, was damit begründet wurde, daß alle Eingestellten durch vorherige Firmenkontakte bei der Einstellung bereits bekannt waren. Die Möglichkeit, durch eine Befristung eventuell Risiken bei einem Auftragsrückgang zu vermindern, wurde offensichtlich nicht in Betracht gezogen.

Im Unternehmen gibt es nur zwei Hierarchieebenen - die Geschäftsführung und alle sonstigen Mitarbeiter, was trotz der geringen Beschäftigtenanzahl etwas überraschend ist, weil in den anderen untersuchten Unternehmen die Hierarchien durchaus ausgeprägt sind. Grundlegende Entscheidungen werden zwischen den beiden im Unternehmen verbliebenen Führungskräften und dem externen Gesellschafter getroffen. Immerhin sechs der vierzehn Mitarbeiter besitzen einen Fach- bzw. Hochschulabschluß, die restlichen acht Beschäftigten haben aber auch alle einen qualifizierten Berufsabschluß. Das Unternehmen (I) weist also eine hochrangig qualifizierte Belegschaft auf. Auszubildende beschäftigt das Unternehmen gegenwärtig nicht, was aber einzig darauf zurückzuführen ist, daß keiner der klassischen Ausbildungsberufe auf die im Unternehmen durchgeführten, sehr spezifischen Tätigkeiten zugeschnitten ist. Allerdings befinden sich in der Regel ständig ein bis zwei Praktikanten im Unternehmen. Einen Betriebsrat gibt es im Unternehmen bis jetzt nicht. Es sind jedoch auch keinerlei Aktivitäten in dieser Richtung zu erwarten.

Die geschäftsmäßige Entwicklung von Unternehmen (I)

Die Beschäftigtenzahl ist seit der Unternehmensgründung vor sechs Jahren kontinuierlich angestiegen. Das zu Beginn als Einzelunternehmung geführte Unternehmen hat Jahr für Jahr zwischen zwei und drei Mitarbeitern neu eingestellt. Entlassungen oder Kündigungen gab es bisher in der Unternehmensgeschichte erstaunlicherweise noch nicht. In naher Zukunft sollen zwei zusätzliche Sekretariatskräfte eingestellt werden. Der Umsatz betrug im ersten Geschäftsjahr 1,1 Millionen DM und ist seitdem nahezu linear auf 4,3 Millionen DM im vergangen Geschäftsjahr angestiegen. Die Gewinnentwicklung ist typischerweise für ein kleines Unternehmen nicht so kontinuierlich verlaufen. Der im ersten und zweiten Geschäftsjahr erwirtschaftete Gewinn von 110.000 bzw. 200.000 DM wurde im Unternehmen belassen, um Kapital für weitere Zusatzinvestitionen (insbesondere für EDV , Dienstwagen und Büroräume) zur Verfügung zu haben. Im dritten Geschäftsjahr wurde durch die getätigten Investitionen ein negatives Betriebsergebnis erwirtschaftet. Im sechsten Jahr ist die Gewinnentwicklung laut Aussage der Geschäftsführung aber zufriedenstellend. Konkrete Zahlen für die vergangenen Jahre waren jedoch nicht in Erfahrung zu bringen. Die Unternehmensleitung schätzt die Unternehmenssituation selbst so ein, daß die Aufbauleistung - auch mit Hilfe einer fünfjährigen Nichtausschüttung der

Gewinne - jetzt bewerkstelligt wurde und nun der Punkt des return of investment erreicht sei. Die weiteren Aussichten seien für das Unternehmen, auch aufgrund einer gerade im Entstehen befindlichen Geschäftsbeziehung zu einem der größten deutschen Verlagshäuser, blendend. Auf einer Skala von 1-6 wurden die Unternehmensaussichten dementsprechend auch mit 1 (sehr gut) eingeschätzt.

Das Einstellungsverhalten von Unternehmen (I)

In den letzten drei Jahren hat Unternehmen (I) jeweils drei Mitarbeiter neu eingestellt. Bei den Fragen zu den Rekrutierungswegen dieser neuen Mitarbeiter ergab sich ein erstaunliches Bild. Zwar erhält das Unternehmen jährlich durchschnittlich 15 Initiativbewerbungen, eine Einstellung ist aber aufgrund dieser Bewerbungen noch nicht vorgenommen worden. Auf das Rekrutierungsinstrument Stellenanzeigen wird im Unternehmen nicht zurückgegriffen. Nur einmal wurde das Arbeitsamt bei der Stellenbesetzungssuche einbezogen- allerdings ohne Erfolg. Zwei der neun neuen Mitarbeiter wurden von Belegschaftsmitgliedern empfohlen und eingestellt. Die restlichen sieben Einstellungen resultierten ausschließlich aus informellen Unternehmenskontakten, sei es durch betriebsbedingte Firmenkontakte oder durch persönliche Beziehungen des Firmeninhabers (jetziger externer Gesellschafter). Die Begründung für den Erfolg seiner Akquisitionsbemühungen sieht der Firmeninhaber in der kleinen Marktgröße begründet, in dem sich sein Unternehmen bewegt. "Es ist eine kleine Szene. Jeder kennt jeden. Also kenne ich die guten Leute. Dann ist alles nur eine Frage der Finanzen" (wörtliches Zitat des externen Gesellschafters).

Gibt es offene Stellen im Unternehmen, wie momentan die bereits erwähnten zwei neuen Sekretariatsstellen, werden diese grundsätzlich nicht dem Arbeitsamt gemeldet. Der Grund liegt in einer vorhandenen, starken Kritik an den Arbeitsämtern bzw. den Arbeitssuchenden; die es vermittelt. Der Bewerberpool, den das Arbeitsamt verwalte, sei ausgesprochen schlecht. Die Arbeitssuchenden seien schlecht motiviert, lassen jegliche Form und Interesse an Arbeit vermissen und zudem sei der Informationsaustausch mit dem Arbeitsamt alles andere als effizient, weil beispielsweise lange Telefonate notwendig seien, um den geeigneten Gesprächspartner zu finden. Auf einer Skala von 1-6 bewertete die Unternehmensleitung die Effizienz der Arbeitsvermittlung der Bundesanstalt für Arbeit dementsprechend mit der schlechtesten Note 6 - unzureichend. Sollten einmal Schwierigkeiten bei einer Stellenbesetzung zu erwarten sein, dann würde man auf alle Fälle ausschließlich eine private Personalvermittlungsagentur zu Rate ziehen. Auf die Frage was wäre, wenn es sich dabei dann nicht um eine Führungskraft handeln würde (nur Führungskräfte durften zum Zeitpunkt des Gespräches außerhalb des Vermittlungsmonopols privat vermittelt werden), war die Antwort: "Wenn es sich um keine Führungsperson handelt, wird sich eben eine Führungsstelle ausgedacht, die dann offiziell in den Verträgen steht" (wörtliches Zitat eines der Geschäftsführer). Auch das Risiko sei bei privater Vermittlung für das Unternehmen geringer als bei der Vermittlung durch das Arbeitsamt, da die Personalagentur vertraglich verpflichtet werden könne, die Provision zurückzuzahlen und kostenlos adäquaten Ersatz zu besorgen, falls die vermittelte Person innerhalb des ersten Jahres kündigt. Deshalb könne das Unternehmen auch sicher sein, daß die Personalagentur nur vernünftige Bewerber anbieten würde. Stellenbesetzungsprobleme seien jedoch bis dato für das Unternehmen ein Fremdwort. Als entsprechend gering werden die angefallenen reinen Einstellungskosten angesehen. Die Firmenkontakte waren ohnehin existent, und die ersten Kontakte zu neuen Mitarbeitern wurden bei einem Geschäftsessen, auf einer Messe oder bei ähnlichen Gegebenheiten geknüpft. Zu quantifizierende Kosten für Such- und Informationstätigkeiten seien deshalb eigentlich so gut wie nicht angefallen.

Das Vertragsverhalten von Unternehmen (I)

Die Personalauswahlgespräche führt in der Regel der externe Gesellschafter, in Zukunft wahrscheinlich auch die beiden Geschäftsführer. Pro zu besetzender Stelle wurden zwei je dreistündige Gespräche geführt. Eine jeweils zweistündige Einführung am Arbeitsplatz übernimmt auch der Firmeninhaber höchstpersönlich. Weder interne noch externe Weiterbildungsmaßnahmen werden vom Unternehmen für neue Mitarbeiter angeboten, das heißt es wird Wert gelegt auf relativ 'komplette' Arbeitnehmer, wie auch schon das oben erwähnte sehr gute Qualifikationsprofil der Belegschaft aufzeigte. Freistellungen für Weiterbildungsmaßnahmen, die in der Eigeninitiative eines Mirtarbeiters durchgeführt werden, sind aber kein Problem. Im Durchschnitt jeder zweite Arbeitnehmer wird im Jahr für etwa drei Tage vom Dienst freigestellt. Neu eingestellte Mitarbeiter werden grundsätzlich nicht befristet eingestellt, auch Trainee-Arbeitsplätze sind nicht vorhanden, was bei der Unternehmensgröße jedoch eigentlich selbstverständlich ist. Überraschend ist hingegen, daß bisher auf jegliche Probezeit bei neueingestellten Mitarbeitern verzichtet wurde. Das es trotzdem noch nie Fehlbesetzungsprobleme im Unternehmen gegeben hat, spricht eindeutig für das sehr gute Personalmanagement des Geschäftsinhabers. Neue Beschäftigte können nach Aussage des Firmeninhabers nach etwa drei Monaten als vollwertige Mitarbeiter angesehen werden. Bei der Integration neuer Arbeitnehmer gab es bisher keinerlei Schwierigkeiten, weder im kollegialen Bereich als auch im produktiven Bereich. Lediglich in den ersten drei Monaten gab es leichte Produktivitätsdefizite bei einigen neuen Mitarbeitern, die aber mit reinen Einarbeitungsphänomenen zu erklären sind. Andere Mitarbeiter wurden jedoch nicht in ihrer Arbeitsleistung durch neues Personal beeinträchtigt. Änderungen im Produktionsprozeß wurden nicht aufgrund neuer Mitarbeiter vorgenommen, sondern Neuorganisation und Umstrukturierungen innerhalb des Unternehmens in Verbindung mit einer Steigerung des Umsatzvolumens waren der Grund für etwaige Neueinstellungen.

Das Entlassungsverhalten von Unternehmen (I)

Zum Entlassungsverhalten des Unternehmens kann nichts gesagt werden, da, wie bereits erwähnt, bis heute noch kein Mitarbeiter entlassen wurde. Es wurde nur hypothetisch über mögliche Entlassungen gesprochen. Die vorstellbare Abfindungshöhe wäre pro Jahr der Betriebszugehörigkeit ein Monatsgehalt. Ansonsten hatte der Interviewer den Eindruck, daß auch bei eventuellen Entlassungen die besondere Dynamik des Unternehmers zum Tragen käme, sprich Arbeitsgerichtstermine dürften nicht ausbleiben, denn sollte ein Mitarbeiter in irgendeiner Art und Weise den 'Betriebsfrieden' stören, dürfte eine relativ schnelle Kündigung die Folge sein.

Das Angebot an freiwilligen betrieblichen Sozialleistungen in Unternehmen (I)

Im Unternehmen werden grundsätzlich neben gesetzlich festgelegten auch einige freiwillige betriebliche Sozialleistungen angeboten, wobei der Umfang der klassischen betrieblichen Sozialleistungen eher im unterdurchschnittlichen Rahmen bleibt, hingegen eine Reihe von interessanten und durchaus mit monetären Anreizen ausgestattete Sonderregelungen im Unternehmen existieren. Beispielsweise gibt es zwar eine betriebliche Altersversorgung, aber nur für die beiden Geschäftsführer, für die jeweils unternehmensseitig Lebensversicherungsverträge abgeschlossen wurden. Über die genaueren Modalitäten konnten aber keine Informationen gewonnen werden. Eine betriebliche Gesundheitsfürsorge ist ebenso wenig vorhanden wie eine betriebliche Krankenversicherung. Auch die Durchführung von internen Weiterbildungsmaßnahmen oder zumindest die Finanzierung von externen Weiterbildungsmaßnahmen ist bisher nicht im Unternehmen vorgekommen. Sonderurlaub wird nur im oben angesprochenen Rahmen für eigene Weiterbildungsaktivitäten gewährt. Die Möglichkeit von Beurlaubungen wurde im Unternehmen bereits diskutiert, ist aber bis heute nicht realisiert worden, weil das Personalmanagement nach Meinung der Geschäftsführung dadurch zu kompliziert werden könnte.

Eine auf das Gesamtunternehmen bezogene Erfolgs- oder Gewinnbeteiligung ist nicht im Unternehmen installiert. Es ist jedoch eine jeweils auf den individuellen Mitarbeiter bezogene Erfolgs- bzw. Gewinnbeteiligung im Unternehmen vorhanden. Wenn es beispielsweise dem Produktionsleiter gelingt, die Kosten des Einkaufs zu reduzieren, erhält er eine Prämie von bis zu 30% der eingesparten Summe. Gelingt es einem Redakteur, einer Fluggesellschaft einen neuen Städtekatalog, zusätzlich zu seinen ohnehin schon redaktionell zu betreuenden Magazinen, zu verkaufen, so erhält er die Hälfte der neu hinzugewonnen Gewinne. Das heißt überall dort im Unternehmen, wo eine Anreizwirkung geringere Kosten oder höhere Gewinne erwarten läßt, wird diese auch in einer beachtlichen Größenordnung gewährt. Auf die vom Interviewer angeprochenen Kontrollprobleme bei dieser Art von Erfolgsbeteiligung, daß beispielsweise Einkaufspreise durch Absprache mit dem Produktionsleiter und dem Lieferanten zunächst künstlich in die Höhe getrieben worden sein könnten, um dann die Erfolgsprämie einfordern zu können, meinte die Geschäftsführung, daß ihre Markttransparenz für diese Belange durchaus ausreichend sei.

Es gibt im Unternehmen derzeit fünf Dienstwagen. Je einen für die Geschäftsführer, einen für den Produktionsleiter und einen für den Vertriebsleiter. Der fünfte Dienstwagen ist eigentlich ein Firmenwagen (ein VW-Bus), kann aber jederzeit von allen Mitarbeitern unentgeltlich für Urlaubsreisen genutzt werden. Zudem stehen allen Mitarbeitern hin und wieder aufgrund der Geschäftsbeziehungen der Unternehmung mit einer großen Fluggesellschaft Freiflüge zur Verfügung. Eine Besonderheit des Werbegeschäfts kommt allen Mitarbeitern außerdem noch zu gute. Durch sogenannte Kompensationsgeschäfte im Anzeigengeschäft verfügt das Unternehmen jederzeit über beträchtliche - wenn man so will - 'Werbegeschenke'. Einige größere Firmen sind nicht bereit in Magazinen mit zu geringer Auflage zu inserieren, sofern Geld dafür verlangt wird. Stattdessen bieten die Firmen als Gegenleistung Ware gegen Anzeigenware an. Da es aber für Unternehmen (I) zumindest kostenneutral ist, nicht verkaufte Anzeigenseiten entweder mit Eigentext oder mit Anzeigen aus Kompensationsgeschäften zu füllen, nimmt es das Angebot von fünfzig hochwertigen Uhren oder ähnlichem, je nach Unternehmen, natürlich an. Ein Teil der Waren aus Kompensationsgeschäften wird dann kostenlos, quasi als Prämie, an die Belegschaft weitergegeben.

Zur Entlohnung der Mitarbeiter ist zu sagen, daß grundsätzlich alle Gehälter der Mitarbeiter frei ausgehandelt werden, unabhängig von geltenden Tarifen. Aufgrund der Mitarbeiterstruktur verdienen jedoch alle Beschäftigten übertariflich, zumindest wenn man die geleistete Arbeitszeit nicht mit einbezieht. Ob es übertarifliche, monetäre Weihnachts- bzw. Urlaubsgratifikationen im Unternehmen gibt, läßt sich aber deshalb nicht ermitteln bzw. genau klassifizieren.[5]

Als letzte nennenswerte 'Sozialleistung' soll hier nicht unerwähnt bleiben, daß es regelmäßig zu gemeinsamen Frühstücken der gesamten Belegschaft im Unternehmen kommt, die eine nicht unerhebliche Länge aufweisen. Dieser eher amüsante Aspekt zeigt aber bereits, daß innerhalb des Unternehmens ein außergewöhnlich gutes Betriebsklima herrschen muß.

Arbeitszeit und Arbeitsformen der Organisation in Unternehmen (I)

Die regelmäßige Wochenarbeitszeit der Mitarbeiter des Unternehmens zu ermitteln, ist ein schwieriges Unterfangen. Zumindest ist die geleistete wöchentliche Stundenzahl typischerweise für Werbeagenturen im Vergleich zu anderen Branchen extrem hoch. Nach Berechnungen, die in einem Großunternehmen oder Konzern angestellt würden, betrüge sie ca. 50-55 Stunden in der Woche. Lediglich die Sekretariatskraft und zwei Mitarbeiter im 'normalen Bürobereich' arbeiten regelmäßig 38,5 Stunden. Die geschätzten 50 Stunden oder mehr der anderen Mitarbeiter sind aber letztlich reine Anwesenheitszeit, das heißt Essenszeiten (einschließlich des ausgedehnten Frühstücks), 'Krisengespräche' der Mitarbeiter ohne Bezug zum Unternehmen oder ähnliches sind im Zeitvolumen enthalten. Andererseits sind die Mitarbeiter prinzipiell frei, ob sie am Samstag oder Sonntag, nachts oder wann auch immer arbeiten wollen. Die Arbeitszeit ist letztlich jeweils projektgebunden, definiert sich also durch die jeweilig zu erledigende Auftragsarbeit des einzelnen Mitarbeiters.

Daß die gestellten zeitlichen Anforderungen an die Mitarbeiter aber trotz einer gewissen freien Handhabbarkeit durchaus extrem sind, wird klar, wenn man die Antwort des externen Gesellschafters auf die Frage nach Arbeitszeitverkürzungen betrachtet. "Sollten Mitarbeiter sich aufgrund von den Tarifpartnern ausgehandelten Arbeitszeitverkürzungen weigern, die 'normale' Arbeitszeit weiter zu erbringen, würde ich Ihnen kündigen" (wörtliches Zitat des Firmeninhabers). Mit anderen Worten, unentgeltliche Überstunden aufgrund der grundsätzlich übertariflichen Bezahlung wären das Anpassungsinstrument für durch Arbeitszeitverkürzungen entstehende Ausfallzeiten. Ein Beschäftigungseffekt von Arbeitszeitverkürzungen ist im Unternehmen (I) also nicht zu beobachten. Probleme durch Arbeitszeitverkürzungen wird es demnach nicht geben, weil sich die Unternehmensleitung über derartige Diskussionen hinwegsetzt.

---

[5] Siehe Näheres zu den Arbeitszeiten im nächsten Abschnitt 'Arbeitszeit und Organisationsformen der Arbeit in Unternehmen (I)'.

Überstunden sind in Unternehmen (I), wie gerade geschildert, eine täglicher Ritus. Nur bei der Sekräterin und den zwei Grafikern werden Überstunden als solche angerechnet und mit Freitagen abgegolten. In diesen Berufsgruppen fallen die Überstunden auch nicht täglich, sondern ungefähr einmal die Woche in Höhe von drei Stunden an. Bei der Vielzahl an geleisteten Überstunden liegt der Verdacht nahe, daß die Produktivität oder bei längerer Betrachtung die allgemeine Leistungsfähigkeit der Mitarbeiter leiden müßte. Bis jetzt seien solche Phänomene aber noch nicht festgestellt worden, so die Aussage der Unternehmensleitung. In diesem Zusammenhang bietet sich die Frage nach den Urlaubsmöglichkeiten der Mitarbeiter dennoch geradezu an. Die Urlaubsregelung im Unternehmen (I) entpricht durchschnittlichen Werten. Es gibt keine Betriebsferien und jeder der Mitarbeiter bekommt 30 Tage Urlaub pro Jahr, deren Lage weitgehend frei wählbar ist.

Im Unternehmen existiert im Prinzip die Siebentage-Woche. Das heißt, fast an jedem Wochentag ist das Büro bei ständig wechselnder Belegschaft zumindest zum Teil besetzt. Kontrollprobleme bezüglich der Gesamtarbeitszeit stellen sich jedoch aufgrund der bereits erwähnten projektorientierten Arbeit nicht ein. Einzig das Fertigstellungsdatum der einzelnen Auftragsarbeiten ist das Bewertungskriterium, ob ein Mitarbeiter seiner Arbeitszeitverpflichtung nachgekommen ist oder nicht. Zudem verfüge die Geschäftsführung über einen entsprechenden Überblick, wie hoch die für eine Projektfertigstellung jeweils notwendigen Arbeitszeiten seien, so daß kein Mitarbeiter 'shirking' betreiben könne.

Die Fehlzeiten im Unternehmen bewegen sich im normalen Rahmen. Durchschnittlich fehlt jeder Mitarbeiter in etwa eine Woche im Jahr. Interessant ist jedoch, daß die einzelnen Mitarbeiter entweder sehr spezialisiert sind oder aber permanent an ihrer Kapazitätsgrenze arbeiten, weil Fehlzeiten mit Hilfe von externen Dienstleistern kompensiert werden. Auf die in diesem Zusammenhang angeprochene Karenztagediskussion sagte die Geschäftsführung, diese Karenztage im eigenen Unternehmen umgehen zu wollen, sprich bei den bisherigen Regelungen der Lohnfortzahlung bleiben zu wollen. Die zusätzliche Belastung durch etwaige Pflegeversicherungsbeiträge der Arbeitgeber sei absolut zu vernachlässigen.

Teilzeitbeschäftigte gibt es in Unternehmen (I) nicht und hat es auch noch nicht gegeben. Der Grund dafür liegt weniger in einer etwaigen Ablehnung derselben, sondern man hat noch nie darüber nachgedacht bzw. kein Mitarbeiter hat bisher einen Wunsch in dieser Richtung geäußert. Wie erwähnt ist es aufgrund der Flexibilität zulassenden Einzelprojektarbeit prinzipiell möglich für die Arbeitnehmer, nach Gleitzeit zu arbeiten. Offiziell gibt es aber im Unternehmen merkwürdigerweise eine Kernarbeitszeit von 9.00 bis 17.00 Uhr. Daraus folgt, daß letztlich doch nur 10-15 Arbeitsstunden (bei 50-55 Gesamtarbeitsstunden) frei von den Mitarbeitern disponiert werden können.

Neuere Organisationsformen der Arbeit wie beispielsweise Job-Sharing werden bis jetzt nicht im Unternehmen praktiziert. Es gab einmal die Initiative, Job-Sharing im normalen Bürobetrieb zu installieren. Letztlich scheiterte dieser Versuch aber daran, daß kein geeignetes Personal gefunden werden konnte - auch unter Einschalteung des Arbeitsamtes nicht -, daß bereit gewesen wäre, weniger zu arbeiten und gleichzeitig die notwendigen Qualifikationen mitgebracht hätte.

Der Begriff 'Kapovaz' ist der Unternehmensleitung nicht bekannt. Im Prinzip praktiziert das Unternehmen aber bereits eine Form von variabler Jahresarbeitszeit, auch wenn die Variabilität momentan eher nur in die Richtung von Ausdehnung der Arbeitszeit geht. Auf das Anpassungsinstrument Personalleasing (Leiharbeit, etc.) wird außer bei der angeprochenen Fehlzeitenkompensierung nicht zurückgegriffen, weil es sich bis jetzt noch nicht angeboten hat, dieses zu tun.

Die Flexibilität von Unternehmen (I):

Aufgrund des Unternehmenszwecks von Unternehmen (I) ist die Diskussion über längere Maschinenlaufzeiten nicht von Bedeutung. Bei einer Relation von Kapital zu Arbeit von 0,01 sind eventuelle Kostenersparnisse ohnehin vernachlässigbar. Was die Flexibilität der Arbeitszeiten des Personals anbelangt, ist das Unternehmen ohnehin schon fast bei vollständiger Flexibilisierung angelangt. Auch hier ergeben sich also keine Kosteneinsparungsmöglichkeiten mehr. Interessant ist in diesem Zusammenhang auch, daß die Geschäftsführung neben der eigenen positiven Einstellung zu flexiblen Arbeitszeiten dieses auch für alle Mitarbeiter unterstellt und insgesamt das Betriebsklima als sehr positiv einschätzt. Indiz für die Richtigkeit dieser Annahme könnte sein, daß bis jetzt noch keine Beschäftigtenfluktuation im Unternehmen zu beobachten war.

Die Außenbeziehungen von Unternehmen (I)

Bei der Frage nach der Bewertung staatlicher Fördermaßnahmen für kleine und mittlere Unternehmen, stellte sich überraschend heraus, daß keinerlei Erfahrungen mit dem Angebot staatlicher Subventionen gemacht wurden und auch gar keine konkreten Förderungsmaßnahmen im Unternehmen bekannt sind. Aus dem Bauch heraus - wahrscheinlich aufgrund der negativen Erfahrungen mit dem Arbeitsamt - wurden für die Förderrichtlinien ein zu hoher Informationsaufwand, Nichtpraktikabilität und zu starker Bürokratismus bei der Abwicklung der Fördermaßnahmen prognostiziert.[6] Auch Kontakte zum lokalen Wirtschaftsförderungsamt oder zur Industrie- und Handelskammer haben bisher noch nicht stattgefunden.

Das Verhältnis der Unternehmensleitung zu den Banken ist - wenig überraschend, weil das bei vielen kleinen Unternehmen der Fall ist - nicht als besonders harmonisch zu bezeichnen. Zur Erlangung eines Grundkredites in Höhe von immerhin 400.000 DM war eine umfassende Vorlage des geplanten Unternehmenskonzeptes (u.a. Cash-Flow-Analyse) notwendig, obwohl zum damaligen Zeitpunkt bereits auch Abnahmeverträge mit einem der größten deutschen Medienkonzerne vorlagen. Der externe Gesellschafter räumt zwar ein, daß es Banken zum Teil mit Scheinkonzepten von potentiellen Unternehmern zu tun hätten, aber er hält die Risikobereitschaft der Banken doch für weitaus zu restriktiv. "Wenn die heutigen Bänker nach dem Krieg bereits die Verantwortlichen in den Kreditinstituten gewesen wären, würden wir heute noch auf das Wirtschaftswunder warten" (wörtliches Zitat des Firmeninhabers). Konkret wird am Verhalten der Banken moniert, daß sie sich nicht bei kleinen Firmen zu Konsortien zusammenschließen, um so das Risiko bei venture capital zu senken und die angebotene Geldsumme erhöhen zu können. Insbesondere wird aber kritisiert, daß man was Dispositionskredite anbelangt als Neukunde zu restriktiv behandelt wird. Das Unternehmen (I) steht deshalb in Kontakt zur Bertelsmann-Factoring-Bank, die ausstehende Forderungen des Unternehmens, beispielsweise bei einem 30-Tage-Zahlungsziel, nach drei Tagen zu 80% vorstreckt, und als Gegenleistung für 27 Tage Zinsen erhebt. Auf alle Fälle sei diese Strategie für das Unternehmen wesentlich kostengünstiger als die teuren Dispokredite der herkömmlichen Banken.

Das Verhältnis zu größeren Konkurrenten sieht die Geschäftsführung insofern als problematisch an, daß es zwischen größeren Firmen innerhalb des relevanten Marktes "einen großen Filz gebe" (wörtliches Zitat der Firmenleitung), der es unmöglich mache, in bestimmte Marktsegmente einzudringen. Daß sich die Marktkräfte an Angebot und Nachfrage orientieren würden, sei eine reine Lehrbuchillusion. Das Verhältnis zu den Großkunden sei zwar fair, aber die Rahmenbedingungen, die diese Firmen setzten, seien ausgesprochen hoch. Eine sehr starke Kontrolle der Qualität und Liefergenauigkeit sei da vor allem zu nennen. "Bei einem Fehler gibt es sofort eine Abmahnung, beim zweiten Fehler ist man draußen - da gibt es dann auch keine Diskussion mehr" (wörtliches Zitat

[6] In diesem Zusammenhang erwähnte der externe Gesellschafter auch, daß die meisten der im Unternehmen verfügbaren, wichtigen Informationen durch Kontakte mit Großkunden des Unternehmens bereitgestellt würden.

des externen Gesellschafters). Da dieses aber für alle Lieferanten gelten würde, sieht die Firmenleitung in diesem Zusammenhang keine generelle Benachteiligung für ihr kleines Unternehmen.

Unternehmensexterne Serviceleistungen werden vom Unternehmen (I) regelmäßig in Anspruch genommen. Ausgelagert sind beispielsweise buchhalterische Tätigkeiten wie Lohnabrechnung, usw.. Für Kosten von 10 DM pro monatlicher Gehaltsabrechnung eines Angestellten sei es unsinnig, diese Arbeiten selbst erledigen zu wollen. Regelmäßig in Kontakt steht das Unternehmen auch zu einer Rechtsanwaltspraxis, die größere Vertragsabkommen juristisch prüft, zu diversen Datenbanken aller Art und für Solvenzprüfungen von potentiellen Kunden mit der Schimmelpfeng AG. Im Bedarfsfall wird mit einer privaten Personalagentur zusammengearbeitet. Einmalig war bisher der Kontakt zu einer Unternehmensberatung, die den Vertriebskonzeptaufbau übernommen hatte. Kontakte zu staatlichen Beratungsdiensten gab es bisher nicht und wird es laut Aussage der Geschäftsführung auch nicht geben.

7.2.2 Unternehmen (II): Dienstleistungsunternehmen Typ C

Das Unternehmensdesign von Unternehmen (II)

Beim Unternehmen (II) handelt es sich um ein Dienstleistungsunternehmen im Bereich der Verkehrsberatung und des Engineering im schienengebundenen Verkehr. Angesiedelt ist das Unternehmen im Raum Berlin. Es existiert seit 1974 und firmiert in der Rechtsform einer GmbH. Mittelbar ist einer der Gesellschafter der Berliner Senat, was nicht sonderlich überrascht, da das Unternehmen aus der Planungsabteilung der staatlichen Berliner Verkehrsbetriebe (BVG) hervorgegangen ist. Über weitere, möglicherweise private Gesellschafter und der im Interview mehrmals erwähnten Muttergesellschaft wurden keine näheren Angaben gemacht. Das Unternehmen (II) besitzt ein kleines Tochterunternehmen (Gesellschaftsanteil 50%), welches auf eigenständigen Sektoren tätig ist und zwar insbesondere auf den Gebieten schienengebundener Güterverkehr und wissenschaftsorientierte Forschung. Das Tochterunternehmen, welches ca. 15 Kilometer vom Hauptsitz entfernt angesiedelt ist, stellt also im Prinzip eine vom Mutterunternehmen ausgelagerte eigenständige Forschungs- und Entwicklungsabteilung dar. Im Unternehmen (II) sind derzeit zwei bezahlte Führungskräfte tätig, ein technischer bzw. ein kaufmännischer Leiter, wobei mit letzterem auch das vierstündige Gespräch geführt wurde. Eigentum und Management sind im Unternehmen (II) also vollständig voneinander getrennt.

Branchenmäßig ist das Unternehmen als reiner Dienstleistungsbetrieb einzuordnen, wobei insbesondere Städte und Gemeinden Auftragnehmer sind. Die Produktionsleistung des Unternehmens basiert auf zwei Hauptsäulen. Zum einen ist das die Ingenieurplanung für Stadtbahnen und die Bundesbahn. In diesem Marktsegment ist auch aufgrund der weitgehenden Vollversorgung im Bereich der Schienennetze die Wettbewerbssituation als schwierig zu bezeichnen. Besser ist die Marktsituation im Bereich Konstruktionsplanung von Stromversorgung und Trassierung, also bei Modernisierungsaktivitäten bezüglich des Schienennetzes.

Die zweite und auch die zukunftsträchtigere Hauptsäule des Unternehmensgeschäftes ist der Bereich des Nahverkehrsconsulting, in dem das Unternehmen beratend weltweit (momentan u.a. in China und Südeuropa) tätig ist und für die Planung und sachgemäße Durchführung von Großprojekten wie Metro oder Stadtbahnen sorgt. Ein weiteres, allerdings noch schwach entwickeltes, Standbein ist der Bereich der Vehrkehrsplanung, in dem regionale Verkehrskonzepte für Städte und Gemeinden erarbeitet werden.

Insgesamt wird die momentane Geschäftslage vom kaufmännischen Leiter des Unternehmens als überwiegend gut bezeichnet. Zum einen resultiert die günstige Unternehmenssituation aus der politischen Trendwende, was die Verkehrskonzeptionen des Bundes, der Länder und der Städte angeht. Es zeigt sich zunehmend eine verstärkte Rückorientierung auf den öffentlichen Nah- und Fernverkehr. Zum anderen hat das Unternehmen gerade deshalb Vorteile, weil es auf einem sehr engen Markt operiert. Beispielsweise existiert auf dem Gebiet des Fachconsultings in Deutschland nur ein Mitbewerber, in dessen Mutterkonzern dieser Bereich zudem nur eine untergeordnete Rolle spielt. Die größten Konkurrenten des Unternehmens sind im Ausland angesiedelt und dort insbesondere in Frankreich. Da das Unternehmen ohnehin bereits weltweit operiert, spielt die Einführung des EG-Binnenmarktes und die damit verbundenen Auswirkungen keine Rolle für das Unternehmen. Da das Unternehmen zudem als Geschäftspartner fast immer staatliche Entscheidungsträger als Auftraggeber hat, ist bis jetzt auch kein extremer Preiswettbewerb zu beobachten. Allerdings führt das Fehlen der Notwendigkeit, restriktiv zu kalkulieren, auch zu einigen organisatorischen Fehlentwicklungen bzw. Ineffizienzen, wie später aufgezeigt wird.

Ein gravierendes Problem stellt für Unternehmen (II) jedoch die jeweilige Auftragsgröße dar. In der Regel handelt sich bei den zu bearbeitenden Aufträgen um Großprojekte. Die daraus resultierende mangelnde Teilbarkeit führt zu häufigen Schwankungen in der Auslastung des Unternehmens, die zeitweise nur noch 60% beträgt. Dieses erfordert enorme Anstrengungen, um die Organisationstruktur des Unternehmens jeweils auf die veränderte Marktlage anzupassen.

Ausschließlich des erwähnten Tochterunternehmens beschäftigte Unternehmen (II) zum 1.1.94 fünfundfünfzig festangestellte Mitarbeiter, wovon ca. fünfzehn in einem zehn Kilometer entfernten Nebenbetrieb arbeiten. Die Leistungserstellung erfolgt in der Regel innerhalb der beiden Betriebe des Unternehmens. Gelegentlich gibt es kleinere Ingenieurteams, die außerbetrieblich Vermessungsarbeiten durchführen, was aber organisatorisch keinerlei Probleme aufwirft. Eine Reihe von Mitarbeitern ist aber aufgrund der weltweiten Projektarbeiten ständig im Ausland vor Ort, um die ausländischen Auftragnehmer zu beraten und den Fortgang der Projekte voranzutreiben. Ihre Anzahl wurde mit ca. zehn angegeben. Was die Standortfrage anbelangt, ist die Unternehmensführung durchaus zufrieden, wobei regionale Gesichtspunkte aufgrund der weltweiten Tätigkeit auch nur eine untergeordnete Rolle spielen. Zumindest ist die flugtechnische Anbindung des Unternehmens durch die politische Entwicklung in Deutschland entscheidend besser geworden. Das Beschäftigungsangebot der Region ist wegen der in Berlin vorhandenen Hochschulen, insbesondere der Technischen Universität (TU) und der Technischen Fachhochschule (TFH) gut. Allerdings besitzt das Unternehmen nach Aussage des kaufmännischen Leiters trotzdem Beschäftigungsprobleme, auf die unten näher eingegangen wird.

Die gegenwärtige Beschäftigungssituation von Unternehmen (II)

Die Stammbelegschaft setzt sich zusammen aus den zwei Geschäftsführern, einem technischen und einem kaufmännischen Leiter, wobei ersterer hauptsächlich im Nebenbetrieb und letzterer überwiegend im Hauptbetrieb anwesend ist. Das Unternehmen beschäftigt derzeit allein einundvierzig Ingenieure und staatlich ausgebildete Techniker (ehemaliger DDR-Abschluß). Davon sind acht im Planungsbereich, vierzehn im Consultingbereich und die restlichen einundzwanzig im Ingenieurbereich tätig. Neun Mitarbeiter sind im organisatorischen Bereich beschäftigt und mit Ausnahme einer Fremdsprachenkorrespondentin vorwiegend mit Sekretariatsaufgaben betraut.

Von den 55 Mitarbeitern sind rund 30% weibliche Arbeitnehmer. Drei männliche Mitarbeiter sind momentan nur befristet beschäftigt, weil sie ausschließlich ein zeitlich begrenztes Forschungsprojekt betreuen. Bei der Befristung handelt es sich eher um eine zufällige, nicht strategische Inanspruchnahme der Möglichkeiten des Beschäftigungsförderungsgesetzes. Die Chance, durch eine weitergehende Befristung eventuell Risiken der starken Auslastungsschwankungen zu mindern, wurde offensichtlich bisher nicht in Betracht gezogen.

Obwohl das Unternehmen für ein kleines Unternehmen (zumindest nach der Arbeitsdefinition dieser Arbeit) bereits eine beträchtliche Beschäftigungszahl erreicht hat, existieren nur zwei Hierarchieebenen. Es gibt zwar zusätzlich im Unternehmen einen Fachbereichsleiter Straßenbahn, jedoch ist diese Bezeichnung eher als "Orden" (wörtliches Zitat des kaufmännischen Leiters), denn als eine mit Weisungsbefugnissen ausgestattete organisatorische Hierarchiestufe aufzufassen. Obwohl der Trend zur schlanken Hierarchie momentan einen Boom durchläuft, erscheint die sehr flache hierarchische Organisationsstruktur des Unternehmens nicht mehr optimal zu sein. So räumte der kaufmännische Geschäftsführer unumwunden ein, daß das Unternehmen zunehmend unüberschaubarer werde und die organisatorischen Leitungserfordernisse kaum noch zu bewältigen seien. Es würde deshalb darüber nachgedacht, eine zusätzliche Hierarchieebene in Form eines Assistenten der Geschäftsführung zu etablieren, um den "sich anzeigenden quantitativen Sprung bewältigen zu können" (wörtliches Zitat des kaufmännischen Leiters). Zu erwähnen bleibt, daß gelegentlich bei sehr umfangreichen Großprojekten Projektleiter benannt werden, die dann auf Zeit bestimmte Weisungsbefugnisse gegenüber ansonsten gleichgestellten Mitarbeitern erhalten. Aber auch diese Maßnahme ist keine Unternehmenshierarchie im herkömmlichen Sinn.

Das Durchschnittsalter der Beschäftigten beträgt zwischen 40 und 45 Jahren. Die mittlere Betriebszugehörigkeitsdauer liegt im orginären Geschäftsbereich des Unternehmens weit über zehn Jahre, was auf eine geringe Fluktuation schließen läßt. Viele Mitarbeiter sind schon seit der Firmengründung im Jahre 1974 im Unternehmen tätig. Von den Beschäftigten des Unternehmens besitzen zwei Drittel einen Hoch- oder Fachhochschulabschluß, das fehlende Drittel hat einen Berufsabschluß (bzw. den Technikerabschluß der ehemaligen DDR) erlangt und besitzt somit Facharbeiterstatus. Daraus folgt, daß im Unternehmen keine Ungelernten oder angelernte Hilfskräfte tätig sind. Das Unternehmen (II) weist also eine bemerkenswert hochrangig qualifizierte Belegschaft auf. Auszubildende beschäftigt das Unternehmen gegenwärtig nicht und wurden bis jetzt auch noch nie eingestellt. Dieses ist inbesondere darauf zurückzuführen, daß keiner der klassischen Ausbildungsberufe auf die im Unternehmen durchgeführten, qualitativ sehr anspruchsvollen Tätigkeiten zugeschnitten ist. Zudem sind, wie weiter unten gesondert beschrieben wird, auch die kaufmännischen Grundfunktionen eines Unternehmens weitgehend zum Mutterunternehmen ausgelagert worden, so daß auch im kaufmännischen Bereich nicht fachgerecht ausgebildet werden kann. Gelegentlich beschäftigt das Unternehmen jedoch Praktikanten von der TU bzw. der TFH Berlin. Es wird auch darüber nachgedacht, verstärkt Studenten für Aushilfstätigkeiten einzustellen, da bei der Bearbeitung von kleinen Routineaufgaben ein erheblicher Engpaß im Unternehmen besteht.

Zumindest sehr ungewöhnlich mutet die Situation des Unternehmens bezüglich eines Betriebsrates an. Der kaufmännische Leiter, der seit ca. zehn Jahren im

Unternehmen tätig ist, erwähnte, "daß es mal einen Betriebsrat im Unternehmen gab" (wörtliches Zitat des kaufmännischen Geschäftsführers). Die weitere Etablierung eines Betriebsrates scheiterte aber in Ermangelung an sich zur Betriebsratswahl zur Verfügung stellenden Kandidaten. Der kaufmännische Geschäftsführer sieht den Grund darin, daß einerseits die Arbeitnehmer durch ihre Tätigkeit bzw. ihre überwiegend wissenschaftliche Ausbildung sehr stark individualisiert seien und andererseits offensichtlich auch gar kein Bedarf für einen Betriebsrat bestünde. Aus seiner Sicht gesehen, existierten aber von der Unternehmensleitung her keinerlei Restriktionen gegenüber der Installierung eines Betriebsrates.

Die geschäftsmäßige Entwicklung von Unternehmen (II)

Die Beschäftigtenzahl ist vor allem in den letzten Jahren stark expandiert. In den letzten drei Jahren stieg die Stammbelegschaft von 30 auf nunmehr 55 Mitarbeiter an. Zudem ist das Unternehmen ständig auf der Suche nach neuen Arbeitnehmern, schwerpunktmäßig im Bereich von Consulting und Verkehrsplanung. Gelegentlich werden jedoch auch Ingenieure als Projektleiter gesucht. Die Beschäftigungsausdehnung beruht zum einen auf der guten Auftragsentwicklung und zum anderen auf einer Vorgabe des Mutterunternehmens, daß die mindestoptimale Betriebsgröße des Unternehmens (II) bei rund 100 Mitarbeitern sieht. Die Zielgröße der Belegschaft, welche in naher Zukunft erreicht werden soll, liegt demnach auch bei 70-100 Beschäftigten.

Über die Umsatz- und Gewinnentwicklung des Unternehmens war nur relativ wenig in Erfahrung zu bringen. In den letzten fünf Jahren hat sich der Umsatz des Unternehmens verdoppelt. Von einer weiteren Entwicklung nach oben geht die Geschäftsführung des Unternehmens aus. Die Gewinnentwicklung wurde hingegen nur als zufriedenstellend bezeichnet. Vielleicht ist die unterschiedliche Entwicklung von Umsatz und Gewinn ein erstes Indiz für ein, aus den momentanen Finanzengpässen der Gebietskörperschaften resultierendes, zunehmendes Wirtschaftlichkeitsbewußtsein auch in den öffentlichen Haushalten, mit der Folge einer geringeren, durchsetzbaren Gewinnmarge für Unternehmen (II). Die weiteren Entwicklungsaussichten des Unternehmens werden von der Geschäftsführung als insgesamt positiv eingeschätzt, vor allem weil durch die politische Entwicklung in Deutschland (insbesondere die Vereinigungsauswirkungen und der damit verbundene Nachholbedarf an Verkehrsinfrastruktur in den neuen Bundesländern) das Auftreten von Überkapazitäten im Unternehmen mittelfristig eher unwahrscheinlich sind.

Das Einstellungsverhalten von Unternehmen (II)

In den letzten drei Jahren hat Unternehmen (II) insgesamt 25 Mitarbeiter eingestellt, was fast einer Verdoppelung der Belegschaft entspricht. Bei den Fragen zu den Rekrutierungswegen ergab sich das beinahe schon erwartete Bild, daß das Arbeitsamt nicht in die Akquisition neuer Beschäftigter einbezogen wurde. Offene Stellen wurden dem Arbeitsamt auch nicht gemeldet. Momentan sind beispielsweise drei Stellen zur Einrichtung einer zweiten Führungsebene zu besetzen, wovon das Arbeitsamt keine Kenntnis besitzt. Begründet wurde die Nichteinbeziehung der staatlichen Arbeitsvermittlung mit dem nicht ausreichenden Qualifikationsniveau des Beschäftigtenpools des Arbeitsamtes.[7] Da das Unternehmen selbst Hochschulabsolventen ohne Berufserfahrung in der Regel als nicht einsetzbar betrachtet, ist diese Annahme durchaus nachzuvollziehen. Von den 20 bis 30 Initiativbewerbungen, die das Unternehmen jährlich erhält, führen nur sehr wenige - etwa 5% aller Einstellungen - zu einem neuen Beschäftigungsverhältnis. Ebenso hoch ist die Einstellungsquote aufgrund der vom Unternehmen regelmäßig geschalteten Stellenanzeigen. Direkte Ansprachen von Hochschullehrern der örtlichen technischen Hochschulen sowie Aushänge in der TU Berlin führten ebenfalls nur zu geringem Erfolg (5%). Den Hauptrekrutierungsweg bilden informelle Kontakte von Belegschaftsmitgliedern bzw. der Firmenleitung. Rund 85% aller neuen Mitarbeiter konnten auf diesem Weg gefunden werden. Der Erfolg dieser Rekrutierungsart ist deshalb möglich, weil sich das Unternehmen auf einem sehr kleinen, überschaubaren Markt bewegt und somit überhaupt in Frage kommende, potentielle neue Mitarbeiter selbst am besten ausfindig machen, direkt ansprechen und gegebenenfalls abwerben kann. Die Hauptschwierigkeit bei der Personalakquisition ist jedoch, daß viele der angeprochenen möglichen neuen Mitarbeiter wenig Interesse verspüren, nach Berlin überzusiedeln. Dieses ist bei Mißerfolg der Rekrutierung mit hohen Anwerbungskostenverlusten verbunden und bei Zustandekommen eines neuen Beschäftigungsverhältnisses mit hohen Lohnzuschlägen zu bezahlen. Dem Gedanken, das Hauptproblem - den generellen Mangel an geeigneten Bewerbern - eventuell durch unternehmensinterne Weiterbildung von Hochschulabsolventen zu mildern, wird im Unternehmen bis jetzt nur selten nachgegangen.

Insgesamt wird die generelle Verfügbarkeit von Arbeitskräften folgerichtig auch nur als gerade ausreichend bezeichnet. Zu Produktionsausfall oder anderen gravierenden Nachteilen für das Unternehmen sei es aber aufgrund der Beschäftigungssituation noch nicht gekommen. Allerdings werden die späteren

[7] Da aber keinerlei Kontakte zwischen Unternehmen und Arbeitsamt bestanden, fehlt an sich auch die Überprüfungsmöglichkeit dieser Aussage für die Geschäftsführung. Zumindest bestätigt sich, daß die Öffentlichkeitsarbeit der Arbeitsämter offensichtlich unzureichend ist.

Ausführungen zu Überstunden, etc. diese Aussage relativieren. Insbesondere der Mangel an geeigneten Projektleitern dürfte für das Unternehmen durchaus spürbare Restriktionen mit sich bringen. Vor allem die Suche nach Mitarbeitern, die einerseits bereit sind, für längere Zeit im Ausland zu arbeiten und andererseits gleichzeitig auch die notwendigen fachlichen und sprachlichen Kenntnisse mitbringen, ist sehr aufwendig für das Unternehmen. Eine Schätzung der Höhe der Such- und Informationskosten ist für den kaufmännischen Leiter wahrscheinlich deshalb nicht ad hoc möglich gewesen, weil die Tätigkeit der Stellenbesetzung offensichtlich zu einem festen Bestandteil seiner Routineaufgaben geworden ist und somit vermutlich potentiell, wie in vielen kleinen Unternehmen, unterschätzt werden.

Das Vertragsverhalten von Unternehmen (II)

Überraschend ist, daß die grundlegenden Personalauswahlgespräche von Mitarbeitern des externen Mutterunternehmens geführt werden. Zwar werden sechs bis acht Gespräche pro zu besetzender Stelle geführt, aber es ist schon erstaunlich, daß die direkten Vorgesetzten der Neueingestellten bei der Auswahl dieser zunächst außen vor gelassen werden. Es ist zumindest zweifelhaft, ob diese Strategie tatsächlich zu einer optimalen Personalbesetzung des Unternehmens beiträgt. In der Regel dauern die Personalauswahlgespräche eine Stunde. Von neuen Mitarbeitern wird erwartet, daß sie "bei der Arbeitsaufnahme gleich Schwimmer" (wörtliches Zitat des kaufmännischen Geschäftsführers) sind. Dementsprechend kurz - eine dreiviertel Stunde - ist auch die durchschnittliche Einführung durch eine der beiden Führungskräfte des Unternehmens. Zu weiteren organisatorischen Fragen stehen dann noch die Sekretariatskräfte zur Verfügung. Auch gibt es keine vom Unternehmen initiierte externe oder interne Weiterbildungsmaßnahmen. Freistellungen für Weiterbildungsmaßnahmen, zu denen die Initiative jeweils von den Mitarbeitern ausgeht, sind jedoch kein Problem. Insbesondere bilden sich die Mitarbeiter im Bereich der Software für Verkehrsplanung weiter, beispielsweise dann, wenn neue 'tools' auf dem Markt sind.

Bis auf die drei erwähnten Mitarbeiter, die aufgrund eines zeitlich begrenzten Forschungsprojektes befristete Verträge erhielten, hat die Geschäftsführung bis jetzt noch nicht an weitergehende Befristungsmöglichkeiten gedacht. Insbesondere werden negative Folgen auf die Arbeitszufriedenheit und die Betriebszugehörigkeitsdauer befürchtet. Außerdem besteht im Unternehmen grundsätzlich die soziale Intention, neue Mitarbeiter auch möglichst lange an sich binden zu wollen. Es schien der Geschäftsleitung schwer zu fallen, sich an den Gedanken zu gewöhnen, Mitarbeitern zum Ende einer etwaigen Befristungszeit keine neuen Arbeitsmöglichkeiten einräumen zu können. Allerdings wurde der Gedanke, Traineestellen einzurichten, mit Interesse aufgenommen. Diese Traineestellen würden vermutlich eine kostenmäßig adäquate betriebsspezifische Ausbildung von Hochschulabsolventen für das Unternehmen sicherstellen. Zudem blieben für weniger geeignete Trainees zum Ende ihrer Ausbildung die angelaufenen sunk costs sowie die Höhe der Entlassungskosten aufgrund der vorgenommenen Befristung wahrscheinlich in einem vertretbaren Rahmen. Allerdings müßte von der Unternehmensseite sichergestellt sein, daß die Trainees genügend gefördert werden und der notwendige Spielraum für das Hineinwachsen in die Unternehmensaufgaben vorhanden ist.

Die Probezeit beträgt im Unternehmen grundsätzlich sechs Monate, wobei bis jetzt erst einmal ein neuer Mitarbeiter im Anschluß an die Probezeit entlassen wurde. Neu eingestellte Beschäftigte konnten ansonsten bereits entweder sofort oder zumindest nach einigen Wochen als vollwertige Mitarbeiter angesehen werden. Aus der Sicht der Geschäftsführung ist es bis jetzt bei neuem Personal noch nicht zu Integrationsschwierigkeiten oder zu Produktivitätseinbußen gekommen.

Das Entlassungsverhalten von Unternehmen (II)

In den letzten drei Jahren haben sieben Beschäftigte das Unternehmen verlassen, wobei drei ehemalige Arbeitnehmer vom Unternehmen gekündigt wurden und die anderen vier auf eigenen Wunsch ausschieden. Von den unternehmensseitigen Kündigungen erfolgte eine altersbedingt, weil der Mitarbeiter im Alter von 59 den Anforderungen nicht mehr gewachsen war, und eine krankheitsbedingt, weil der betreffende Beschäftigte wiederholt übermäßig lange Fehlzeiten aufwies. Beide Mitarbeiter gingen in den Vorruhestand. Die dritte Kündigung erfolgte aufgrund einer Reorganisation des Unternehmens, wodurch der Arbeitsbereich, für den der betreffende Mitarbeiter zuständig war, entfiel.

Bei den arbeitnehmerseitigen Kündigungen waren die Gründe für das Ausscheiden jeweils persönlicher Art, Selbständigkeit, Geburt eines Kindes und Probleme mit dem Wohnort. Die Kündigung eines fachlichen Leistungsträgers, der in Zukunft lieber seinen bisherigen, vom Unternehmen gebilligten, Nebentätigkeiten hauptberuflich nachgehen wollte, wurde von der Geschäftsführung als nicht unerwartet eingestuft, weil dem Betreffenden eine offensichtlich zu generöse Nebenerwerbserlaubnis zugebilligt worden sei. Zu diesem jetzt freiberuflich Beschäftigten bestehen aber weiterhin Kontakte, die durch eine vertragliche Zusammenarbeit mit garantiertem Volumen manifestiert wurden. Die Kündigung eines im Unternehmen beschäftigten Politologen wurde mit Bedauern zur

Kenntnis genommen, sei aber auch folgerichtig, da der ihm zugewiesene Arbeitsbereich zu wenig Wachstumsgelegenheiten geboten hätte.

Bis heute gab es im Unternehmen jedenfalls noch keine Arbeitsgerichtsprozesse und auch Abfindungszahlungen erfolgten bisher noch nicht. Diese Tatsache, die für ein Unternehmen dieser Größenordnung eher ungewöhnlich ist, deutet einerseits auf ein hervorragendes Betriebsklima mit besten sozialen Umgangsformen sowie auf eine hervorragende Personalauswahl hin. Andererseits liegt der Verdacht nahe, daß notwendige personelle Anpassungsmaßnahmen nur zögerlich vorgenommen worden sind. Es könnte allerdings aufgrund des bisherigen stetigen Wachstums des Unternehmens in der Tat so sein, daß bis dato nur geringfügige strukturelle Änderungen vorzunehmen waren und für jeden Mitarbeiter immer die richtigen Aufgaben gefunden werden konnten.

Das Angebot an freiwilligen betrieblichen Sozialleistungen in Unternehmen (II)

Das Angebot an freiwilligen betrieblichen Sozialleistungen ist im Unternehmen nicht sonderlich ausgeprägt. Das überrascht nicht, weil der kaufmännische Geschäftsführer "auch in der gesamten Wirtschaft eine Tendenz zum Abbau des Sozialschnickschnacks" (wörtliches Zitat des kaufmännischen Leiters) sieht. Die Geschäftsführung sieht vor allem die Gefahr von Mitnahmeeffekten und die zu geringe 'Lohntransparenz' für die Beschäftigten bei Lohnnebenleistungen. Deshalb müßte die Etablierung von freiwilligen betrieblichen Sozialleistungen mit viel Fingerspitzengefühl vorgenommen werden. Dementsprechend gibt es keine betriebliche Altersversorgung, betriebliche Gesundheitspflege, betriebliche Krankenversicherung oder vom Unternehmen angebotene Weiterbildungsmaßnahmen. Auch eine Erfolgs- oder Gewinnbeteiligung ist nicht und soll unter keinen Umständen fest institutionalisiert werden. Lediglich bei schwierigen Projekten erhalten die dabei involvierten Mitarbeiter für die Akquisition bzw. für die exakte und zeitgemäße Durchführung 'Gehaltsprämien'. Über deren Höhe wurde jedoch Stillschweigen bewahrt.

Recht kulant zeigt sich die Geschäftsführung bei der Gewährung von Sonderurlaub. Beispielsweise ist es möglich, auch wenn der andere Partner Erziehungsurlaub genommen hat, nach der Geburt eines Kindes bis zu einem halben Jahr in unbezahlten Sonderurlaub zu gehen. Auch bei außergewöhnlichen Belastungen, wenn zum Beispiel ausländische Gäste vier Wochen rund um die Uhr betreut wurden, gibt es anschließend einen Anspruch auf bezahlten Sonderurlaub. Die Geschäftsleitung scheint daher den neuesten Diskussionen über die Vorteil haftigkeit von längeren Arbeitspausen von Beschäftigten durchaus positiv gegenüber zu stehen.

Lediglich die beiden Geschäftsführer können momentan über einen Dienstwagen verfügen. Für ein Unternehmen, daß sich ausschließlich um die Belange des öffentlichen Nahverkehrs kümmert, ist das nicht sonderlich überraschend. Daß aber über ein Angebot an Jahrestickets für den öffentlichen Nahverkehr für die Beschäftigten bis jetzt nur nachgedacht wurde, ist schon aus Wettbewerbsgründen heraus, wenig einsichtig. An sonstigen Sozialleistungen bietet das Unternehmen lediglich zweimal pro Jahr Betriebsfeste an. Als wichtigen Anreiz, gerade auch für den mit Besetzungsschwierigkeiten ausgestatteten Auslandsgeschäftsbereich, sieht die Unternehmensleitung die großzügige Regelung der Heimflüge an. Beschäftigte, die beispielsweise für längere Zeit in China arbeiten, können zweimal im Jahr kostenlos die Touristenklasse benutzen, wohingegen die Konkurrenz nur einen Heimflug in zwei Jahren bezahlen würde. Dementsprechend hoch sind auch die Reisekosten, die im Unternehmen insgesamt anfallen. Der Anreiz, daß die Auslandstätigkeiten zu einem erheblichen Teil steuerfrei sind, kann sich das Unternehmen jedoch nicht als eigenen Verdienst anrechnen. Außerdem gilt dieses in gleichem Maß für die Konkurrenz.

An Lohngratfikationen zahlt das Unternehmen ein dreizehntes Gehalt. Über die relative Lohnhöhe ist wenig zu sagen, da das Unternehmen keinerlei Tarifvertragsverpflichtungen unterliegt. Es ist nicht einmal genau geklärt, welche Gewerkschaft für das Unternehmen 'zuständig' wäre. In der Berufsgenossenschaft ist das Unternehmen im Straßenbau- bzw. Eisenbahnbereich eingruppiert. Aufgrund der hohen Qualifikation der Belegschaft sowie der langen Betriebszugehörigkeitsdauer vieler Mitarbeiter ist jedoch auf ein für ein kleines Unternehmen überdurschnittlich hohes Lohnniveau zu schließen.

Arbeitszeit und Organisationsformen der Arbeit in Unternehmen (II)

Den Arbeitszeitregelungen im Unternehmen kommen aufgrund der erwähnten erheblichen Nachfrageschwankungen eine große Bedeutung zu. Um so erstaunlicher ist, daß die regelmäßige wöchentliche Arbeitszeit offensichtlich unerheblich ist. Erst nach einigem Zögern konnten vierzig Stunden pro Woche als wahrscheinliche vertragliche Arbeitszeit festgestellt werden. Arbeitszeitverkürzungen hat es, wohl auch aufgrund der tariflichen Ungebundenheit des Unternehmens, nicht gegeben. Lediglich zwischen Weihnachten und Neujahr wurden drei sogenannte Brückentage installiert, die als Arbeitszeitverkürzung gelten können. Der Hauptgrund für diese Maßnahme dürfte aber sein, daß viele der Ansprechpartner des Unternehmens am Jahresende ohnehin nicht zu erreichen sind. Zumindest gehen von einer solchen Arbeitszeitsverkürzung keinerlei positive Arbeitsmarktwirkungen aus, im Gegenteil es kommt lediglich zu drei Tagen 'Produktionsausfall'.

Eine genaue Ermittlung der jeweiligen Arbeitszeiten bzw. wieviel Überstunden geleistet wurden, ist nur sehr schwer möglich. Das hängt hauptsächlich mit der Struktur der Tätigkeiten im Unternehmen zusammen. Es gibt aufgrund der oft wissenschaftlichen Tätigkeiten keine exakten Zeitmuster, zudem sind die Arbeitsbeziehungen sehr informell. So sind Teilbereiche des Unternehmens, insbesondere im Consultingbereich, oftmals nicht besetzt, weil die Mitarbeiter zuhause arbeiten oder am Wochenende im Büro anwesend waren. Für die Geschäftsführung stellen sich dabei zwei grundlegende Schwierigkeiten. Einmal besteht teilweise keine Möglichkeit wichtige Rückfragen zu stellen oder Aussagen über den Fortgang von Projekten zu erhalten. Zum anderen stellt sich dem Verfasser die Frage, inwiefern Projektarbeiten kostengenau kalkuliert werden können, wenn keinerlei Kontrollmöglichkeiten installiert sind. Denn durch die Individualisierung der Mitarbeiter im Unternehmen gibt es weder eine interne Überprüfung der Beschäftigten untereinander, noch kann die Geschäftsführung bei der Anzahl der Mitarbeiter und der Vielzahl der gleichzeitig zu betreuenden Projekte (bis zu fünfzehn) ihre Überwachungsfunktionen ausreichend wahrnehmen. Natürlich ist das jeweilige Aufgabengebiet der Mitarbeiter nicht nach Akkordrichtlinien zu bewerten, aber das bei einer Vielzahl von Beschäftigten keinerlei 'shirking' betrieben wird, erscheint auch nicht realistisch zu sein. Außerdem zeigen gerade japanische Beispiele, daß Teamarbeit und nicht das durch die Struktur in Unternehmen (II) präjudizierte 'Einzelkämpfertum' den Unternehmenserfolg außerordentlich positiv beeinflußt. Daß die Unternehmensorganisation in diesem Punkt wenig optimal ist, zeigt sich auch darin, daß nach dem Eindruck des kaufmännischen Leiters im Unternehmen eine sehr heterogene Belastung der einzelnen Mitarbeiter gegeben ist. Einige Beschäftigte sind ständig überbelastet, andere hingegen scheinen unterausgelastet zu sein.

Aus dem Geschilderten wird aber deutlich, daß es für die Geschäftsleitung außerordentlich schwierig ist, Überbelastungen ihrer Mitarbeiter zweifelsfrei zu erkennen und gegebenenfalls dementsprechend zu vergüten. Die grundlegende Regelung im Unternehmen ist, daß Mehrarbeit nur als Spitzenzusatzbelastung vergütet wird, das heißt bei den wissenschaftlichen Mitarbeitern wird ein gewisser Teil von Überstunden durch die Gehaltshöhe abgedeckt. Werden Überstunden bezahlt, gibt es einen "mittleren Zuschlag" (wörtliches Zitat des kaufmännischen Leiters). Bei den Sekretariatskräften sieht die Regelung so aus, daß Überstunden aufgeschrieben und nach Möglichkeit exakt abgefeiert werden. Sollte das einmal nicht möglich sein, werden die Mehrarbeitsstunden gesondert vergütet. Anzumerken ist jedoch, daß vor allem die wissenschaftlichen Mitarbeiter Überstunden leisten. Etwaige Qualitätseinbußen bei der Arbeit oder sonstige Produktivitätsnachteile durch überforderte Mitarbeiter sind der Geschäftsleitung bisher nicht aufgefallen.

Ähnlich unbestimmt wie die Ermittlung der tatsächlichen Arbeitszeiten ist die Lage der Betriebszeiten. An sich gibt es im Unternehmen eine Kernarbeitszeit, die aber nicht genau bestimmt ist. Es wird erwartet, daß ein Mitarbeiter zu 'normalen Zeiten' zu erreichen ist. Eine 'richtige' Gleitzeit wurde im Unternehmen nicht eingeführt, weil der 'alte' Betriebsrat dieser nicht zugestimmt hat. Vermutlich deshalb, weil durch diese offizielle Arbeitszeitvariante, die Kontrollmöglichkeiten der Geschäftsführung zugenommen hätten. So ist die offizielle Arbeitszeit, deren Einhaltung aber nicht genau überprüft wird, nach wie vor acht bis siebzehn Uhr. Grundlegender Kontrollmechanismus der Arbeitszeit und auch der Arbeitsleistung ist die Fertigstellung von Projekten zum termingerechten Zeitpunkt.

Bei zeitlich engen Projekten wird im Notfall auch nachts und am Wochenende gearbeitet. Betriebsferien gibt es nur zwischen den Feiertagen am Jahresende (siehe oben, Brückentage). Ansonsten sollen die Mitarbeiter zu Beginn des Jahres ihre Urlaubswünsche terminieren. Den Wünschen der Mitarbeiter nach der zeitlichen Lage der 27 bis 30 Tage währenden Gesamturlaubsdauer pro Beschäftigten je nach Alter, wird in der Regel entsprochen. Manchmal führen unternehmerische Zwänge jedoch zu Verschiebungen des an sich schon gewährten Urlaubs. Das Unternehmen ist dann auch bereit, etwaige Stornogebühren für bereits gebuchte Reisen zu übernehmen.

Die durchschnittlichen Fehlzeiten der Mitarbeiter waren ad hoc nicht zu ermitteln. Scheinbar stellen krankheitsbedingte Ausfallzeiten somit kein Problem für das Unternehmen dar. Der gegenwärtigen Diskussion über die Einführung von Karenztagen wurde deshalb auch keine besondere Bedeutung für das Unternehmen beigemessen. Wenn ein Mitarbeiter Zeichen von körperlicher Schwäche offenbart, wird er auch schon mal mit den Worten "Schlafen Sie sich mal richtig aus" (wörtliches Zitat des kaufmännischen Leiters) nach Hause geschickt. Persönlich ist die Geschäftsführung Karenztagen gegenüber indifferent eingestellt.

Teilzeitarbeit ist bisher im Unternehmen nur von der Buchhalterin und relativ flexibel von einer technischen Zeichnerin durchgeführt worden. Das Unternehmen ist durchaus bereit, Teilzeitarbeitsplätze anzubieten, aber die Besetzung dieser Stellen sei außerordentlich schwierig. So wurden bereits drei Anzeigenserien ohne Erfolg geschaltet. Der Grund dafür könnte sein, daß sehr gut ausgebildete Arbeitnehmer doch nicht so eindeutig mehr freizeitorientiert als einkommensfixiert sind, wie die einschlägige Literatur dieses zum Teil behauptet. Überraschend ist, daß das Unternehmen überhaupt Teilzeitstellen offeriert hat, weil die Meinung der Geschäftsführung eher in die Richtung geht, daß Teilzeitarbeit zwar positiv für die Mitarbeiter sei, für das Unternehmen jedoch mit Nachteilen wie Nichtpräsenz und Abstimmungsproblemen verbunden sei. Aus diesem Grund wird auch Job-Sharing im Unternehmen nicht praktiziert. Der Begriff 'Kapovaz' ist im Unternehmen nicht bekannt. Im Prinzip ist im Unternehmen aber bereits eine ähnliche flexible Arbeitszeitspraxis eher unbewußt installiert.

Die Flexibilität von Unternehmen (II)

Aufgrund des Unternehmenszwecks von Unternehmen (II) ist die Diskussion über längere Maschinenlaufzeiten nicht von Bedeutung. Lediglich die EDV-Ausstattung des Unternehmens fällt in den Bereich 'Maschinenpark', bietet aber durch die ohnehin vorhandene starke Auslastung kein weiteres Flexibilitätspotential. Die Arbeitszeitflexibilität ist im Unternehmen bereits auf einem hohen, in manchen Bereichen (Consulting) vielleicht schon zu hohem Niveau. Auch hier ergeben sich also keine Kosteneinsparungsmöglichkeiten mehr. Interessant im Zusammenhang mit einer Flexiblitätsbetrachtung ist der "Kernbereich der Unternehmensphilosophie" (wörtliches Zitat des kaufmännischen Leiters) des Unternehmens. Grundsätzlich hält die Geschäftsführung geschriebene Richtlinien für eher nachteilig. Beispielsweise seien Stellenbeschreibungen in der Regel viel zu formalisiert und deshalb für die Arbeitsstruktur des Unternehmens ungeeignet. Präferiert wird also eine möglichst flexible Handhabung aller organisatorischer und arbeitstechnischer Vorgänge. Ob dieses System eines 'geordneten Chaos' tatsächlich Kosten- oder andere Vorteile mit sich bringt, erscheint dem Verfasser nach Durchführung der Fallstudie im Unternehmen eher zweifelhaft zu sein. Zumindest scheint sowohl die Belegschaft als auch die Geschäftsleitung die vorhandenen Freiräume positiv zu beurteilen, da zum einen die Fluktuation gering ist und zum anderen die Geschäftsführung das Betriebsklima als überwiegend gut einschätzt.

Die Außenbeziehungen von Unternehmen (II)

Über die Außenbeziehungen des Unternehmens kann nur relativ wenig ausgesagt werden. Das Verhältnis zu Kreditinstituten spricht für die gute Liquiditätssituation des Unternehmens. Der kaufmännische Leiter sieht jedenfalls keinerlei Probleme bei der Zusammenarbeit mit den Banken. Erfahrungen mit dem Arbeitsamt hat das Unternehmen noch nicht gesammelt. Aus den oben genannten Gründen erscheint der Unternehmensleitung auch in Zukunft keine Kooperation mit dem Arbeitsamt möglich zu sein. Staatliche Fördermaßnahmen für kleine Unternehmen sind zum einen nicht bekannt, zum anderen wird auch kein Bedarf gesehen, in Kontakt mit Wirtschaftsförderungsstellen oder der Industrie- und Handelskammer zu treten. Lediglich einmal wurde in Zusammenarbeit mit einem Projekt der TU Berlin für einen bestimmten Zeitraum ein Innovationsassistent im Unternehmen beschäftigt.

In bestimmten Engpaßbereichen bedient sich das Unternehmen dem Anpassungsinstrument Personalleasing. Allerdings wird nicht mit professionellen Zeitarbeitsunternehmen zusammengearbeitet, sondern es wird teilweise auf Studenten zurückgegriffen (bei echten Spitzen). Permanent ist die Zusammenarbeit mit einem Schreibbüro und mit dem Mutterunternehmen, wohin die gesamte Lohnbuchhaltung ausgelagert wurde. Bei nicht zu bewältigenden Aufgabenspitzen wird gelegentlich mit einem Fremdingenieurbüro zusammengearbeitet. Interessant ist, daß trotz der geschilderten Stellenbesetzungsprobleme bis jetzt noch keine Personalvermittlungsagentur kontaktiert worden ist. Dieses ist vermutlich deshalb der Fall, weil die aus Sicht der Unternehmensleitung damit verbundenen hohen Kosten abschreckend waren. Einen ständigen oder zumindest zeitweiligen Personalaustausch hat es mit dem Mutterunternehmen nicht gegeben. Ohnehin sei die geschäftsmäßige Verflechtung in den letzten Jahren von einer früheren engeren Zusammenarbeit ausgehend durch eine zunehmende Abkoppelung wesentlich zurückgegangen. Worin die Gründe dafür liegen, war nicht zu ermitteln. Der Verdacht liegt nahe, daß jedes Management sich seinen eigenen Einflußbereich sucht und diesen von außen nur ungern determinieren läßt.

Geplant ist hingegen eine engere Zusammenarbeit mit dem eigenen Tochterunternehmen, insbesondere was den Personalaustausch bei Engpässen anbelangt. Bis jetzt wurde dieses Anpassungsinstrument nur gelegentlich genutzt. Zwei Versuche des Unternehmens, Aufgabenteilbereiche durch Hinzuziehung von Werbeagenturen auszulagern, sind nach den Worten des kaufmännischen Leiters eindeutig fehlgeschlagen.

Eine generelle Benachteiligung durch große Unternehmen sieht die Unternehmensleitung aufgrund der speziellen Marktsituation nicht. Ohnehin würde im relevanten Markt letztlich immer nur über Leistung verkauft, und nicht über den Preis. Unternehmensgrößenunterschiede würden deshalb nur eine untergeordnete Rolle für den Markterfolg spielen. Ein Problem sei allerdings, daß die großen Industrieunternehmen, die auch verstärkt Ingenieure nachfragen, wesentlich höhere Löhne zahlen würden als Unternehmen (II). Etwaige Wachstumsgrenzen für das Unternehmen sieht die Geschäftsführung aber ausschließlich in der jeweiligen Marktstruktur, wobei hiermit in diesem Fall das jeweilige Auftragspotential gemeint ist, welches auf dem Markt zur Verfügung steht.

7.2.3 Unternehmen (III): Industrieunternehmen Typ A

Das Unternehmensdesign von Unternehmen (III)

Beim Unternehmen (III) handelt es sich um ein kleines Industrieunternehmen aus dem Sektor des Investitionsgüter produzierenden Gewerbes. Angesiedelt ist das Unternehmen in einer Kleinstadt an der Landesgrenze von Niedersachsen und dem östlichen Westfalen. Die Region zwischen Osnabrück und Bielefeld ist überwiegend ländlich geprägt, besitzt aber traditionell industrielle Kerne in der Holzindustrie. Das Unternehmen existiert seit 1972 und war bis 1985 als OHG eingetragen. Seitdem firmiert das Unternehmen in der Rechtsform einer GmbH & Co.KG (Kommanditgesellschaft plus Fertigungsbetrieb als GmbH). Die beiden derzeitigen Inhaber des Unternehmens sind die Unternehmensgründer und gegenwärtig als kaufmännischer bzw. technischer Leiter auch noch im Unternehmen tätig. Beide sind jeweils Ingenieure und gründeten 1970 zunächst ein Konstruktionsbüro, aus dem dann zwei Jahre später der schnell expandierende Fertigungsbetrieb entstand.

Branchenmäßig ist das Unternehmen dem Maschinenbau zuzurechnen. Das Unternehmen produziert insbesondere Sonderanfertigungen von Maschinen für die papierverarbeitende, Lebensmittel- und Automobilindustrie. Die Palette der gefertigten Sondermaschinen und -anlagen reicht von CNC-gesteuerten Fräs- und Bohrmaschinen, Schutzgas- und Widerstands-Schweißmaschinen über Druck-, Verpackungs- und Signieranlagen bis hin zu ganzen Montagestraßen. Mit dieser für ein kleines Unternehmen sehr ausgeprägten Produktdiversifikation kann das Unternehmen auch gegenüber großen Konkurrenten bestehen. Allerdings gibt es in den einzelnen kleinen Marktsegmenten sehr viele kleine Mitanbieter, so daß Anforderungen, die eine ausgeprägte Konkurrenzsituation an ein Unternehmen stellt, durchaus für die Firma zu spüren sind. Die Einführung des EG-Binnenmarktes hat dagegen keine Rolle für das Unternehmen gespielt.

Das Unternehmen ist im Vergleich zu den anderen befragten Firmen von relativ geringen Auslastungsschwankungen betroffen, welche in der Regel konjunktureller Art sind. So macht sich die gegenwärtige Rezessionsphase,[8] inbesondere

---

[8] Wie schon bei Unternehmen (I) ausgeführt wurde, ist von der abklingenden Rezession Ende 1993 die Rede.

der Automobilbranche, negativ bemerkbar. Es gibt derzeit zwar viele Anfragen nach Sondermaschinen und dementsprechend viele Angebote werden geschrieben, aber es kommt häufig nicht zu konkreten Aufträgen. "Es wird nicht investiert, die potentiellen Aufträge werden von unseren Kunden erstmal in der Schublade auf Eis gelegt" (wörtliches Zitat des kaufmännischen Geschäftsführers). Die gegenwärtig schwierige konjunkturelle Lage sorgt aber nicht nur direkt für ein geringeres Auftragsvolumen, sondern verstärkt die Probleme für das Unternehmen noch dadurch, daß sehr viele Firmen der verarbeitenden Industrie in Konkurs gegangen sind. Aus diesem Grund sind eine Vielzahl von gebrauchten Werkzeugmaschinen kostengünstig auf dem Markt zu erhalten. Deshalb investieren viele Unternehmen aber nicht in neue Maschinenanlagen. Das Problem sei ähnlich dem des KFZ-Marktes, wo letztlich erst die Wende die gebrauchten Autos vom Markt gebracht habe. Trotz dieser momentan nicht rosigen Situation ist die bisherige untere Auslastungsgrenze des Unternehmens bei konjunkturellen Einbrüchen von 80% noch nicht unterschritten worden.

Das Unternehmen (III) hat kein Tochterunternehmen und ist ein Einbetriebsunternehmen. Der Leistungserstellungsprozeß erfolgt hauptsächlich innerbetrieblich, so daß die Zahl der Betriebe gleich der der Arbeitsstätten ist. Lediglich bei der Montage der gefertigten Produkte bei Kunden und deren anschließender Inbetriebnahme sind Teile der Belegschaft kurzzeitig außerbetrieblich tätig. Organisatorische Probleme entstehen dem Unternehmen dadurch aber nicht.

Was die Standortfrage anbelangt, so ist die Unternehmensleitung vor allem mit der Verkehrsanbindung des Betriebes unzufrieden. Eine bessere Anbindung zur nächstgelegenen Autobahn wird vor allem gefordert, weil die Anreise für potentielle Kunden ansonsten sehr zeitaufwendig sei. Probleme bei der Akquisition von Personal hat es auch aufgrund des Standortes bis Ende der achtziger Jahre vor allem bei Fachpersonal gegeben, deshalb wurde seit 1980 verstärkt im Unternehmen selbst ausgebildet. Seit 1990 habe sich die Situation jedoch gebessert, weil in diesem Fall die oben erwähnten vielen Konkurse dazu geführt hätten, daß auch der eine oder andere Facharbeiter ohne größeren Aufwand gefunden werden konnte. Eine Forschungs- und Entwicklungsabteilung im herkömmlichen Sinn gibt es im Unternehmen nicht. Wie in vielen Firmen dieser Größenklasse üblich, forschen die Firmeninhaber selbst und setzen die Ergebnisse in enger Zusammenarbeit mit ihrer Belegschaft zu kundennahen Problemlösungen um.

Die gegenwärtige Beschäftigungssituation von Unternehmen (III)

Das Unternehmen beschäftigte zum 1.1.94 zweiundvierzig Mitarbeiter, wobei diese Beschäftigtenzahl auch der gegenwärtigen Stammbelegschaft entspricht. Die Belegschaftsstruktur des Unternehmens setzt sich zusammen aus den zwei Unternehmensinhabern, welche wie gesagt die kaufmännische und technische Leitung des Unternehmens übernommen haben. Die Führungstätigkeit im Unternehmen wird zum einen unterstützt von einer Stabstelle, die derzeit vom Sohn des kaufmännischen Unternehmensleiters besetzt wird und der unter anderem für den Marketingbereich des Unternehmens zuständig ist. Zum anderen beschäftigt die Firma derzeit fünf Meister, im einzelnen sind das der Konstruktionsleiter, der Montagemeister, der Meister für die mechanische Fertigung, der Arbeitsvorbereiter und der Leiter der Elektroinstallation. Auf der dritten Hierarchieebene arbeiten schließlich 24 Facharbeiter, vorwiegend Werkzeugmacher, Schlosser, Dreher, drei Hilfsarbeiter sowie fünf Auszubildende. Die zwei weiblichen Beschäftigten des Unternehmens sind im kaufmännischen Bereich tätig und insbesondere für die Buchführung und die Unternehmenskorrespondenz zuständig. Es gibt im Unternehmen also mindestens drei Hierarchieebenen plus einer Stabstelle. Trotzdem bezeichnet die Unternehmensleitung die Firmenhierarchie als flach.

Befristet Beschäftigte gibt es im Unternehmen nicht. Dieses wird damit begründet, daß man ausschließlich Facharbeiter brauche und eine beispielsweise einjährige Befristung zu kurz wäre, um geeignetes Personal zu finden. Die hohen Qualifikationsanforderungen an die Belegschaft ergebe sich durch wenig automatisierte Fertigung im Unternehmen. Die Mitarbeiter müßten flexibel und breit ausgebildet sein, solche Personen würde man bei einer Befristung aber nicht bekommen. Ob das hohe Anforderungsniveau auch dafür verantwortlich ist, daß der Anteil ausländischer Arbeitnehmer, welche häufig nur als angelernte Arbeitnehmer beschäftigt werden, von vier auf nur noch zwei Beschäftigte abgesunken ist, konnte nicht geklärt werden.

Das Durchschnittsalter der Belegschaft liegt zwischen dreißig und vierzig Jahren. Die Betriebszugehörigkeit der ausgelernten Mitarbeiter liegt zwischen drei und sechzehn Jahren und ist ansonsten über die einzelnen Jahre gleichverteilt. Die durchschnittliche Betriebszugehörigkeitsdauer dürfte demnach bei ca. neun Jahren liegen und ist damit ausgeprochen hoch. Hochschul- bzw. Fachhochschulabschluß besitzt mit dem Inhaber der Stabstelle nur ein einziges Mitglied der Belegschaft. Aufgrund des hohen Facharbeiteranteils ist das Qualifikationspotential der Beschäftigten aber trotzdem als anspruchsvoll einzuschätzen.

Einen Betriebsrat gibt es trotz der durchaus ansehnlichen Mitarbeiterzahl nicht. Es gebe offensichtlich keinen Bedarf für gewerkschaftliche Tätigkeit im Unternehmen. Druck von der Unternehmensleitung, diesen status quo auch nicht zu verändern, sei aber nicht vorhanden.

Die geschäftsmäßige Entwicklung von Unternehmen (III)

Interessant ist die Entwicklung der Beschäftigtenzahl des Unternehmens. Seit 1985 wurde die damalige Mitarbeiterzahl von über fünfzig Arbeitnehmern kontinuierlich zurückgefahren, weil das Unternehmen zunehmend unübersichtlich geworden sei. Es sei sogar an die Auslagerung von Abteilungen zur Etablierung eines eigenständigen Unternehmens gedacht worden, weil "im Betrieb Chaos geherrscht habe" (wörtliches Zitat der Unternehmensleitung). "Die Mitarbeiter wurden von den Vorgesetzten nur noch verwaltet" (wörtliches Zitat der Geschäftsführung). Es sei insgesamt ein zu geringer Grenzertrag aus der hohen Beschäftgtenzahl entstanden, die Relation Gewinn zu Beschäftigten habe einfach nicht mehr gestimmt. Als dann noch weniger Aufträge eingingen habe man sich nach und nach von Mitarbeitern getrennt. Da die derzeitige Beschäftigtenzahl von etwa 40 Arbeitnehmern als optimal empfunden wird, denkt man derzeit auch nicht daran, in naher Zukunft neues Personal einzustellen.

Über die Umsatz- und Gewinnentwicklung war nur sehr wenig in Erfahrung zu bringen. 1993 sei ein gutes Jahr gewesen, was den Umsatz anbelangt, 1994 werde voraussichtlich schlechter werden. Die Gewinnentwicklung beurteilt die Unternehmensleitung eher negativ, sie könne bestenfalls als stagnierend bezeichnet werden. Offensichtlich macht sich hier der von den großen Konzernen der Automobilbranche ausgeübte Preisdruck gegenüber Lieferanten bemerkbar.

Das Einstellungsverhalten von Unternehmen (III)

In den letzten drei Jahren hat das Unternehmen (III) insgesamt sechs neue Mitarbeiter eingestellt. Was die Akquisition von neuem Personal anbelangt, konnte festgestellt werden, daß alle denkbaren Rekrutierungswege bestritten worden sind und auch alle, zumindest teilweise, erfolgreich waren. Besonders auffällig ist die derzeit sehr hohe Anzahl von Initiativbewerbungen, welche die Firma postalisch oder als telefonische Anfragen erreichen. Pro Woche versuchen zur Zeit drei Personen auf diesem Weg einen neuen Arbeitsplatz im Unternehmen zu finden. Im abgelaufenen Jahr wurde eine Person aufgrund dieser Bewerbungsstrategie eingestellt. In den letzten drei Jahren wurde drei bis vier mal eine Stellenanzeige für 1000,- bis 1200,- DM geschaltet, wobei auch hier ein neuer Mitarbeiter gefunden werden konnte. Generell wurden offene Stellen auch dem Arbeitsamt gemeldet, was einmal in letzter Zeit zum Erfolg geführt hat. Ansonsten wird die Zusammenarbeit mit dem Arbeitsamt auf einer Skala von 1-6 aber nur mit vier (ausreichend) bewertet, da insbesondere der Verwaltungsaufwand bei Einbeziehung der staatlichen Vermittlungsstelle zu hoch sei. Zwei neue Beschäftigte wurden direkt von der Unternehmensleitung angesprochen und letztlich eingestellt, da die bisherigen Arbeitgeber der beiden Personen in Konkurs gegangen waren. Ein neuer Mitarbeiter konnte aufgrund der regelmäßig am Firmengebäude installierten und damit von der Öffentlichkeit einsehbaren Betriebsaushänge akquiriert werden.

Zu Produktionsausfallzeiten oder anderen organisatorischen Nachteilen aufgrund von Personalengpässen ist es in letzter Zeit nicht mehr gekommen, da bei Personalengpässen aufgrund von Stellenbesetzungsproblemen Überstunden geleistet wurden. Die früher häufiger auftretenden Schwierigkeiten bei der Suche nach Facharbeitern dürften sich aber wegen der momentanen Wirtschaftslage, und weil die Unternehmensleitung auf weiteres Firmenwachstum bewußt verzichten will, in Zukunft nicht mehr einstellen. Insgesamt gesehen waren die Such- und Informationskosten jedoch in den letzten Jahren vor allem aufgrund der Inseratkosten eine durchaus in Betracht zu ziehende Kostengröße.

Das Vertragsverhalten von Unternehmen (III)

Die Einstellungsgespräche werden zu 80% von der Unternehmensleitung und zu 20% von den zuständigen Meistern geführt, wobei die Gespräche zwischen fünf Minuten und einer Stunde dauern. Pro zu besetzender Stelle werden in etwa vier Personalauswahlgespräche geführt. Die neuen Mitarbeiter werden an ihrem jeweiligen Arbeitsplatz von den Meistern eingeführt, was aber ohne größeren Zeitaufwand von statten geht, da das Unternehmen weitgehend nur ausgewiesene Fachkräfte einstellt. Die Firma bietet zudem externe Weiterbildungsmaßnahmen an, bei denen die neu eingestellten Arbeitnehmer zu den betreffenden Herstellern der Maschinen fahren, mit denen sie zukünftig arbeiten sollen. Die Kosten für diese Weiterbildung sind nach Aussage der Geschäftsleitung eher moderat, da die jeweiligen Lieferanten ein großes Interesse an guter Zusammenarbeit hätten. Über die exakten Kosten konnte leider nichts in Erfahrung gebracht werden.

Trainee-Arbeitsplätze gibt es im Unternehmen nicht, weil der kaufmännische Bereich zu klein ist. Eine Befristung von Arbeitsverträgen erscheint der Unternehmensleitung, wie bereits oben erwähnt, keine sinnvolle Maßnahme zu sein, da gutes Fachpersonal so nicht zu akquirieren sei. Entsprechend kurz ist auch die Probezeit mit nur drei statt der sonst üblichen sechs Monate. Offensichtlich ist die Dreimonatsfrist aber problemlos, da erst zweimal seit 1972 in der Probezeit eine Entlassung vorgenommen werden mußte.

Erstaunlich ist allerdings, daß obwohl überwiegend Fachkräfte eingestellt wurden, die Zeitspanne, bis neue Mitarbeiter als vollwertige Beschäftigte angesehen werden können, von der Unternehmensleitung mit sechs Monaten recht lang eingestuft wurde. Außerdem sei es nach Neueinstellungen fast immer zu Produktivitätseinbußen in der entsprechenden Abteilung gekommen. Änderungen im Produktionsprozeß seien aber nur notwendig geworden, als zwei Schwerbeschädigte eingestellt wurden, um das Kontingent an Schwerbeschädigtenarbeitsplätzen zu erfüllen. Dadurch mußte ein ganzer Produktionsabschnitt umgestaltet werden, um behindertengerechte Arbeitsplätze zu erhalten.

Das Entlassungsverhalten von Unternehmen (III)

Insgesamt acht Mitarbeiter hat das Unternehmen in den letzten drei Jahren entlassen, wobei die letzten vier dieser Kündigungen auch konjunkturell bedingt waren. Auf eigenen Wunsch hat kein Mitarbeiter die Firma im genannten Zeitraum verlassen. Zwei der acht Entlassenen wurden wegen längeren Krankheiten freigesetzt und sind inzwischen im Vorruhestand. Vier Mitarbeiter wurden wegen offensichtlicher Ungeeignetheit bzw. Fehlverhaltens freigesetzt. Nur bei zwei entlassenen Mitarbeitern spielte ausdrücklich die konjunkturelle Lage die entscheidende Rolle. Interessant und für das Unternehmen mit hohen Kosten verbunden ist, daß bei jeder der acht Entlassungen ein Arbeitsgerichtsprozeß die Folge war. Dieser führte jeweils zu Abfindungszahlungen durch das Unternehmen in Höhe von einem bis zu drei Bruttomonatsgehältern. Die Firmenleitung schätzt dementsprechend die reinen Entlassungskosten einschließlich der Rechtsanwaltskosten auf mehr als 100.000 DM. Da der Erfolg des Rechtsbeistandes von der Firmenleitung eher mäßig beurteilt wurde, wird das Unternehmen ab sofort von Vertretern der Kreishandwerkerschaft bei Arbeitsgerichtsprozessen betreut. Das Beispiel von Unternehmen (III) zeigt auf sehr eindeutige Art und Weise, daß die Kündigungsschutzkosten für kleine Unternehmen häufig mehr als unterschätzt werden. Gerade ein kleines Unternehmen kann auf konjunkturelle Einbrüche häufig nur mit Entlassungen reagieren, wohingegen größere Firmen aufgrund ihrer höheren natürlichen Fluktuationsrate einen Teil des Arbeitskräfteüberhanges relativ kostensparend nivellieren können.

Das Angebot an freiwilligen betrieblichen Sozialleistungen in Unternehmen (III)

Das Unternehmen (III) bietet neben den tariflich vereinbarten Sozialleistungen innerhalb des Rahmenmanteltarifvertrages der Kreishandwerkerschaft in Anlehnung an die Metallabschlüsse auch freiwillige betriebliche Sozialleistungen an. Besonders bemerkenswert, weil für diese Unternehmensgröße absolut unüblich, ist das Angebot eines Betriebsarztes. Dieser frei praktizierende Arzt besucht die Firma ein bis zweimal im Monat, um Belegschaftsmitglieder auf deren Wunsch hin zu untersuchen. Er erhält dafür monatlich einen Pauschalbetrag von der Unternehmung. Eine betriebliche Altersversorgung hingegen gibt es im Unternehmen nicht. Auch ein Erfolgs- oder Gewinnbeteiligungssystem ist nicht vorhanden. Es gibt lediglich Sonderzahlungen, wenn Termine oder extrem schwierige Kundenwünsche erfolgreich eingehalten bzw. erfüllt wurden. Diese Zahlungen sind insofern sinnvoll für das Unternehmen, da in der Branche häufig sehr hohe Konventionalstrafen bei fehlerhafter Produktion oder Montage von neuen Maschinen anfallen. Einen weiteren Anreiz bietet das Unternehmen für unfallfreie Tage im Betrieb. Ist es im gesamten Unternehmen 300 Tage zu keinem Arbeitsunfall gekommen, wird ein großes Betriebsfest organisiert. Außerdem wird einmal jährlich ein Weihnachtsessen von der Unternehmensleitung offeriert.

Die Weiterbildungsaktivitäten des Unternehmens wurden bereits oben erwähnt. Zusätzliche Weiterbildungsangebote gibt es nicht. Sonderurlaub wird generell nicht gewährt, es sei denn ein Mitarbeiter ist in Organisationen wie der Freiwilligen Feuerwehr oder dem Deutschen Roten Kreuz tätig, wobei von diesen Institutionen der jeweilig entstandene Arbeitsausfall in der Unternehmung aber auch entgolten wird.

Im Unternehmen existieren zwei Dienstwagen, die allerdings hauptsächlich von der Unternehmensleitung oder dem Inhaber der Stabstelle genutzt werden. Für Mitarbeiter, die mehr als zehn Kilometer vom Betrieb entfernt wohnen, zahlt das Unternehmen einen Fahrtkostenzuschuß. Desweiteren erhält jeder gewerbliche Arbeitnehmer einen Arbeitsanzug und einen 50%igen Zuschuß für die gesetzlich vorgeschriebenen Sicherheitsschuhe, was ungefähr 75,- bis 120,- DM pro Mitarbeiter ausmacht. Trotz der relativ hohen Mitarbeiterzahl gibt es im Unternehmen keine Kantine. Ein Versuch mit Essen auf Rädern, wo die Mitarbeiter aus sechs Menüs wählen konnten, wurde nach kurzer Zeit wieder eingestellt, weil die Nachfrage zu gering war. Stattdessen wurden zwei Mikrowellengeräte installiert, mit deren Hilfe sich die Beschäftigten ihr mitgebrachtes Essen aufwärmen können.

Übertarifliche Urlaubs- und Weihnachtsgratifikationen zahlt das Unternehmen nicht. Andererseits erhalten alle (!) Beschäftigten neben dem Tariflohn einen erhöhten Lohn, was durchschnittlich zwei DM pro Stunde für einen Beschäftigten ausmacht. Auf die Frage des Verfassers, warum die Unternehmensleitung trotz der allgegenwärtigen Klagen über das hohe Lohnniveau und der Forderung nach Lohnzurückhaltung an die Adresse der Gewerkschaften übertariflich vergüte, antwortete die Geschäftsführung, daß ansonsten die guten Mitarbeiter immer noch die Möglichkeit in Betracht ziehen würden, zu größeren Betrieben zu wechseln, bei denen das Lohnniveau nun einmal höher sei.

Ob das gute Lohnniveau zum guten Betriebsklima (nach Aussage der Geschäftsleitung) beiträgt, oder ob die geringe Fluktuation auch damit zusammenhängt, daß der Betrieb einmal monatlich gesammelte Metallspäne verkauft und die Belegschaft zu einer Grillparty einlädt, muß offen bleiben.

Arbeitszeit und Organisationsformen der Arbeit in Unternehmen (III)

Die regelmäßige Wochenarbeitszeit im Unternehmen beträgt derzeit 37 Stunden und ist in den letzten fünf Jahren damit um drei von 40 Stunden ausgehend gesunken. Kompensiert wurde die Arbeitszeitverkürzung auf jeden Fall nicht mit Neueinstellungen. Ob eine 'Verdichtung der Arbeitszeit' infolge von einer Arbeitsproduktivitätserhöhung erfolgte, sei nicht genau zu beurteilen, da in diesen Zeitraum auch produktionstechnische Umstrukturierungen gefallen seien. Auf alle Fälle habe man verstärkt das Anpassungsinstrument Überstunden genutzt. Insofern haben die Arbeitszeitverkürzungsmaßnahmen innerhalb dieses Unternehmens nicht zu einer Entlastung des Arbeitsmarktes beigetragen, sondern lediglich den Kostendruck für die Firma erhöht. Die Überstundenzuschläge betragen nämlich für die ersten beiden Mehrarbeitsstunden 25%, für alle weiteren Stunden 50%. Die gleiche Regelung gilt für Samstagsarbeit. An Feiertagen schließlich beträgt der Überstundenzuschlag 150%. Bis 1990 wurde regelmäßig im Unternehmen Mehrarbeit geleistet, die generell entlohnt und nicht an anderen Tagen 'abgefeiert' wurde. Seit 1991 hat die konjunkturelle Situation dazu geführt, daß die Arbeitszeitverkürzungen in etwa durch den Nachfragerückgang kompensiert worden sind. Seitdem ist die Arbeitszeitverkürzung demnach als kostenneutral für das Unternehmen zu bezeichnen. Zu Produktivitätseinbußen bei Mehrarbeit kommt es nach Einschätzung der Unternehmensleitung bei mehr als zwei Überstunden an einem Arbeitstag für einen einzelnen Mitarbeiter. "Zwei Überstunden sind vertretbar, drei bringen nichts" (wörtliches Zitat des Firmeninhabers). Insbesondere die Montage- und Fertigungsabteilung seien von Überstunden betroffen gewesen, was auch mit der von der Unternehmensleitung angestrebten Flexibilität gegenüber Kunden zusammenhängt. In den gerade erwähnten Firmenabteilungen kommt es gelegentlich auch zu Wochenendarbeit, was für die Firma insgesamt aber einen Sonderfall darstellt.

Betriebsferien gibt es im Unternehmen nicht mehr, weil es heutzutage unablässig sei, schnell auf Kundenwünsche reagieren zu können. Deshalb sei es notwendig, daß zumindest in jeder Abteilung ein Dreher ständig im Betrieb anwesend sei. Prinzipiell ist deshalb der Urlaub für die Beschäftigten frei wählbar, beispielsweise sei es durchaus möglich, auch im Mai seinen Jahresurlaub anzutreten.

Die Fehltagequote in der Unternehmung beträgt im Durchschnitt 3,4% der zu leistenden Arbeitszeit und ist damit außerordentlich gering. Sie schwankt bei den einzelnen Mitarbeitern von 2,1% bis zu 16,17%. Die hohen Fehlzeitenquoten einzelner Arbeitnehmer ergeben sich vor allem aufgrund von Arbeitsunfällen. Für die Unternehmensleitung ist die Minimierung der Fehlzeiten offensichtlich ein Hauptziel ihrer Personalpolitik. Zum einen ist ein Indiz dafür die oben beschriebene Anreizwirkung bei den Sozialleistungen und zum anderen wurden in keinem anderen Unternehmen so dezidiert die Fehltage pro Mitarbeiter berechnet. Nicht überraschend ist deshalb auch die Zustimmung der Unternehmensleitung zu der politisch diskutierten Einführung von Karenztagen, welche auf alle Fälle eine Personalkostenentlastung bewirken würde. Mögliche negative Einflüsse durch Karenztage wie negativer Einfluß auf das Betriebsklima oder eine Ausweitung der Krankheitsdauern sieht die Geschäftsführung als nicht gegeben an.

Sehr konservativ ist die Handhabung der Arbeitszeitlage und der Arbeitsformen im Unternehmen. Es gibt keine Gleitzeit im Betrieb, der kaufmännische Bereich beginnt ebenso wie der überwiegende Teil der gewerblichen Mitarbeiter um 7.30 Uhr mit der Arbeit. Die Ausnahme bildet die Montageabteilung, welche bereits um 6.00 Uhr ihre Tätigkeit aufnimmt. Ebensowenig gibt es Teilzeitarbeitsplätze bzw. Job-Sharing im Unternehmen, da die Unternehmensleitung der Ansicht ist, daß gut qualifizierte Personen nur als Vollzeitarbeitskräfte berufstätig sein wollten. Die Einführung von variabler Jahresarbeitszeit erscheint für das Unternehmen aufgrund der geringen saisonalen Nachfrageschwankungen ohnehin nicht sinnvoll zu sein, der Begriff 'Kapovaz' war der Unternehmensleitung aber auch nicht geläufig. Dreimal wurde bisher auf das Anpassungsinstrument Personalleasing zurückgegriffen, allerdings ist die Firmenleitung wenig überzeugt von dieser Methode und wendet diese daher nur im äußersten Notfall an. "Die Personalleaser geben vor, qualifizierte Leute zu haben, die sich dann als absolut unqualifiziert herausstellen" (wörtliches Zitat des Firmeninhabers).

Die Flexibilität von Unternehmen (III)

Das Unternehmen kann vom Anspruch der Geschäftsleitung her durchaus als flexibel betrachtet werden. Kundenwünsche genießen absolute Priorität im Unternehmen. Interessanterweise steht die Unternehmensleitung aber den momentanen Tendenzen und Vorschlägen zur Arbeitszeitflexibiliserung eher skeptisch gegenüber. Wochenendarbeit würde ausschließlich die großen Firmen bevorteilen. Insbesondere die Probleme der Qualifizierung der bei Ausdehnung der Arbeitszeiten notwendig Einzustellenden würde die Firma vor unlösbare organisatorische Probleme stellen. Stattdessen wurde der Vorschlag gemacht, generell zur 40-Stunden-Woche zurückzukehren. Der alte 5-Tage-Rhythmus sei für Unternehmen dieser Größenordnung der praktikabelste, denn beispielsweise lasse sich nur so der Betrieb von den Führungskräften jederzeit überschauen und kontrollieren. Er (einer der Firmeninhaber) könne und wolle ja nicht sieben Tage in der Woche arbeiten und es sei kontraproduktiv für zwei zusätzliche Tage Produktion eine weitere Führungskraft einzustellen. Es sei zwar durchaus vorstellbar, daß der Absatz der Unternehmung einer eventuellen Ausweitung der Produktionskapazität entsprechend angepaßt werden könnte. Die organisatorischen Probleme würden aber trotzdem auftreten und deshalb seien längere Maschinenlaufzeiten zumindest für diese Unternehmung keine gute Lösung.

Die Außenbeziehungen von Unternehmen (III)

Bei der Frage nach der Bewertung staatlicher Fördermaßnahmen reagierte die Unternehmensleitung spontan ablehnend und bezeichnete diese kurz und knapp als unzureichend. Vor allem der Versuch, von der nordrhein-westfälischen Landesregierung ein neues Produkt gefördert zu bekommen, scheint maßgeblich für die negative Einschätzung staatlicher Fördermaßnahmen zu sein. "Es war ein erschreckender Aufwand an Papierkram" (wörtliches Zitat der Firmenleitung). Auch die Stadtverwaltung sei völlig inflexibel und sehe ihre Hauptbeziehung zu Unternehmen offensichtlich darin, jährlich den Hebesatz der Gewerbesteuer zu erhöhen (derzeit 320%). Beispielsweise sei eine Lohnniveausenkung und damit die Schaffung neuer Arbeitsplätze allein dadurch zu erreichen, daß es generell für Einarbeitungszeiten Lohnkostenzuschüsse durch die öffentliche Hand gäbe.

Ähnlich negativ wie zu den staatlichen Institutionen wird das Verhältnis zu den Banken beurteilt. Insbesondere das Gefühl, permanent ein "Bittgänger" zu sein, irritiert die Geschäftsleitung. "Ja, das letzte Hemd muß ausgezogen werden, obwohl wir seit Jahrzehnten als seriöse Unternehmer bekannt sind" (wörtliches Zitat des im kaufmännischen Bereich tätigen Firmeninhabers).

Das Verhältnis zu Großunternehmen wird - weniger auf die Konkurrenzfirmen als auf die Kunden wie die großen Zulieferer der Automobilbranche bezogen - als wenig konstruktiv eingeschätzt. Es gäbe permanent Versuche, die Firma unter Druck zu setzen. Diese Aussage bestätigt eindrucksvoll die vom Verfasser gemachte These, daß letztlich Kostendruck und Lieferfristenverschärfung fast vollständig die kleinen Unternehmen als letzte in der Produktionskette treffen.

Neben dem bereits erwähnten dreimaligen Einsatz von Personalleasingfirmen ist im Unternehmen die Lohnbuchhaltung vollständig ausgelagert. Sie wird von einer Wirtschaftsprüfungsgesellschaft in Nürnberg für 15,- DM pro Beschäftigten im Monat durchgeführt. Die Werbemaßnahmen werden unternehmensintern von der Stabstelle vorbereitet und durchgeführt. Kontakte zu Unternehmensberatungen hat es bisher noch nicht gegeben.

Einschätzung der Beschäftigungssituation von Unternehmen (III)

Insgesamt blickt die Unternehmensleitung trotz der angespannten Gewinnlage optimistisch in die Zukunft, weil man der Ansicht ist, daß die wirtschaftliche Talsohle erreicht sei, auch wenn zum Zeitpunkt des Interviews ein Aufschwung noch nicht abzusehen war. Der Verfasser hatte den Eindruck, daß im Unternehmen die konservative und bewährte Grundeinstellung nicht mehr Geld auszugeben als vorhanden ist, typisch für die gesamte Unternehmensführung ist. Als letztes Beispiel dafür sei an dieser Stelle die momentan im Unternehmen praktizierte, sukzessive Einführung der EDV erwähnt. Zunächst wurde eine PC-kontrollierte Stechuhr eingeführt. "Wenn das allgemein akzeptiert wird und problemlos läuft, wird EDV auch in anderen Unternehmensbereichen weiter eingeführt. Durch diesen langsamen Einbau von betrieblicher Datenerhebung soll Kontinuität gewährleistet bleiben und die üblichen Probleme bei einer EDV-Einführung vermieden werden" (wörtliches Zitat der Unternehmensleitung).

7.2.4 Unternehmen (IV): Dienstleistungsunternehmen Typ A

Das Unternehmensdesign von Unternehmen (IV)

Beim Unternehmen (IV) handelt es sich um einen Hotelbetrieb in Berlin. Die Unternehmung existiert seit 1981 und war bis 1992 eine Einzelunternehmung. Seit 1992 firmiert das Unternehmen in der Rechtsform einer GmbH. Das Hotel ist ein Familienunternehmen und wird von einem Familienmitglied geleitet. Eigentümer und Unternehmensleitung sind also in diesem Fall identische Personen.

Branchenmäßig ist das Hotel ein reiner Dienstleistungsbetrieb mit innerbetrieblicher Leistungserstellung. Das Hotel ist ein Garni-Betrieb, das heißt es offeriert außer einem Frühstücksbüfett keine sonstigen gastronomischen Dienstleistungen. Die Firma ist ein Einbetriebsunternehmen und bietet 95 Doppel- bzw. Einzelzimmer zu Preisen von 155,- DM für Einzelzimmer bis zu 260,- DM für Doppelzimmer an. Bei den Hotelgästen während der Woche handelt es sich hauptsächlich um Geschäftsreisende. An den Wochenenden überwiegen dagegen Aufenthalte von Touristen. Das Unternehmen ist extremen saisonalen Nachfrageschwankungen unterworfen, die beschäftigungsorganisatorisch nur schwer abzufangen sind. So schwankt die Auslastung des Hotels von 100% im Frühsommer und Herbst bis zu einer Belegungsquote von nur 20% im Februar. Durchschnittlich betrug die Auslastung bis 1991 85% und war damit ausgesprochen hoch. Seit 1991 macht sich jedoch zunehmend die konjunkturell schwierige Lage in einem Rückgang der Buchungen von Geschäftsleuten sowie das generelle Abklingen der touristischen Übernachtungen in Berlin bemerkbar, so daß die durchschnittliche Auslastungsquote des Hotels 1993 nur noch 75% betrug.[9] Generell führt die Unternehmensleitung die bekannten strukturellen Probleme der Stadt Berlin, einerseits nach Abbau der Subventionen viele Abwanderungen von Industriebetrieben und andererseits zu viele (neue) Hotels, als die Hauptursache für den Rückgang der Belegungsquote des Hotels an.

Die gegenwärtige Beschäftigungssituation von Unternehmen (IV)

Das Unternehmen (IV) beschäftigte zum 1.1.94 neben der Unternehmensleitung 25 Arbeitnehmer sowie drei Aushilfen. Die Stammbelegschaft setzt sich zusammen aus einem Prokuristen, einer Direktionsassistentin, vier Empfangssekretärinnen, drei (!) Hausmeistern, zwei Frühstücksserviererinnen und vierzehn Zimmermädchen. Die drei Aushilfen sind die momentan beschäftigten Nachtportiers. Trotz des Rückgangs der Belegungsquote ist die durchschnittliche Zahl der Stammbelegschaft seit Jahren mit 24-26 Mitarbeitern konstant geblieben.

Von den 25 Mitarbeitern der Stammbelegschaft sind 21 weiblich. Befristet Beschäftigte gibt es im Unternehmen nicht, wenn man von den erwähnten drei Aushilfskräften absieht. Dieses ist insofern nicht überraschend, weil das Hotel- und Gaststättengewerbe generell eher Stellenbesetzungsprobleme hat und eine

---

9 Allerdings besagt eine Faustregel im Hotel- und Gaststättengewerbe, daß selbst eine Auslastung von 65% noch eine gute Basis für erfolgreiches Wirtschaften darstellt. Die wirtschaftliche Situation des untersuchten Hotels ist demnach durchaus zufriedenstellend.

Befristung daher wenig sinnvoll erscheint. Im Unternehmen gibt es drei Hierarchieebenen, die Unternehmensleitung auf der ersten, Prokurist und Direktionsassistentin auf der zweiten und alle anderen Mitarbeiter auf der dritten Ebene. Das heißt, daß die Empfangssekretärinnen gegenüber den Zimmerfrauen nicht weisungsbefugt sind. Grundlegende Entscheidungen im Unternehmen werden allerdings ausschließlich von der Unternehmensleitung getroffen. Fach- oder Hochschulabschluß besitzt keiner der Mitarbeiter des Unternehmens. Lediglich elf der Beschäftigten haben einen qualifizierten Berufsabschluß, die restlichen vierzehn Mitarbeiter sind Ungelernte bzw. angelernte Hilfskräfte. Das Unternehmen (IV) weist demnach eine unterdurchschnittlich qualifizierte Belegschaft auf. Ein sehr hoher Ausländeranteil, 16 Mitarbeiter sind keine deutschen Staatsbürger, führt zu organisatorischen Problemen insofern, daß eine Zimmerfrau mehr oder weniger zunehmend eine Dolmetscherfunktion zwischen Unternehmensleitung und den anderen Zimmerfrauen ausübt, weil viele neue Mitarbeiterinnen im Hausdamenbereich kaum oder gar nicht deutsch sprechen können.

Im Unternehmen sind zwei Schwerbehinderte beschäftigt, eine Zimmerfrau mit 60% und ein Hausmeister mit 100% Gesundheitsbeeinträchtigung. Dadurch entstehen dem Hotel keine Fehlbelegungskosten, weil die Quote an zu besetzenden Schwerbehindertenarbeitsplätzen im Hotel somit erreicht wird. Etwaige Arbeitsprobleme oder zusätzliche Kosten durch die Beschäftigung der Schwerbehinderten gibt es nicht, da die beiden betroffenen Personen als vollwertige Mitarbeiter angesehen werden können.

Auszubildende hat das Unternehmen noch nicht beschäftigt, wobei hierfür ausschließlich der Umstand verantwortlich ist, daß es sich bei der untersuchten Firma um ein Hotel Garni handelt. Um eine vollwertige Ausbildung sicherstellen zu können, müßte das Hotel zusätzlich mit einem Restaurant einen Kooperationsvertrag abschließen, damit die gesetzlichen Anforderungen an die Ausbildungsberufe Hotelfachmann, -frau bzw. Hotelkaufmann, -frau erfüllt werden könnten. Diesen Aufwand und die Schwierigkeit, die Ausbildungszeiten mit einem anderen Unternehmen abstimmen zu müssen, hat man bis jetzt gescheut.

Einen Betriebsrat gibt es im Unternehmen bis jetzt nicht. Es sind auch keinerlei Aktivitäten in dieser Richtung zu erwarten, weil die Unternehmensleitung bezüglich der Implementierung eines Betriebsrates extrem restriktiv eingestellt ist. "Wozu soll in einem Hotel ein Betriebsrat gut sein?" (wörtliches Zitat der Unternehmensleitung).

Die geschäftsmäßige Entwicklung von Unternehmen (IV)

Die Beschäftigtenzahl ist seit ca. zehn Jahren mit durchschnittlich 25 Mitarbeitern relativ konstant gewesen. Neueinstellungen sind auch zukünftig nur bei notwendigem Personalersatz zu erwarten. Die Umsatzentwicklung des Hotels ist nach dem Boom des Vereinigungsjahres merklich schlechter geworden und im letzten Jahr ist das Unternehmen trotz der immer noch hohen Belegungsquote sogar in die Verlustzone geraten. Hierfür sind allerdings maßgeblich durchgeführte bauliche Investitionen am Geschäftsgebäude verantwortlich. Auch für 1994 rechnet die Unternehmensleitung bestenfalls mit einem ausgeglichenen Ergebnis. Bis 1990 sei die Gewinnentwicklung allerdings zufriedenstellend gewesen. Die künftige Entwicklung des Unternehmens schätzt die Geschäftleitung aber aufgrund der vielen Hotels, insbesondere der neuen Konkurrenz der Ostberliner Hotels, eher pessimistisch ein. Die gegenwärtige Rezession macht sich neben des allgemeinen Geschäftsrückganges auch durch wesentlich kurzfristigere Reservierugen bemerkbar. Auf einer Skala von 1-6 wurden die Unternehmensaussichten dementsprechend auch nur mit 4-5 (gerade noch ausreichend) bewertet. Erstaunlich ist in diesem Zusammenhang, daß trotz der eher negativen Einschätzung der zukünftigen Unternehmenssituation, die oben erwähnten Investitionen, welche die zur Verfügung stehende Zimmerzahl noch einmal erhöhten, durchgeführt wurden.

Das Einstellungsverhalten von Unternehmen (IV)

In den letzten drei Jahren hat das Unternehmen 15 neue Mitarbeiter eingestellt. Da das Hotel aber seine Stammbelegschaft in diesem Zeitraum nicht ausgedehnt hat, wird die enorm hohe Fluktuationsrate im Unternehmen evident. Ein überraschendes Bild ergibt sich bei den Rekrutierungswegen des Unternehmens. Neue Mitarbeiter wurden fast ausschließlich (Anzahl 12 = 80%) mit Hilfe des Arbeitsamtes eingestellt. Zwar erhält das Unternehmen durchschnittlich zwanzig Initiativbewerbungen im Jahr, aber diese Bewerber werden grundsätzlich nicht eingestellt - aus irrationalen Gründen wie die Direktionsassistentin vertraulich mitteilte. Der Versuch, über eine Stellenanzeige neues Personal zu finden, wurde einmal durchgeführt. Mit dem Ergebnis, daß nach fast zwanzig Vorstellungsgesprächen niemand eingestellt wurde. Lediglich durch Empfehlungen von Belegschaftsmitgliedern hat das Unternehmen in den letzten drei Jahren neben der Vermittlung durch das Arbeitsamt neue Mitarbeiter rekrutiert (Anzahl 3 = 20%). Das heißt sonstige Rekrutierungswege wie Firmenkontakte oder Betriebsaushänge wurden nicht in Anspruch genommen.

Gibt es offene Stellen im Unternehmen, werden diese grundsätzlich dem Arbeitsamt gemeldet, und wie gesagt, auch in der Regel durch Vermittlung des Arbeitsamtes besetzt. Trotzdem werden von der Geschäftsleitung offen Besetzungsschwierigkeiten eingeräumt und die Verfügbarkeit von Arbeitskräften auf einer Skala von 1-6 mit 5 (mangelhaft) bewertet. Hierfür sei der nur mäßige Beschäftigtenpool des Arbeitsamtes verantwortlich, da viele aufgrund einer Adressenmitteilung des Arbeitsamtes angeschriebenen Personen offensichtlich arbeitsunwillig seien. Von zehn angeschriebenen potentiellen neuen Mitarbeitern erschienen bestenfalls zwei. Allerdings räumte die Direktionsassistentin im Gespräch ein, daß das Verhältnis von Anspruchsniveau der Unternehmensleitung an Bewerber und die angebotene Entlohnung nicht sonderlich attraktiv sei. Insbesondere bei der im Hotel zahlenmäßig umfangreichsten Personalgruppe der Zimmerfrauen seien die Stellenbesetzungsprobleme aufgetreten, weil einerseits die Anforderungen, mindestens 35 Jahre alt, möglichst keine Kinder und andererseits Wochenendarbeit und geringe Entlohnung abschreckend wirken. Viele Bewerberinnen wollen dagegen aber nur als Teilzeitkraft und während Woche arbeiten. Zu gravierenden Organisationsschwierigkeiten aufgrund von Personalmangel sei es aber noch nicht gekommen. Dieses vermutlich auch deshalb, weil in Engpaßsituationen verstärkt Aushilfen durch Studentenvermittlungsbüros akquiriert werden (siehe unten).

Wie üblich in den befragten Unternehmen führte die Frage nach einer Einschätzung der reinen Einstellungskosten zu einem Achselzucken und anschließender Ausführung über die Geringfügigkeit dieser Ausgaben. Allerdings dürfte die Entscheidung, neues Personal weitgehend mit Hilfe des Arbeitsamtes zu rekrutieren, durchaus durch ein vorhandenes, vielleicht angesichts des oben beschriebenen Beispieles von zwanzig vergeblichen Vorstellungsgesprächen hervorgerufenes, Kostenbewußtsein bezüglich Einstellungsvorgängen enstanden sein.

Das Vertragsverhalten von Unternehmen (IV)

Die Personalauswahlgespräche im Unternehmen führt ausschließlich die Unternehmensleitung. Die jeweiligen Gespräche dauern in der Regel eine Stunde. Pro zu besetzender Stelle wurden durchschnittlich drei potentielle Bewerberinnen befragt. Die Einführung am Arbeitsplatz übernimmt bei Empfangssekretärinnen die Geschäftsleitung, bei Zimmerfrauen weisen die bereits angestellten die neuen Mitarbeiterinnen ein. Weder interne noch externe Weiterbildungsmaßnahmen werden für neue Beschäftigte angeboten, was vermutlich hauptsächlich auf das geringe Qualifikationsprofil der meisten Arbeitsplätze des Unternehmens zurückzuführen ist. Deshalb gibt es auch für keinerlei Mitarbeiter Weiterbildungsangebote oder Freistellungen für externe Fortbildungen. Lediglich als 1982 erstmals Computer im Unternehmen eingesetzt wurden, gab es eine kostenlose Einführungsschulung vom Softwarehersteller.

Neue Mitarbeiter werden im allgemeinen nicht befristet eingestellt. Lediglich bei Zimmerfrauen, die aus den Bürgerkriegsgebieten des ehemaligen Jugoslawiens stammen, wird die Beschäftigungzeit aufgrund einiger negativer Erfahrungen zunächst auf ein halbes Jahr befristet. Überwiegend werden die zeitlich befristet Eingestellten aber nach Ablauf der halbjährigen Befristung weiterbeschäftigt. Erstaunlich kurz ist die Probezeit in allen anderen Fällen. Sie beträgt nur einen Monat. Zweimal wurde bis heute zum Ende der Probezeit das Arbeitsverhältnis aufgrund von nicht ausreichenden Arbeitsleistungen aufgehoben. Die Frage nach dem jeweiligen Zeitpunkt einer erreichten, vollwertigen Arbeitsleistung neuer Mitarbeiter macht lediglich bei Empfangssekretärinnen Sinn, da bei den anderen Stellenarten das geforderte Qualifikationsniveau zu gering und damit von neuen Mitarbeitern sofort erreicht werden kann. Die Unternehmensleitung geht davon aus, daß nach einer einmonatigen Einarbeitungszeit neue Beschäftigte allein die Rezeption des Hotels leiten können. Zu gravierenden Produktivitätseinbußen ist es aufgrund von Stellenneubesetzungen im Unternehmen noch nicht gekommen, allerdings macht die Integration neuer Zimmerfrauen häufiger Schwierigkeiten. Insbesondere deutsche Zimmerfrauen würden häufig diskriminiert, weil das Personal im Hausdamenbereich fast ausschließlich aus dem ehemaligen Jugoslawien stammt und einen in sich geschlossenen Personenkreis bilde, in dem eine neue (deutsche) Mitarbeiterin nur schwer akzeptiert würde.

Da der tägliche Ablauf in einem Hotel äußerst standardisiert ist, wurden durch neue Mitarbeiter keine organisatorischen Umstrukturierungen notwendig. Allerdings führt die hohe Fluktuationsrate im Unternehmen zu ständigen organisatorischen Problemen bei der Dienstplanerstellung und sicherlich auch zu einigen Ineffizienzen.

Das Entlassungsverhalten von Unternehmen (IV)

In den letzten drei Jahren verließen insgesamt 15 Mitarbeiter das Unternehmen. Von den beendeten Arbeitsverhältnissen wurden gut die Hälfte (acht) aufgrund des Wunsches der betreffenden Arbeitnehmerin gelöst. Hauptsächliche Gründe dafür waren vorherige Abmahnungen mit einhergehender Verschlechterung des Arbeitsklimas sowie persönliche Veränderungswünsche der Mitarbeiterinnen. Letzteres vorwiegend deshalb, weil der Wunsch bestand, beruflich in das Ausland wechseln zu wollen. Insbesondere bei Empfangssekretärinnen war der

Wunsch nach Veränderung vorhanden, da die Größe des Hotels zwar einen guten Einstieg nach einer Ausbildung zur Hotelkauffrau ermöglicht, aber für einen weiteren Karriereaufstieg zu klein ist.

Sieben Mitarbeiterinnen wurden unter Beibehaltung der gesetzlichen Kündigungsfristen entlassen. Hauptentlassungsgründe waren längere Krankheiten sowie Fehlverhalten wie beispielsweise Beschimpfungen der Unternehmensleitung. Abfindungen für ausgeschiedene Beschäftigte wurden nur nach gerichtlichen Auseinandersetzungen gezahlt. Zweimal wurde das Unternehmen zu Abstandszahlungen von 2500,- DM bzw. 1000,- DM verpflichtet, ein weiterer Arbeitsgerichtsprozeß ging verloren und die gekündigte Mitarbeiterin mußte wieder eingestellt werden. Sie war schwanger gewesen und hatte dieses bei der Einstellung verschwiegen. Die aufgetretenen Kosten der Arbeitsgerichtsprozesse hielten sich in engen Grenzen, weil der jeweilige Rechtsbeistand durch den Innungsrechtsanwalt vorgenommen wurde. Insgesamt läßt sich das Entlassungsverhalten von Unternehmen (IV) als sehr progressiv charakterisieren. Insbesondere erscheinen manche Entlassungen weniger aus rationalen Überlegungen, sondern eher von emotionalen Stimmungen der Firmenleitung hervorgerufen worden zu sein. Kostenoptimal, auch im Hinblick auf ein dadurch hervorgerufenes schlechteres Betriebsklima mit einhergehenden Arbeitsproduktivitätseinbußen, erscheint diese Vorgehensweise aber keineswegs zu sein. Hier könnte die Etablierung eines Betriebsrats durchaus sinnvoll sein, wenn durch ihn ein ausgleichendes Element im Unternehmen vorhanden wäre. Allerdings ist momentan keiner aus der Belegschaft Mitglied in der zuständigen Gewerkschaft Nahrung, Genußmittel und Gaststätten.

Das Angebot an freiwilligen betrieblichen Sozialleistungen in Unternehmen (IV)

Wie im Hotel- und Gaststättengewerbe üblich, ist die Handhabung von Sozialleistungen im Unternehmen eher als restriktiv zu beurteilen. Betriebliche Alters- oder Gesundheitsvorsorgeregelungen existieren nicht, ebenso wenig Erfolgs- oder Gewinnbeteiligungen. Lediglich für längere Nichtkrankheit oder sonstige besondere Leistungen erhalten Mitarbeiter zusätzlichen Lohn oder auch Sachgeschenke. Bei guter Gewinnlage gibt es zudem ganz vereinzelt Jahresleistungsprämien für besonders bevorzugte Beschäftigte. Sonderurlaub wurde bis heute von keinem Mitarbeiter beantragt. Dienstwagen besitzt das Unternehmen nicht und auch die früher übliche, kostenlos zur Verfügung gestellte Monatsfahrkarte für den öffentlichen Nahverkehr wird nicht mehr angeboten, seitdem das Unternehmen dafür Steuern abführen mußte. Allerdings wurde der Preis der Fahrkarte von 65,- DM jeweils dem Brottomonatslohn zugerechnet und dieser somit leicht erhöht. Übertarifliche Zahlungen gibt es beim Urlaubsgeld nicht, jeder Mitarbeiter erhält tariflich 30,- DM pro genommenem Urlaubstag. Weihnachtsgeld gibt es tariflich überhaupt nicht, hier zahlt das Unternehmen individuell bis zu einem Monatsgehalt. Auch der gezahlte Lohn bewegt sich mit Ausnahme der Vergütung für den Prokuristen im tariflichen Rahmen und ist beispielsweise mit 1970,- DM brutto als Einstiegsgehalt für Zimmerfrauen extrem niedrig. Am Empfang wird ein Anfangsgehalt von 2450,- DM brutto gezahlt und steigt momentan bis zu 2600,- DM brutto bei einer seit zweieinhalb Jahren im Unternehmen befindlichen Empfangssekretärin. Halbtagskräfte erhalten ihren Lohn nach Stunden, in der Regel liegt der Stundenlohn bei 15,- DM brutto. Bei Neueinstellungen wird grundsätzlich nur Tarif bezahlt, für länger beschäftigte Mitarbeiter gibt es eine Art von Senioritätsentlohnung in Form von Tarifzulagen. "Treue wird im Unternehmen zunehmend entlohnt" (wörtliches Zitat der Direktionsassistentin), vermutlich um die hohe Fluktuationsrate zu senken. Allerdings liegt ein Spitzenlohn bei den Zimmerfrauen nach zehn Jahren Betriebszugehörigkeitsdauer auch nur bei 2350,- DM brutto. Sonstige Sozialleistungen wie Kantinen, vermögenswirksame Leistungen, etc., gibt es im Unternehmen nicht. Die Zimmerfrauen verpflegen sich selbst, die Rezeptionistinnen arbeiten in ihrer Schicht ohne Pause.

Betrachtet man die insgesamt angebotenen freiwilligen betrieblichen Sozialleistungen des Unternehmens, so wird der erhebliche Unterschied von Hotel- und Gaststättengewerbe zu anderen Branchen deutlich. Generös ist im Prinzip nur die Regelung, daß bei Krankheit eines Kindes pro Elternteil zehn Tage Sonderurlaub gewährt werden und zwar unabhängig davon, ob die Kinderbetreuung tatsächlich notwendig ist, weil keine andere Aufsichtsperson verfügbar ist. Es bleibt aber trotzdem die Frage, ob sich nicht erhebliche Such- und Einarbeitungskosten durch verbesserte freiwillige betriebliche Sozialleistungen einsparen ließen.

Arbeitszeit und Organisationsformen der Arbeit in Unternehmen (IV)

Die reguläre Wochenarbeitszeit betrug im Unternehmen noch bis 1992 vierzig Stunden. Die 1992 geführten Tarifverhandlungen führten dann zu einer Verringerung um 1,5 Stunden auf 38,5 Stunden. Die Umsetzung folgte nicht in einer wöchentlich geringeren Arbeitszeit der Arbeitnehmer, sondern jeder Mitarbeiter erhält insgesamt zehn zusätzliche freie Tage pro Jahr, die er im Modus - einzeln, alle fünf Wochen einen Tag - wahrnehmen kann. Die daraus resultierende Wochenarbeitszeit beträgt leicht gerundet 38,5 Stunden, die jeweils in der Woche x zu leistende Arbeitszeit beträgt aber weiterhin vierzig Stunden. Neueinstellungen gab es aufgrund von Arbeitszeitverkürzungen jedoch nicht, weil die dadurch eingesparten Arbeitsstunden durch Mehrarbeit von einigen Mitarbeitern kompensiert werden konnten. Wobei Mehrarbeit hier nicht 'Verdichtung der Arbeitszeit' bedeutet, sondern es wurden Überstunden angesammelt. Der Prokurist sprach in diesem Zusammenhang von "aufgelaufenen Stunden", die entweder regulär ausbezahlt oder in nachfrageschwachen Zeiten abgetragen werden können. Zu gravierenden Problemen im Unternehmen hat die Arbeitszeitverkürzung jedenfalls noch nicht geführt.

Lediglich bestimmte Mitarbeiter des Unternehmens leisten regelmäßig Überstunden. Neben dem Führungspersonal, wo dieses als Selbstverständlichkeit angesehen wird und dementsprechend auch keine zusätzliche Vergütung erfolgt, sind dieses eine Serviererin am Frühstücksbüffet, zwei Zimmerfrauen und einer der Hausmeister. Diese Überstunden werden auf freiwilliger Basis geleistet, in der Regel dürfte Geldmangel der betreffenden Arbeitnehmer die Motivation dafür sein. Der Überstundenzuschlag beträgt für normale Werktage sowie für das Wochenende, an dem ansonsten der gleiche Lohn gezahlt wird, 33 1/3% und 133 1/3% für Feiertage (der reine Feiertagszuschlag beträgt also 100%). Der Hausmeister erhält für Sonntagsarbeit einen Zuschlag von 50%. Insbesondere die Zustimmung zur Mehrarbeit des Hausmeisters sei mehr eine soziale Geste des Unternehmens, denn eine betriebliche Notwendigkeit. Zu Überlastungen der Mitarbeiter sei es jedenfalls aufgrund von Überstunden noch nicht gekommen.

Das Schichtsystem an der Rezeption ist für die Größe des Hotels nicht weiter überraschend ein 24-Stunden-System. Am Empfang wird von 7-15 Uhr in der Frühschicht und von 15-23 Uhr Nachmittags- und Abendschicht gearbeitet und von 23-7 Uhr ist die Rezeption jeweils durch einen Nachtportier besetzt. Die drei beschäftigten Portiers des Hotels sind in der Regel Aushilfen, zumeist Studenten. Die Mitarbeiterinnen am Frühstücksbüfett arbeiten je nach Wochentag entweder von 6.30-14 Uhr oder von 6.30-12 Uhr. Die Zimmerfrauen sind bei Vollzeit von 8-17 Uhr und bei Teilzeit von 8.30-12.30 Uhr anwesend. Die Hausmeister schließlich arbeiten von 8-17 Uhr. Die Direktionsassistentin arbeitet zu wechselnden Betriebszeiten und der Prokurist "arbeite fast immer" (wörtliches Zitat des Prokuristen). Offensichtlich besteht auch in diesem Unternehmen eine Tendenz, daß sich das vorhandene Führungspersonal systematisch selbst überlastet.

Betriebsferien gibt es im Unternehmen vom 24.12. bis zum 1.1. eines jeden Jahres. Diese Zeit wird genutzt für eine extern durchgeführte Grundreinigung und für Inventurmaßnahmen. Die Urlaubslänge beträgt für alle Mitarbeiter 25 Tage, wobei zwar ein Urlaubsterminwunsch geäußert werden darf, die Urlaubszeit in der Regel aber vorgegeben wird. Beispielsweise gibt es zu Messezeiten und

Feiertagswochenende generell keinen Urlaub. In den Schulferien dürfen lediglich Mitarbeiter mit schulpflichtigen Kindern generell verreisen. Wenn Urlaubstage nicht genommen werden, was durchaus häufiger geschieht, werden sie entsprechend der sonst üblichen Vergütung ausbezahlt. Diese eher ungewöhnliche Regelung geht eindeutig von den Wünschen der Unternehmensleitung aus.

Die Fehlzeiten im Unternehmen sind für das Hotel- und Gaststättengewerbe außerordentlich gering. Die durchschnittliche Fehltageanzahl pro Mitarbeiter im Jahr beträgt nur drei, was einer Fehltagequote von etwa 1,5% entspricht. Hier scheint sich der autoritäre Führungsstil der Unternehmensleitung bemerkbar zu machen. Das Motto "bei Blaumachen am Montag gibt es die Kündigung am Freitag" (wörtliches Zitat der Unternehmensleitung) führt jedenfalls dazu, daß wenn ein Beschäftigter krank ist, es sich fast immer um eine ernsthafte Gesundheitsbeeinträchtigung handelt. Vielleicht auch aufgrund dieser Situation betrachtet die Unternehmensleitung die Karenztagediskussion für unsinnig.

Derzeit gibt es sieben Teilzeitbeschäftigte im Unternehmen (IV). Fünf Zimmerfrauen und eine Serviererin sind jeweils vier bzw. fünf Stunden täglich beschäftigt. Momentan arbeitet auch die Direktionsassistentin aufgrund des Vorhandenseins von noch nicht schulpflichtigen Kindern nur zwanzig Stunden in der Woche. Probleme zwischen teilzeit- und vollzeitbeschäftigtem Personal habe es bisher noch nicht gegeben. Es würden auch von Seiten der Unternehmensleitung keinerlei Unterschiede in der Behandlung gemacht. Die Teilzeitregelungen gibt es seit sechs oder sieben Jahren, wobei der Wunsch danach zunächst vom Hotel ausging, vermutlich um die Leistungsfähigkeit der Zimmerfrauen zu erhöhen. Sonstige neuere Arbeitszeitformen existieren im Unternehmen nicht und Fragen zu Kern- oder Gleitzeit im Hotel erübrigen sich aufgrund des 24-Stunden-Services im Empfangsbereich ohnehin. Auch für den Zimmerbereich sind die Zeiten, wann die vermieteten Räume gereinigt werden können und somit auch die Arbeitszeiten der Zimmerfrauen, eher fest vorgegeben.

Personalleasing wird nur bei bestimmten Engpässen angewandt, in der Regel handelt es sich bei den Aushilfskräften um Studenten, welche die Hausmeister bei erforderlichen Instandsetzungen handwerklich unterstützen sollen, oder um Studentinnen, die besonders am Wochenende, Zimmerfrauen oder Serviererinnen ersetzen. Lediglich bei den Nachtportiers handelt es sich um "feste Aushilfen" (wörtliches Zitat der Direktionsassistentin), die pro Nacht zwischen 145-160 DM netto verdienen. Ansonsten werden die Aushilfen über Vermittlungsorganisationen wie TUSMA oder Heinzelmännchen gefunden.

Das Betriebsklima ist im Unternehmen offensichtlich wesentlich rauher als in den anderen befragten Unternehmen. Allerdings wird die Unternehmensleitung als kompetent und letztlich als "hart aber gerecht" (wörtliches Zitat von Mitarbeiterinnen) dargestellt. Trotzdem scheint die hohe Fluktuationsrate im Unternehmen ein Indiz nicht nur für ein zu geringes Lohnniveau, sondern auch für zwischenmenschliche Probleme innerhalb der Firma zu sein. Die durchschnittliche Betriebszugehörigkeitsdauer beträgt dementsprechend auch nur drei bis vier Jahre. Insbesondere wird von Teilen der Belegschaft die "soziale Enge" (wörtliches Zitat einer Mitarbeiterin) im Unternehmen als Problem erachtet. Beispielsweise werde bei Einstellungsgesprächen relativ unverblümt nach den privaten Verhältnissen gefragt und ohne ein negatives Schwangerschaftsattest würde keine Einstellung erfolgen.

Die Flexibilität von Unternehmen (IV):

Aufgrund des Unternehmenszwecks eines Hotels ist die Diskussion über längere Maschinenlaufzeiten für das Unternehmen (IV) nicht von Bedeutung. Was die Flexibilität der Arbeitszeiten des Personals anbelangt, so ist auch dieser im Hotel ein enger Rahmen gesetzt. Flexibilität zugunsten der Arbeitnehmer wird insofern gewährt, daß wenn ein Mitarbeiter aus einem wichtigen Grund nicht arbeiten kann oder will, Schichten getauscht und nachgearbeitet werden können.

Die Außenbeziehungen von Unternehmen (IV):

Staatliche Fördermaßnahmen lehnt die sehr autarke Unternehmensleitung generell ab. Deshalb haben bis heute auch keinerlei Kontakte zu Industrie- und Handelskammer oder ähnlichen Institutionen bestanden. Es ist im Unternehmen generell kein Interesse an einer solchen Zusammenarbeit vorhanden.

Erstaunlich ist, daß obwohl ein Großteil des neuen Personals mit Hilfe des Arbeitsamtes rekrutiert wird, die Unternehmensleitung die Zusammenarbeit mit dem Arbeitsamt auf einer Skala von 1-6 mit einer 5 (mangelhaft) einstuft. Hier scheint sich einerseits das unbefriedigende Arbeitsangebot des Stellenpools des Arbeitsamtes auszuwirken und andererseits ein weiteres Indiz dafür vorhanden zu sein, daß es den Arbeitsämtern nicht ausreichend gelingt, sich auf die Probleme von kleinen Unternehmen einzustellen. Außerdem steigert es nicht die Beliebtheit des Arbeitsamtes, wenn in sehr kurzen Abständen ausführliche Überprüfungen der Mitarbeiter durch das Arbeitsamt durchgeführt werden und das normale Tagesgeschäft dadurch beeinträchtigt wird.

Das Verhältnis zu den Banken ist nur beschränkt auf den normalen geschäftsmäßgen Kontokorrentdienst. Selbst die oben erwähnten Investitionen der letzten Zeit wurden ohne Bankkredite bewerkstelligt, indem private Rücklagen des Hotels bzw. der Unternehmensleitung angegriffen wurden. Die finanzielle Situation des Hotels scheint demnach ausgeprochen gut zu sein.

Auf die Frage, ob das Hotel strukturelle Nachteile gegenüber größeren Häusern besitze, wurden einige Schwierigkeiten eingeräumt. Beispielsweise sei das Lohnniveau in den großen Hotels wesentlich höher, was die eigene Personalbeschaffung zusätzlich erschwere. Zudem sei die Reputation eines Hotels bei den im Hotelgewerbe nun einmal häufig vorkommenden Betriebswechsel von Arbeitnehmern sehr wichtig und damit insbesondere auch für die Zukunftsaussichten der Rezeptionsmitarbeiter von entscheidender Bedeutung. Wer zum Beipiel vom Steigenberger komme, könne sich den neuen Arbeitgeber in der Regel aussuchen. Weiterhin sei es ein, wenn auch umstrittener Nachteil, nur Frühstück anzubieten. Auch das sei nicht gut für das Renommée eines Hotels. Um aber ein qualitativ ansprechendes Restaurant zu installieren, sei das Hotel zu klein, weil zu wenig Hotelgäste übernachten könnten, um dieses auszulasten. Ebenso habe sich das Angebot von festen Touristenprogrammen für diese Hotelgröße nicht ausgezahlt. Größere Hotels hätten eigenständige Reiseangebote einschließlich Bahnfahrkarte, Stadtrundfahrt, Museums- und Theaterbesuch, Übernachtung und Vollverpflegung. Allerdings sind durch die bereits erwähnten baulichen Veränderungen Konferenzräume errichtet worden. Dieses neue, attraktive Angebot erfreut sich offensichtlich einer regen Nachfrage. Damit konnte also ein Nachteil gegenüber großen Hotels beseitigt werden.

Betriebsexterne Serviceleistungen werden nur für die Lohnbuchhaltung und die Bilanzerstellung in Anspruch genommen. Alle anderen Arbeiten werden im Unternehmen selbst ausgeführt. Es wird im Unternehmen als nicht erforderlich angesehen, Werbeagenturen oder Unternehmensberatungen zu Rate zu ziehen. Das offenbart nochmals die "totale Innenorientierung der Unternehmensleitung" (wörtliches Zitat der Unternehmensleitung).

7.2.5 Unternehmen (V): Handwerks- bzw. Handelsunternehmen Typ A

Das Unternehmensdesign von Unternehmen (V)

Beim Unternehmen (V) handelt es sich um einen kleinen KFZ-Service einschließlich des Kraftfahrzeughandels. Das Unternehmen ist in Nordrhein-Westfalen in einer Stadt mit 300.000 Einwohnern beheimatet. Es ist neben Unternehmen (VI) die älteste der befragten Firmen und existiert seit 1928. Die Rechtsform des Unternehmens ist eine OHG. Die dritte Führungsgeneration des Unternehmens, zwei Brüder, sind die beiden derzeitigen gleichberechtigten Gesellschafter.

Branchenmäßig ist das Unternehmen eine Mischform aus Handel- und Handwerksbetrieb. Neben dem An- und Verkauf von Gebraucht- und Neuwagen als Vertragshändler eines großen Automobilkonzerns wird ein Großteil des Umsatzes mit Reparaturen, Ersatzteilverkauf und einer Autowaschstraße getätigt. Die bis 1990 vorhandene Tankstelle wurde aufgrund der auf dem Benzinmarkt sehr extremen Konkurrenzsituation und den zu erwartenden Umweltauflagen, mit den damit verbundenen hohen Investitionskosten, stillgelegt und anschließend demontiert. Einen Nachteil hat es dadurch für die anderen Unternehmenssegmente laut Aussage der Unternehmensleitung nicht gegeben, bzw. sei ein solcher zumindest nicht feststellbar gewesen.

Das Unternehmen ist als eine der kleineren KFZ-Vertragshändlerfirmen in der Stadt starker Konkurrenz ausgesetzt. Zudem ist das Volumen des gesamten Automarktes insgesamt, unabhängig von gegenwärtigen Rezessionstendenzen (siehe oben), seit Jahren rückläufig. Insbesondere die Jahre nach dem Vereinigungsboom in Deutschland waren von einem erheblichen Absatzeinbruch im Neuwagenverkauf gekennzeichnet. In 1994 scheint jetzt aber eine leichte Trendwende absehbar. Unabhängig von konjunkturellen Nachfrageschwankungen ist das Unternehmensgeschäft grundsätzlich saisonalen Schwankungen unterworfen. So ist die unternehmenseigene Werkstatt von Juni bis August eines Jahres kaum ausgelastet, ansonsten gibt es aber eine relativ konstante Nachfrage. Der Handel mit Neu- bzw. Gebrauchtwagen ist ebenfalls in den Sommermonaten ruhig, steigt dann kontinuierlich bis zum Jahresende an, um im Februar mit 50% weniger als dem Höchstumsatz einen absoluten Tiefpunkt zu erreichen. Von Februar bis zum Sommer steigt der Umsatz dann jeweils stetig bis zur 'Sommerpause' an. Betrachtet man Handel und Werkstatt gemeinsam, so ergibt sich eine durchnittliche jährliche Auslastungsschwankung von 40 Prozentpunkten, von 100% Auslastung im Herbst bis zu 60% im Februar. Die Einführung des EG-Binnenmarktes hat für das Unternehmen deshalb keine Rolle gespielt, weil die Landesgrenze und die damit verbundenen Verluste durch Käufe von preiswerteren Autos im Ausland zu weit entfernt ist. Insgesamt ist die Unternehmensleitung mit dem Standort des Unternehmens zufrieden, insbesondere deshalb weil es in einer gesetzten urbanen Region der Stadt[10] behei-

[10] Mit gesetzter Urbanität ist gemeint, daß in der näheren örtlichen Umgebung der Unternehmung wohnungsbauliche Maßnahmen seit vielen Jahren abgeschlossen sind. Viele der Häuser in den umliegenden Siedlungsgebieten sind Ein- oder Zweifamilienhäuser, die vorwiegend von den Eigentümern bewohnt werden. Dadurch ist aber die Bevölkerungsfluktuati-

matet ist, was für viele langjährige Stammkunden sorgt. Zudem sei der Kontakt zur Handwerkskammer, vor allem was die Akquisition von Auszubildenden anbelangt, sehr förderlich. Die Leistungserstellung des Betriebes erfolgt mit Ausnahme von Notfällen, wie liegengebliebenen Fahrzeugen, ausschließlich innerbetrieblich.

Die zukünftigen Geschäftsaussichten bezeichnet die Unternehmensleitung als durchaus zufriedenstellend, obwohl das Anspruchsdenken der Kunden rasant zunehme. Beispielsweise würden heute Reparaturen ohne gleichzeitiges Zurverfügungstellen eines Ersatzwagens zunehmend abgelehnt. Es sei logistisch aber sehr schwierig und mit hohen Kosten verbunden, diesen Kundenwünschen nach ungebrochener Mobilität zu entsprechen. Wie sich der Konflikt Auto und Umwelt in Zukunft entwickele, müsse abgewartet werden. Eine autofreie Stadt kann sich die Unternehmensleitung selbstverständlich nicht vorstellen.

Das Unternehmen (V) hat kein Tochterunternehmen und besteht nur aus einer Arbeitsstätte. Die Firma beschäftigte zum 1.1.94 neun festangestellte Mitarbeiter. Dazu kommt die bereits erwähnte Unternehmensleitung mit zwei Personen. Der eine Gesellschafter ist KFZ-Meister und leitet die Reparaturwerkstatt und die Waschstraße. Neben ihm arbeiten insgesamt sieben KFZ-Mechaniker und ein Auszubildender in der Werkstatt. Der andere Inhaber ist im kaufmännischen Bereich tätig und ist für den Verkauf zuständig, wobei aufgrund der kleinen Unternehmensgröße die Verkaufsabteilung nahezu identisch mit der Person des kaufmännischen Leiters ist. Er wird lediglich von einer teilzeitbeschäftigten Bürokraft unterstützt.

Die gegenwärtige Beschäftigungssituation von Unternehmen (V)

Die Zusammensetzung der Stammbelegschaft wurde bereits erwähnt. Interessant ist, daß die Stammbelegschaft in den letzten Jahren von elf bis zwölf Arbeitnehmer auf acht Mitarbeiter (ohne Auszubildende) reduziert worden ist, was immerhin einem Stellenabbau von mehr als 30% entspricht. Unter den derzeit beschäftigten neun Mitarbeitern befindet sich eine weibliche Arbeitskraft sowie ein ausländischer Arbeitnehmer. Befristet Beschäftigte gibt es mit Ausnahme des Auszubildenden in der Firma nicht. Das liegt zum einen daran, daß dieses in der KFZ-Branche absolut unüblich sei und zum anderen beruht es auf der Tatsache, daß fast alle heutigen Mitarbeiter im Unternehmen selbst ausgebildet wurden und somit bestens bekannt waren. Diese Tatsache ist auch der Grund für

---

on in diesem Stadtteil sehr gering, was zu der hohen Zahl von Stammkunden entscheidend beiträgt.

die in kleinen Unternehmen außerordentlich selten anzutreffende durchschnittliche Betriebszugehörigkeitsdauer von 12 bis 15 Jahren. Das Durchschnittsalter der Belegschaft liegt zwischen 35 und 40 Jahren.

Neben den beiden Gesellschaftern des Unternehmens gibt es noch einen langjährigen Mitarbeiter, der als Quasi-Vorarbeiter Leitungs- und Kontrollfunktionen im Unternehmen übernimmt. Betrachtet man die Vorarbeiterfunktion als eigenständige Hierarchiestufe, besitzt das Unternehmen immerhin drei Weisungsebenen.[11] Von den Mitarbeitern einschließlich der Gesellschafter besitzt nur der kaufmännische Leiter einen Fachhochschulabschluß, der für den technischen Unternehmensbereich verantwortliche Gesellschafter besitzt einen KFZ-Meisterbrief. Alle anderen Arbeitnehmer haben einen qualifizierten Berufsabschluß als KFZ-Mechaniker bzw. als Großhandelskauffrau. Daraus folgt, daß im Unternehmen keine ungelernten Mitarbeiter oder angelernte Hilfskräfte beschäftigt und bis jetzt auch noch nie eingestellt worden sind. Schwerbehinderte beschäftigt das Unternehmen derzeit nicht und braucht dieses vom Gesetzgeber her betriebsgrößenbedingt auch nicht. Nicht weiter überraschend ist, daß im, dem Arbeitgeberverband Metall zugehörigen, Unternehmen auch kein Betriebsrat existiert. Zum einen gibt es offensichtlich nur wenige Unternehmen dieser Größe mit Betriebsrat und zum anderen scheinen das Betriebsklima und die sozialen Umgangsformen und Kontakte, auch weil fast alle Beschäftigten im Unternehmen selbst ausgebildet wurden, sehr angenehm bzw. ausgeprägt zu sein.

Die geschäftsmäßige Entwicklung von Unternehmen (V)

Die Beschäftigtenzahl des Unternehmens ist wie gesagt in den letzten Jahren von zwölf auf nur noch neun Mitarbeiter zurückgegangen. In naher Zukunft denkt die Unternehmensleitung daran, einen weiteren Auszubildenden einzustellen, damit die Personalkontinuität im Unternehmen auch weiterhin gewahrt bleibt. Die Umsatzentwicklung der letzten Jahre ist geprägt von den starken Nachfrageschwankungen im Neuwagensegment, während der Bereich Ersatzteile, Wagenpflege sowie der Gebrauchtwagenverkauf umsatzmäßig konstant geblieben sind. Von 1989 bis Anfang 1992 sei der Umsatz bis zu 15% jährlich angestiegen,[12] um von 1992 bis Mitte 1993 extrem zu fallen. Erst seit August 1993 sei am Umsatz eine Trendwende im Autogeschäft feststellbar gewesen.

---

[11] Bei Vernachlässigung des Auszubildenden als gesonderte Hierarchiestufe.

[12] Es sei in diesem Zusammenhang auf die Diskrepanz von Umsatz- und quantitativer Beschäftigtenentwicklung hingewiesen. Obwohl der Umsatz in den Jahren 1989 bis 1992 real um 35 bis 40% gestiegen ist, fiel genau in diesem Zeitraum der weiter oben beschriebene Beschäftigungsabbau von mehr als 30%. Die Gründe dafür dürften im zunehmenden Einsatz von elektronischen Arbeitsmitteln bei der KFZ-Reparatur liegen.

Deshalb sei die Gewinnentwicklung insgesamt auch wieder zufriedenstellend. Die zukünftigen Entwicklungschancen des Unternehmens bewertet der kaufmännische Geschäftsführer dementsprechend auf einer Skala von 1-6 mit drei (leicht optimistisch).

Das Einstellungsverhalten von Unternehmen (V)

In den letzten Jahren wurde jährlich jeweils ein Auszubildender eingestellt. Lediglich 1992 wurde aufgrund des damaligen Umsatzeinbruchs und der damit einhergehenden Unsicherheit auf eine Einstellung verzichtet. Die letzte Einstellung von zwei Mitarbeitern, die als bereits Ausgelernte in das Unternehmen kamen, liegt bereits neun bzw. sieben Jahre zurück. Trotzdem ist es interessant, einen Blick auf die potentiellen Rekrutierungsmöglichkeiten des Unternehmens zu werfen.

Das Unternehmen erhält erstaunlicherweise mindestens ein Dutzend bis zu 25 Initiativbewerbungen pro Jahr. Nicht dazugerechnet sind die häufigen Anfragen von Schülern bzw. deren Eltern nach einem Ausbildungsplatz. Die sogenannten 'Blindbewerbungen' werden aber grundsätzlich abschlägig beschieden, weil die Unternehmensleitung diese Art der Bewerbung als zu aufdringlich ansieht. Außerdem sei ohnehin, zumindest in den letzten Jahren - nie eine entsprechende Stelle zu besetzen gewesen. Das Akquisitionsinstrument Stellenanzeigen in den regionalen Tageszeitungen wurde für die Suche nach ausgebildeten KFZ-Mechanikern selten eingesetzt, führte aber jeweils zum Erfolg. Letztmalig war das bei der Einstellung eines Vollmitarbeiters vor sieben Jahren der Fall.

Bei der Besetzung von Lehrstellen wird immer zweigleisig gefahren. Einerseits wird das Arbeitsamt einbezogen und andererseits wird ein Inserat geschaltet. Interessanterweise führte die Vermittlung durch das Arbeitsamt häufiger zum Erfolg als die Anzeigen. Deshalb erfährt die staatliche Arbeitsvermittlung in Unternehmen (V) im Vergleich zu den anderen untersuchten Firmen auch vergleichsweise positive Resonanz, was die persönliche Wertschätzung durch die Unternehmensleitung anbelangt. Auf einer Skala von 1-6 wird eine drei (zufriedenstellend) vergeben. Da auch Vorschläge von Belegschaftsmitgliedern aufgrund deren familiärer Kontakte für die Besetzung von Ausbildungsplätzen berücksichtigt werden und zudem die Handwerkskammer mit einbezogen wird, stellt sich für die Unternehmensleitung zunehmend das Problem, der enormen Anzahl von Bewerbungen Herr zu werden. Doch trotz der sehr großen Bewerberzahl gibt es nach wie vor Probleme, einen geeigneten neuen Auszubildenden zu finden. Erstens seien die Schulleistungen der meisten Bewerber schlichtweg katastrophal und dementsprechend nicht ausreichend für eine Einstellung. Es sei ein Irrglaube anzunehmen, daß schulische Leistungen für einen Beruf wie KFZ-Mechaniker eher sekundär wären. Das Innovationstempo im Autobereich sei dermaßen angestiegen, daß die heute von den Monteuren anzuwendenen Techniken bei Inspektionen und Reparaturen nur von äußerst qualifiziertem Personal durchzuführen seien.[13] Zweitens wolle das Unternehmen auch keine Abiturienten einstellen, weil bei dieser Personengruppe meistens davon auszugehen sei, daß die Betreffenden aufgrund ihrer gymnasialen Ausbildung später weitere Humankapitalinvestitionen wie ein beispielsweise ein Studium vornehmen möchten. Es sei aber die Firmenphilosophie, nicht nur für andere Unternehmen auszubilden oder als Samariter für Einzelpersonen aufzutreten, sondern die Rendite der vom Unternehmen getätigten Investitionen in die Ausbildung selbst abschöpfen zu können. Deshalb werde praktisch auch die Übernahme in ein Vollzeitarbeitsverhältnis den Auszubildenden vom Unternehmen garantiert. Der kaufmännische Geschäftsführer hält deshalb interessanterweise Schüler mit erfolgreichem Hauptschulabschluß und abgeschlossenem Berufsgrundschuljahr für die geeignetsten Bewerber. Da allein die Bewerberauswahl von möglichen Kandidaten in der Regel mindestens zwei Stunden in Anspruch nimmt und beide Unternehmensleiter von Anfang bis Ende eines Einstellungsvorganges involviert sind, stellen die reinen Einstellungskosten für das Unternehmen durchaus eine zu beachtende Größe dar. Allerdings wird man später sehen, daß dieser Aufwand gerechtfertigt erscheint.

Schließlich sei noch darauf hingewiesen, daß trotz der Vielzahl von Tageskunden und der relativ stark befahrenen Straße an der das Unternehmen beheimatet ist, auf die Rekrutierung mit Hilfe von Betriebsaushängen bis heute verzichtet wurde.

Das Vertragsverhalten von Unternehmen (V)

Die Personalauswahlgespräche führen grundsätzlich die beiden Gesellschafter des Unternehmens. Pro zu besetzender Stelle werden bis zu vier Stellensuchende eingeladen. Das jeweilige Bewerbungsgespräch dauert dann von dreißig Minuten bis zu einer vollen Stunde. Eingeführt und betreut werden die neuen Auszubildenden von allen Mitarbeitern. Hier kommt den Auszubildenden das familiäre Verhältnis im Unternehmen zu Gute. Es bietet sich an, in diesem Zusammenhang eine exemplarische Kostenanalyse eines Ausbildungsverhältnisses vorzunehmen.

---

[13] Siehe zu diesem Punkt auch die späteren Ausführungen zu den Weiterbildungsaktivitäten im Unternehmen.

Im ersten Ausbildungsjahr verursachen Auszubildende im Unternehmen ausschließlich Kosten, weil den Ausgaben für das Anlernen keinerlei Erträge durch produktive Tätigkeiten der Auszubildenden gegenüberstehen. Je nach der Qualität und Leistungsfähigkeit der Lernenden können sie erst nach zwei oder zweieinhalb Jahren Ausbildung als vollwertige Mitarbeiter angesehen werden. Da die Auszubildenden je nach Lehrjahr aber nach Aussage der Unternehmensleitung nur ein bis zwei Tage pro Woche (!) im Betrieb sind, werden aber trotz der, relativ gesehen, geringen Höhe der Ausbildungsvergütung, auch zum Ende der Ausbildung kaum nennenswerte Erträge erwirtschaftet. Die geringe Anwesenheitszeit der Auszubildenden resultiert daher, weil Lernende zweimal in der Woche in der Berufsschule und zweimal im Jahr sechs bis acht Wochen in der Lehrwerkstatt der KFZ-Innung ausgebildet werden. Zusätzlich erhalten Auszubildende fünf Wochen Urlaub im Jahr. Gewichtet man die Anwesenheitszeiten, Ausbildungsvergütungen und die jeweiligen Ertragsmöglichkeiten der Auszubildenden, bleibt für das Unternehmen ein Nettoverlust pro ausgebildetem Facharbeiter von ca. 30.000,- DM. Aus diesem Grund ist auch zu verstehen, warum die Geschäftsleitung ein großes Interesse daran hat, daß in der Firma ausgebildete Facharbeiter im Unternehmen verbleiben.

Für neu eingestellte Mitarbeiter gibt es wie für die anderen bereits beschäftigten Arbeitnehmer regelmäßig vom Unternehmen finanzierte, externe Weiterbildungsmaßnahmen, auf die im Abschnitt über Sozialleistungen näher eingegangen wird. Erstaunlich ist, daß bereits ausgelernte Facharbeiter erst nach ein bis zwei Jahren als vollwertige Beschäftigte angesehen werden können, außer wenn sie von einem Vertragshändler gewechselt sind, der dieselbe Automarke vertritt. Aber selbst dann kann es fachliche Integrationsprobleme geben, weil jede Autofirma inzwischen ihre "kleinen Tricks für die heutigen High-Tech-Teile in den Kraftfahrzeugen besitzt" (wörtliches Zitat des Meisters). Ohnehin sei die zunehmende Digitalisierung der Kraftfahrzeuge und die damit verbundenen Weiterbildungskosten der Hauptgrund für die Höhe der heutigen Montagestunden von bis zu 100,- DM für bestimmte Marken der vertretenen Automobilfirma.

Befristete Einstellungen gab es im Unternehmen aus den oben geschilderten Gründen bisher noch nicht. Die Probezeit beträgt für Auszubildende drei und für Ausgelernte sechs Monate. Zweimal kam es zu Entlassungen während der Probezeit. Einmal wegen offensichtlicher Überforderung eines Auszubildenden und vor Jahren gab es soziale Integrationsprobleme bei einer neu eingestellten Fachkraft.

Das Entlassungsverhalten von Unternehmen (V)

In den letzten drei Jahren gab es im Unternehmen keine firmenseitig initiierten Entlassungen mehr. Der in dieser Zeit vorgenommene Stellenabbau konnte durch Ausnutzen vorhandener natürlicher Fluktuation erreicht werden. Die drei freiwilligen Kündigungen der letzten Zeit waren insbesondere durch schulische Gründe (beabsichtigte Meisterprüfung zur Qualifiaktion als KFZ-Sachverständiger) oder durch rein finanzielle Erwägungen der wechselwilligen Mitarbeiter motiviert. Lediglich ein Mitarbeiter ist auf einen vergleichbaren Arbeitsplatz zur Konkurrenz gewechselt. Ein vor einiger Zeit freiwillig ausgeschiedener und zur Fließbandtätigkeit in die Industrie abgewanderter Mitarbeiter wollte kürzlich in den Betrieb zurückkehren, was aber mit der überraschenden Begründung fehlender Qualifikation abgelehnt wurde. Für Berufsrückkehrer gibt es kaum noch eine Chance, weil die Halbwertzeit von Wissen in der KFZ-Branche derzeit nur noch zwei Jahre ausmacht.

Vom Unternehmen ausgehend gab es, außer den erwähnten Entlassungen während der Probezeit, in den letzten zehn Jahren keine Kündigungen mehr. Deshalb können auch keine Aussagen zu Entlassungskosten für Arbeitsgerichtsprozesse oder Abfindungszahlungen gemacht werden. Sollte es jedoch einmal zu gerichtlich auszutragenden Personalstreitigkeiten kommen, stünde der Innungsrechtsanwalt als kostengünstiger Rechtsbeistand zur Verfügung.

Das Angebot an freiwilligen betrieblichen Sozialleistungen in Unternehmen (V)

Neben den tariflichen bzw. gesetzlichen Sozialleistungen werden im Unternehmen auch freiwillige betriebliche Vergünstigungen angeboten. Allerdings sind die offerierten zusätzlichen Sozialleistungen entsprechend der Unternehmensgröße nicht im traditionellen Bereich angesiedelt. So gibt es weder eine betriebliche Altersversorgung, Gesundheitspflege oder Krankenversicherung noch Erfolgs- oder Gewinnbeteiligungen. Generös ist das Unternehmen hingegen bei Weiterbildungsmaßnahmen. Allerdings wird das in diesem Zusammenhang sehr freigiebige Verhalten der Unternehmensleitung auch durch firmeninterne Sachzwänge und nicht nur aufgrund einer womöglich übermäßigen sozialen Einstellung der Gesellschafter hervorgerufen. Denn nur bei einer stetigen Weiterbildung der Belegschaft sei das Leistungsniveau der Reparaturwerkstatt zu halten. Jeder Mitarbeiter besucht bei vollem Lohnausgleich ein bis zweimal im Jahr für zwei bis drei Tage Weiterbildungskurse bei der KFZ-Innung bzw. beim Mutterautomobilkonzern, wobei die Weiterbildungskurse im Partnerkonzern kostenlos sind, während die von der KFZ-Innung angebotenen Veranstaltungen Aufwendungen zwischen 800,- DM und 1000,- DM pro Person notwendig machen. Dafür entfallen bei Inanspruchnahme der ortsansässigen Innung allerdings die beträchtlichen Spesen sowie die Fahrt- und Übernachtungskosten, die bei Nutzung des Weiterbildungsangebotes des Partnerkonzerns entstehen. Das Spektrum der angebotenen und wahrgenommenen Weiterbildungsangebote reicht von reinen Technikfortbildungskursen bis hin zu allgemeinen Kursen wie Gedächtnistraining. Die Akzeptanz der Unternehmensbelegschaft bezüglich Weiterbildungsaktivitäten ist jedenfalls sehr hoch. Sonstigen Beurlaubungen oder der Gewährung von Sonderurlaub für unternehmensfremde Aktivitäten steht die Firmenleitung aber, zielorientiert wie sie ist, ablehnend gegenüber.

Dienstwagen und logischerweise für ein Automobilunternehmen, Fahrkarten für den öffentlichen Nahverkehr, werden nicht zur Verfügung gestellt. Eine Kantine existiert ebensowenig im Unternehmen wie das Angebot von Betriebsurlaubsreisen. Lediglich eine bescheidene Betriebsfeier wird zweimal im Jahr durchgeführt. Für die Arbeitnehmer des Unternehmens aber besonders lukrativ und damit interessant sind die angebotenen Einkaufsrabatte. Neuwagen werden 12 bis 13% günstiger als zum regulären Verkaufspreis angeboten. Bei Ersatzteilen beträgt der Sonderrabatt sogar 20%. Zudem kann abends bzw. am Wochenende die firmeneigene Werkstatt für die Reparatur der eigenen bzw. der Kraftfahrzeuge von Familienangehörigen benutzt werden, solange wie diese Tätigkeiten nicht überhandnehmen.

Die Lohnregelungen im Unternehmen (V) sind gekennzeichnet durch die Anlehnung an die hohen Standards der Metallindustrie. Neben den tariflichen Grundregelungen von 50% Weihnachtsgeld und 63% Urlausbgeld eines Monatslohnes erhalten einzelne Beschäftigte je nach Betriebszugehörigkeitsdauer und Leistungsstärke bis zu 50% übertarifliche Zulagen im Rahmen der Urlaubs- und Weihnachtsgratifikationen. Bei den regulären Löhnen bezahlt das Unternehmen durchweg übertarifliche Vergütungen mit Zuschlägen von 20-30%, welche wiederum nach der Leistungsfähigkeit der einzelnen Mitarbeiter differenziert werden. Das entspricht beispielsweise statt eines Tarifecklohnes von 20,54 DM für qualifizierte Facharbeit oder 21,86 DM für Facharbeiter mit aufsichtsführender Tätigkeit einem Durchschnittslohn im Unternehmen von 23,80 DM. Betrachtet man als Vergleich die tarifliche Lohnhöhe für Mitarbeiter im ersten Gesellenjahr von 16,45 DM, die bei Arbeitnehmern, die älter als 55 Jahre sind, schließlich bis auf 19,88 DM ansteigen kann, wird die Dimension der gezahlten Löhne besonders deutlich. Auf die Frage, warum Unternehmen angesichts dieser gezahlten Vergütungshöhe oft darüber klagen würden, daß die Löhne und Gehälter in Deutschland zu hoch seien, räumte die Geschäftsleitung ein, daß bei der Zahlung von tariflichen Löhnen die Arbeitsmotivation zu ge ring sei und es dadurch zudem zu starken Abwanderungsabsichten der Beschäftigten kommen dürfte.

Eine letzte im Unternehmen vorhandene Eigenart bei betrieblichlichen Zusatzleistungen soll hier nicht unerwähnt bleiben. Es gibt im Unternehmen eine sogenannte Gehaltsverzichtsversicherung. Jeder Arbeitnehmer verzichtet monatlich auf die Auszahlung von 100,- DM seiner Vergütung. Dieses Geld wird in einer Prämienversicherung angelegt und ist damit nicht steuer- und sozialversicherungspflichtig. Die Firma steuert als Zulage 20,- DM im Monat zu der Prämienversicherung bei. Interessant ist schließlich noch, daß diese Regelung zusätzlich zu den tariflich jedem Arbeitnehmer zugesicherten 52,- DM an vermögenswirksamen Leistungen angeboten wird. Diese Maßnahmen kennzeichnen treffend den Eindruck von einer fürsorgenden Unternehmensleitung gegenüber ihren Mitarbeitern, die der Interviewer während der Befragung gewonnen hat. Dieses unterstreicht auch die Bemerkung des kaufmännischen Leiters, der die Behauptung aufstellte, daß in vielen anderen kleinen Unternehmen derselben Branche die jeweiligen Inhaber die Mitarbeiter nicht auf ihren tariflichen Anspruch der vermögenswirksamen Leistungen hinweisen würden.

Arbeitszeit und Organisationsformen der Arbeit in Unternehmen (V)

Die regelmäßige Wochenarbeitszeit der Vollzeitbeschäftigten und auch der Auszubildenden beträgt derzeit 37 Stunden. In den letzten fünf Jahren wurde die damalige Regelarbeitszeit von 40 Stunden demnach um drei Stunden verkürzt. Interessant ist, daß die Unternehmensleitung ohne Umschweife einräumte, daß die Arbeitsverkürzungen ganz wesentlich durch eine 'Verdichtung der Arbeitszeit', sprich einer höheren Arbeitsproduktivität erreicht wurde. Unterstützt wurde die gesteigerte Leistungsbereitschaft der Mitarbeiter dabei durch den Einsatz von neuen Spezialwerkzeugen und den Gebrauch moderner Testgeräte. Neueinstellungen hat es aufgrund der Arbeitszeitverkürzungsmaßnahmen jedenfalls nicht Fall gegeben. Ob aufgrund der geringeren Arbeitszeiten zum Teil mehr Überstunden geleistet wurden, läßt sich nach Aussage der Geschäftsleitung nicht eindeutig feststellen, weil die einzelnen möglichen Ursachen für die Notwendigkeit von Überstunden wie Fehlzeiten, Arbeitszeitverkürzungen oder Nachfrageschwankungen häufig nicht voneinander zu trennen seien. Auf jeden Fall sei es seit Einführung der 37-Stunden-Woche aufgrund der höheren Arbeitsintensität zunehmend hektischer im Unternehmen geworden.

Überstunden werden im Unternehmen nur gelegentlich geleistet. Ob diese entlohnt oder die aufgelaufenen Arbeitsstunden 'abgebummelt' werden, wird im Einzelfall ausgehandelt. Auf keinen Fall zahlt das Unternehmen aber Überstundenzuschläge, womit die Firma in diesem Punkt tarifliche Regelungen offensichtlich nicht einhält. Zu Produktivitätseinbußen durch zu viele Überstunden kommt es im Unternehmen aufgrund der Unregelmäßigkeit des Einsatzes dieses Personalanpassungsinstrumentes nicht. Die Ableistung von Überstunden ist zudem auf die Mitarbeiter der Werkstatt beschränkt, die Bürokraft leistet keinerlei Mehrarbeit.

Im Unternehmen wird bestenfalls einmal im Jahr auch am Wochenende gearbeitet. Auch zu Schicht- oder Nachtarbeit ist noch nie ein Mitarbeiter herangezogen worden. Betriebsferien gibt es im Unternehmen nicht, die zeitliche Lage der 30 Tage Urlaub pro Arbeitnehmer kann von diesem in der Regel frei gewählt werden. Die durchschnittliche Fehlzeitenquote lag mit durchschnittlich 5 bis 6 Fehltagen pro Arbeitnehmer und Jahr im Bereich der anderen befragten Unternehmen, jedoch war sie mit etwa 3% immer noch unter der vom Institut der deutschen Wirtschaft ermittelten bundesweiten durchschnittlichen Fehltagequote von 8,78% angesiedelt (vgl. iwd, 1991/17, S.4f). Die Karenztagediskussion hält dementsprechend auch die Firmenleitung von Unternehmen (V) für eher überflüssig, weil von einer derartigen Regelung nicht viel Positives für das Unternehmen erwartet wird.

Teilzeit spielt im Unternehmen nur eine untergeordnete Rolle. Einziger teilzeitbeschäftigter Mitarbeiter der Firma ist das einzige weibliche Mitglied der Belegschaft. Besonders interessant ist, daß erst mit der Einführung des Computerzeitalters im Unternehmen, die Arbeitszeit der angesprochenen Bürokraft arbeitsbedingt um 15 Stunden auf jetzt noch 22 Stunden regelmäßige Wochenarbeitszeit gesenkt wurde. Sicher nur ein Beispiel im kleinen, aber trotzdem ein Indiz für die mögliche negative Arbeitsplatzauswirkung moderner Technologien. Gedanken oder Wünsche, Teilzeitarbeitsplätze im KFZ-Mechaniker-Bereich einzuführen oder Job-Sharing zu betreiben, gibt es weder von der Unternehmensleitung noch von der Belegschaft.

Interessant ist die Ablehnung von Gleitzeit im Unternehmen. Es hat zwar bereits einen Versuch mit variabler Arbeitszeit gegeben, dieser Test wurde aber schnell aufgrund organisatorischer Umsetzungsprobleme abgebrochen. Zum einen sei die Einteilung der Arbeit mit vielen Schwierigkeiten behaftet, wenn nur der 'halbe Betrieb' anwesend ist. Das würde insbesondere Probleme bei der Ersatzteildisposition mit sich bringen. Zum anderen sei die Einführung eines Springers vom Produktionsprozeß her nicht möglich. Außerdem haben einige Stammkunden irritiert darauf reagiert, wenn beispielsweise an der Waschanlage ungewohnte Wartezeiten entstanden seien, weil zu wenig Mitarbeiter anwesend waren. Ein kleines Unternehmen, was tendenziell immer mehr Stammkunden habe als ein größeres Autohaus, müsse deshalb besonders sensibel auf die Bedürfnisse von langjährigen Kunden reagieren. Auch die angedachte Ausdehnung der Betriebszeiten über 17 Uhr hinaus bis 20 Uhr, ist letztlich an den gleichen Vorbehalten wie bei der Gleitzeit gescheitert. Die Unternehmensleitung hat einfach Bedenken, daß die durch die längeren Öffnungszeiten dünnere, jeweils anwesende, Personaldecke zu Qualitätseinbußen im Service und somit letztlich zu einem Umsatzrückgang führt. Variable Jahresarbeitszeiten sind aufgrund der stetigen Nachfrage im Werkstattbereich aus Unternehmenssicht ebenfalls nicht erforderlich. Schließlich sei noch darauf verwiesen, daß sich wie auch bei der Teilzeitarbeit die Belegschaft vehement gegen Gleitzeit ausgesprochen hat. Der Grund dafür dürfte in einer stark von Rollentraditionen dominierten Lebenseinstellung der Mitarbeiter liegen, die sich auch in dem Wunsch nach einem geregelten und gängigen Arbeitszeitmustern entsprechenden Tagesablauf widerspiegeln kann.

Die Flexibilität von Unternehmen (V)

In längeren Öffnungszeiten sieht die Unternehmensleitung, wie gerade mehrfach angedeutet, keinerlei Vorteile. Im Gegenteil, längere Betriebszeiten würden neben den erwähnten Nachteilen auch die Kontroll- und Leitungstätigkeiten ausdehnen. Es sei aber nicht zu erwarten, daß eine solche Umsatzsteigerung durch eine Ausdehnung der Öffnungszeiten für das Unternehmen realisierbar wäre, so daß eine zusätzliche Führungskraft eingestellt werden könnte. Andererseits verspürt die Unternehmensleitung auch keinerlei Anreize, die eigene tägliche Arbeitszeit von durchschnittlich zehn Stunden noch weiter auszudehnen. Flexiblere Wochenarbeitszeiten sind, aus den oben genannten arbeitstechnischen Erwägungen heraus, für Unternehmen (V) ebenfalls kein Thema.

Die Außenbeziehungen von Unternehmen (V)

Mit staatlichen Fördermaßnahmen für kleine und mittlere Unternehmen hat die Firma bisher noch keine Erfahrungen gesammelt. Beispielsweise ist die staatliche Maßnahme bekannt, zur Förderung schwer vermittelbarer Jugendlicher bei der Bereitstellung eines Ausbildungsplatzes durch ein Unternehmen, für drei Jahre die Vergütung zu übernehmen. Trotzdem sei aber aufgrund der erwarteten Belastung infolge eines hohen bürokratischen Aufwandes der Beantragung von Fördermitteln und der befürchteten Schwierigkeiten mit diesen Jugendlichen, auf die Inanspruchnahme dieses staatlichen Angebotes verzichtet worden.

Kontakte gibt es wie erwähnt zur Handwerkskammer, die insbesondere bei Ausbildungsproblemen eine beratende Funktion für das Unternehmen ausübt.

Zum Wirtschaftsförderungsamt oder Technologieberatungsstellen ist es bis heute nicht gekommen, weil nach Aussage der Unternehmensleitung keine Notwendigkeit dafür bestanden hat.

Das Verhältnis zu den Kreditinstituten wird von der Geschäftsleitung als schwierig eingestuft. Man fühlt sich ähnlich wie die Unternehmensführungen von Unternehmen (I) und (III) gegenüber großen Bankkunden benachteiligt. "Großgrundbesitzer werden besser behandelt als wir. Bei uns rast man hinter den Bilanzen her" (wörtliches Zitat des kaufmännischen Leiters). Wie das Zitat andeutet, wird vor allem die sehr restriktive Haltung der Banken bei, aus Sicht der Unternehmung, reinen Routinegeschäften kritisiert. Wenn gleichzeitig zehn Neuwagen vorfinanziert werden müßten, sei der Kreditrahmen gezwungenermaßen für einige Tage mehr als ausgeschöpft. Da aber das Unternehmen seit 1928 existiert, könnte die Bank mit etwas mehr Vertrauen bezüglich der Solvenz der Firma reagieren.

Generell fühlen sich die beiden Gesellschafter gegenüber großen Firmen benachteiligt. Konkret sei diese Benachteiligung immer im Verhältnis zum Mutterautomobilkonzern gewesen. Beispielsweise sei der Informationsfluß bei Modelleinführungen zu den kleinen Vertragshändlern immer noch wesentlich schlechter als zu den großen Abnehmern. Auch seien Lieferfristen bei Großkunden in der Regel kürzer, wodurch natürlich ab und zu ein potentieller Kunde an die Konkurrenz verloren gehen würde. Insgesamt hat sich die Fürsorge des Konzerns aber auch für die kleinen Kunden in den letzten Jahren verbessert. Besonders die Betreuung im Servicebereich - Ersatzteile, technische Weiterbildung, Ausstattung mit Infomaterialien, Rückkoppelung bezüglich firmenspezifischer Probleme[14] - sei zufriedenstellender geworden. Im Konzern habe sich das Motto herumgesprochen, daß nicht die großen die kleinen, sondern die schnellen die langsameren Unternehmen überleben werden.

Einen gravierenden Nachteil sieht die Unternehmensleitung für kleine Unternehmen im Bereich der Umweltauflagen. Hier fühlt man sich vom Staat allein gelassen und überfordert. Im Unternehmen wird beispielsweise strengstens auf sämtliche Recycling-Möglichkeiten geachtet. Auch der Interviewer empfand die Werkstatt für einen KFZ-Betrieb extrem aufgeräumt und sauber. Trotzdem

---

[14] Beispielsweise wurden dem Verfasser die regelmäßig vom Partnerkonzern an die Vertragshändler verschickten Befragungsformulare vorgelegt, in denen die jeweiligen Firmeninhaber und Mitarbeiter (!) zu Führungsqualität, Verbesserungsprozessen, Teamqualität, persönlicher Qualität und zu Service-Zielen Stellung beziehen sollten. Aufgrund dieser Erhebungen versucht der Konzern, seine Weiterbildungs- und Kundenbetreuungsaktivitäten zu verbessern. Zumindest im befragten Unternehmen werden die Fragebögen auch regelmäßig ausgefüllt und zurückgeschickt.

müsse das Unternehmen bis Anfang nächsten Jahres ein Benzinabscheidegerät für 70.000,- DM bis 90.000,- DM anschaffen, was eine erhebliche Investition für ein Unternehmen dieser Größe darstellt. Diese Art der Umweltauflagen, wie auch die im Tankstellenbereich, führten unweigerlich zur Unternehmenskonzentration, weil viele Firmen ganz einfach nicht in der Lage seien, die Investitionskosten zu tragen. Hier wird von der Unternehmensleitung mehr finanzielle Unterstützung für die kleinen Firmen erwartet.

Weitere Außenbeziehungen besitzt das Unternehmen lediglich zu einem Steuerberater, wobei dieser nur für Jahresabschluß- und Bilanzierungstätigkeiten in Anspruch genommen wird. Sämtliche Lohn- und Buchhaltungsarbeiten sowie auch die Werbeaktivitäten der Firma werden unternehmensintern durchgeführt.

Einschätzung der Beschäftigungssituation von Unternehmen (V)

Trotzdem das Unternehmen zwar durch die gegenwärtige Rezession (siehe oben) in ein etwas rauheres Fahrwasser eingetreten ist, schätzt die Firmenleitung die weitere Entwicklung hoffnungsvoll ein. Das Arbeiten im Unternehmen sei durchaus hektischer geworden, aber in der Firma existiere nach wie vor echte Teamarbeit, so daß man zuversichtlich sei, auch noch die vierte Unternehmensgeneration als Gesellschafter in das Unternehmen einbeziehen zu können.

7.2.6 Unternehmen (VI): Industrieunternehmen Typ B

Das Unternehmensdesign von Unternehmen (VI)

Beim Unternehmen (VI) handelt es sich um ein kleines Industrieunternehmen aus dem Sektor des Straßenbaugewerbes, angesiedelt in Ostwestfalen. Es existiert seit 1928, wobei die aus einem landwirtschaftlichen Betrieb hervorgegangene Firma zunächst ein reines Fuhrunternehmen war. Seit 1963 wird ausschließlich Straßenbau betrieben, der noch vorhandene Fuhrpark wird derzeit nur für den Eigenbedarf verwendet. Das Unternehmen firmiert in der Rechtsform einer GmbH & Co. KG, wobei die Kommanditisten jeweils Familienmitglieder sind. Das Unternehmen ist also ein reiner Familienbetrieb.

Branchenmäßig ist das Unternehmen im Bereich der Industrie einzuordnen, wobei die Struktur des Unternehmens aufgrund der Betriebsgröße eher handwerklich ausgerichtet ist. Produktionsschwerpunkte des Unternehmens sind der

Straßenbau von Gemeinde- bis hin zu Kreisstraßen, das Verlegen von kleineren Rohren für Hausanschlüsse und Kontrollschächte in Kanalsystemen sowie die verkehrsgerechte Gestaltung von Hofplätzen von Firmen oder Behörden. Der räumliche Tätigkeitsschwerpunkt des Unternehmens ist begrenzt in einem Radius von ca. 30 Kilometern. Nicht nur deshalb beteiligt sich das Unternehmen nicht an Großprojekten wie beispielsweise dem Autobahnbau, sondern auch, weil bei Bundes- oder Länderaufträgen die Konkurrenz außerordentlich groß wäre. Wenn die umliegenden Gemeinden und Städte Aufträge ausschreiben, gibt es dagegen lediglich zwischen acht und zehn Mitanbieter. Trotz der angespannten Finanzlage der Kommunen wird die Auftragslage als gut bezeichnet. Im Zuge der EG-Binnenreform versucht das Unternehmen vorzugsweise in den relativ nahe gelegenen Niederlanden mit Hilfe von privaten Auftraggebern Fuß zu fassen, um auch für die Zukunft ein ausreichendes Auftragspotential zu sichern. Konkurrenz von ausländischen Firmen fürchtet das Unternehmen nicht, weil die Ausführungsqualität von Aufträgen dieser Firmen wesentlich unter den hiesigen Standards liege.

Trotz der guten Auftragslage ist das Unternehmen aufgrund der Wintermonate starken Nachfrageschwankungen[15] ausgesetzt, wohingegen durch den Verzicht auf Großprojekte extreme Umsatzschwankungen vermieden werden können. Die saisonalen Nachfrageschwankungen werden hauptsächlich durch den Umstand hervorgerufen, daß Asphaltieren im Winter aufgrund eventuell auftretender Frosteinbrüche nicht möglich ist. Kompensiert werden diese nachfrageschwachen Zeiten durch die noch existierende Schlechtwetterregelung sowie durch die Lage der Betriebsferien im Januar, was allerdings für die Mitarbeiter wenig attraktiv sein dürfte. Der Standort des Unternehmens wird insofern als gut angesehen, weil durch die Historie der Unternehmung (ehemaliger Landwirtschaftsbetrieb) genügend Platz für Ausdehnung, Lagermöglichkeiten und Räumlichkeiten für die Geräte vorhanden sind. Die aus Sicht des Verfassers wenig überzeugende Verkehrsanbindung des Unternehmens spiele ebenso keine Rolle wie die in den letzten Jahren aufgetretene Ansiedlung von Baustoffhändlern in der Umgebung des Firmensitzes. Positiv wird das in der Region zur Verfügung stehende Beschäftigungsangebot eingeschätzt, wobei die späteren Ausführungen aufzeigen werden, daß diese Aussage eher widersprüchlich ist. Die Wirtschaftsförderung in der Region kann von der Unternehmensleitung nicht beurteilt werden, weil lediglich die zuständige Handwerkskammer bei rechtlichen Fragen in Anspruch genommen wurde.

Das Unternehmen (VI) besitzt kein Tochterunternehmen und besteht nur aus einem Betrieb. Innerbetrieblich werden nur anfallende Reparaturen des Fuhrparks

---

15 Rückgang der Nachfrage auf 65-70% der Normalauslastung.

vorgenommen, während die reine Leistungserstellung ausschließlich außerbetrieblich erfolgt. In der Regel bearbeitet das Unternehmen zwei bis drei Baustellen gleichzeitig, so daß man von drei bis vier permanenten Arbeitsstätten im Unternehmen sprechen kann.

Die gegenwärtige Beschäftigungssituation von Unternehmen (VI)

Im Unternehmen sind derzeit zwölf Beschäftigte tätig, wobei diese Zahl auch der Stammbelegschaft entspricht. Unter den Beschäftigten befinden sich fünf mitarbeitende Familienangehörige, von denen einer auch gleichzeitig Eigentümer der Unternehmung sind. Zwei der Beschäftigten sind weiblich und arbeiten als Bürokräfte. Daneben ist der Hauptgesellschafter überwiegend im kaufmännischen Bereich tätig. Die anderen neun Unternehmensangehörigen arbeiten ausschließlich im gewerblichen Bereich.

Befristet beschäftigte Arbeitnehmer arbeiten in der Firma zur Zeit nicht. Die Betriebszugehörigkeitsdauer beträgt für ein Unternehmen dieser Größe weit überdurchschnittliche 15 Jahre. Dementsprechend hoch ist auch die Altersstruktur im Unternehmen. Vier Mitarbeiter sind zwischen 50 und 60 Jahre alt, einer über 40, fünf zwischen 30 und 35 Jahren und nur zwei jünger als 25. Das ergibt ein Durchschnittsalter der Belegschaft von 40 Jahren.

Interessant ist die Qualifikationsstruktur der Belegschaft. Gelernte Straßenbauer sind nur zwei Unternehmensangehörige, eine weitere Fachkraft ist im kaufmännischen Bereich als Bürokauffrau tätig. Sieben weitere Mitarbeiter haben aber in Berufen wie Maurer, Baggerführer, Landwirt oder anderen gewerblichen Berufen eine Ausbildung abgeschlossen. Da die Haupttätigkeiten im Unternehmen aus Pflastern, LKW-, Walzen- und Baggerfahren, Aushebungen vornehmen, Erdwälle, Fundamente und Kontrollschächte setzen bestehen und nur selten klassische Aufgaben wie die Durchführung von Höhenmessungen anfallen, sind diese sieben Mitarbeiter aber durchaus als Fachkräfte anzusehen, wobei hierfür auch das durch die überwiegend lange Betriebszugehörigkeitsdauer erworbene firmenspezifische Humankapital der Mitarbeiter spricht. Lediglich zwei Mitarbeiter sind als reine Hilfskräfte zu bezeichnen, es handelt sich dabei um die beiden ausländischen Beschäftigten im Unternehmen, welche keine Berufsausbildung besitzen. Fachhochschul- oder Hochschulabschluß besitzt kein Beschäftigter des Unternehmens.

Im Unternehmen gibt es vier (!) Hierarchiestufen (Inhaber, Vorarbeiter, Facharbeiter, Hilfsarbeiter) mit jeweiliger Weisungsbefugnis gegenüber der unteren

Personalebene. Die Unternehmenshierarchie wird von der Geschäftsleitung aber erstaunlicherweise trotzdem als normal bezeichnet.

Auszubildende gibt es im Unternehmen derzeit nicht. Die einfache und zugleich angesichts der Lehrstellenknappheit doch überraschende Begründung der Unternehmensleitung für diese Tatsache: "Es finden sich keine!" (wörtliches Zitat der Unternehmensleitung). Daß die Auszubildenden während ihrer dreijährigen Lehrzeit regelmäßig zum Blockunterricht in die Berufsschule abgestellt werden müßten, wird von der Unternehmensleitung nicht als Problem angesehen. Einen Betriebsrat gibt es im Unternehmen aufgrund der minimalen Betriebsgröße und der hohen Zahl mitarbeitender Familienangehöriger nicht.

Die geschäftsmäßige Entwicklung von Unternehmen (VI)

Die Beschäftigtenzahl des Unternehmens ist bis 1963 mit zwei oder drei Mitarbeitern immer konstant geblieben und die Firma war bis zu diesem Zeitpunkt ein klassischer, reiner Familienbetrieb. Seitdem ist die Mitarbeiterzahl kontinuierlich gewachsen und hat seit fünf bis sechs Jahren mit den 12 Beschäftigten den Höchststand erreicht. Neue Mitarbeiter sollen in absehbarer Zeit mit Ausnahme eines Auszubildenden nicht eingestellt werden. Über die Umsatz- und Gewinnentwicklung waren nur Tendenzaussagen in Erfahrung zu bringen. Die Umsatzentwicklung sei aufgrund eines stetigen Wachstums in den letzten Jahren gut. Auch die Gewinnentwicklung wurde positiv eingeschätzt und dementsprechend auf einer Skala von 1-6 mit zwei eingestuft.

Das Einstellungsverhalten von Unternehmen (VI)

In den letzten drei Jahren hat das Unternehmen insgesamt sechs neue Mitarbeiter eingestellt, von denen aber nur noch vier bis heute in der Firma verblieben sind. Hauptrekrutierungsstrategie des Unternehmens ist die Schaltung von Stelleninseraten in drei regionalen Tageszeitungen sowie Empfehlungen und Kontakte durch Belegschaftsmitglieder. Allerdings sind diese Akquisitionswege bisher von unterschiedlichem Erfolg gekrönt gewesen. Der Versuch - mit insgesamt vier Stellenanzeigenserien - einen Baggerführer zu finden, wurde, nachdem ein bereits eingestellter neuer Mitarbeiter sich als nicht ausreichend qualifiziert herausstellte, erfolglos abgebrochen. Durch Belegschaftsmitglieder hergestellte Kontakte führten dreimal zum Erfolg, wobei ein über diesen Weg gefundener Auszubildender nach Beendigung seiner Berufsausbildung die Firma wieder verlassen hat. Initiativbewerbungen erhält das Unternehmen für gewöhnlich nicht. Allerdings wurden zwei aus dem ehemaligen Jugoslawien stammende Asylbewerber, die in Besitz einer Arbeitserlaubnis waren, aufgrund ihrer Eigeninitiative eingestellt. "Sie radelten eines guten Tages auf den Hof und fragten nach Arbeit" (wörtliches Zitat einer der beiden Büroangestellten). Dieses etwas ungewöhnliche Zitat soll als Beleg dafür dienen, daß gerade in kleinen Unternehmen durchaus unkonventionelle Maßnahmen getroffen werden, die sich theoretisch nur unvollkommen abbilden lassen.

Ein besonderes Kapitel ist auch in dieser Unternehmung die Zusammenarbeit mit dem Arbeitsamt. Offene Stellen werden dem Arbeitsamt nicht generell gemeldet. Zweimal wurden Angebote des Arbeitsamtes angenommen, da die staatliche Behörde in diesen beiden Fällen (ein Baggerfahrer und ein Auszubildender) Lohnkostenzuschüsse in Aussicht stellte. Beide Personen gaben aber jeweils nach gut zwei Monaten die Beschäftigung wieder auf. Ansonsten hat es nach Unternehmensaussage noch mehrfach den Versuch gegeben, mit Hilfe des Arbeitsamtes Stellen zu besetzen, jedoch seien diese Maßnahmen bereits immer nach der Vorstellung potentiell Einzustellender abgebrochen worden, weil die Bewerber offensichtlich ungeeignet gewesen seien. Neubesetzungen aufgrund von sonstigen Rekrutierungswegen wie Betriebsaushänge oder durch Firmenkontakte seien bisher nicht Anspruch genommen worden. Allerdings seien qualifizierte neue Mitarbeiter in der Regel dann zu bekommen, wenn eine andere Straßenbaufirma der Region in Konkurs gegangen sei. Da man zu diesen Unternehmen in der Regel immer Kontakt auf den Baustellen hatte, seien auch die Mitarbeiter der Konkursfirmen kein unbeschriebenes Blatt.

Obwohl der Standort der Unternehmung zunächst auch im Zusammenhang mit dem Arbeitskräfteangebot der Region als gut bezeichnet wurde (siehe oben), sind die Stellenbesetzungsschwierigkeiten des Unternehmens nicht zu übersehen. Insbesondere die Akquisition von Facharbeitern wie LKW- und Baggerfahrern stellt ein Problem für die Unternehmung dar. Bei einer Bewertung der Verfügbarkeit von Arbeitskräften auf einer Skala von 1-6 wurden neben den Facharbeitern allerdings auch die Möglichkeit der Einstellung von Hilfskräften mit einer fünf als unzureichend eingestuft. Insofern ist die eher positive Einschätzung des Stellenangebotes der Region nur dahingehend zu interpretieren, daß die Zufriedenheit mit den bereits beschäftigten Mitarbeitern außerordentlich gut sein muß.

Durch Stellenbesetzungsprobleme gab es auf jeden Fall nicht kompensierbare Produktionsausfallzeiten im Unternehmen, obwohl versucht wurde, mit Aushilfen wie einem bereits pensionierten Baggerfahrer oder durch organisatorische Umstellungen wie beispielsweise den Einsatz der Firmenleitung im Straßenbau, die beschäftigungsmäßigen Engpässe zu überbrücken. Da das Führungspersonal der Unternehmung offensichtlich das Flexibilitätspotential der Firma darstellt, wurde ein Ausfall dieser Berufsgruppe auch mit "Katastrophe" (wörtliches Zitat einer Büroangestellten) bezeichnet. Die Unternehmensleitung selbst empfindet den Ausfall eines gewerblichen Mitarbeiters als das schwerwiegendere Problem, weil die anzustehenden Arbeiten im Büro eher einen Zeitaufschub gestatten würden.

Insgesamt wurden die Suchkosten, was die reinen Einstellungskosten anbelangt, als moderat bezeichnet, wenn auch die tatsächlichen Aufwendungen nur schwer einzuschätzen seien. Bei Kosten einer Stellenanzeige von etwa 250,- DM ist aber davon auszugehen, daß die Such- und Informationskosten eher unterdurchschnittlich hoch sind.

Das Vertragsverhalten von Unternehmen (VI)

Die Personalauswahlgespräche im Unternehmen führt der Hauptgesellschafter der Firma. Pro zu besetzender Stelle werden fünf bis sechs potentiell Einzustellende jeweils für ca. eine halbe Stunde befragt. Am Arbeitsplatz eingeführt werden die neuen Mitarbeiter grundsätzlich vom Vorarbeiter bzw. von erfahrenen Mitarbeitern. Weder externe noch interne Weiterbildungsmaßnahmen existieren im Unternehmen. "Es wird bei uns lediglich training on the job praktiziert. Für weiterführende Maßnahmen besteht auch bei unseren Beschäftigten kein Interesse" (wörtliches Zitat der Unternehmensleitung).

Befristete Einstellungen werden im Unternehmen nur sehr selten und nur dann vorgenommen, wenn aufgrund des nahen Winters Personen noch nicht vollständig die in der Firma übliche Probezeit von drei Monaten absolvieren können. In einem konkreten Fall wurden diese Mitarbeiter dann zu Beginn des Frühjahres unbefristet weiterbeschäftigt. Zu Entlassungen innerhalb der Probezeit ist es nur beim bereits oben erwähnten Fall des Baggerführers gekommen. Die Firmenleitung schätzt die Produktivitätseinbußen aufgrund der Einstellung neuer Mitarbeiter mit entsprechender Vorbildung, wenn auch nicht branchenspezifischer, in der Regel als gering ein, weil diese neuen Beschäftigten relativ schnell als vollwertige Mitarbeiter angesehen werden können. Integrationsprobleme neuer Arbeitnehmer seien ebenso nicht aufgetreten wie die Notwendigkeit von Änderungen im Produktionsablauf der Unternehmung aufgrund neuen Personals.

Das Entlassungsverhalten von Unternehmen (VI)

Im Unternehmen sind Entlassungen bis heute die Ausnahme geblieben. Wenn allerdings Freisetzungen vorgenommen wurden, dann zeigte sich die Unternehmensleitung wenig kompromißbereit. Ein Baggerfahrer und ein LKW-Fahrer wurden in den letzten Jahren aufgrund ihrer Ungeeignetheit entlassen, wobei die Kündigungen im Rahmen der zweiwöchigen[16] Kündigungsfrist vorgenommen wurden. Abfindungen brauchte das Unternehmen aber jeweils nicht zu bezahlen, wahrscheinlich weil die Entlassenen keinerlei arbeitsgerichtliche Schritte unternommen haben. Ein Lehrling wurde wegen Fehlverhaltens fristlos entlassen, weil er nicht zum Blockunterricht in der Schule erschienen war und stattdessen bei der Ausübung seines Hobbys von der Unternehmensleitung gesehen worden war. Auch in diesem Fall kam es nicht zu einem Arbeitsgerichtsprozeß oder zur Zahlung einer Abfindung.

Interessant ist im Zusammenhang mit dem Entlassungsverhalten der Firma die schon erwähnte Tatsache, daß zwei befristet eingestellte Hilfsarbeiter zum Winter entlassen worden sind und im Frühjahr wieder eingestellt wurden, um Kosten zu sparen. Ähnlich wird bei einer im kaufmännischen Bereich mithelfenden Familienangehörigen verfahren, welche jeweils im Januar, also während der Betriebsferien, gekündigt ist und in dieser Zeit offiziell als Rentnerin gilt. Die Ausnutzung der Möglichkeiten einer befristeten Einstellung des Beschäftigtenförderungsgesetzes in diesem Sinne dürfte den Gesetzgeber aber wenig zufriedenstellen.

Das Angebot an freiwilligen Sozialleistungen in Unternehmen (VI)

Das Firmenangebot an betrieblichen Sozialleistungen ist entsprechend der Unternehmensgröße und der Branche nicht sehr groß. So gibt es weder eine Erfolgs- oder Gewinnbeteiligung, eine betriebliche Gesundheitsvorsorge oder Krankenversicherung, noch das Angebot von Weiterbildungsmaßnahmen. Allerdings zahlt das Unternehmen Beiträge in das in der Branche weitverbreitete Zusatzversorgungskassensystem ein. Die Zusatzversorgungskassen (ZVK) finanzieren beispielsweise Auszubildende oder das Urlaubsgeld für alle gewerblich Beschäftigten. Das ZVK-System nivelliert demnach betriebsbedingte Größenunterschiede hinsichtlich bestimmter Sozialleistungen, wobei Unternehmen (VI) aufgrund der Rechtsform einer GmbH & Co.KG trotz der relativ geringen

---

[16] Diese dürfte sich durch die Gesetzesnovelle der Bundesregierung zur Angleichung der Kündigungsfristen von Angestellten und Arbeitern inzwischen auf vier Wochen erhöht haben.

Mitarbeiterzahl bereits mehr Beiträge einzahlt, als es an Zuwendungen zurückerhält. Das ZVK-System sorgt bei entsprechender Einzahlung auch für eine erhöhte Rentenzahlung an die pensionierten ehemaligen Mitarbeiter. Zusätzlich zahlt das Unternehmen freiwillig jährlich 312,- DM pro Mitarbeiter steuerfrei an eine Direktversicherung. Das angesparte Geld wird dann später als Lebensversicherungsprämie an die Arbeitnehmer ausgezahlt. Diese betriebliche Altersversorgungsmaßnahme liegt sicherlich im finanziell überschaubaren Rahmen des Unternehmens und wirkt durchaus fluktuationshemmend.

Beurlaubungen aufgrund mitarbeiterinitiierter Weiterbildungsaktivitäten wurden bislang noch nicht von den Beschäftigten beantragt. Die Unternehmensleitung steht diesem Aspekt auch eher skeptisch gegenüber. Sonderurlaub für besondere Anlässe wie Umzug oder Hochzeit werden allerdings problemlos bewilligt. Ein Dienstwagen steht der im Büro tätigen Tochter des Hauptgesellschafters zur Verfügung. Hier dürften vor allem steuerliche Gründe die Anschaffung des Firmen-KFZ begünstigt haben. An sonstigen freiwilligen Sozialleistungen werden im Unternehmen lediglich ein jährlicher Betriebsausflug und eine Weihnachtsfeier angeboten. Einkaufsrabatte für Baustoffe oder andere Naturalvergütungen gibt es im Unternehmen nicht.

Das Unternehmen ist Mitglied in der Straßenbauinnung und tarifrechtlich der IG Bau-Steine-Erden zugeordnet. Deren Tarifregelungen werden sowohl für die Urlaubs- und Weihnachtsgratifikationen übernommen als auch für die Lohnvergütungen. Das bedeutet, daß im Unternehmen generell ein dreizehntes Gehalt gezahlt wird, womit gleichzeitig Urlaubs- und Weihnachtsgeld abgedeckt sind. Übertarifliche Vergütung erhält im Unternehmen lediglich ein Vorarbeiter, dessen Gehalt vertraglich ausgehandelt wurde.

Arbeitszeit und Organisationsformen der Arbeit in Unternehmen (VI)

Die regelmäßige Wochenarbeitszeit beträgt im Unternehmen 39 Stunden. In den letzten fünf Jahren wurde die Arbeitszeit damit nur um eine Stunde von ehemals 40 Stunden gekürzt. Aufgrund des durch die geringen Arbeitszeitverkürzungen hervorgerufenen 'freien' Zeitpotentials von ca. 10 Arbeitsstunden wöchentlich, wurden keine neuen Mitarbeiter eingestellt. Zwar wurden in den letzten Jahren neue und bessere Maschinen angeschafft, welche die Arbeitsproduktivität leicht erhöht haben, doch ist das Hauptanpassungsinstrument bei Nachfrageschwankungen und damit auch für die Arbeitszeitverkürzungen der Einsatz von Überstunden. Allerdings führt der dadurch induzierte zusätzliche Kostendruck, neben den regelmäßigen Steigerungen der Tariflöhne, zu höheren Preisen, welche zunehmend schwerer durchzusetzen sind, weil derzeit viele öffentliche Auftraggeber starken finanziellen Restriktionen unterworfen sind.

Generell werden in Unternehmen (VI) regelmäßig Überstunden geleistet. Allerdings gilt dieses nur für den Zeitraum von Frühjahr bis Herbst, da im Winter aus Witterungsgründen eher wenig gearbeitet wird. Einen Überstundenzuschlag gibt es in der Straßenbaubranche offensichtlich nicht. Trotzdem entstehen bei Arbeitszeitflexibilisierung dem Unternehmen dann zusätzliche Kosten, wenn geleistete Arbeitszeiten in eine Schlechtwetterperiode fallen. Ein Beispiel soll dieses verdeutlichen:

Im Februar 1994 fiel die Arbeit in der Zeit vom 6.-18. infolge schlechten Wetters aus. Um diesen Ausfall zu kompensieren wurde an den übrigen Arbeitstagen regelmäßig eine Stunde Mehrarbeit geleistet.

Tarifliche Arbeitszeit im Lohnabrechnungszeitraum			164 Std.
Geleistete Arbeitszeiten			
a) tarifliche Arbeitszeit	10 Tage à 8 Stunden =	80 Std.	
	2 Tage à 7 Stunden =	14 Std.	
b) Überstunden	12 Tage à 1 Stunde =	12 Std.	
		106 Std.	106 Std.
Differenz zur tariflichen Arbeitszeit im Lohnabrechnungszeitraum			58 Std.
Kürzungsstunden	9 Tage à 1 Stunde =		9 Std.
			49 Std.
Ausfallstunden	7 Tage à 8 Stunden =	56 Std.	
	2 Tage à 7 Stunden =	14 Std.	
		70 Std.	70 Std.

(vgl. Zentralverband des Deutschen Baugewerbes, 1993, S.13)

Daraus folgt, daß bei 70 Ausfallstunden das Schlechtwettergeld nur für 49 Ausfallstunden gezahlt wird. Damit entstehen dem Unternehmen jedoch erhebliche Kosten.[17] Schon aus diesem Grund wird im Unternehmen prinzipiell darauf geachtet, daß ein Acht-Stunden-Tag eingehalten wird, was sich aber nicht immer realisieren läßt. Zu Produktivitätseinbußen ist es aufgrund von Überstunden aber nicht gekommen, im Gegenteil - in manchen Situationen, wenn beispielsweise ein Walzenfahrer eine frisch geteerte Straßendecke bearbeitet, ist es aus

[17] Das heißt, daß schon bei der derzeit noch geltenden Schlechtwetterregelung die Unternehmen einen nicht unerheblichen Teil der durch mäßiges Wetter bedingten Ausfälle übernehmen. Wenn wie geplant, ab dem 1.1.1996 tatsächlich die Schlechtwetterregelung bundesweit abgeschafft wird, dürften die nachfolgenden Tarifverhandlungen einen äußerst langwierigen und komplizierten Verlauf nehmen.

produktionstechnischen Gründen unumgänglich, daß der betreffende Mitarbeiter Mehrarbeit leistet, damit die Gleichmäßgikeit der Straßenoberfläche gewährleistet ist.

Ein Mehrschichtsystem oder Nachtarbeit gibt es im Unternehmen nicht. Ebenso wird grundsätzlich auf Wochenendarbeit verzichtet, was allerdings eine gute Organisation im Unternehmen voraussetzt. Die normalen Arbeitszeiten liegen täglich von 7.00 Uhr bis 16.30 Uhr mit jeweils einer Stunde Pause. Freitags wird bereits um 12.00 Uhr die Arbeit eingestellt, um die tarifliche Arbeitszeit von 39 Stunden zu einzuhalten.

Betriebsferien gibt es im Unternehmen in zwei festgelegten Zeiträumen. Zum einen im Januar jeweils vier Wochen und zwei weitere Wochen im Juli. Außerdem ist zwischen Weihnachten und Neujahr der Betrieb geschlossen, wobei hier Ausgleichzahlungen im Rahmen des Winterlohnausgleichs von der bereits erwähnten ZVK vorgenommen werden. Aus der Lage der Betriebsferien folgt aber, daß die durchschnittlich sechs bis sieben Wochen Urlaub, die den Mitarbeitern tariflich zustehen, nicht frei von den Beschäftigten gewählt werden können. Vor allem für Arbeitnehmer mit schulpflichtigen Kindern dürfte die zeitliche Einschränkung des Urlaubes ein Problem darstellen.

Erstaunlich für die Straßenbaubranche mit ihren extremen körperlichen Anforderungen an die dort Arbeitenden ist die relativ geringe Zahl der Fehltage der Beschäftigten. Sie wurde von der Unternehmensleitung mit ca. einem Fehltag im Monat pro Arbeitnehmer angegeben. Die Fehlzeitquote beträgt damit rund sechs Prozent und liegt immer noch unter dem Durchschnitt aller Erwerbstätigen mit 8,78% Fehltagequote (vgl. iwd, 1991/17, S.4f.). Ein Kostenproblem stellt sich durch Fehltage für Unternehmen dieser Größe innerhalb des Straßenbaues ohnehin kaum, da bei gewerblichen Arbeitnehmern die Krankenkassen bereits ab dem ersten Fehltag 70% der Lohnkosten übernehmen. Karenztage schließlich werden von der Geschäftsführung nicht nur aus diesem Grund abgelehnt, sondern auch weil Krankmeldungen in der Regel nur dann erfolgen würden, wenn tatsächlich eine längere Krankheit vorläge.

Teilzeitbeschäftigte im gewerblichen Bereich gibt es im Unternehmen nicht, weil durch die externen Arbeitsstätten, sprich Baustellen, der organisatorische Aufwand zu hoch wäre. Im Büro arbeitet ein weibliches Familienmitglied halbtags, wodurch sich aber keinerlei organisatorische Schwierigkeiten ergeben hätten. Ansonsten erledigt ein bereits pensionierter früherer Mitarbeiter kleinere Arbeiten (LKW-Fahrten) als Aushilfe im finanziellen Rahmen von geringfügiger Beschäftigung.

Andere Arbeitsformen wie Gleitzeit oder Job-Sharing bieten sich nach Aussage der Unternehmensleitung aus produktionstechnischen Gründen ebenfalls nicht an. Interessant ist in diesem Zusammenhang, daß die Geschäftsinhaber auch noch nie daran gedacht haben, die Jahresarbeitszeit zu variieren. Gerade für dieses Unternehmen mit starker Wetterabhängigkeit, scheint Kapovaz ein durchaus probates Mittel zu sein. Die Maxime im Unternehmen scheint aber ein Festhalten an starren Arbeitszeiten zu sein.

Die Flexibilität von Unternehmen (VI)

Arbeitszeitflexibilisierung ist im Unternehmen bis heute ein Fremdwort. Ein Grund dafür liegt aber sicherlich auch in den Problemen begründet, die sich mit der Schlechtwetterregelung in diesem Zusammenhang ergeben. Ausfallzeiten werden immer nur nach den tariflichen Arbeitszeiten berechnet und nicht nach eventuell geleisteten Arbeitststunden innerhalb eines flexiblen Arbeitskräfteeinsatzplanes (Zentralverband der Deutschen Bauindustrie, 1993, S.10ff). Einziges Fleixibilitätsinstrument, auf welches die Firma gelegentlich zurückgreift, ist eine sogenannte "Pflastertruppe" (wörtliches Zitat der Unternehmensleitung), die ein- bis zweimal im Jahr als Subunternehmer Aufträge mit abwickelt. Die Diskussion um längere Maschinenlaufzeiten ist nach Meinung der Geschäftsführung für das Unternehmen nicht von Belang.

Die Außenbeziehungen von Unternehmen (VI)

Eine Bewertung staatlicher Fördermaßnahmen für kleine Unternehmen konnte die Unternehmensleitung nicht vornehmen, da keine dieser Maßnahmen bekannt waren. Lediglich seien, über das Arbeitsamt vermittelte, günstige Kredite für Geräte erlangt worden, weil diese Investition mit einer Arbeitsplatzausweitung verbunden war. Ansonsten werden die Verbindungen zum Arbeitsamt auf einer Skala von eins bis sechs mit fünf (mangelhaft) eingestuft. Allerdings sei für den fehlenden Vermittlungserfolg weniger konkret das Arbeitsamt, als deren zur Verfügung stehendes Arbeitsangebot verantwortlich. Zum einen möchte offensichtlich kaum noch jemand im Straßenbau arbeiten und zum anderen sei das Niveau potentieller Mitarbeiter zum Teil mehr als erschreckend, weil einige der sich vorstellenden Personen nicht einmal lesen und schreiben konnten.

Kontaktiert wurde desweiteren lediglich die Industrie- und Handelskammer, als die Unternehmensleitung an die Nutzung von Computerkursen für die Bürokräfte dachte, von deren Besuch letztlich aber Abstand genommen wurde, weil das Interesse der Mitarbeiter daran zu gering war.

Das Verhältnis zu den Banken wurde als völlig problemlos dargestellt. Die Gründe dafür sind recht einleuchtend, da das Unternehmen eine alteingesessene Firma mit hohem Eigenkapitalanteil ist. Zudem sind gute Sicherheiten vorhanden, weil die noch aus der Gründerzeit der Unternehmung stammenden Ländereibesitzungen jederzeit belastbar wären. Anzumerken bleibt, daß sich das Unternehmen generell gegenüber großen Firmen in keiner Weise benachteiligt fühlt, wenn man davon absieht, daß die zum Teil sehr hohen Ausschreibungskosten im Vergleich zu den momentan zu realisierenden Preisen für große Unternehmen eher tragbar seien. Die trotzdem gute Situation der Unternehmung hänge ausschließlich mit den günstigen Standortbedingungen zusammen. In einer Großstadt, mit dann sehr hohen Gewerbesteuern und eventuellen Pachtzahlungen für das Betriebsgelände bzw. Mietzahlungen für das Bürogebäude, könnte ein Unternehmen dieser Größenordnung heute nicht mehr existieren.

Neben den bereits erwähnten gelegentlichen Kontakten zu einem Subunternehmer nimmt das Unternehmen regelmäßig nur den Service eines Steuerbüros in Anspruch, wobei nicht nur die Lohnabrechnung sondern die gesamte Buchführung von den betriebsexternen Experten vorgenommen wird. Werbeagenturen oder Unternehmensberater wurden bisher nicht benötigt.

Einschätzung der Beschäftigtensituation von Unternehmen (VI)

Das Unternehmen (VI) ist ein typisches Familienunternehmen, fünf von zwölf Beschäftigten gehören zum erweiterten Familienkreis. Die nach eigener Aussage alte, von der ländlichen Umgebung geprägte, Unternehmensstruktur führt zu einem konservativen Unternehmensstil. So wurden in den letzten Jahren keinerlei Veränderungen vorgenommen und sind auch keine neuen Maßnahmen geplant. So will die Unternehmensleitung auf keinen Fall weiteres Unternehmenswachstum, bezogen auf Mitarbeiterzahl und Kapitaleinsatz. Für Unternehmen mit mehr als zwanzig und weniger als 150 Beschäftigten sei die gegenwärtige wirtschaftliche Situation sehr schwierig. Offensichtlich empfindet auch die Belegschaft diese Denkweise als angenehm. Die Fluktuationsrate ist gering und das Betriebsklima für ein Straßenbauunternehmen, wo die Gepflogenheiten in der Regel etwas rauher sind, nahezu vorbildlich.

7.3 Ein Modell zur allgemeinen Flexibilitätsbetrachtung von Unternehmen

Der Ausgangspunkt der Betrachtung ist ein Zweiperioden-Entscheidungsmodell, wobei das Ziel des jeweils betrachteten Unternehmens die Gewinnmaximierung ist (vgl. Marschak, Nelson, 1962, S.42ff). Die Gewinnerzielung eines jeden Unternehmens sei abhängig von den zu treffenden Handlungsoptionen a_1 und a_2 zu den entsprechenden Zeitpunkten t_1 und t_2. In jedem Zeitpunkt t_i bei einer zu treffenden Entscheidung a_i hat das jeweilige Unternehmen keine vollständige Information. Weiterhin gilt, daß je weiter die Unternehmen von t_n entfernt sind, die Unsicherheit der Unternehmen um so größer ist. Mit zunehmender Zeitdauer lernen die Unternehmen aber hinzu, das heißt im Zeitpunkt t_2 ist die vorhandene Information größer als im Zeitpunkt t_1. Die Gewinnfunktion eines Unternehmens kann dann folgendermaßen geschrieben werden:

(1) $G = G(a_1, a_2, w)$

a_1 ist die getätigte Aktion zum Zeitpunkt t_1, a_2 die vollzogene Handlungsoption zum Zeitpunkt t_2 und w ist der Umweltzustand in t_2. Die Aktionen a_1 bzw. a_2 sind jeweils Elemente der Vektoren A_1 bzw. A_2. w ist unabhängig von den jeweils getätigten Aktionen a_1 und a_2 und enthält diese auch nicht als Element.[18]

Zusätzlich sind den Unternehmen zum Zeitpunkt t_1 bzw. t_2, wenn also die Aktionen a_1 bzw. a_2 getätigt werden, Informationen über w bekannt. Diese sogenannten Umweltsignale werden im folgenden als z_1 bzw. z_2 bezeichnet, wobei z_1 bzw. z_2 jeweils wiederum Elemente der Vektoren Z_1 bzw. Z_2 sind. z_2 beinhaltet neben sämtlichen Informationen von z_1 darüber hinausgehendes Wissen.[19] Es handelt sich also um subjektive Erwartungswerte des Unternehmens über das Eintreffen von bestimmten Umweltzuständen,[20] welche auch durch Maßnahmen des Staates oder durch das Ausland beeinflußt sein können.

---

[18] Beispielsweise könnte w die auf einem Markt aufgrund von Nachfrageschwankungen hervorgerufenen Preisvariationen beinhalten. Unter den Aktionen a_1 und a_2 könnten Handlungsoptionen bezüglich des alternativen Einsatz von Personal oder einer neuen Technologie verstanden werden, die gleichzeitig das vorhandene Flexibilitätspotential der Firmen determinieren. In diesem Fall ist w sicherlich unabhängig von a_1 und a_2 und enthält diese zudem auch nicht als Element.

[19] Bei z_1 könnte es sich um Inflationsindikatoren, bei z_2 um von der betreffenden Industrie- und Handelskammer ermittelte Auftragseingänge des letzten Quartales handeln. Aus diesen Informationen ermitteln die Unternehmen jeweils ihre Marktchancen mit dem entsprechenden Einfluß auf ihr Verhalten.

[20] Beispielsweise könnte jedes Unternehmen eine absatzorientierte Marktstudie vorgenommen haben.

Aus diesen grundlegenden Annahmen ergibt sich demnach folgender formaler Zusammenhang:

(2) $a_1 = a_1(z_1)$
(3) $a_2 = a_2(z_2,a_1)$[21]

Wenn z_1 jetzt aber für Unternehmen unterschiedlicher Größe verschieden gut ausgeprägt ist, weil zum Beispiel eine größere Firma durch mehr Kapitaleinsatz über eine bessere Markttransparenz verfügt, wird es auch zu unterschiedlichen Aktionen a_1 kommen. Das gleiche gilt dann für a_2. Einmal, weil a_1 unterschiedlich gewählt wurde und zum anderen, weil z_2 womöglich wiederum unterschiedliche Informationen für die verschiedenen Unternehmen bereithält. Vielleicht sind z_2 und a_2 für das kleine Unternehmen auch davon abhängig, was ein auf dem betreffenden relevanten Markt befindliches, großes Unternehmen für eine Anfangsaktion a_1 gewählt hat, weil große Firmen als Marktführer in der Regel Trendsetzer sind.

Flexibilität bedeutet in diesem Modell also das Vorhandensein verschiedener Anfangsaktionen a_1. Mit anderen Worten, Flexibilität ist das Ausmaß, in welchem a_1 die beste nachfolgende Aktion a_2^* zuläßt - als eine geeignete Reaktion auf den nachfolgenden Umweltzustand z_2 bzw. w.

Flexibilitätsdefinition

Methode I:

A_2 ist eine Funktion von a_1, also $A_2(a_1)$. Es gilt:
a_1' ist mehr flexibel als a_1'', wenn $A_2(a_1'') < A_2(a_1')$

Eine stark flexible Anfangsaktion sichert viele Wahlmöglichkeiten. Die 'Güte' der Flexibilität ist also das Ausmaß der Wahlmöglichkeiten.

Was aber passiert, wenn viele der in A_2 enthaltenen, möglichen Aktionen wesentlich teurer sind, falls die Anfangsaktion a_1' statt der Anfangsaktion a_1'' durchgeführt wurde, weil beispielsweise jetzt bei jeder Handlungsalternative von A_2 hohe Investitionskosten notwendig werden? Die im folgenden dargestellte Methode II einer Flexibilitätsdefinition ist ein geeignetes Hilfsmittel, das Problem zu lösen.

---

21 Zur Vereinfachung wird vorausgesetzt, daß z_2 keine Informationen über die gewählte Ausgangsaktion a_1 enthält.

Methode II:

In vielen Fällen ist der Gewinn G durch den Zustand der Welt (w) tendenziell für ein Unternehmen vorgegeben, kann aber gleichzeitig durch die Aktionen a_1 und a_2 über die Kostenseite beeinflußt werden. Der Gewinn eines Unternehmens kann somit als Summe von zwei Teilen, einmal (w,a_2), einmal (a_1,a_2), aufgefaßt werden. Gleichung (1) wird dann geschrieben als:

(4) $G = R(w,a_2) - C(a_2,a_1)$, wobei R=Erlöse (revenue) und C=Kosten (costs) ist.

Dann gilt: a_1' ist flexibler als a_1'', wenn

(4a) $C_2(a_2,a_1'') - C_2(a_2,a_1') > 0$,

wobei $R(w,a_2)$ konstant ist, denn eine gewählte Aktion a_1 oder a_2, wenn sie nicht qualitätsanhebend für ein Produkt ist, hat keinen unterschiedlichen Einfluß auf die Erlössituation, wenn w ausschließlich durch exogene Maßnahmen beeinflußt wird.[22] Die folgende Verallgemeinerung von Methode II beschreibt den Fall, daß sowohl R als auch C von einem Unternehmen zu beinflussen sind.

Methode III:

In vielen Entscheidungssituationen ist G nicht als Differenz von R und C zu schreiben, weil die Aktionen a_1 und a_2 auch Einfluß auf R ausüben.

Eine Aktion a_1' ist dann flexibler als eine Aktion a_1'', wenn für alle z_2 gilt:

(4b) $G^*(z_2,a_1') - G^*(z_2,a_1'') > 0$

Wenn es durch ein bestimmtes Umweltsignal z_1 für ein Unternehmen immer möglich ist, die beste Anfangssituation a_1 herauszufinden, dann wäre es jedoch unwichtig, Flexibilität als ranking-Instrument bei Entscheidungen einzusetzen. Aber in der Regel gibt es keine gesicherten Informationen über die beste Anfangsaktion a_1. Die Entscheidung des Unternehmens muß dann nach Wahrscheinlichkeitskriterien, Daumenregeln oder nach vorhandenen Erfahrungen erfolgen.

---

[22] Unternehmen können aufgrund von unterschiedlicher Flexibilität also nur ihre Kostenseite positiv beeinflussen und damit den Gewinn steigern. Zumindest für den Machtmonopolfall ohne staatliche Aufsicht gilt diese Behauptung aber nicht.

Mit Hilfe der drei dargestellten Methoden zur Einordnung von Flexibilität ist ein Unternehmen nun in der Lage, mögliche Aktionen nach Flexibilitätskriterien zu beurteilen. Weiterhin dürfte ein Unternehmen ungefähr abschätzen können, wieviel zusätzliche Informationen es zwischen der Anfangsaktion a_1 und der nachfolgenden Handlungsoption a_2 hinzugewinnen kann. Aus diesen Annahmen läßt sich folgende Faustregel ableiten:

Je größer die Unsicherheit eines Unternehmens zum Zeitpunkt t_1 über den Umweltzustand z_2 und damit auch w ist, um so wichtiger ist die Wahl einer möglichst flexiblen Anfangsaktion. Oder anders formuliert, ist die Unsicherheit über z_2 und damit auch w hinreichend groß, kann das Unternehmen sicher sein, daß die flexiblere von zwei möglichen Anfangsaktionen den höheren Wert an erwartetem Gewinn E[G] bringt.

Durch Anwendung des Modelles in einer Betrachtung der Produktionsflexibilität in der Theorie der Unternehmung sollen die Zusammenhänge jetzt verdeutlicht werden.

Produktionsflexibilität in der Theorie der Unternehmung

Es wird im folgenden gezeigt werden, daß die Notwendigkeit nach einer flexibleren Unternehmung ansteigt, wenn die Preisvariationen auf dem relevanten Markt zunehmen (vgl. dazu Kapitel 3.3).

Ausgangspunkt ist folgende Kostenfunktion, wobei a durch die Anfangsaktion a_1 determiniert wird:

(5) $C = ax^2 + bx + K$, wobei x = Output ist
(6) $C/x = ax + b + K/x$ = Durchschnittskostenfunktion
(7) $\delta C/\delta x = a - K/x^2$ = Steigung der Durchschnittskostenfunktion
(8) $\delta^2 C/\delta x^2 = 2K/x^3$ = 2.Ableitung

Setzt man die Gleichung (7) gleich null und formt man um, ergibt sich:

(9) $K = ax^2$

Für alle quadratischen Kostenfunktionen mit dem sich aus Gleichung (9) ergebenen Kostenminimum für alle $x = x^*$ ergibt sich dann durch Einsetzen von (9) in (8):

(10) $\delta^2 C/\delta x^2 = 2K/x^3 = 2a/x$ (für alle $x = x^*$)

Daraus folgt, je kleiner a ist, um so flacher ist der Verlauf der Durchschnittskostenkurve. Als Maß für Flexibilität im Stigler´schen Sinne kann dann 1/a fungieren. Um die Vorgehensweise einfach zu halten, wird im folgenden davon ausgegangen, daß der Preis P immer größer als der Kostenfunktionsbestandteil b ist, so daß der Unternehmensgewinn G immer größer als Null ist. Der maximale Gewinn ergibt sich dann durch folgende Gleichung (11):

(11) $G(P) = (1/4a)\,(P-b)^2 - K$,

wobei G(P) der maximale Gewinn zum Preis P ist.

Daraus folgt, daß der erwartete Gewinn gegeben ist, durch

(12) $E[G(P)] = (1/4a)\,\sigma^2{}_p + (1/4a)\,[\underline{P}-b]^2 - K$,

wobei $\underline{P}$ der erwartete Preis ist und $\sigma^2{}_p$ die erwartete Preisvarianz darstellt und diese somit Nachfrageschwankungen beinhaltet. Daraus folgt schließlich

(13) $E[G(P)] = (1/4a)\,\sigma^2{}_p + G(\underline{P})$

Setzt man nun den erwarteten Preis $\underline{P}$ konstant, dann nimmt bei steigender Preisvariation $\sigma^2{}_p$ und damit zunehmenden Nachfrageschwankungen (vgl. auch Zimmermann, 1991) der erwartete Gewinn der flexibleren Firma stärker zu als der erwartete Profit bei der weniger flexiblen Unternehmung. Das bedeutet aber, daß je stärker die auftretende Preisvariation ist, um so höher der Wert der Flexibilität zu beurteilen ist. Machen wir uns den Zusammenhang an einem Zahlenbeispiel deutlich.

Nehmen wir an, die Firma A tätigt eine Anfangsaktion a_1', durch die Kosten von a = 0,25 entstanden sind. Unternehmung B hingegen führt eine Anfangsaktion a_1'' durch, bei der a = 0,5 beträgt. Unternehmen B ist also zunächst einmal aufgrund der getätigten Anfangsaktion weniger flexibel als Firma A, weil $a(a_1'') = 0,5 >$ als $a(a_1') = 0,25$ ist. Oder mit anderen Worten 1/a als Maß für die Flexibilität beträgt für Unternehmen A vier, für Unternehmen B hingegen nur zwei. Setzt man nun in die Gleichung (13) dic beiden Flexibilitätswerte ein und nimmt jeweils unterschiedliche Preisvariationen $\sigma^2{}_p$ in Höhe von 1, 2 und 4 in verschiedenen Perioden an, ergibt sich folgendes Ergebnis:

Periode 1: Bei $\sigma^2{}_p = 1$ für Unternehmen A 1,0: für Unternehmen B 0,5
Periode 2: Bei $\sigma^2{}_p = 2$ für Unternehmen A 2,0; für Unternehmen B 1,0
Periode 3: Bei $\sigma^2{}_p = 4$ für Unternehmen A 4,0; für Unternehmen B 2,0

Das heißt bei der flexiblen Unternehmung A steigt der erwartete absolute Gewinn, bei zunehmender Preisvariation und bei konstantem erwarteten Preis, doppelt so schnell als bei der weniger flexiblen Unternehmung B an, denn die Differenz des Gewinns von Periode 1 zu Periode 3 ist für Unternehmen A 3,0 Gewinnzuwachs, für Unternehmen B hingegen nur 1,5 Gewinnzuwachs.[23]

---

[23] Auch wenn die relative Gewinnrelation zwischen den Firmen gleichgeblieben ist und damit die Marktanteile identisch zum Ausgangspunkt sind, ergeben sich für die Zukunft durchaus unterschiedliche Restriktionen für die Unternehmen. Beispielsweise kann Unternehmen A die Investitionen aufgrund von Umweltauflagen auf wesentlich mehr Kapital zurückgreifen als Unternehmen B. Das gleiche gilt auch für Maßnahmen zur Akquisition und Weiterbildung von Beschäftigten. Ein geringerer Kapitaleinsatz kann aber in diesem Fall dazu führen, daß nur weniger geeignetes Personal gefunden bzw. dieses nur unzureichend ausgebildet werden kann, wodurch wahrscheinlich strukturelle Wettbewerbsnachteile entstehen. Langfristig kann es somit durch die unterschiedliche absolute Gewinnhöhe auch zu Veränderungen der Marktanteile kommen.

8. Literaturverzeichnis

Acs, Z.J., D.B. Audretsch (Hrsg.) (1990) The Economics of Small Firms - A European Challenge, Dordrecht, Boston, London

Acs, Z.J., D.B. Audretsch, B. Carlsson (1991) Flexible Technology and Firm Size, in: Small Business Economics 3, S.307-319

Addison, J., J. Genosko, C. Schnabel (1989) Gewerkschaften, Produktivität und Rent Seeking, in: Jahrbücher für Nationalökonomie und Statistik, Nr. 206, S.102-116

Adebahr, H. (1975) Arbeitsmobilität, in: E. Gaugler (Hrsg.), Handwörterbuch des Personalwesens, Stuttgart, S.242-254

Aiginger, K., G. Tichy (1984) Die Größe der Kleinen. Die überraschenden Erfolge kleiner und mittlerer Unternehmungen in den achtziger Jahren, Wien

Alchian, A.A., W.R. Allen (1974) University Economics, 3.Aufl., London

Alchian, A.A., H. Demsetz (1972) Production, information costs, and economic organization, in: American Economic Review, 62.Jg., S.777-795

Alewell, D. (1993) Interne Arbeitsmärkte - Eine informationsökonomische Analyse, Personal Organisation Management, Bd.1, Hamburg

Altmann, N., D. Sauer (Hrsg.) (1989) Systemische Rationalisierung und Zulieferindustrie - Sozialwissenschaftliche Aspekte zwischenbetrieblicher Arbeitsteilung, Frankfurt/Main, New York

Andersson, T.D. (1987) Profit in Small Firms, A Model Based on Case-Studies from the Informal Sector in a Developing Country, Aldershot, Brookfield

Angele, J. (1993a) Insolvenzen 1992, in: Wirtschaft und Statistik, Heft 3, S.200-204

Angele, J. (1993b) Insolvenzverluste 1991, in: Wirtschaft und Statistik, Heft 7, S.483-488

Arrow, K. (1969) The organization of economic activity: Issues pertinent to the choice of market versus nonmarket allocation, in: U.S. Joint Economic Committee, 91/1, The Analysis and Evaluation of Public Expenditure: The PBB System, Vol.1, Washington D.C.

Arrow, K. (1973) Information and Economic Behaviour, Stockholm

Ashenfelter, O., R. Layard (Hrsg.) (1986) Handbook of Labor Economics, Bd.1, North-Holland, Amsterdam

ASU (1984) Arbeitsgemeinschaft Selbständiger Unternehmer, Eine marktwirtschaftliche Reform der Arbeitslosenversicherung, Bonn, insbesondere S.23-31

ASU (1985) Arbeitsgemeinschaft Selbständiger Unternehmer, Mehr Marktwirtschaft am Arbeitsmarkt - Ansätze zum Abbau der Arbeitslosigkeit, Bonn

Bach, H.W. (1990) Die Langzeitarbeitslosigkeit in der Bundesrepublik Deutschland, Teil I: Entstehung und Ausmaß, in: Sozialer Fortschritt, 39.Jg, Nr.5, S.112-116

Bailey, E.E., A.F. Friedlaender (1982) Market Structure and multiproduct industries, in: Journal of Economic Literature, Vol.20, S.1024ff.

Barmby, T., J. Treble (1991) Betriebliche Fehlzeiten und Arbeitsverträge, in: MittAB, 3/91, S.595-604

Barmby, T., J. Sessions, J. Treble (1992) Absenteeism, Efficiency Wages and Shirking, Economic Research Paper No. 92/12, Department of Economics, Loughborough University of Technology, Loughborough, Leicestershire

Bartel, R. (1990) Organisationsgrößenvorteile und -nachteile, in: Jahrbuch für Sozialwissenschaft, 41.Jg., S.135-159

Baßeler, U., J. Heinrich, W. Koch (1991) Grundlagen und Probleme der Volkswirtschaft, Köln

Baumol, W.J., J.C. Panzar, R.D. Willig (1982) Contestable markets and the theory of industry structure, New York, u.a.

Becker, F. (1985) Leitfaden zur gewerbsmäßigen Arbeitnehmerüberlassung, 4.Aufl., Köln

Becker, H. (1985) Eine Transaktionskostentheoretische Interpretation interner Arbeitsmärkte, Berlin

Behr, M., H.J. Braczyk, C. Gebbert, C. Kerst, J. Niebur (1990) Arbeitsbedingungen im Dienstleistungssektor, Projekbericht des Rationalisierungs-Kuratoriums der Deutschen Wirtschaft (RKW) e.V., Eschborn

Bellmann, L., F. Buttler (1989) Lohnstrukturflexibilität - Theorie und Empirie der Transaktionskosten und Effizienzlöhne, in: MittAB, 22.Jg., S.202-217

Bellmann, L., K. Gerlach, O. Hübler (1984) Lohnstruktur in der Bundesrepublik Deutschland, Frankfurt, New York

Berger, J., V. Domeyer, M. Funder (Hrsg.) (1990) Kleinbetriebe im wirtschaftlichen Wandel, Frankfurt a.M.

Berger, J., V. Domeyer, M. Funder, L. Voigt-Weber (Hrsg.) (1986) Selbstverwaltete Betriebe in der Marktwirtschaft, Bielefeld

Blanchflower, D. (1986) Wages and Concentration in British Manufacturing, in: Applied Economics, 18.Jg., S.1025-1038

Blien, U. (1986) Unternehmensverhalten und Arbeitsmarktstruktur, BeitrAB 103, Nürnberg

Bloech, J. (1977) Betriebs- und Unternehmensgröße, in: Handwörterbuch der Wirtschaftswissenschaft, W. Albers, u.a. (Hrsg.), Bd.1, Stuttgart, Tübingen, Göttingen, S.556-565

Bloß, H., F. Egle, H.v. Henninges, W. Klauder, P. König, H. Kohler, F. Stooß (1981) Zur Arbeitsmarktsituation im Gaststätten- und Beherbungsgewerbe, BeitrAB 26, IAB, Nürnberg

Bock, K. (1985) Unterschiede im Beschäftigungsverhalten zwischen kleinen und großen Unternehmen, Institut für Mittelstandsforschung, ifm-materialien, Nr.29, Bonn

Bolton, J.E. (1971) Small Firms, Report of the Comittee of Inquiry on Small Firms, London

Bombach, G., B. Gahlen, A.E. Ott (Hrsg.) (1985) Industrieökonomik: Theorie und Empirie, Tübingen

Bombach, G., B. Gahlen, A.E. Ott (Hrsg.) (1987) Arbeitsmärkte und Beschäftigung - Fakten, Analysen, Perspektiven, Tübingen

Bornmann, M. (1981) Zur Bedeutung und zu den Existenzgründungshemmnissen kleiner und mittlerer Unternehmen, Frankfurt a.M.

Brandes, W., F. Buttler (1990) Der Staat als Arbeitgeber. Daten und Analysen zum öffentlichen Dienst in der Bundesrepublik, Frankfurt a.M.

Brandes, W., F. Buttler, E. Dorndorf, U. Walwei (1991) Grenzen der Kündigungsfreiheit - Kündigungsschutz zwischen Stabilität und Flexibilität, in: K. Semlinger (Hrsg.) (1991), S.111-134

Braulke, M. (1983) Contestable Markets - Wettbewerbskonzept mit Zukunft?, in: Wirtschaft und Wettbewerb, 33.Jg., S.945-954

Brinkmann, C. (1983) Arbeitszeitpräferenzen: Ein Hinweis auf neue Repräsentativbefragungen, in: MittAB, 16.Jg., Nr.2, S.106-108

Britsch, W.H. (1993) Zeitarbeit, in: H. Strutz (Hrsg.), Handbuch Personalmarketing, 2.Aufl., Wiesbaden, S.260-269

Brown, C., J. Medoff (1989) The Employer Size Wage Effect, in: Journal of Political Economy, 97.Jg., S.1027-59

Brown, C., J. Hamilton, J. Medoff (1990) Employers Large and Small, Cambridge (Mass.), London

Brüderl, J., P. Preisendörfer (1986) Betriebsgröße als Determinante beruflicher Gratifikationen, in: Wirtschaft und Gesellschaft, 12.Jg., S.507-523

Büchtemann, C.F. (1989) Befristete Arbeitsverträge nach dem Beschäftigungsförderungsgesetz (BeschFG 1985), unter Mitarbeit von A.Höland, Forschungsbericht des Wissenschaftszentrums Berlin für den Bundesminister für Arbeit und Sozialordnung, Berlin

Buchwald, W., C. Krüger-Hemmer, A. Baus (1987) Arbeitsstättenzählung 1987, in: Wirtschaft und Statistik, Heft 1

Buckle, R.A., C.S.Meads (1990) How do Firms React to Surprising changes in demand?: A Vector Autoregressive analysing using business survey data, Working Paper Series 11/90, Victoria University of Wellington

Büdenbender, U., M. Selke (1993) Betriebliche Sozialleistungen, in: H. Strutz (Hrsg.), Handbuch Personalmarketing, 2.Aufl., Wiesbaden, S.540-557

Bundesministerium der Wirtschaft (1985) Unternehmensgrößenstatistik 1985, Bonn

Bundesministerium der Wirtschaft (1990) Unternehmensgrößenstatistik 1989/90 - Daten und Fakten, Bonn

Bundesministerium der Wirtschaft (1992) Wirtschaft in Zahlen '92, Bonn

Bureau of Labor Statistics (1983) May 1983 Current Population Survey

Buschmann, R., J. Ulber (1989) Flexibilisierung: Arbeitszeit - Beschäftigung, Köln

Buttler, F., K. Gerlach, R. Schmiede (1987) Arbeitsmarkt und Beschäftigung, Neuere Beiträge zur institutionalistischen Arbeitsmarktanalyse, Frankfurt a.M., New York

Buttler, F., K. Oettle, H. Winterstein (1986) (Hrsg.) Flexibilität gegen starre Sozialsysteme, Baden-Baden

Carlsson, B. (1989) Flexibility and the theory of the firm, in: International Journal of Industrial Organization, Vol.7, S.179-203

Cantzler, F. (1990) Quanitative und qualitative Beschäftigungswirkungen neuer Technologien - Eine Analyse für Rheinland-Pfalz, München 1990

Clasen, J.P. (1992) Kleine und mittlere Unternehmen (KMU) im Krisenfall - Ein unternehmerorientiertes Konzept des Turnaround Managements als Option der Krisenbewältigung, Bamberg

Chandler, A. (1977) The Visible Hand, Cambridge, Mass.

Coase, R.H. (1937) The nature of the firm, in: Economica, N.F., 4.Jg., S.386ff

Coase, R.H. (1960) The problem of social cost, in: Journal of Law and Economics, 3.Jg., S.1ff

Conrad-Betschart, H., R. Hüni, J. Papst, E. Ulich (1990) Ergebnisse der Untersuchung "Determinanten der Effizienz kleiner und mittlerer Schweizer Unternehmen". Unveröffentlichter Projektbericht Nr.2. Zürich: Institut für Arbeitspsychologie, Juni 1990

Corsi, M. (1991) Division of Labour, Technical Change and Economic Growth, Aldershot, Brookfield

Cramer, U. (1987) Klein- und Mittelbetriebe: Hoffnungsträger der Beschäftigungspolitik?, in: MittAB, 20.Jg., Nr.1, S.15-29

Cramer, U. (1990) Probleme bei der Besetzung von offenen Stellen. Ergebnisse einer Betriebsbefragung, in: MittAB, 23.Jg., Nr.2, S.246-254

Cyert, R.M., J.G. March (1963) A Behavioral Theory of the Firm, Englewood Cliffs

Dahlman, C.J. (1979) The problem of externality, in: Journal of Law and Economics, 22.Jg., Nr.1, S.148ff

Däubler, W. (1988) Deregulierung und Flexibilisierung im Arbeitsrecht, in: WSI-Mitteilungen, 41.Jg., Nr.8, S.449-457

De Meyer, A., J. Nakane, J.G. Miller, K. Ferdows (1989) Flexibility: The Next Competitive Battle - The Manufacturing Futures Survey, in: Strategic Management Journal, Vol.10, S.135-144

Deeke, A. (1991) Informelle Beziehungen auf dem Arbeitsmarkt - Marktregulierung und Chancenverteilung durch Arbeitsvermittlung, Frankfurt a.M., New York

Demsetz, H. (1967) The cost of transacting, in: Quarterly Journal of Economics, 82.Jg., S.33ff

Demsetz, H. (1969) Information and Efficiency: Another Viewpoint, in: Journal of Law and Economics, 12.Jg., S.1-22

Deregulierungskommission (1991) Marktöffnung und Wettbewerb, Achtes Kapitel: Der Arbeitsmarkt, S.133-160, Stuttgart

Deutsche Ausgleichsbank (1995) zitiert nach Tagesspiegel, 24.6.1995, S.17

Diekmann, J. (1982) Kontrakttheoretische Arbeitsmarktmodelle, Göttingen

Doeringer, P., P.M. Piore (1971) Internal Labor Markets and Manpower Analysis, Lexington

Drumm, H.J. (1987) Ansätze zu einer unternehmerischen Arbeitsmarktpolitik, in: G. Bombach, B. Gahlen, A.E. Ott (Hrsg.) Arbeitsmärkte und Beschäftigung, Tübingen, S. 37-61

Ehrenberg, R.G. (Hrsg.) (1991) Research in Labour Economics, Vol.12, Greenwich (Conn.)

Eickhof, N. (1992) Marktstruktur und Wettbewerbsprozeß, in: Ordo, Jahrbuch für die Ordnung von Wirtschaft und Gesellschaft, Bd.43, Stuttgart, Jena, New York, S.173-192

Emmerich, K., H.-D. Hardes, D. Sadowski, E. Spitznagel (Hrsg.) (1989) Einzel- und gesamtwirtschaftliche Aspekte des Lohnes, BeitrAB 128, Nürnberg

Falke, J., A. Höland, B. Rhode, G. Zimmermann (1981) Kündigungspraxis und Kündigungsschutz in der Bundesrepublik Deutschland (Forschungsbericht 47 - Arbeitsrecht - des Bundesministers für Arbeit und Sozialordnung), Bonn

FAZ, Frankfurter Allgemeine Zeitung (17.8.93) Zahl der Überstunden im Osten gestiegen, Nr. 189, S.9

Fehl, U. (1985) Das Konzept der Contestable Markets und der Marktprozeß, in: G. Bombach, B. Gahlen, A.E. Ott (Hrsg.), Industrieökonomik, Theorie und Empirie, Tübingen, S.29-49

Fischer, J., A. Deeke, u.a. (Hrsg.) (1987) Arbeitsmarktbewegung als sozialer Prozeß, SAMF-Papier 1987-3, Paderborn

Fischer, R. (1992) Fehlzeiten und Fluktuation als Führungsaufgabe, in: Personal, Heft 11/1992, S.495-499

FitzRoy, F.R. (1988) Mitarbeiterbeteiligung und Mitbestimmung in der Bundesrepublik Deutschland und Japan, Discussion Paper IIM/IP 88-4, Wissenschaftszentrum Berlin für Sozialforschung

Franz, W. (1991) Arbeitsmarktökonomik, Berlin, New York, Heidelberg, Tokio

Freeman, R.B., J.L. Medoff (1984) What Do Unions Do?, New York

Friedrich, W., H. Henniges (1982) Facharbeitermangel: Umfang und strukturelle Hintergründe, in: MittAB, S.9-19

Frisch, H., B. Gahlen (Hrsg.) (1986) Causes of Contemporary Stagnation, Studies in Contemporary Economics, Berlin

Fritsch, M. (1987) Groß und klein in der Wirtschaft - was man darüber weiß und was man darüber wissen sollte, in: Fritsch, M., C. Hull (1987), S.175-195

Fritsch, M. (1989) Arbeitsplatzentwicklung in Industriebetrieben, Habilitationsschrift am Fachbereich Wirtschaftswissenschaften der TU Berlin

Fritsch, M. (1991) Unternehmenskooperationen in Netzwerken, unveröffentlichtes Manuskript, Berlin

Fritsch, M., C. Hull (Hrsg.) (1987) Arbeitsplatzdynamik und Regionalentwicklung - Beiträge zur beschäftigungspolitischen Bedeutung von Groß- und Kleinunternehmen, Berlin

Fritsch, M., T. Wein, H.J. Ewers (1993) Marktversagen und Wirtschaftspolitik, München

Funder, M., V. Domeyer (1991) Beschäftigungsformen und Arbeitsbedingungen in Kleinbetrieben, in: Zeitschrift für Personalforschung, 1991(5), Heft 1, S.13-31

Galbraith, J.K. (1967) The New Industrial State, Boston

Gantzel, K.J. (1962) Wesen und Begriff der mittelständischen Unternehmung, Köln, Opladen

Garen, J.E. (1985) Worker Heterogeneity, Job Screening, and Firm Size, in: Journal of Political Economy, 93.Jg., S.715-739

Gaugler, E. (1975) Handwörterbuch des Personalwesens, Stuttgart

Gaugler, E., H.-G. Krüsselberg (1986) Flexibilisierung der Beschäftigungsverhältnisse, Wirtschaftspolitische Kolloquien der Adolf-Weber-Stiftung, Bd.13, Berlin

Gaugler, E., B. Weber (1987) Funktion und Arbeitsweisen der Personalberatung, Mannheim

Gerlach, K. (1993) Betriebe spüren deutliche Steigerung der Produktivität (Gewinnbeteiligung: Forschungsprojekt der Uni Hannover), in: Handelsblatt, Nr. 41, 1.3.93, S.19

Gerlach, K., O. Hübler (1987) Personalnebenkosten, Beschäftigtenzahl und Arbeitsstunden aus neoklassischer und institutionalistischer Sicht, in: F. Buttler, K. Gerlach, R. Schmiede (Hrsg.) (1987), Frankfurt a.M., New York, S.291-331

Gerlach, K., O. Hübler (Hrsg.) (1989) Effizienzlohntheorie, Individualeinkommen und Arbeitsplatzwechsel, Frankfurt, New York

Gerlach, K., O. Hübler (Hrsg.) (1990) Betriebszugehörigkeitsdauer und Mobilität - Thoeretische und empirische Analysen, SAMF-Arbeitspapier 1990-4, Paderborn

Gerlach, K., E.-M. Schmidt (1989) Unternehmensgröße und Entlohnung, in: MittAB 3/89, Nürnberg, S.355-373

Gerlach, K., E.-M. Schmidt (1990) Firm Size and Wages, in: Labour, Review of Labour Economics and Industrial Relations, Vol.4, No.2, S.27-49

Gerlach, K., G. Stephan (1992) Pendelzeiten und Entlohnung - eine Untersuchung mit Individualdaten für die Bundesrepublik Deutschland, in: Jahrbücher für Nationalökonomie und Statistik, 210.Jg., Heft 1-2, S.18-34

Giebel, U.J. (1985) Sozialleistungen und Unternehmensgrößenstruktur, Köln

Gijsel, P. de (1983) Verantwortung und Lohnstruktur, Frankfurt, New York

Gill, C., H. Krieger (1992) The Employment Impact of new Information Technology: Recent European Survey Evidence, Mangament Studies, Research Paper Number 22/92, University of Cambridge, U.K.

Glaubitz, W. (1983) Die Kosten von Einigungsstellenverfahren nach §76 BetrVG - Ergebnisse einer Umfrage in der Metallindustrie, in: Der Betrieb, 36.Jg., Heft 10, S.555-557

Gnoss, R. (1989) Dienstleistungsteststichprobe - Eine Erhebung über moderne unternehmensorientierte Dienstleistungen, in: Wirtschaft und Statistik, Heft 11, S.691-701

Gruhler, W. (1990) Dienstleistungsbestimmter Strukturwandel in deutschen Industrieunternehmen, Materialen des Institutes der deutschen Wirtschaft, Nr.6, Köln

Habich, R. (1984) Berufliche Wertorientierungen, Stellenfindung und Wohlfahrtserträge, Arbeitspapier Nr.103 des Sonderforschungsbereiches 3, Frankfurt, Mannheim

Habich, R., H.H. Noll (1992) Einstellungen zur Arbeit und Arbeitszufriedenheit, in: Statistisches Bundesamt (Hrsg.), Datenreport 1992 - Zahlen und Fakten über die Bundesrepublik Deutschland, München, S.581-593

Hamermesh, D.S. (1989) Labor Demand and the Structure of Adjustment Costs, in: American Economic Review, S.674-689

Hammes, M. (1993) Wettbewerbspolitische Aspekte strategischer Allianzen, in: Wirtschaftsdienst 1993/IX, S.493-500

Hart, A.G. (1950) Anticipations, uncertainty, and dynamic planning, Supplement, Journal of Business

Hasenack, R. (1963) Tatsachen und Probleme des Betriebsurlaubes, o. Ort

Hashimoto, M., H.S. Raisian (1985) Employment Tenure and Earnings Profiles in Japan and the United States, in: American Economic Review, 75.Jg., S.721-735

Heinze, J., H. Schedl, K. Vogler-Ludwig (1986) Wachstumsfelder am Rande der offiziellen Wirtschaft, Ifo-Studien zur Strukturforschung, Bd.7, München

Helberger, C. (1982) Arbeitslosigkeit als Gegenstand mikroökonomischer Theorien zur Funktionsweise der Arbeitsmärkte, in: Vierteljahreshefte zur Wirtschaftsforschung, Nr.4, S.398-409

Helberger, C. (Hrsg.) (1991) Erwerbstätigkeit und Arbeitslosigkeit in der Bundesrepublik Deutschland, Beiträge zur Arbeitsmarkt und Berufsforschung, Bd. 144, Frankfurt a.M.

Hentze, J., A. Kammel (1992) Lean Production. Personalwirtschaftliche Aspekte der 'schlanken' Unternehmung, in: Die Unternehmung, 46.Jg., S.319-331

Hilbert, J., H.J. Sperling (1990) Die kleine Fabrik - Beschäftigung, Technik und Arbeitsbeziehungen, München und Mering

Hilbert, J., H.J. Sperling (1991) Technische und kaufmännische Entrepreneure - die Unternehmer der Klein- und Mittelbetriebe, in: Manz, T., Klein- und Mittelbetriebe im Prozeß der industriellen Modernisierung, Bonn, S.73-81

Hübler, O. (1984) Zur empirischen Überprüfung alternativer Theorien der Verteilung von Arbeitseinkommen, in: L. Bellmann, K. Gerlach, O. Hübler, Lohnstruktur in der Bundesrepublik Deutschland, Frankfurt, New York, S.17-189

Hübler, O. (1990) Ökonomische Effekte befristeter und langfristiger Beschäftigungsverhältnisse, in: K. Gerlach, O. Hübler (Hrsg.), Betriebszugehörigkeitsdauer und Mobilität - Theoretische und empirische Analysen, SAMF-Arbeitspapier 1990-4, Paderborn, S.8-32

Huebner, M., A.Krafft, G. Ulrich (1990) Asymmetrie der Macht - Arbeitsbeschaffungsmaßnahmen im Netzwerk lokaler Arbeitsmarktakteure, in: WSI Mitteilungen, Heft 11, S.730-738

IG Metall (Hrsg.) (1991) Qualifizierte Berufsausbildung im Handwerk - Umsetzungshilfe für die neuen Ausbildungsberufe, Frankfurt a.M.

Ihde, G.-B. (1970) Der Abschied von der "optimalen Betriebsgröße", in: Zeitschrift für Betriebswirtschaft, 40.Jg., S.560-563

Irsch, N. (1988) Zum Zusammenhang von Unternehmensgröße und Rentabilität in der Bundesrepublik Deutschland in der Mitte der 80er Jahre, in: Jahrbücher für Nationalökonomie und Statistik, Bd.205/6, S.519-537

IWD (1990) Informationsdienst der deutschen Wirtschaft, Deutscher Instituts-Verlag, Nr.45, S.6

IWD (1990) Informationsdienst der deutschen Wirtschaft, Deutscher Instituts-Verlag, Nr.47, S.6-7

IWD (1991) Informationsdienst der deutschen Wirtschaft, Deutscher Instituts-Verlag, Nr.8, S.4-5

IWD (1991) Informationsdienst der deutschen Wirtschaft, Deutscher Instituts-Verlag, Nr.17, S.4-5

IWD (1991) Informationsdienst der deutschen Wirtschaft, Deutscher Instituts-Verlag, Nr.48, S.7

Jaenichen, U., G. Stephan (1992) Zahlt sich Teilzeitarbeit aus? Einkommenswirkungen von Teilzeitbeschäftigung, Diskussionspapier Fachbereich Wirtschaftswissenschaften, Universität Hannover, Nr.168b, April 1992, Hannover

Jagoda, B. (1993) Mittelfristige Arbeitsmarktentwicklung und -probleme, Vortrag bei der Gesellschaft für Sozialen Fortschritt e.V. am 25.Juni 1993 in Bonn, in: Sozialer Fortschritt, 42.Jg., Heft 8, S.175-177

Jensen, M.C., W. Meckling (1976) Theory of the firm: managerial behaviour, agency costs and ownership structure, in: Journal of Financial Economics, Vol.3, S.304-60

Jones, R.A., J.M. Ostroy (1984) Flexibility and uncertainty, in: Review of Economic Studies, LI, S.13-32

Kamien, M., N. Schwartz (1982) Market Structure and Innovation, Cambridge (Mass.)

Kallfass, H.H. (1989) Großunternehmen und Effizienz, Göttingen

Kaschube, J., A. Wittmann (1993) Stellensuche und Stellenwahl bei Führungsnachwuchskräften, in: Sonderforschungsbereich 333 der Universität München - Entwicklungsperspektiven von Arbeit, Mitteilungen 5, München, S.81-103

Kaufer, E. (1980) Industrieökonomik, München

Keasey, K., R. Watson (1993) Small Firm Management - Ownership, Finance and Performance, Oxford, Cambridge (Mass.)

Keuchel, M. (1989) Kann der Arbeitsmarkt dem Wettbewerb unterworfen werden? - Ein Vorschlag zur Reform der Arbeitsmarktordnung in der Bundesrepublik Deutschland, Köln, Bamberg

Kickert, W.J.M. (1985) The Magic Word Flexibility, in: International Studies of Management and Organization, Vol.XIV, No.4, S.6-31

Klein, T. (1993) Weiterbildung - ein Handicap mittelständischer Unternehmen?, in: Personal, Heft 4/1993, S.160-162

Knappe, E., B. Frick (1988) Schwerbehinderte und Arbeitswelt, Frankfurt, New York

Knight, F.H. (1971) Risk, Uncertainty and Profit, Chicago, (1.Aufl. 1921)

Kohl, H. (1983) Betriebe ohne Betriebsrat, in: Die Mitbestimmung, 29.Jg., Heft 7, S.324

Koll, M. (1989) Arbeitsschutz im europäischen Binnenmarkt, in: DB, Heft 24, S.1234-1240

König, A. (1994) Betriebliche Beschäftigungsdynamik und personeller Strukturwandel - Eine Longitudinalanalyse, Studien zur Arbeitsmarktforschung, Bd.3, Frankfurt a.M., New York

Kösel, M.A. (1992) Technologiekooperation und -verflechtung von kleinen und mittleren Unternehmen - Der internationale Bodenseeraum und ausgewählte Regionen Baden-Württembergs, Diss., Bamberg

Konstanty, R. (1990) Gesundheitsschutz in der Arbeitsumwelt - Bilanz und Perspektiven, in: Soziale Sicherheit, 5/1990, S.148-151

Kotthoff, H., J. Reindl (1990) Die soziale Welt kleiner Betriebe: Wirtschaften, Arbeiten und Leben im mittelständischen Industriebetrieb, Göttingen

Kowling, A. (1993) Fehlzeiten und Fluktuation, in: H. Strutz (Hrsg.), Handbuch Personalmarketing, 2.Aufl., Wiesbaden, S.88-101

Krafcik, J.F. (1988) Triumph of the Lean Production System, in: Sloan Management Review, Fall/1988, S.41-52

Kraft, K. (1991) Lohnflexibilität und Beschäftigung in der bundesdeutschen Industrie, in: Jahrbücher für Nationalökonomie und Statistik, Bd.208/3, S.239-251

Krüger-Hemmer, C., B. Veldhues (1989) Arbeitsstätten nach Beschäftigtengrößenklassen, Weitere Ergebnisse der Arbeitsstättenzählung vom 25. Mai 1987, in: Wirtschaft und Statistik, Heft 11, S.702-712

Kruse, J. (1988) Irreversibilität und natürliche Markteintrittsbarrieren, Sunk Costs and Natural Entry Barriers, in: Jahrbücher für Nationalökonomie und Statistik, Bd. (Vol.) 204/6, S.508-517

Kühl, J. (1992) Betriebliche Beschäftigungspolitik - Ein Problemaufriß, in: MittAB, 3/92, S.333-343

Landenberger, M. (1986) Arbeitszeitpräferenzen der Erwerbsbevölkerung, in: F. Buttler, K. Oettle, H. Winterstein (Hrsg.), Flexibilität gegen starre Sozialsysteme, Baden-Baden

Langhein, B. (1987) Arbeitnehmerbeteiligungen an mittelständischen Unternehmen: Recht, Steuer, Betriebswirtschaft, Moderne Rechtsformen der Wirtschaft, Bd.9, Bielefeld

Larner, R.J. (1972) Management Control an Large Corporation, New York

Lazerson, M.H. (1990) Transactional Calculus and Small Business Strategy, in: Acs, Z.J., D.B. Audretsch (Hrsg.), The Economics of Small Firms: A European Challenge, Dordrecht, Boston, London, S.25-41

Leibenstein, H. (1978) X-Inefficiency Xists - Reply to an Xorcist, in: American Economic Review, Vol.68, Nr.1, S.203-211

Lindbeck, A., D.J. Snower (1986) Wage Setting, Unemployment, and Insider-Outsider Relations, in: American Economic Review, Vol.76, S.235ff

Lipp, E.-M. (1989) Lohnnebenkosten und Beschäftigung, in: H. Scherf (Hrsg.), Beschäftigungsprobleme hochentwickelter Volkswirtschaften, Berlin, S.359-376

Lorenz, W., J. Wagner (1988) Gibt es kompensierende Lohndifferentiale in der Bundesrepublik Deutschland?, in: Zeitschrift für Wirtschafts- und Sozialwissenschaften, 108.Jg., S.371-381

Lutter, M. (1981) Firma, in: Handerwörterbuch der Wirtschaftswissenschaft, W. Albers, u.a. (Hrsg.), Bd.3, Stuttgart, Tübingen, Göttingen, S.287-293

Lutz, B. (1987) Arbeitsmarktstruktur und betriebliche Arbeitskräftestrategie - Eine theoretisch-historische Skizze zur Entstehung betriebszentrierter Arbeitsmarktsegmentation, Frankfurt a.M., New York

Mainusch, S. (1992) Die Gewerkschaft als Determinante von Produktivität und Profitabilität - Eine empirische Analyse zur ökonomischen Bedeutung der Gewerkschaft in der Bundesrepublik Deutschland, Diss., Universität Regensburg

Mank, P. (1991) Personalpolitik in mittelständischen Unternehmen, Eigenarten - Versäumnisse - Chancen, Frankfurt a.M.

Manz, T. (Hrsg.) (1991) Klein- und Mittelbetriebe im Prozeß der industriellen Modernisierung - Forschungsergebnisse aus Europa, Bonn

Manz, T. (1993) Schöne neue Kleinbetriebswelt?: Perspektiven kleiner und mittlerer Betriebe im industriellen Wandel, Berlin, zugl. Paderborn, Univ., Diss., 1992

Mantzavinos, C. (1992) Contestable Markets, das neoklassische Marktmodell und die Wettbewerbstheorie, in: Jahrbücher für Nationalökonomie und Statistik, Vol.209, S.60-66

Marcus, M. (1969) Profitability and Size of Firm: Some Further Evidence, in: Review of Economic and Statistics, 51.Jg., S.104-107

Marglin, S. (1977) What do bosses do? The origins and functions of hierarchy in capitalist production, in: Review of Radical Political Economics, Vol.6, S.60-112

Marr, R. (1975) Fluktuation, in: Gaugler, E., (Hrsg.), Handwörterbuch des Personalwesens, Stuttgart, S.846-855

Marschak, T., R.R. Nelson (1962) Flexibility, uncertainty, and economic theory, in: Metroeconomica XIV, S.42-58

März, E. (1983) Joseph Alois Schumpeter - Forscher, Lehrer und Politiker, Wien, München, insbes. Kapitel III: Über den Schumpeterschen Unternehmensbegriff, S.40-50

Mascarenhas, B. (1985) Flexibility: Its Relationship to Environmental Dynamism and Complexity, in: International Studies of Management and Organization, Vol.14, S.107-124

Matthes, H. (1989) Unterbeschäftigung als gemeinsames Problem der Industrieländer, in: H. Scherf (Hrsg.), Beschäftigungsprobleme hochentwickelter Volkswirtschaften, Berlin, S.55-73

Maudrich, E. (1988) Flexibilität als Überlebensstrategie - ist Ihr Unternehmen bereit?, in: io-Management-Zeitschrift, 57.Jg., Nr.11, S.500-502

Meierjürgen, R. (1989) Intertemporale und intergenerationale Verteilungswirkungen der Gesetzlichen Krankenversicherung, Diss., Frankfurt a.M., u.a.

Mellow, W. (1982) Employer Size and Wages, in: Review of Economics and Statistics, 64.Jg., S.495-501

Mendius, H.G., E. Heidling, S. Weimer (1992) KFZ-Gewerbe und Neustrukturierung der Automobilfertigung - Verbesserung der Arbeitsbedingungen und zwischenbetriebliche Kooperation als Instrumente der Stärkung der betrieblichen Handlungsfähigkeit und der Arbeitsmarktposition, SAMF-Arbeitspapier, 1992-8

Mendius, H.G., W. Sengenberger, S. Weimer (1987) Arbeitskräfteprobleme und Humanisierungspotentiale in Kleinbetrieben, Frankfurt a.M., New York

Mills, D.E. (1984) Demand Fluctuations and Endogenous Firm Flexibility, in: Journal of Industrial Economics, Vol.XXXIII, No.1, S.55-71

Neubäumer, R. (1989) Mikroökonomische Ansätze zur Erklärung von Arbeitslosigkeit, in: Wirtschaftsdienst, 1989/VII, S.357-364

Nickell, S.J. (1986) Dynamic Models of Labour Demand, in: O. Ashenfelter, R. Layard (Hrsg.), Handbook of Labor Economics, Vol.1, S. 473-522, North-Holland, Amsterdam

Noll, H.-H. (1977) Soziale Indikatoren für Arbeitsmarkt und Beschäftigungsbedingungen, in: W. Zapf (Hrsg.), Lebensbedingungen in der Bundesrepublik Deutschland - Sozialer Wandel und Wohlfahrtsentwicklung, Frankfurt a.M., S.209-322

Noll, H.-H. (1982) Beschäftigungschancen und Arbeitsbedingungen - Ein Sozialbericht für die Bundesrepublik Deutschland 1950-1980, Frankfurt a.M.

Oi, W.Y. (1962) Labor as a Quasi-Fixed Factor, in: Journal of Political Economy, Vol.70, S.538-554

Oi, W.Y. (1983) Heterogenous Firms and the Organization of Production, in: Economic Inquiry, 21.Jg., S.147-171

Oi, W.Y. (1991) Low Wages and Small Firms, in: R.G. Ehrenberg (Hrsg.), Research in Labour Economics, Vol.12, 1991, S. 1-39, Greenwich (Conn.)

Ollmann, R. (1983) Arbeitszeitflexibilisierung und Arbeitszeitverkürzung im Mittelstand - Eine empirische Untersuchung, Forschungsinstitut für empirische Sozialforschung, Köln

Olschok-Tautenhahn, H. (1990) Möglichkeiten und Grenzen einer öffentlichen Förderung der Teilzeitarbeit, Pfaffenweiler, zugl. Freiburg (Breisgau), Univ., Diss, 1989

Oppenländer, K.H. (1985) Zur empirischen Überprüfung der Anspornwirkung des Patentwesens, in: G. Bombach, B. Gahlen, A.E. Ott, (Hrsg.), Industrieökonomik - Theorie und Empirie, S.193-205

Oppolzer, A., H. Wegener, U. Zachert (Hrsg.) (1986) Flexibilisierung, Deregulierung - Arbeitspolitik in der Wende, Ergebnisse eines Symposiums, Hamburg

Pfohl, H.-C. (Hrsg.) (1982) Betriebswirtschaftslehre der Klein- und Mittelbetriebe, Darmstadt

Pfohl, H.-C., Kellerwessel, P. (1982) Abgrenzung der Klein- und Mittelbetriebe von Großbetrieben, in: H.-C. Pfohl (Hrsg.), Betriebswirtschaftslehre der Klein- und Mittelbetriebe, Darmstadt, S.9-34

Picot, A. (1982) Transaktionskostenansatz in der Organisationstheorie: Stand der Diskussion und Aussagewert, in: DBW, Die Betriebswirtschaft, 42. Jg., Nr.2, S.267-284

Picot, A. (1986) Transaktionskosten im Handel, in: Der Betriebsberater, Beilage 13 zu Heft 27, S.1-16

Picot, A., U.-D. Laub, D. Schneider (1989) Innovative Unternehmensgründungen, Berlin, u.a.

Pitelis, C. (Hrsg.) (1993) Transaction Costs, Markets and Hierarchies, Oxford, Cambridge (Mass.)

Poutsma, E. (1991) Kontrolle in Kleinbetrieben und die Perspektiven flexibler Spezialisierung, in: T. Manz (Hrsg.), Klein- und Mittelbetriebe im Prozeß der industriellen Modernisierung, Bonn, S.102-126

Projektgruppe Betriebspanel (1991) Das IAB-Betriebspanel - Ansatz und Aufbau, in: MittAB, 3/91, S.514-530

Projektgruppe Betriebspanel (1993) Das IAB-Betriebspanel - Testphase im Jahr 1992, Ein Sachstandsbericht, in: MittAB, 3/93, S.399-422

Projektgruppe Betriebspanel (1994) Das IAB-Betriebspanel - Ergebnisse der ersten Welle 1993, in: MittAB, 1/94, S.20-32

Projektgruppe 'Personalstruktur' (1983) Existenz von Betriebsräten in Klein- und Mittelbetrieben - Gesetz und Wirklichkeit, in: Die Mitbestimmung, 29.Jg., Heft 7, S.325-326

Ramser, H.J. (1978) Die Kontrakttheorie als Beitrag zu einer ökonomischen Theorie des Arbeitsmarktes, in: Zeitschrift für die gesamte Staatswissenschaft, 134.Jg., S.628-659

Rauscher, M. (1991) Arbeitszeit und Arbeitszeitwünsche von Arbeitnehmern, in: C. Helberger (Hrsg.), Erwerbstätigkeit und Arbeitslosigkeit in der Bundesrepublik Deutschland, Beiträge zur Arbeitsmarkt- und Berufsforschung, Bd.144, Frankfurt a.M.

Rehbinder, M. (Hrsg.) (1987) Flexibilisierung der Arbeitszeit, Schriften zum schweizerischen Arbeitsrecht, Heft 30, Bern

Reichwald, R., P. Behrbohm (1983) Flexibilität als Eigenschaft produktionswirtschaftlicher Systeme, in: Zeitschrift für Betriebswirtschaft, 53.Jg., Heft 9, S.831-853

Reiß, W. (1993) Mikroökonomische Theorie - Historisch fundierte Einführung, 2.Aufl., München, Wien

Robinson, J. (1933) The Economics of Imperfect Competition, London

Rosen, S. (1985) Implicit Contracts: A Survey, in: Journal of Economic Literature, Vol.23, S.1144-1175

Rosenbladt, B. von (1990) Fachkräftemangel und Arbeitslosigkeit. Wann und wie wird Arbeitskräftenachfrage beschäftigungswirksam?, in: MittAB, 23.Jg. Nr.3, S.373-385,

Rothschild, K.W. (1963) Lohntheorie, Berlin, Frankfurt a.M.

Rothschild, M. (1971) On the Cost of Adjustment, in: Quarterly Journal of Economics, 85 Jg., S. 605-622

Rühl, G., S. Melcher, G. Hantsch (1986) Personalfluktuation im Handwerk, Eine empirische Analyse der Fluktuationskosten in ausgewählten Handwerkszweigen, Kösching

Rühl, G., S. Melcher, F. Heitz (1988) Flexible Arbeitszeitstrukturen im Handwerk - Eine empirische Analyse der Einsatzmöglichkeiten in ausgewählten Handwerkszweigen, Kösching

Ruppert, W. (1988) Betriebliche Altersversorgung; Forschungsvorhaben im Auftrag des Bundesministeriums für Arbeit und Sozialordnung, durchgeführt vom Ifo-Institut für Wirtschaftsforschung, München

Sadowski, D. (1983) Planungsdefizite und Akademikerbedarf in kleinen und mittleren Unternehmen, in: Weber, W. (Hrsg.) (1983), Betriebliche Aus- und Weiterbildung - Ergebnisse der betriebswirtschaftlichen Bildungsforschung, Paderborn, München, Wien, Zürich, S.53-62

Sadowski, D. (1989) Beschäftigungspolitik aus der Sicht der Unternehmen, in: H. Scherf (Hrsg.) (1989), S.75-92

Sadowski, D., B. Frick (1992) Die Beschäftigung Schwerbehinderter. Betriebswirtschaftliche Analysen und politische Empfehlungen, Idstein

Sadowski, D., T. Stengelhofen (1989) Betriebswirtschaftliche Theorie und Empirie der Nichtlohn-Arbeitskosten am Beispiel der Fluktuation der Arbeitnehmer, in: K. Emmerich, u.a. (Hrsg.), Einzel- und gesamtwirtschaftliche Aspekte des Lohnes, BeitrAB 128, Nürnberg

Schanz, T. (1992) Risikobewältigung in der betrieblichen Altersversorgung mittelständischer Unternehmen, Diss., Bayreuth, Frankfurt a.M.

Scheib, R. (1987) Der Betrieb als Schlüsselinstanz für individuelle Beschäftigungschancen, BeitrAB 107, Nürnberg

Schellhaaß, H.-M. (1984) Ein ökonomischer Vergleich finanzieller und rechtlicher Kündigungserschwernisse, in: Zeitschrift für Arbeitsrecht, 15.Jg., S.139-171

Scherer, F.M., D. Ross (1990) Industrial Market Structure and Economic Performance, 3.Aufl., Boston, u.a.

Scherf, H. (Hrsg.) (1989) Beschäftigungsprobleme hochentwickelter Volkswirtschaften, Berlin

Scheuer, M. (1986/87) Die Effizienzlohntheorien - ein Beitrag zur mikroökonmischen Fundierung der Erklärung unfreiwilliger Arbeitslosigkeit, in: RWI-Mitteilungen, 37./38.Jg., S.407ff

Schlicht, E. (1978) Labour Turnover, Wage Structure, and Natural Unemployment, in: Zeitschrift für die gesamte Staatswissenschaft, Bd.134, S.337-346

Schmidt, A. (1985) Betriebliche Altersversorgung in mittelständischen Unternehmen, Stuttgart

Schmidt, C.M., K.F. Zimmermann (1989) Work Characteristics, Firm Size and Wages, Dicussion Paper, Nr.89-23, Ludwig-Maximilian-Universität München

Schmidt, I., J.B. Rittaler (1986) Die Chicago-School of Antitrust Analysis - Wettbewerbstheoretische und -politische Analyse eines Credos, Baden-Baden

Schmidt, K.-H. (1984) Die Mobilität von Facharbeitskräften kleiner und mittlerer Unternehmungen, Göttingen

Schneider, D. (1987) Der kapazitätsorientierte Jahresarbeitszeitvertrag, München

Schröer, A. (1990) Soziologie des Arbeitsschutzes, in: Soialer Fortschritt, 1990/10, S.233-236

Schüle, U. (1987) Strukturdiskrepanzen auf dem Arbeitsmarkt? Statistische Analyse und Ergebnisse einer Unternehmensbefragung, Köln

Schulenburg, J.M. Graf von der (1993) Marktprozeß und Marktstruktur bei unvollständigen Informationen, in: Zeitschrift für Wirtschafts- und Sozialwissenschaften, 113.Jg., S.509-555

Schumann, J. (1987) Grundzüge der mikroökonomischen Theorie, 5. revidierte und erweiterte Auflage, Berlin, u.a.

Schumpeter, J.A. (1954) History of Economic Analysis, New York

Schumpeter, J.A. (1964) Theorie der wirtschaftlichen Entwicklung, Eine Untersuchung über Unternehmergewinn, Kapital, Kredit, Zins und den Konjunkturzyklus. Unveränderter Nachdruck der 4.Aufl. 1934, Berlin (1.Aufl. 1911)

Schwarz, H. (1990) Arbeitsplatzbeschreibungen, 12.Aufl., Freiburg i. Br.

Schwarze, J. (1988) Nebenerwerbstätigkeit in der Bundesrepublik Deutschland. Eine theoretische und empirische Analyse unter besonderer Berücksichtigung von Mehrfachbeschäftigung und Schattenwirtschaft, Diss., Berlin

Seifert, H. (1992) Gleitende Arbeitszeit - Chancen für mehr selbstbestimmte Zeitgestaltung?, in: Sozialer Fortschritt, Jg.41, 1992/3, S.66-68

Semlinger, K. (1988) Kleinbetriebliche Flexibilität zwischen 'aktiver Entwicklung' und 'passiver Anpassung', in: Internationales Gewerbearchiv, 36.Jg., Heft 4, S.229-237

Semlinger, K. (1989) Stellung und Probleme kleinbetrieblicher Zulieferer im Verhältnis zu großen Abnehmern, in: N. Altmann, D. Sauer (Hrsg.), Systemische Rationalisierung und Zulieferindustrie - Sozialwissenschaftliche Aspekte zwischenbetrieblicher Arbeitsteilung, Frankfurt a.M., New York, S.89-118

Semlinger, K. (Hrsg.) (1991) Flexibilisierung des Arbeitsmarktes, München

Sengenberger, W. (Hrsg.) (1978) Der gespaltene Arbeitsmarkt - Probleme der Arbeitsmarktsegmentation, Frankfurt

Sengenberger, W. (1988) Mehr Beschäftigung in Klein- und Mittelbetrieben: Ein Flexibilitätsgewinn?, in WSI-Mitteilungen, 41.Jg., Nr.8, S.493-501

Sonderforschungsbereich 333 der Universität München (Hrsg.) (1993) Entwicklungsperspektiven von Arbeit, Mitteilungen 5, München

Shapiro, C., J.E. Stiglitz (1984) Equilibrium Unemployment as a Worker Discipline Device, in: American Economic Review, Vol.74, S.433-444

Sohmen, E. (1976) Allokationstheorie und Wirtschaftspolitik, Tübingen

Solow, R.M. (1985) Insiders and Outsiders in Wage Determination, in: Scandinavian Journal of Economics, Vol.87, S.411ff

Spitznagel, E. (1989) Zielgruppenorientierung und Eingliederungserfolg bei Allgemeinen Maßnahmen zur Arbeitsbeschaffung (ABM), in: MittAB, Heft 4, S.523-539

Statistisches Bundesamt (1990) Löhne und Gehälter, Gehalts- und Strukturerhebung, Fachserie 16, Heft 1: Ausgewählte Strukturdaten im Produzierenden Gewerbe, im Groß- und Einzelhandel, Bank- und Versicherungsgewerbe, Karlsruhe

Statistisches Bundesamt (Hrsg.) (1992) Datenreport 1992 - Zahlen und Fakten über die Bundesrepublik Deutschland - In Zusammenarbeit mit dem Wissenschaftszentrum Berlin für Sozialforschung und dem Zentrum für Umfragen, Methoden und Analysen, Mannheim, Bonn

Stephan, G. (1991) Fehlzeiten: Eine theoretische und empirische Untersuchung mit Individualdaten, in: MittAB, 3/91, Nürnberg, S.583-594

Stein, G. (1967) Mittelstandspolitik und Gemeinsamer Markt, in: Industriekurier, 20.Jg., Nr.140, S.10

Stigler, G. (1939) Production and distribution in the short run, in: Journal of Political Economy 47, June, S.305-327

Stiglitz, J.E. (1987) The Causes and Consequences of the Dependence of Quality on Price, in: Journal of Economic Literature, 25.Jg., S.1-48

Storey, D. (1982) Entrepreneurship and the New Firm, London, Canberra

Storey, D. (Hrsg.) (1983) The Small Firm, London, Canberra, New York

Strand, J. (1987) The Relationship between Wages and Firm Size: An Information Theoretic Analysis, in: International Economic Review, 28.Jg., S.51-68

Streit, M.E. (1991) Theorie der Wirtschaftspolitik, 4.Aufl., Düsseldorf

Stromthemen (1989) Frankfurt, 6.Jg., Nr.12/89, S.8

Strutz, H. (Hrsg.) (1989) Handbuch Personalmarketing, Wiesbaden, insbesondere S.84-97

Strutz, H. (Hrsg.) (1993) Handbuch Personalmarketing, 2.erw.Aufl., Wiesbaden

Sundermeier, B. (1992) Mitarbeiterbeteiligung - Eine transaktionskostenökonomische Analyse, München

Then, W. (1985) Schattenwirtschaft - Ein Signal für neue Formen der Arbeit, in: Zeitschrift für Sozialreform, 31.Jg., S.125-161

Thonet, P.J. (1977) Managerialismus und Unternehmenserfolg. Ein empirischer Beitrag, Diss., Saarbrücken

Tichy, G. (1991) Renaissance der Klein- und Mittelunternehmungen?, in: T. Manz, (Hrsg.), Klein- und Mittelbetriebe im Prozeß der industriellen Modernisierung, Bonn, 1991, S.18-29

Trommsdorf, V. (Hrsg.) (1990) Innovationsmanagement in kleinen und mittleren Unternehmen, Grundzüge und Fälle - Ein Arbeitsergebnis des Modellversuchs Innovationsmanagement, München

Varian, H. (1989) Grundzüge der Mikroökonomik, München, Wien

Vercelli, A. (1986) Stagflation and the Recent Revival of the Schumpeterian Entrepreneurship, in: H. Frisch, B. Gahlen (Hrsg.), Causes of Contemporary Stagnation, Studies in Contemporary Economics, Berlin, S.159-185

Vogler-Ludwig, K. (1989) Europäischer Binnenmarkt und Beschäftigung - Ein Problemaufriß, BeitrAB 127, Nürnberg, insbesondere S.13ff und S.42ff

Wagner, J. (1991a) Gewerkschaftsmitgliedschaft und Arbeitseinkommen in der Bundesrepublik Deutschland - Eine ökonometrische Analyse mit Individualdaten, in: IFO-Studien, 2/91, S.109-140

Wagner, J. (1991b) Sektorlohndifferentiale in der Bundesrepublik Deutschland - Empirische Befunde und ökonometrische Analysen zu theoretischen Erklärungen, in: Jahrbuch für Sozialwissenschaft, 42.Jg., S.70-102

Weber, W. (Hrsg.) (1983) Betriebliche Aus- und Weiterbildung: Ergebnisse der betriebswirtschaftlichen Bildungsforschung, Paderborn, München, Wien, Zürich

Wegehenkel, L. (1980) Transaktionskosten, Wirtschaftssystem und Unternehmertum, Tübingen

Weimer, S. (1983) Arbeitsbedingungen in Klein- und Mittelbetrieben, Eschborn

Weimer, S. (1990) Arbeitsbedingungen in Kleinbetrieben - einige Ergebnisse empirischer Forschung und neuere Entwicklungstendenzen, in: J. Berger, V. Domeyer, M. Funder (Hrsg.), Kleinbetriebe im wirtschaftlichen Wandel, Frankfurt/Main, S.87-99

Weise, P. (1979) Neue Mikroökonomie, Würzburg, Wien

Weitzman, M.L. (1984) The share economy: Conquering Stagflation, Cambridge (Mass.)

Weiss, A., H.J. Landau (1984) Wages, Hiring Standards, and Firm Size, Journal of Labour Economics, 2.Jg., S.477-499

Weiss, L. (1966) Concentration and Labour Earnings, in: American Economic Review, Vol.56, S.96-117

Williamson, O.E. (1975) Markets and Hierarchies: Analysis and Antitrust Implications, New York

Williamson, O.E. (1979) Transaction-cost economics: The Governance of Contractual Relations, in: Journal of Law and Economics, Vol.22, S.233-262

Williamson, O.E. (1981) The economics of organization: The transaction cost approach, in: American Journal of Sociology, Vol.87, S.548-577

Williamson, O.E. (1990) Die ökonomischen Institutionen des Kapitalismus - Unternehmen, Märkte, Kooperationen, Tübingen

Willig, R.D. (1979) Multiproduct technology and market structure, in: American, Economic Review, Vol.69, S.346ff

Windsperger, J. (1983) Transaktionskosten in der Theorie der Firma, in: ZfB, 53.Jg., Heft 9, S.889-903

Woll, A. (1988) Wirtschaftslexikon, München, Wien, Stichwort Kosten, S.420-421

Yellen, J.L. (1984) Efficiency Wage Models of Unemployment, in: American Economic Review (Papers and Proceedings), Vol.74, S.200-205

Zapf, W. (Hrsg.) (1977) Lebensbedingungen in der Bundesrepublik Deutschland - Sozialer Wandel und Wohlfahrtsentwicklung, Frankfurt a.M.

Zeitel, G. (1980) Mittelstand und Mittelstandspolitik, in: Handwörterbuch des Genossenschaftswesens, Wiesbaden, Sp.1222-1248

Zentralverband des Deutschen Baugewerbes (Hrsg.) (1993) Förderung der ganzjährigen Beschäftigung in der Bauwirtschaft, Merkblatt zur ab 1.Januar 1994 geltenden gesetzlichen Regelung, Winterperiode 1993/94, Bonn

Zerche, J. (1979) Arbeitsökonomik, Berlin, New York

Zimmermann, K.F. (1989) Technologieentwicklung und Beschäftigung, in: H. Scherf (Hrsg.), Beschäftigungsprobleme hochentwickelter Volkswirtschaften, Berlin, S.131-143

Zimmermann, K.F. (1991) Flexibility in the Face of Demand Fluctuations: Employment, Capacity Utilization, and Industry Structure, Diskussionspapier, Universität München

Zimmermann, K.F. (1994) Qualitative Daten und Unternehmerverhalten, in: Allgemeines Statistisches Archiv, 78.Jg., S.40-53

Zwaan, A.H. van der (1992) Personnel Mobility and Personnel Flexibility, Conceptual precision and theoretical utility, Diskussionspapier, Universität Groningen

Zündorf, L., M. Grunt (1980) Hierarchie in Wirtschaftsunternehmen - Die sozialen Beziehungen zwischen Vorgesetzten und ihren Untergebenen in Industrie- und Dienstleistungsunternehmen, Frankfurt a.M., New York

Andreas Brandt

Ursachen der Arbeitslosigkeit und Perspektiven der Beschäftigungspolitik in Deutschland

Frankfurt/M., Berlin, Bern, New York, Paris, Wien, 1995. 196 S., 20 Abb., 5 Tab.
Europäische Hochschulschriften: Reihe 5, Volks- und Betriebswirtschaft. Bd. 1702
ISBN 3-631-48127-6 br. DM 65.--*

Massenarbeitslosigkeit ist wieder ein hochaktuelles wirtschafts- und sozialpolitisches Problem. Es geht um die Frage, warum Arbeitslosigkeit nach negativen Datenänderungen nur sehr langsam wieder abgebaut wird und die Rate der Langzeitarbeitslosigkeit so stark gestiegen ist. Deutlich wird, daß Fehlfunktionen der Arbeitsmärkte vor allem auf politisch motivierten Eingriffen in deren Rahmenbedingungen beruhen. Deswegen wird der Frage nachgegangen, wie sich die Arbeitsmarktordnung in Deutschland entwickelt hat. Um bei den abschließenden arbeitsmarktpolitischen Vorschlägen auch die Erfahrungen anderer Länder berücksichtigen zu können, werden zudem Funktionsfähigkeit und institutionelle Ausgestaltung amerikanischer und schwedischer Arbeitsmärkte untersucht.

Aus dem Inhalt: Theoretische Ursachen persistenter Arbeitslosigkeit und Entwicklung der Arbeitsmarktordnung in Deutschland · Arbeitslosigkeit, Arbeitsmarktpolitik und -ordnung in Schweden und in den USA · Beschäftigungspolitik für Deutschland

Peter Lang Europäischer Verlag der Wissenschaften
Frankfurt a.M. • Berlin • Bern • New York • Paris • Wien
Auslieferung: Verlag Peter Lang AG, Jupiterstr. 15, CH-3000 Bern 15
Telefon (004131) 9402121, Telefax (004131) 9402131
- Preisänderungen vorbehalten - *inklusive Mehrwertsteuer